제2판 머리말

「공공조직론」 초판이 발행된 이후, 강의를 하면서 무엇보다도 아쉬웠던 것은 이 책 하나만으로 학생들이 이론을 완벽하게 이해하기 힘든 부분이 많았을 것이라 는 점이었다. 그나마 강의에서는 책에서 부족한 부분을 설명할 기회가 있었으나, 강의를 듣지 않고 책만을 읽고서는 학생들이 이론에 대하여 이해하기 어려운 부분 이 분명 있으리라는 아쉬움이었다. 이는 특히 코로나 사태로 인해 몇 년간 온라인 강의를 하면서 크게 느꼈던 부분이었다. 미리 제작한 동영상 강의를 하다 보니, 학 생들의 반응을 그때그때 살펴 부족한 부분을 설명할 기회가 없었던 것이다.

따라서 이번 개정판에서는 초판에서 미흡했던 이론에 대한 보다 상세한 설명을 추가하는 데 역점을 두었다. 이를 위해 무엇보다도 학자들의 원저를 꼼꼼하게 검 토하여 최대한 저자의 의도를 파악하는 데 신경을 썼다. 하지만 여전히 부족한 부 분이 많다고 느껴진다. 그러나 "완벽할 수는 없지만", "완벽해지고자 하는 노력을 한다면" 분명 앞으로 더 나아질 것이라고 믿는다.

중학생 때 생물수업 시간의 일이다. 선생님은 교과서에 나오는 대로 심해에서 는 수압이 높아 딱딱한 외피를 가진 생물만 살 수 있다고 설명하셨다. 그런데, 그 얘기를 듣는 순간 나는 이렇게 외치지 않을 수 없었다. "아니에요. 나 어제 티비 다큐멘터리에서 심해에 사는 오징어를 보았어요. 심해에는 그런 것들도 살아요!" 평소 수업시간에 아무 말도 하지 않는 소심한 아이였던 나의 외침에 당황하신 선 생님의 얼굴이 아직도 기억이 난다. 아마도 여러분들 모두는 내 외침이 옳았음을 알고 있을 것이다. 공부란 그런 것이 아닐까? 검증(옳건 그르건 눈으로 보는 것보 다 더 확실하게 느껴지는 검증은 없을 테니,)을 거쳐 기존의 잘못된 것을 반박할 수 있는 의지를 주는 것 말이다. 아무쪼록 이 책이 여러분이 기존 사회에서 통용 되는 것을 틀렸다고 외칠 수 있는 논리적인 근거를 키우는 데 도움이 되길 희망 한다.

이 개정판이 나오기까지 약 5년간 학생들에게서 많은 질문과 피드백을 받았다. 이 책을 위해 그러한 질문들에 대한 답을 한다는 마음가짐으로 원고작업을 하였다. 이와 함께, 이 책이 단순하게 선행 연구들을 정리하는 수준에서 벗어나고자 노력하였다. 비록 교과서의 형식을 띄고 있으나, 사실 이 책의 구석구석에는 저자가 학생들, 그리고 독자들에게 하고 싶은 이야기가 담겨져 있다. 아무쪼록 이 책을 읽는 사람들이 이론에 대한 이해뿐만 아니라, 이 책의 숨겨진 큰 줄기를 읽기를 희망해본다.

이 자리를 빌려, 이 개정판이 출판될 수 있도록 도움을 주신 많은 분들께 감사의 인사를 전한다.

2023년 1월

진 종 순

머 리 말

이 책에서는 공공조직을 이해하기 위해 다양한 조직이론을 살펴본다. 즉 이 책의 주제는 행정과 공공관리문제를 이해하기 위해 조직, 특히 조직구조와 관련된 연구와 이론을 종합하고, 그 의미를 설명하는 것이다. 그런데 이론(theory)은 무엇인가? 이론은 어떤 현상을 설명하고 예측하려고 시도하는 일련의 명제이다. 이론의 목적은 다양한 사회 현상을 단순화하여 설명하거나, 사회 현상에 내재되어 있는 규칙성을 밝히는데 있다. 따라서 이론 그 자체는 실제(reality)가 아니며, 단지 실제에 대한 관찰을 통해 발견한 규칙에 대한 체계적 설명이다. 그런데 조직을 이해하기 위해 이론이 꼭 필요한 것일까? 자신이 지금까지 가진 경험으로 충분히 이해할 수 있는 것은 아닐까? 물론 스스로의 경험과 노하우를 가지고 조직을 정확하게 이해하고 적절히 대처할 수도 있다. 하지만 이렇게 경험에 바탕을 둔 대처는 부정확하고 부적절할 가능성이 크다. 따라서 조직이 던져주는 주제들에 관해 과학적으로 해석하고 설명하는 이론을 활용한다면, 잘못된 판단을 할 가능성이 현저히 줄어들 것이다.[1]

이 책에서는 특히 이론(theory)을 **문제를 분석하고 여러 가지 해결책을 평가하기 위한 인식적인 도구**로 본다. 물론 현실적인 한계가 있겠으나, 더 많은 수의 이론들, 그리고 더 다양한 이론적인 틀이 있을수록, 조직문제의 다양한 측면을 볼 수 있으며, 우리가 조직에서 마주치는 문제를 해결하는데 적합한 방법을 찾을 가능성(likelihood)이 높아진다. 즉 관리자, 혹은 조직구성원의 입장에서는 이론이라는 도구(tool)를 다양하게 가질수록 이 가운데 상황에 맞는 유용한 도구를 선택할 수 있다. 관리자가 조직을 관리하기 위한 보다 적합한 전략을 구상할 가능성이 높아질 것이다.

사람들은 나름대로의 렌즈를 통해서 세상을 바라본다. 인식적인 관점에서 이러

---

1) 영어단어 science는 '알다'라는 의미를 지닌 라틴어 'scire'에서 유래한 말이다. 과학은 이론을 연구의 대상으로 하는 것이지 가치관이나 철학을 연구의 대상으로 하는 것은 아니다. 즉 과학은 존재(what is)하는 것에만 관심을 갖고 있으며 가치관이 개입된 당위(what should be)에 대해서는 관심을 갖지 않는다.

한 렌즈는 준거틀(frame of reference)이 되는데, 준거틀은 집안에서 밖을 바라보기 위한 창문의 역할을 한다. 우리가 조직(organization)을 바라보고, 이해할 때에도 준거틀이 필요하다. 이 경우 현상을 보다 정확히 이해하기 위해 중요하지 않은 요인들을 생략하고 중요한 요인들만으로 단순화시킨 이론은 준거틀로 활용될 수 있다. 아래의 [그림 1]을 살펴보자. 여러분이 어떤 준거틀을 활용하여 바라보는가에 따라 포크의 모양은 다르게 보일 것이다.

그림 1 **3차원에서는 존재하지 않는 포크**

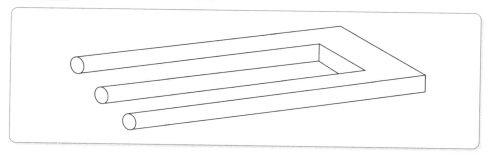

그런데 도대체 위의 포크는 어떤 모양인가? 이론의 도움을 받으면, 위의 포크 모양을 정확히 알 수 있나? 사회현상을 정확히 해석하는 이론이 존재할까? 사회과학이 과학(science)일까? 사회과학이 자연과학과 같은 과학으로 정립될 수 있을 것인가? 자연과학이 물질적·자연적 세계를 연구한다면, 사회과학은 각 개인 또는 집단 간의 행태인 사회현상을 연구한다. 그런데 사회과학의 연구대상인 사회현상은 자연현상과는 달리 인간의 의지에 따라 변화할 수 있기 때문에 보편화와 일반화가 용이하지 않다. 또한 사회과학의 가설 설정, 연구결과의 해석, 평가, 적용 등에서 연구자의 주관적인 가치판단을 배제하기 힘들다.

바로 이러한 점에서 사회과학의 과학성에 대한 논란이 제기될 수 있다. 하지만 과학의 본질은 연구 대상에만 있는 것이 아니라, 연구 방법에도 있기 때문에 사회과학도 과학으로 성립될 수 있다. 즉 사회과학도 연구 대상을 관찰, 측정하여 **규칙성을 발견**하고 **이론을 구성**하고자 하는 점에서는 자연과학과 같이 하나의 과학이라 할 수 있다(채서일, 2003; Babbie/고성호 외 역, 2002). 또한 결론적으로 사회과학의 이론을 활용할 때, 사회현상의 보다 과학적인 해석이 가능하다. 그리고 조직이론을 활용할 때, 조직의 보다 과학적인 해석이 가능하다. 따라서 이 책은 다양한 조직이론에 관한 설명을 통해 여러분이 조직에 관해 보다 정확한 이해를 얻고, 이러한 이해를 도구로 활용하여 조직에서 발생되는 현상과 문제에 보다 적절하게 대처하도록 하는 것을 목적으로 한다.

양자물리학이 과학인가?

양자물리학에 따르면, 우리가 아무리 많은 정보를 소유하고 우리의 계산 능력이 아무리 뛰어나더라도, 물리적 과정들의 결과를 정확하게 예측하는 것은 불가능하다. 왜냐하면 그 결과들은 정확하게 결정되어 있지 않기 때문이다. 양자물리학은 자연이 법칙들에 의해서 지배된다는 생각을 위태롭게 할 수도 있지만, 사실은 그렇지 않다. 오히려 양자물리학은 새로운 형태의 결정론을 향해서 우리를 이끈다. 그 결정론에 따르면, 어떤 시스템의 특정 시점에서의 상태가 주어지면, 자연법칙들은 그 시스템의 미래와 과거를 정확하게 결정하는 것이 아니라 다양한 미래들과 과거들의 확률을 결정한다.

과학은 이론이 검증 가능할 것을 요구한다. 만약 양자물리학의 예측들이 확률적이기 때문에 검증하기가 불가능하다면, 양자이론들은 타당한 이론이 될 자격이 없을 것이다. 그러나 그 예측들의 확률에도 불구하고, 우리는 양자이론들을 검증할 수 있다. 예컨대 우리는 하나의 실험을 여러 번 반복하면서 다양한 결과들이 나오는 빈도가 예측된 확률들과 일치하는지 확인할 수 있다.

출처: Hawking & Mlodinow(2010).

이 책은 특히 공공조직이 갖는 특성을 강조한다. 행정학 분야에서 이해해야 하는 조직은 모든 형태의 조직이 아닌, **공공조직**이다. 물론 행정학을 공부한다고 해서 민간조직과 비영리조직에 대한 이해가 필요하지 않은 것은 아니다. 공직에 있다고 하더라도 민간조직과 비영리조직을 포함한 모든 형태의 조직과 조직구성원을 상대해야 하기 때문이다. 또한 다른 유형의 조직에 관한 이해는 공공조직에 대한 이해를 높이기 위해서도 필요하다. 하지만 행정학 분야에서 주로 다루어야 하는 조직은 필연적으로 공공조직이 될 수 밖에 없다. 따라서 다른 형태의 조직과는 다른 공공조직이 갖는 특성에 대한 이해가 반드시 필요하다. 이러한 논의에 바탕을

두고, 이 책에서는 우선 공공조직의 특성을 살펴본다.

　이 책에서는 이론의 발달과정에 따라 조직이론을 크게 고전적 조직이론, 근대의 조직이론, 현대의 조직이론의 세 가지로 구분하고 대체적인 시기에 따라 살펴본다. 이 책에서 조직이론을 설명함에 있어 특히 중점을 둔 것은 해당 이론이 등장하게 된 상황, 즉 시대적인 배경이다. 이론 자체에 관한 설명만으로 그 조직이론을 정확히 이해하는 것은 거의 불가능하다. 조직이 개방체제(open system)라고 할 때, 조직에서 벌어지는 현상은 환경의 영향에서 결코 벗어날 수 없다. 그리고 조직에서 벌어지는 현상에 관한 설명 또한 환경의 영향에서 벗어날 수 없다. 시대적 배경에 대한 이해와 함께, 이 책에서 중점을 두고 있는 것은 연구자에 관한 소개이다. 사회과학에서 연구자의 가치가 어쩔 수 없이 연구결과에 영향을 준다고 할

트레키(Trekkie)

　미국에는 스타트렉(Star Trek)이라는 티비 드라마, 혹은 소설을 추종하는 사람들이 있다. 1966년 이후 지금까지 50여 년간 스타트렉은 전혀 새로운 이야기로 몇 시즌동안 방영되어 왔다. 스타트렉에 열광적인 이들은 트레키(Trekkie)라고 불리는데, 실제로 스타트렉 컨벤션이 미국의 각 도시에서 열리고 있다. 저자도 이러한 컨벤션에 가보고 싶었지만, 비싼 입장료를 지불해야 한다는 얘기에 유학생의 입장에서 컨벤션에는 들어가지 못하고 건물 주변에서만 어슬렁거렸던 기억이 있다.

　재미있는 것은 스티븐 호킹(Stephen Hawking)을 비롯한 많은 저명한 천체물리학자들이 스타트렉에서 영감을 받았다고 얘기하고 있다는 것이다. 왜 일까? 왜 소위 물리학의 천재들이 어찌 보면 조악하고 비논리적인 티비 드라마에 열광하는 것일까? 스타트렉이라는 드라마가 과학적으로 검증된 이야기라서 일까? 아마도 그보다는 이 티비 드라마 속 이야기가 촉발하는 무한한 상상력 때문일 것이다.

　조직이론 책에서 왜 이러한 이야기를 하는가? 저자는 여러분이 어떤 주제이건 자신이 흥미 있는 분야에서 트레키가 되었으면 한다. 그리고 상상력의 나래를 마음껏 펼쳐 보았으면 한다. 분명히 그러한 경험은 여러분의 경력에 도움이 될 것이다. 왜냐하면 한 분야에서의 열중했던 경험은 다른 분야로 전이되기 때문이다. 한 분야에서 열정을 느꼈던 사람은 다른 분야에서도 그런 열정을 느낄 수 있을 것이고, 이러한 열정은 여러분의 경력에서 가장 큰 자산이 될 것이다. 어떤 분야에서건 이러한 열정이 없다면, 어떤 것도 이루기 어려울 것이다.

때, 이론을 이해하기 위해서는 해당 이론을 만든 연구자에 관한 이해 또한 필요하다. 따라서 이 책에서는 본문과 함께 시대적 상황과 특징, 그 당시의 중요한 정책, 연구자의 소개 등을 추가하여 독자들의 이해를 돕고자 한다.

이 책은 저자가 여러 해 동안 조직이론을 강의하면서 정리해 온 강의노트를 바탕으로 하고 있다. 따라서 이 책은 수년간 학생들로부터 받은 질문, 피드백, 동료 교수님들과의 대화가 없었다면 완성될 수 없었다. 또한 편집을 열정적으로 도와준 조교들의 수고, 그리고 가족의 헌신적인 지원이 없었다면, 이 책은 출판될 수 없었다. 이 자리를 빌려 모든 분들에게 감사한 마음을 전한다.

2017년 8월

진 종 순

차   례

제2부　고전적 조직이론

제**3**부   근대의 조직이론

제 1 부

공공조직의 이해

제1부에서는 조직과 조직이론을 살펴보고, 공공조직의 특징에 관해 설명한다. 보다 구체적으로, 제1장에서는 조직이 무엇인지, 그리고 조직이론이 무엇인지에 관해 설명한다. 그리고 제2장과 제3장에서는 공공조직과 민간조직의 차이에 관해 설명한다. 행정학을 학습하는 학생들은 우선 민간조직과는 다른 공공조직이 갖는 특성을 반드시 이해해야 한다. 그렇지 않다면, 조직이론을 행정학과에서 별도로 학습하는 의미가 없을 것이다. 공공조직의 특징에 관한 이해는 앞으로 공공조직론뿐만 아니라 행정학 전반을 이해하는 데에도 도움이 될 것이다.

제 1 장

조직과 조직이론[1]

이 장에서는 조직관련 연구와 이론을 공공조직에 적용하기 위한 기초로서 조직의 정의, 가정, 그리고 조직이론의 연구주제를 설명한다(진종순 외, 2016).

1. 조직이란 무엇인가?

조직(organization)은 인류가 함께 모여 살면서 자연스럽게 생겨난 무엇이다. 조직은 인류가 집단으로 생산 활동을 함에 따라 자연적으로 생성되었다. 따라서 조직의 역사는 인류의 등장과 함께 시작되었다고 할 수 있다. 그런데 사람들은 왜 굳이 함께 모여 살면서 조직을 만들었을까? 이는 혼자서 하는 것보다 함께 일을 할 때 훨씬 더 효율적이기 때문이다. 원시시대에 혼자 사냥을 하려면, 사냥감을 쫓아 달리고, 활을 쏘고, 그물을 던지는 등 여러 가지 일을 모두 해야 한다. 하지만 여러 사람이 사냥을 하는 경우, 동물을 모는 사람, 활을 쏘는 사람, 그물을 던지는 사람 등 일을 분담하여 훨씬 수월하게 사냥을 할 수 있을 것이다. 즉 인류의 역사에서 조직은 필수불가결하게 함께 해왔다. 인류가 원하건 원하지 않건 조직은 우리 곁에 항상 함께하고 있다. 따라서 사람들은 조직을 삶을 구성하는 너무나 당연한 것으로 생각해왔으며, 특별히 조직에 관해 생각해보거나, 따로 연구할 필요가 있다고 생각하지 않았다.[2]

---

1) 이 장은 진종순 외(2016)를 재정리하였다.
2) 이는 부패(corruption)에 관한 관심과도 유사하게 이해될 수 있을 것이다. 부패는 항상 우리와 함께 있어왔다. Klitgaard(1988: 7)는 "부패의 역사는 정부 그 자체만큼 오래되었다"라고 말하기도 한다. 그럼에도 불구하고, 부패에 관한 연구는 오랜 역사를 갖고 있지 못하다. 1960년대가 되어서야 부패에 관한 연구는 시작되었으며, 이전에 부패는 단순히 경멸되고 비난되었을 뿐이었다. 예를 들어, 모더니즘(Modernism: 19세기 후반에서 20세기 중반까지)에서 부패는 어느 시대에나 또 어디에나 있

그렇다면, 사람들은 언제부터 조직을 연구의 대상으로 삼기 시작하였을까? 조직에 관해 연구하는 조직이론(organizational theory)은 언제 시작되었을까? 아마도 조직에 관한 최초의 서술은 「Book of Exodus」에 언급되었을 것이다. 이 책에 의하면, 모세의 장인이 모세가 사람들을 조직화하지 못한 것을 질책하는 장면이 나온다. 결국 모세는 장인의 조언을 받아들였는데, 사람 10명당 관리자 1명, 50명당 관리자 1명, 100명당 관리자 1명, 1,000명당 관리자 1명을 선출하여 이들이 자잘한 문제를 해결하도록 하였고, 모세는 어려운 문제만을 해결하였다(Shafritz, Ott, & Jang, 2005).

모든 연구는 필요에 의해 시작된다. 조직이 단순했던 시기에 조직은 우리 곁에 있는 당연한 무엇으로 인식되었고, 굳이 연구의 대상으로 생각되지 않았다. 조직에 관한 본격적인 연구는 18세기 산업혁명(Industrial Revolution) 시기 영국의 공장시스템으로 인해 시작되었다고 이해된다(Clegg & Dunkerley, 1980). 대량생산을 위한 대규모 공장이 등장하지 않았던 산업혁명 이전에 대부분의 조직은 비교적 단순한 형태를 띠고 있었으며, 조직에 관해 체계적인 연구를 할 필요성이 높지 않았다. 하지만 가내수공업 생산에서 공장제 생산으로 생산방식이 전환됨에 따라 노동의 분업(division of labor)이 요구되었다. 예를 들어, 가내수공업 방식의 대장간에서는 한 사람의 대장장이가 고객으로부터 호미를 주문받은 후, 철광석을 녹이고, 호미모양의 철을 가공하고, 마지막으로 호미의 날을 가는 일까지 해낸다. 즉, 일의 처음부터 끝까지 다양한 업무를 홀로 해내야 한다(물론 조수의 도움을 받을 수는 있을 것이다). 하지만 호미를 생산하는 대규모 공장에서 노동자는 앞서 업무의 극히 일부, 예를 들어 호미의 철을 가공하는 일만을 담당하거나, 호미의 날을 가는 일만을 담당할 것이다.

다시 말해서, 산업혁명으로 인해 대규모의 공장들이 등장하게 되었으며, "공장에서 상품을 최대한 효율적으로 생산하기 위해 직공들을 어떻게 구성할 것인가?"라는 질문으로 인해 조직이론이 생겨나게 된 것이다. 따라서 조직이론의 가장 중요한 질문은 "조직의 목표를 최대한 효율적으로 달성하는 방법은 무엇인가?"라고

는 것이며, 연구할만한 가치가 없다고 주장하였다. 부패라는 주제의 민감함에 당황하기도 하면서, 비록 부끄러운 것이지만 모더니스트(modernist)들은 부패에 관해 아무것도 할 수 없다고 생각하였다. 즉 부패는 문화적이거나 전통적인 요소로 이해되었다.

할 수 있으며, 이는 현재도 마찬가지이다. 같은 맥락에서 Arrow(1974)는 조직을 이해할 때, 근본적으로 고려해야 할 점으로 첫째, 개개인이 서로 다르고, 특히 서로 다른 재능을 지니고 있는 점과 둘째, 어떤 과업을 달성하는데 있어 개개인의 효용성은 전문화와 더불어 개선된다는 점을 들고 있다.

하지만 사람들의 목표를 효과적으로 달성하기 위해 만들어진 조직은 예상치 못한 역기능을 보여주기 시작했다. 목표를 최대한 효율적으로 달성하기 위해 만들어진 조직이 이에 속한 사람들의 행동과 자유를 오히려 구속하는 상황이 발생하기 시작한 것이다. 이는 어쩌면 너무나 당연한 결과이다. 사람들이 자신이 원하는 행동을 마음대로 한다면, 조직은 결코 유지될 수 없을 것이기 때문이다. 실제로 인간은 자신의 개인적인 욕구와 사회가 요구하는 것 사이에서 항상 갈등하는 존재이다. 개인과 사회의 완전한 통합은 있을 수 없다. 여기서 통합은 사회와 개인적 맥락이 완전히 동질성(identity)을 이루는 것을 말하는데, 예를 들어, 한 사람의 사회적, 정치적 태도에는 어느 정도 양보 또는 타협된 그 사람의 개인적 견해가 항상 반영된다. 어떤 순간에 한 개인이 지닌 가치가 타협되어야만 하는 이유는 다른 사람들은 그 사람과는 다른 가치를 지니고 있고, 어느 정도의 협동이라는 요소 특히 동의 없이는 한 사람의 사회적 행동이 불가능하기 때문이다(Arrow, 1974).

조직이 사람들의 삶에서 차지하는 부분이 커짐에 따라 문제는 점점 심각해지기 시작했다. 가장 대표적으로, 대규모의 조직에서 일반적으로 나타나는 관료제의 문제점인 비인간화, 인간의 기계화와 같은 현상이 발생하기 시작한 것이다. 조직으로 인해 나타나는 문제는 사람들이 해당 조직에서 벗어난 경우에도 지속되었는데, 대규모 조직 내에서 권장되는, 그리고 이로 인해 익숙해진 수동적인 행태, 창의성의 상실 등은 조직구성원이 가정으로 돌아왔을 때에도 그대로 지속되었다. 사람의 행태는 장소(locus)가 달라졌다고 180° 변할 수는 없는 것이다. 이러한 이유로 관료제는 심리적인 감옥(psychological prison)이라고 불리기도 한다. 따라서 많은 사람들은 조직이 야기하는 문제점에 관해 생각하기 시작했다. 이 결과, "어떻게 조직이 주는 부정적인 효과에서 벗어날 것인가?"라는 질문이 조직이론의 또 다른 큰 주제가 되었다.

모든 사람들은 조직 속에서 생활하거나 조직에 둘러싸여 살고 있다. 우리의 삶 중에 조직의 영향을 받지 않는 부분은 거의 없다고 해도 과언이 아니다. 이러한 조직에 관해 지금까지 수많은 학자들이 개념을 정의하여 왔다.

조직에 관한 여러 학자들의 정의

- Max Weber(1947): 폐쇄되어 있거나 규칙에 의해서 외부인의 출입을 제한하는 사회적 관계
- Dwight Waldo(1955): 권위적, 관습적, 개인적 상호관계의 구조
- Chester Barnard(1938; 1968): 두 명 이상 사람들의 의식적이고 목표 지향적인 협동 행위, 혹은 의식적으로 조정된 둘 이상의 사람들의 활동이나 힘의 체계
- Philip Selznick(1948): 합리적 행동의 구조적 표현
- James March & Herbert Simon(1958): 인간들의 상호작용의 집합체로서 하나의 사회제도
- Amitai Etzioni(1964): 특정한 목표를 달성하기 위하여 의도적으로 만들어진 사회적 단위(또는 사람들의 집합)
- Michael Cohen & James March(1972): 문제나 이슈를 찾고자 하는 선택, 의사결정상황을 찾고자 하는 감정, 해답을 줄지도 모를 단서를 찾는 해결책, 일할거리를 찾는 의사결정자의 집합체

출처: Harmon & Mayer(1986).

가장 일반적으로 통용되는 조직(organization)의 정의는 "목표나 미션을 달성하기 위하여 사람들이 특별한, 그리고 상호의존적이고도 계속적인 활동을 하는 것"으로 내려진다.

이러한 조직의 정의에서 중요한 두 가지의 요소는 **목표지향성**과 **계속적인 상호의존성**이다.

- **목표지향성**: 조직은 목표를 가진 존재이다. 조직과 그 구성원은 특정한 목적을 달성하려고 노력한다.[3]
- **계속적인 상호의존성**: 조직구성원들은 지속적인 상호관계를 맺는다.

---

3) 조직은 목적 달성을 위한 도구라고 볼 수 있다. 실제로, organization에서 organ은 도구(instrument)라는 의미를 갖고 있다.

이러한 정의에 의하면, 정부부처나 민간기업은 조직이다. 보다 구체적으로는 걸스카우트, 우리나라의 우체국 등이 조직의 좋은 예가 될 수 있다. 하지만 우체국에서 우표를 사거나, 소포를 부치기 위하여 줄을 서있는 사람들이나 축구장의 관중들은 조직이 아니다. 물론, 축구장의 관중들이 자신이 지지하는 프로축구팀을 응원하기 위해 서포터즈 그룹을 조직하였다면, 이는 하나의 조직이 될 것이다. 이들은 지속적인 상호관계를 맺을 것이기 때문이다.

다음 중 무엇이 조직인가?

- **조직**: 걸스카우트, 우체국
- **조직이 아님**: 우체국에서 우표를 사려고 줄을 선 사람들, 축구장의 관중

이들의 차이는 "목표를 추구한다", "계속적인 상호관계를 맺는다"라는 앞서의 두 가지 기준에 따라 비교해볼 수 있다. 우체국에서 우표를 사려고 줄을 선 사람들은 목표를 추구한다는 점에서 첫 번째 기준을 충족한다. 게다가 이 사람들은 우표를 구입한다는 동일한 목표를 갖고 있다. 하지만 두 번째 기준인 계속적인 상호관계를 맺는다는 기준은 충족하지 못한다. 줄을 선 사람들이 잠깐 농담이나 담소를 하는 경우도 있을 것이다. 하지만 이들은 우표를 구입한 후에 각자 자신의 길로 갈 뿐, 계속적인 상호관계를 맺지는 않는다. 축구장의 관중의 경우에도 같은 팀을 응원한다면, 그 팀이 이기기를 바라는 동일한 목표를 공유할 것이다. 하지만 이들도 게임이 끝나면, 각자 자신의 집으로 돌아갈 뿐 계속 상호관계를 유지하지는 않는다.

앞서의 정의에 덧붙여 조직을 이해하기 위해 필요한 또 하나의 요소는 **식별가능한 경계**이다. 식별가능한 경계는 조직과 주변의 환경을 구별하게 해주는데, 하나의 조직이 자원의 투입, 전환, 산출 과정을 독자적으로 수행할 수 있다면, 이는 개별 조직이라고 할 수 있다(Hall, 1999; 김병섭 외, 2008). 특히 '식별가능한 경계'는 조직 내에 있는 조직을 확인할 때 유용한 개념이다([그림 1-1] 참조).

그림 1-1 조직과 환경

- **식별가능한 경계**: 조직이 자원의 투입, 전환, 산출 과정을 독자적으로 수행할 수 있다.

이러한 정의에 의하면, 조직의 '규모'는 조직을 구성하는 기본요소가 아님을 알 수 있다. 하지만 그럼에도 불구하고 실제로 조직이론가들은 대규모의, 전문화된, 그리고 상호의존성이 매우 높은 복잡한 구조를 가진 조직에 주로 관심을 갖는다. 왜 그럴까? 아마도 대규모 조직의 경우에 연구할만한 대상이 되기 때문일 것이다. 사실 조직의 규모는 매우 큰 의미를 갖는다. 큰 규모의 조직에서 일을 잘 수행하기 위해서는 조직구성원들이 각자 자신의 분야를 맡고 일을 전담해야 한다. 즉, 분업이 반드시 필요하다. 이렇게 자신의 분야에서 계속 업무를 보다 보면, 종종 조직구성원들의 전문성이 높아지게 된다. 또한 업무의 분업과 기능의 전문화는 조직의 효율성을 낳게 된다. 그리고 조직구성원들의 분업과 전문화는 다양하고도 상호의존적인 업무를 조율할 통제 메커니즘에 대한 필요성을 높인다. 이렇게 이야기를 이어가다 보면, 결국 조직이 추구해야 하는 목표가 분업, 전문화, 효율성, 통제 등으로 이해될 수 있다.[4] 하지만 이것들은 대규모의 조직에서 발생하는 현상일 뿐, 조직의 구성요소는 아니다. 예를 들어, 어떤 작은 조직에서 사용되는 기술은 너무 단순해서 업무의 전문화가 필요하지 않거나, 가능하지 않을 수도 있다(Gortner, Mahler, & Nicholson, 1997).

조직에 관한 연구에서 나타나는 또 하나의 주장은 "사람만이 중요하다"는 관점

---

4) 모든 조직구성원이 어떤 공식적, 혹은 추상적인 목표를 달성하기 위하여 조직구성원이 된 것은 아니다. 어떤 조직구성원은 단순히 생계를 유지하는 것이 목표일 것이다.

이다. 즉 조직은 중요하지 않고, 정작 중요한 것은 조직 내의 사람들이라는 입장이다.[5] 왜 이러한 주장이 나온 것일까? 이는 아마도 조직은 무형의 것이고 생명이 없는 것이라는 생각에 바탕을 둘 것이다. 하지만 이러한 주장에 대해 다음과 같은 두 가지의 반박이 가능하다. 첫째, 생태적, 사회적, 교육적인 요인에 영향을 받듯이, 사람들은 어떤 조직에 속하였는지, 조직 내에서의 지위와 직위, 그리고 조직에서 소유한 권위의 영향을 많이 받는다. 다시 말해서, 사람들이 삶에서 무엇을 얼마나 성취하는가는 그들이 조직 내에서 가진 멤버십, 지위와 권위, 그리고 사용가능한 자원의 영향을 받는다. 그리고 이러한 조직 내에서의 지위, 권위, 자원은 오직 조직만이 줄 수 있다. 이는 왜 사람들은 조직 내에서 성취하는 만큼, 조직 밖에서는 성취하지 못하는가를 설명한다(Gortner, Mahler, & Nicholson, 1997).

둘째, 조직은 개인과 별개로 독립적으로 존재하는 하나의 실체이다.[6] 우선, 조직은 그 구성원들이 바뀐다고 하더라도 독립적으로 오랜 시간에 걸쳐서 존재한다. 조직의 구조적인 속성들은 조직구성원들과 독립되어 취급될 수 있을 정도로 충분히 안정적이다. 예를 들어, 대학은 졸업하거나 퇴직하여 나가는 여러 세대의 학생들과 교직원들보다 훨씬 오래 존속한다. 로마 카톨릭 교회의 역사는 거의 2,000년 전까지 거슬러 올라갈 수 있다(Hall, 1999). 다음으로, 조직은 단순한 무형의 것이 아니고 사람과 같이 태어나고 성장하다 소멸하는 생애를 갖고 있다(Kimberly & Mills, 1980). 이는 조직의 생애주기(life cycle)라고 얘기되는데, 사람이 유년기, 청년기, 장년기를 거치듯이 조직도 유년기, 청년기, 장년기의 단계를 거친다는 것이다. 또한 모든 사람들이 생애주기에 따른 공통점을 가지듯이 조직들도 어떤 조직이건 생애주기에 따른 공통점이 있다. 예를 들어, 유년기의 조직은 성장에 중점을 두고, 장년기의 조직은 안정성에 중점을 두는 식인데, 어떤 형태나 유형의 조직이건 생애주기에 따른 공통점을 찾을 수 있다.

---

5) 이러한 주장을 하는 학자들은 명목론자(nominalist)라고 불린다. 이들은 조직을 실재하는 실체라고 보기보다는 이름에 불과하다고 본다. 조직이 개인들의 상호작용 이상의 그 무엇은 아니라는 입장을 취한다(Blau, 1964; Simon, 1964). 명목론의 기본적인 입장은 실재는 개인의 인식을 통하여 구성되며, 외부세계는 사람들의 마음 속에서 만들어지는 인공적인 창조물이라는 것이다(Hall, 1999).

6) 이러한 주장을 하는 학자들은 실재론자(realist)라고 불린다. 실재론의 입장은 개인의 인식에 외재하는 세계는 견고하고 실체가 있으며, 상대적으로 불변하는 구조로 구성된 실재 세계라는 것이다(Hall, 1999).

2. 조직이론이란 무엇인가?

만약 앞서의 내용과 같이 조직이 중요하다면, 어떻게 조직이 형성되는지, 구조를 발전시키는지, 자원과 절차를 유지하는지, 그리고 목표를 달성하는지 이해하는 것은 매우 중요하게 된다. 아마도 이런 이유로 여러분들이 이 책을 읽고 있을 것이다. 그렇다면, 조직이론은 무엇인가?

조직이론(organization theory)은 조직 내 한 사람 한 사람의 구성원, 조직 내의 그룹이나 부서, 조직, 조직들이 모인 집단 등 대체로 네 가지를 분석의 대상으로 한다. 조직이론은 하나의 단일한 이론이 아니다. 조직이론의 주제, 연구 질문, 연구방법, 그리고 바라보는 관점과 차원 등은 매우 다양하다. 조직이론은 피라미드 혹은 다단케이크와 같이 기존의 지식 위에 새로운 지식들이 질서 있게 더해진 모양이 아니다. 오히려 마치 피자와 같이 조직이라는 하나의 큰 틀에 다양한 토핑이 더해진 모양에 가깝다([그림 1-2] 참조). 다시 말해서, 조직이론은 질서 있게 발전된 것이라기보다는 관련 학문분야 즉 대부분의 사회과학분야의 다양하고도 새로운 아이디어들이 무작위로 더해진 것이다. 이들 아이디어들은 통합된 하나의 아이디어로 정리된 것이 아니며 서로 상충되는 주장을 하기도 한다(Gortner, Mahler, & Nicholson, 1997).

조직이론들은 많은 유사한 내용들을 갖고 있다. 조직이론에서 벌어지는 학제적인

 **그림 1-2** 조직이론

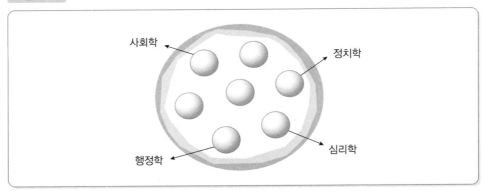

교환(interdisciplinary exchange)은 많은 개념, 발견, 질문의 상호 간 차용(borrowing)의 산물이다. 종종, 이러한 차용은 조직이론의 다양한 재해석, 의미의 전환, 강조로 나타난다. 이러한 결과로, 조직이론은 때때로 이론의 발전을 위한 학제적인 협력의 산물이 아니라 상호 복제(piracy)의 결과로 보이기도 한다. 이렇게 상반되고도 비슷한 주장들로 구성된 조직이론은 어떻게 보면, 무질서하고 혼동된 상태로 이해될 수 있다. 하지만 이러한 조직이론의 학제적인 특성(interdisciplinary character)은 아마도 조직이론의 가장 중요한 자원(source)이자 큰 장점일 것이다. 다양한 사회과학분야들은 조직이론의 풍부함과 다양성에 기여하고 있다(Gortner, Mahler, & Nicholson, 1997). 사회과학의 각 분야에서 다루고 있는 조직이론의 주제들은 매우 다양하며, 강조점에서 차이를 보인다.

각 학문분야에서의 조직에 관한 연구주제

- 심리학자(Psychologists): 리더십, 동기부여, 집단행위, 갈등과 같은 행태적인 연구
- 사회학자(Sociologists): 조직구조와 조직간 협조
- 경제학자(Economic analyses): 의사결정이론
- 인류학자(Anthropologists): 언어학과 조직생활의 문화차원
- 시스템분석가(System analysts): 기획과 프로그램관리를 위한 수학적 모델
- 행정학자와 정치학자(Public administrators and political scientists): 정책분석과 공공조직의 정치적, 전문적, 그리고 기술적 특징이 정부정책의 형성과 집행에 영향을 미치는 방식

---

3. 조직에 관한 세 가지 연구방법

지금까지 수많은 학자들이 조직에 관해 연구해왔으나, 다양한 조직에 관한 연구방법은 "왜(why), 어떻게(how) 조직이론을 연구하는가?"라는 연구목표(goal)에 따라 구분될 수 있다. 어떤 학자들과 실무자들은 조직이론이 조직을 관리하는데 도움이 되는 구체적이고 명백한 관리기법과 가이드라인을 제공해야 한다고 주장한다. 하지만 다른 학자들은 조직이론의 목적이 조직 내에서 일어나는 현상을 설명하는 것이라고 주장한다. 또 다른 학자들은 조직이론의 목표가 조직 내에서 억압을 받고 있는 개인이 자유를 얻는데 도움을 주는 것이라고 주장한다.[7] 조직에 관

한 연구방법은 크게 경험적 연구, 규범적 연구, 현상학적 연구의 세 가지로 구분할
수 있다.

1) 경험적 혹은 실증적 연구

기본적으로 경험적(empirical) 혹은, 실증적 연구는 관찰을 통하여 객관적으로
지각하고 인지할 수 있는 객관적 실제(objective reality)가 있다고 가정한다. 그 실
제는 관찰하는 사람들과 독립적으로 존재한다는 것이다. 즉 모든 현상은 사람들이
공통적, 객관적으로 인식하는 것이 가능하다는 것이 경험적 연구의 기본 가정이다.
경험적 연구들은 조직에 관한 연구와 이론의 목적이 사실을 발견하고, 그 사실을
어떻게 예측하는가와 관련된다는 가정을 공유한다. 이는 다시 말해서 주요한 조직
이론이 현실을 반영한다는 것을 의미한다.

경험적 연구에서 조사와 분석의 대상은 현상, 혹은 행태(behavior)이다. 경험적
연구에서는 대상을 있는 그대로 파악하기 위하여 각 현상(행태)에 포함되어 있는
의미를 제거하여 대상의 보편성과 객관성을 확보한다. 동일한 현상(행태)은 동일하
게 취급된다. 경험적 연구는 조직에서 벌어지는 현상을 설명하기 위한 변수들 간의
관계를 가정하고 그 인과관계를 검증하는 것을 목적으로 하며, 최종적으로는 현상
을 해석하는 모형(model)을 설정하고 이론(theory)을 도출하는 것을 목표로 한다.
실제로 대부분의 조직이론들은 계량적이거나 질적인 관찰과 분석에 바탕을 둔다.

2) 규범적 연구

경험적 연구와 마찬가지로 규범적(normative) 연구도 연구자가 관찰을 통해 객
관적으로 지각하고 인식할 수 있는 현상이 존재한다고 가정한다. 따라서 계량적이
고 질적인 분석방법을 활용한다. 하지만 규범적 연구는 인과관계의 분석을 통해
모형이나 이론을 개발하기보다는, 조직 관리자의 입장에서 조직의 성과를 향상시
키기 위하여 조직을 어떻게 관리, 통제할 것인가에 관심을 갖는다. 연구자들의 경
우에는 공공기관의 연구 의뢰를 받아 연구용역을 수행하는 경우가 규범적 연구에

---

7) 이러한 모든 경향은 새로운 행동이론(action theories)으로 종합될 수 있다. 행동이론은 내부와 외
부변화에 더욱 민감하고, 생존을 위한 학습과 변화능력을 증가시키고, 조직의 성공과 함께 개인의
성장과 성취를 위한 기회를 제공하는 조직을 만들려고 시도하고 있다.

해당된다. 다시 말해서 규범적 연구는 조직을 효율적, 효과적으로 관리하기 위한 분석과 진단을 내리고, 조직의 관리자에게 도움이 되도록 문제에 대한 **해결책을 찾는 것에 중점**을 둔다.

3) 현상학적 연구

앞서의 경험적 연구와 규범적 연구와는 반대로 현상학(phenomenology)적 관점에 의하면, 객관적인 실제(objective reality)는 세상에 존재하지 않는다. 단지 주관적 실제(subjective reality)만이 존재할 뿐이다. 이러한 설명에 의하면, 하나의 사물에 하나의 실제만이 있는 것이 아니며, 복수의 실제(multiple social reality)가 존재한다. 이러한 주관적 실제는 그 실제와 관련된 사람들에 의해서 구성(construct)되는 것으로, 이것은 독립적으로 존재하기보다는 대상을 느끼는 사람에 따라 달라진다. 다시 말해서, 하나의 객관적 실제가 있는 것이 아니라, 이 대상에 대한 사람들의 다양한 주관적인 관점들이 존재할 뿐이다.

따라서 현상을 정확히 이해하기 위해서는 대상을 바라보는 사람의 인식을 파악하는 것이 필요하다. 동일한 현상(행위)도 그 대상을 바라보는 사람들의 인식차이로 인해 다른 의미를 가질 수 있다. 예를 들어, 경험적 연구와 규범적 연구에서는 대학의 강의시간에 "학생이 손을 들었다"라는 객관적 사실이 중요하고 전부이다. 하지만 현상학적 연구에서는 어떤 이유로 학생이 손을 들었는지, 질문을 하기 위해서인지, 혹은 머리를 긁기 위해서인지 그 학생의 생각으로 들어가 파악하는 것이 중요한 것이다. 즉 주관적 실제를 연구하기 위해서는 환경, 관찰자와 대상을 분리해서는 안되며, 총체적(holistic)으로 바라보아야 한다.

현상학적 연구의 목적은 조직 내 개인의 주체성과 자율성, 자유를 보호하는 것이다. 현상학적 연구에서는 이를 위해 조직구성원 개인의 주관적인 인식과 감정을 분석하기 위한 간주관적인 연구방법을 사용한다. 현상학적 연구에서는 기본적으로 개인이 자유(freedom)를 느끼고(feeling) 있는지가 중요하다. 만약 개인이 자유를 실제로 느끼고 있는지 파악하지 못한다면, 어떻게 자유를 획득할지 알 수 있을 것인가? 현상학적 연구는 원래는 사람들의 활동을 효과적으로 수행하기 위해 만들어진 조직이 사람들의 자유를 빼앗았다고 주장한다. 따라서 어떻게 원래 의도했던 대로 조직이 사람들의 도구로써 활용될 수 있을지에 관심을 갖는다. 즉 조직의 속

박으로부터 **자유로운 인간의 본성을 되찾는 것**이 현상학적 연구의 목표이다.

현상학적 연구의 대표적인 연구대상은 관료제인데, 현상학자들은 관료제 조직이 기계적이고 비인간적이라고 주장한다. 관료제 내의 조직구성원은 누구나 계급, 계층에 소속되고, 조직의 목표를 달성하기 위하여 정해진 절차와 방식에 따라서 취급된다. 이러한 관료제 조직의 기본적인 메커니즘은 필연적으로 조직 내 개인의 자유를 구속함으로써, 조직구성원은 점점 인간의 본성을 잃고 수동적, 피동적인 존재가 되어가게 된다. 예를 들어, 관료제의 대표적인 역기능의 하나로 심리적인 감옥(psychological prison)이 언급되기도 한다. 관료제와 같이 대규모 조직에 속한 조직구성원은 조직의 규정과 규범을 준수할 때 보상을 받게 되며, 이러한 행태는 자연스럽게 권장된다. 조직구성원들에게 내면화된 수동적, 피동적인 행태는 그가 직장에서 가정으로 돌아왔을 때에도 그대로 지속되는 것이다. 결과적으로 현상학적 연구에서는 조직에 속한 개인은 자유, 창의성, 자율성을 잃어버리게 된다고 주장한다.

4. 조직이론의 이해를 위해 필요한 용어들

다음의 용어들은 조직이론에 관한 설명에서 항상 언급되는 것들이다. 아마도 여러분들은 이러한 용어들을 일상생활에서도 자주 들어왔을 것이며, 어렴풋이 의미를 알고 있을 것이다. 하지만 조직과 조직이론에 관한 설명을 정확하게 이해하기 위해서는 용어에 관한 보다 명확한 정의가 반드시 필요하다(Daft, 2010; Osborne & Plastrik, 2000). 따라서 각각의 용어들에 관해 간단한 개념을 정의내린다.

① 효율성

효율성(efficiency)은 목적달성을 위한 투입(자원) 대비 산출의 양을 의미한다. 다른 말로, 처리과정 또는 산출물의 단위당 가격이라고도 불리는데, 처리과정 또는 산출물에 대한 투입물의 비율을 의미한다. 효율성은 조직의 목적을 달성하기 위해 사용된 자원의 양과 관련이 있다. 대부분의 처리과정은 산출물을 낳기 때문에 산출물의 비용이 사실 처리과정의 비용과 동일한 경우가 많다. 하지만 하나의 산출물을 낳는데 복수의 처리과정이 필요한 경우도 종종 있는데, 이러한 경우에는 처리과정 각각의 효율성을 측정할 필요가 있다.

② **효과성**

효과성(effectiveness)은 조직이 달성하고자 하는 목표(goal)를 달성하였는가의 여부를 의미한다. 효과성은 성과측정을 위해 매우 중요하다. 만약 프로그램이나 과정 자체가 효과적이지 않다면 그것이 얼마나 효율적인가 하는 문제는 무의미할 것이다. 즉 효과성은 첫째, 의도된 산출물을 도출하기 위한 투입과 과정의 적정성, 둘째, 의도된 사업과 전략 결과를 도출하기 위한 산출물의 적정성, 마지막으로, 의도된 정책결과를 도출하기 위한 사업과 전략의 적정성을 의미한다.

효과성은 효율성보다 더 포괄적인 개념인데, 이는 목표가 갖는 특성 때문이다. 일반적으로 조직의 목표는 단일한 것이라고 생각하기 쉬우나, 실제는 그렇지 않다. 어떤 조직이든 고객, 직원, 상급기관, 관련기관 등 다양한 이해관계자들(stakeholders)이 존재하며, 이들이 생각, 주장하는 조직의 목표는 일치되기 어렵다. 예를 들어, 기업의 주주(shareholder)는 공장의 생산활동을 이익산출로 보고, 근로자의 보수를 비용으로 볼 것이다. 반면에, 근로자(worker)는 공장에서의 생산활동을 비용으로 보고, 자신의 보수를 이익산출로 볼 것이다(Keeley, 1984). 이는 조직의 목표를 달성하는 효과성을 달성하기 쉽지 않다는 것을 의미한다. 어떤 이해관계자가 효과성이 달성되었다고 인식할지라도 다른 이해관계자는 다른 의견을 가질 것이다. 효율성이 높다고 해서 효과성을 달성한 것은 아니다.

효과성에 대한 다양한 관점[8]

- **목표에 기반을 둔 접근법**: 전통적인 접근법으로 조직의 효과성은 조직이 무엇을 해야 한다는 식의 평가자의 가치판단이 아니라 조직의 목표와 의도에 의하여 측정된다. 즉 효과성은 조직이 실제로 무엇을 하려고 하는가를 평가하는 보다 객관적인 틀이다.
- **상대적인 접근법(Relativistic Approach)**: 상대적인 다수-이해관계자 접근법이라고도 불리며, 어떤 조직의 효과성에 관한 하나의 단언(언급)은 가능하지 않고, 바람직하지도 않다고 본다. 각각의 이해관계자들의 관점은 모두 동일한 수준으로 타당하다고 가정한다(Connolly, Conlon, & Deutsh, 1980).
- **발전적인 접근법(Developmental Approach)**: 효과성은 조직이 그 구성원의 시간에 따라

---

8) Keeley(1984).

변화하는 선호를 만족시키는 능력으로부터 나온다고 본다. 조직은 물리적, 생태적, 사회적 한계로 구성되는 영역 내에서 작동된다. 실제로 조직은 무엇이 가능한지, 어떠한 대안들이 가능한지 일정한 한계에 놓여있다. 효과적인 조직은 장기적으로 이해관계자들을 더 만족시키기 위하여 그 영역(실현 가능한 한계)을 확장하는 조직이다(Zammuto, 1982).

- 권력 접근법(Power Approach): 조직은 마치 시장처럼 작동하며, 조직을 매개로 하여 갈등하는 참여자들은 교환관계를 형성한다. 효과성은 개개 참여자들이나 집단들의 관점에 의해 정의된다. 모든 사람들의 동의나 관리자의 선언에 의해서 정의되는 것이 아니다. 조직의 효과성을 평가하기 위해서는, 1) 관련된 참여자들을 확인한다. 즉, 어떤 자원이 조직에 결정적으로 중요한가, 누가 이들 자원을 제공할 것인가 등을 확인한다. 2) 결정적인 자원을 통제하는 참여자들의 상대적인 권력의 경중을 가린다. 3) 다양한 참여자들이 조직을 평가하는 기준을 결정한다. 4) 이러한 경중이 주어진 기준에 대한 조직 행동의 영향력을 평가한다(Pfeffer & Salanick, 1978).
- 사회정의 접근법(Social Justice Approach): 개인은 단지 조직의 복지(well-being)과 생존을 위한 자원이나 수단이 아니라, 그들 자체가 목표이다. 정책을 결정하거나 집행하는 경우, 각 참여자의 기본적인 복지에 관한 동등한(동일한) 고려가 주어질 때, 조직이 정당하거나 효과적일 수 있다. 이것이 유감(후회)의 최소화 원칙이라고 할 수 있다. 가장 유감(불리한) 조직 참여자의 불만족을 최소화하는 것을 목표로 한다(Keeley, 1978; House, 1980; John Rawls, 1971).

③ 생산성

생산성(Productivity)은 산출에 대한 투입의 비율, 즉 얼마의 비용으로 얼마나 많은 산출물(output)을 생산할 수 있는가를 의미한다. 생산성은 효율성의 범주에 속한다.

성과측정을 위한 체크리스트: 미국 Oregon주 교통부의 사례

- 직원들은 성과측정이 무엇이며 어떻게 사용되는지 이해하고 있는가?
- 직원들은 성과측정을 개발하기 위해 실시되는 과정을 선호하는가?
- 직원들은 실시된 측정이 타당하다고 믿는가?
- 모든 직원들이 성과측정 보고를 받는가?
- 측정 데이터가 신뢰할만하고 정확한가?
- 직원들은 보고형식이 사용자 친화적이라고 생각하는가?

- 관리자들은 조직경영에 성과데이터를 사용하고 있는가?
- 데이터가 예산책정에도 사용되고 있는가?
- 데이터가 계약과 양도의 대상을 결정하기 위해 사용되는가?
- 데이터가 작업그룹별 성과를 보상하기 위해서 사용되고 있는가?

출처: Osborne & Plastrik(2000).

④ 정당성

정당성(legitimacy)은 조직의 활동이 바람직하고 적절하며 환경의 규범과 가치, 신념체계와 부합한다는 사회 전반의 시각이다. 이러한 정당성은 **공공조직**에게 특히 중요한 개념이다.

⑤ 질

질(quality)은 생산과정이나 활동이 얼마나 잘 이루어졌는가 또는 산출물이 얼마나 잘 생산되었는가를 뜻하는데, 정책결과와의 연관성이 직접적이지 않다는 점에서 효과성과는 다소 다른 개념이다. 효과성을 측정하지 않고도 과정이나 산출물의 질을 측정할 수 있기 때문이다. 예컨대 어떤 사무실의 전화응대 서비스의 질은 응대 속도, 친절도, 통화종료 후의 민원인 만족도 등으로 측정될 수 있는데 이러한 측정결과가 높게 나왔다고 해서 효과성 또한 반드시 높은 것은 아니다. 고품질의 서비스가 원하는 결과를 보장해주는 것은 아닌 것이다.

질(quality)의 측정

영국 재무부가 발간한 「행정기관: 달성수준의 설정과 성과측정을 위한 가이드」에서는 조직성과의 질을 측정할 수 있는 다양한 방법을 다음과 같이 제시하고 있다.

- 산출물의 질
  - 정확성(에러율 등)
  - 산출물이 기술적인 세부내역과 기준을 충족하고 있는지 여부
  - 정보나 조언의 명확성
  - 오류, 민원, 실패에 대한 응대

> – 소비자의 평가
> • 과정의 질
> – 적시성(대기시간, 공정시간, 산출소요시간 등)
> – 대응성(고객에 대한 적절한 피드백 등)
> – 직원의 친절도 및 유익성
> – 고객서비스의 접근성
> – 필요한 문서나 서식 등에의 접근성
>
> 출처: Osborne & Plastrik(2000).

⑥ 양

양(quantity)은 얼마나 많은 산출물을 만들었는가를 의미한다. 즉 교육받은 직원 수, 처리한 허가 건수 등으로 이는 성과측정 지표 가운데 상대적으로 가장 중요성이 낮다.

⑦ 비용-효과성

비용-효과성(cost-effectiveness)은 결과에 대한 투입의 비율, 즉 여러분이 지불한 돈(재화)으로 얻은 결과의 수준을 의미한다. 이것은 바로 '돈의 가치'를 의미하는 것이다. 즉, 비용-효과성은 "여러분의 소비가 얼마나 효과적인가?"라는 질문에 답이 된다. 하지만 무형의 비용과 이익을 재화로 전환하는 것에는 많은 논란이 있다. 예를 들어, 질병이나 상해를 예방하는 정책에서 어떻게 생명이나 치명상을 돈의 가치로 매길 것인가의 문제가 존재한다. 주의할 것은 비용-효과성이란, 돈으로 얼마나 많은 즉각적인 산출물(output)을 생산해 내는가가 아니라, 얼마나 많은 장기적, 종합적인 결과(outcome)를 내는가를 측정하는 것이라는 점이다.

⑧ 공식화 혹은 문서화

공식화(formalization) 혹은 문서화(documentation)는 조직 내에서의 절차, 직무 내용, 기술, 제도, 정책 매뉴얼 등이 문서로 표현되어 있는 정도를 의미한다. 공식화는 조직 내 문서의 양으로 측정한다. 예를 들어, 대부분의 업무가 법규, 규정과 가이드라인 등으로 문서화된 정부기관과 문서화가 필요 없는 소규모 가족기업을 비교할 수 있다.

이와 달리, Hage & Aiken(1967)은 공식화를 조직에서의 규칙의 준수 정도로 설명한다. 이들에 의하면, 업무의 문서화는 조직구성원들이 해야 할 일을 얼마나 많이 규정하였는가를 측정하는 반면에, 규칙 준수는 그 규칙들이 활용되고 있는지를 측정하는 척도이다. 다시 말해서 업무의 문서화는 직무와 기술이 명세화된 정도를 나타내고, 규칙 준수는 업무의 문서화에 의해 설정된 기준을 따르도록 조직구성원들이 감독받는 정도를 나타낸다. 즉 업무의 문서화는 작업의 표준화 정도를 나타내는 반면에, 규칙 준수는 행위가 기준으로부터 벗어나더라도 용인되는 범위를 나타낸다(Hall, 1999).

⑨ 전문화 혹은 분업화

전문화(specialization) 혹은 분업화(division of labor)는 조직의 직무가 세분화되어 있는 정도를 의미한다. 전문화가 높은 조직의 구성원은 전체업무의 일부분만을 수행한다.

⑩ 권한계층

권한계층(hierarchy of authority)은 조직에서의 보고체계와 관리의 통제범위를 지칭한다. 조직도에서 수직선으로 표시되는데, 권한계층은 통제범위(한 관리자에게 보고하는 직원의 수)를 의미하기도 한다. 통제범위가 좁으면 조직 계층이 많아지고 통제범위가 넓으면 조직은 수평적이 되며 계층이 적어진다. 다음의 [그림 1-3]에서 권한계층은 점선으로 표시된다.

그림 1-3 권한계층

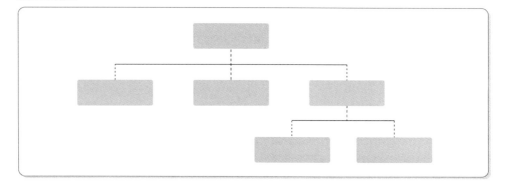

⑪ 집권화 혹은 분권화

집권화(centralization) 혹은 분권화(decentralization)는 의사결정이 어느 계층에서 이루어지는지와 관계가 있다. 의사결정권한이 최고관리자에게 있다면 집권화된 구조이며, 의사결정권한이 하위직에 위임(empowerment)되어 있다면 분권화된 구조이다.

⑫ 계 선

계선(line)이란 계층제의 구조를 가진 조직의 집행, 운용, 활동, 권한의 면을 말한다. Simon은 계선을 단일 조직(unitary organization)이라고 설명하며, Pfiffne & Sherwood는 조직의 전체적인 목표 달성을 위해 직접적으로 공헌하는 부분이라고 설명한다. 공공조직에서 계선은 조직의 중추적인 위치에 있으며, 법령을 집행하고 정책을 결정하며 국민에게 직접적으로 봉사한다(행정자치부, 2006.12; [그림 1-4] 참조).

⑬ 참 모

참모(staff)는 계선이 원활하게 기능을 수행하여 조직의 존립 목적을 달성할 수 있도록 지원, 촉진할 목적으로 자문, 권고, 협의, 조정, 정보수집과 분석, 기획, 회계, 법무, 공보, 조달, 조사, 연구 등의 기능을 수행하는 부분이다. 참모는 조직의 목표 달성에 간접적으로 기여하고, 조직 최고관리자의 역량을 확장시켜주지만 명령, 집행, 결정을 행할 수 있는 독자적인 권한을 갖고 있지 않다(행정자치부, 2006.12; [그림 1-4] 참조).

그림 1-4 계선과 참모

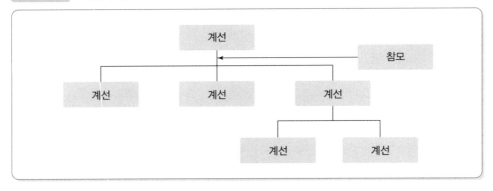

⑭ 규 모

규모(size)는 조직의 크기를 의미한다. 직원 수, 예산규모, 총매출 등으로 측정되는데, 병원의 경우에는 병상 수로 측정하는 경우도 있다. 하지만 80% 이상 직원 수로 측정한다.

⑮ 기 술[9]

기술(technology)은 투입을 산출로 변환시키는 데 사용되는 도구, 기법, 행위를 의미한다. 기술은 고객에게 제공되는 서비스가 실제로 어떻게 생산하는지와 관련이 있다.

⑯ 환 경

환경(environment)은 조직 경계의 외부에 존재하는 모든 요소를 뜻한다. 내부환경도 환경의 하나로 지칭하는 경우도 있으나, 대부분 환경은 외부 환경만을 뜻한다. 정부조직의 경우, 고객, 상급기관, 관련 기관, 민간기업, 이익단체, 지역주민 등이 해당될 수 있다.

⑰ 목표와 전략

목표(goal)는 조직이 의도적으로 달성하고자 하는 바람직한 상태, 지향점, 혹은 조직이 원하는 것을 의미한다. 전략(strategy)은 이 지향점에 도달하기 위해 계획된 일련의 행동이다. 즉 전략은 목표를 **어떻게(how)** 달성할 것인가를 의미한다. 전략은 목표를 달성하기 위해 경쟁적인 외부환경(혹은, 경쟁자)과 어떻게 상호작용을 할 것인가에 관한 계획이다. 목표와 전략은 기존의 조직구조를 바탕으로 작성된다. 목표나 전략이 변경되면 기존의 조직구조는 제약으로 작용하게 된다(Daft, 2010).

항상 전략에서는 경쟁자가 고려된다. 다시 말해서, 전략은 경쟁자를 이기기 위해 혹은, 경쟁우위(competitive advantage)를 점하기 위해 어떻게 차별화된 활동을 할 것인가를 의미한다.[10] Porter(1980)에 의하면, 산업 환경에서의 전략은 "경쟁우위를 어떻게 얻을 것인가?"(저원가-차별화)와 "어디에서 경쟁할 것인가?"(집중화)에

---

9) 규모(size)와 기술(technology)에 관한 보다 자세한 설명은 제9장을 참고하기 바람.
10) 경쟁우위(competitive advantage)는 특정 조직이 다른 조직과 구별되어 시장에서 고객이나 수요자들의 요구를 해결하는 데 차별적 우위를 확보하는 것을 말한다(Daft, 2010).

따라 결정된다. Porter(1980)는 차별화(differentiation), 저원가(low-cost leadership), 집중화(focus) 전략과 같은 전략을 채택한 기업의 수익이 높다는 결과를 발견했다.[11] Miles & Snow(1978)는 시장 환경에 따른 고객의 요구를 파악하고 충족시키기 위한 네 가지 전략으로 공격형(prospector), 방어형(defender), 분석형(analyzer), 반응형(reactor) 전략을 주장한다.[12] 전략과 유사한 개념으로는 핵심역량(core competence)이 있는데, 기업의 핵심역량은 경쟁기업과 비교하여 특별히 잘 할 수 있는 활동으로 정의될 수 있다(Prahalad & Hamel, 1990).[13]

⑱ 미 션

공식적 목표(official goal)로도 불리는 미션(mission)은 조직의 존재 이유를 나타내는 것이다. 즉 미션은 조직의 비전, 공유가치와 신념, 조직이 존재하는 정당한 이유를 나타낸다. 다시 말해서 미션은 조직이 달성하고자 하는 사업범위와 결과를 담고 있다.

✪ 복습을 위한 질문

- 조직(organization)의 정의는 무엇인가?
- 조직에 관한 연구에서 "사람만이 중요하다"는 관점에 대한 반박은 무엇인가?
- 조직이론의 세 가지 연구방법은 무엇인가?
- 자유시장이론에 의하면, 정부는 어떤 경우에 시장에 개입하는가?
- Porter가 주장한 전략의 내용은 무엇인가?

---

11) 차별화(differentiation) 전략은 산업 내 다른 경쟁자에 비해 독특한 제품이나 서비스를 제공하는 전략이다. 저원가(low-cost leadership) 전략은 경쟁자에 비해 가격을 낮게 책정함으로써 시장점유율을 증가시키는 전략이다. 마지막으로, 집중화(focus) 전략은 특정 지역이나 고객에 집중하는 전략이다(Porter, 1980).

12) 공격형(prospector)은 새로운 제품 개발이나 새로운 시장 진출을 지향하는 유형이다. 방어형(defender)은 안정적인 현재의 제품 시장을 유지하려는 유형으로 자원의 효율성과 비용 최소화에 초점을 두는 유형이다. 분석형(analyzer)은 공격형과 방어형의 전략을 모두 취하는 유형으로, 새로운 제품개발이나 신시장 개척 전략을 취하면서 다른 한편으로는 기존의 안정적인 시장을 유지하려는 유형이다. 마지막으로, 반응형(reactor)은 사실상 전략이 없는 전략유형으로, 일정하게 추구하는 전략이 부재한 상태이다. Miles & Snow(1978)에 의하면, 반응형을 제외한 세 가지 전략유형을 조직이 일관되게 추구한다면 전략유형에 상관없이 성과를 낼 수 있다(Miles & Snow, 1978; 채연주·장희은, 2015).

13) 기업의 핵심역량(core competence)에 관한 보다 자세한 설명은 제5장을 참고하기 바람.

제 2 장

공공조직

이 책은 공공조직이론과 공공관리를 주로 다룬다. 이 책의 기본적인 가정은 공공조직(public organization, 또는 public bureau)이 명백하게 민간조직과 다르며, 따라서 공공조직의 관리는 민간조직의 관리와 큰 차이가 있다는 것이다. 즉 이 책은 행정학의 관점에서 조직을 바라본다. 행정학의 관점이라는 것은 앞서 살펴본 바와 같이 행정학이라는 렌즈를 갖고 조직을 바라봄을 의미한다. 경영학, 경제학, 정치학과 달리 행정학의 렌즈는 무엇일까? 아마도 다른 학문분야와 비교할 때 행정학이 갖고 있는 가장 대표적인 특성은 바로 공공성일 것이다. 따라서 이 장에서 공공조직에 대한 관리와 민간조직에 대한 관리의 차이점인 공공성을 살펴본다.

1. 공공조직이란 무엇인가?

공공조직을 민간조직과 구분하는 것은 반드시 필요하다. 공공조직은 공립학교, 정부부처와 같이 정부의 일부이며 행정법에 의하여 목표가 주어지는 조직을 말한다. 행정법에 의해 규제되는가의 여부가 공공조직을 민간조직이나 비영리조직(nonprofit organization)과 구분하는 가장 큰 특징이다.[1] 공공조직은 국민경제 내에서 강제력을 행사하는 정부에 의해 통제되는 기관으로(성명재, 2009), 특히 국가의 각 부분별 체제의 발전이 국민의 권익 보호와 삶의 질 향상에 기여할 수 있도록 공익성을 추구하는 데 그 목적이 있다. 공공조직과 달리 민간조직은 사장이 주주들에 대하여 책임을 진다. 민간조직은 이윤과 효용의 극대화를 추구하기 위해 시

---

1) 비영리조직은 비용을 지불하지 않는 고객을 다루며, 조직의 효과성을 정의하기 위해 공공건강의 증진과 같은 추상적인 목표를 측정한다. 비영리조직은 다양한 이해관계자인 고객, 기부자, 자원봉사자 등을 관리해야 한다(Daft, 2010).

장체제 내에서 자율적이고 경쟁적으로 활동하는 주체이다. 민간조직이나 비영리조직에는 공공조직과 비교하여 공공의 통제와 감시, 책임이 존재하지 않거나, 또한 존재한다고 하더라도 제한적, 일시적이다.

이 책에서는 공공조직과 공공기관이 다른 의미를 갖는 것으로 정의 내린다. 공공기관의 개념을 명확하게 정의하기는 매우 어려우나 대다수 공공기관은 공공부문과 민간부문의 사이에 위치하며 공공성과 수익성을 동시에 추구하면서 양 부분의 약점을 보완하는 역할을 한다(Vogelsang, 1990). Salamon(1989)은 공공기관이 공공권한으로 공공업무를 수행하기 위하여 공공재정을 지출하는 재량의 행사인 '기본적인 정부기능'을 분담하게 될 것이라고 주장한다(임학순, 1994 재인용). Flinders & Smith(1999)는 정부가 기본적으로 공공기관의 설립을 필요로 한다고 보았다. 정부는 특정 서비스에만 집중할 수 없고 다양한 기능을 수행해야 하므로 단일 목표를 시행할 수 있는 서비스 전달체계를 확충하려고 하며, 집행이나 운영상 유연성을 갖추기 위해 공공기관을 필요로 한다(김판석, 2003). 즉 공공기관은 정부가 겪는 외부통제를 피하기 위한 유용한 수단이며, 정부는 공공기관을 활용하여 기존 정부의 규모를 확대시키지 않고 행정수요를 충당할 수 있다(Seidman, 1988). 같은 맥락에서 Hood(1973)는 정부가 비정부조직인 공공기관에 정보(nodality), 재정(treasure), 권위(authority), 그리고 조직(organization)의 네 가지 자원(NATO)을 제공하여 공적지위를 부여한다고 말한다(임학순, 1994 재인용).

공공기관에 대한 정의는 다양한데 비정부 공공기관(non-departmental public bodies, NDPB), 준정부기관(quasi-governmental organization, QUANGO), 범국가부문(wider state sector) 등이 일반적으로 공공기관을 의미하는 용어로 사용되고 있다(OECD, 2002: 7).[2] Salamon & Anheier(1996)는 공공기관의 특성을 다음과 같이 지적한다. 우선, 공식적인 제도화과정을 통해서 형성되며, 정부조직에 속하지는 않

---

2) OECD 회원국들의 경우에도 공공기관을 지칭하는 용어에 많은 차이가 있다. 각국에서 사용되는 공공기관에 관한 용어를 살펴보면 다음과 같다. 우선 캐나다를 살펴보면, 서비스기관(Service Agencies)으로서 Special Operating Agencies(SOAs), Departmental Service Agencies, Shared Governance Corporations 등의 용어를 사용하고 있다. 영국에서는 Next Steps Agencies, Non-Departmental Public Bodies, Task Forces Ad Hoc Advisory Groups and Reviews, Quasi-Nongovernmental Organization 등의 용어를 사용한다. 또한 독일은 Federal Agencies(Direct Federal Administration), Bodies of Public Low(Indirect Federal Administration), Private Law Administration을 사용하고 있다. 마지막으로 프랑스에서는 Public Establishments, Independent Administrative Authorities이라고 지칭한다(OECD, 2002).

으면서 독자적으로 행정서비스를 제공한다. 공기업(public enterprise)과 달리 경제적인 이윤을 주로 추구하지 않는다. 일정한 테두리의 내에서 독자적인 지배구조(self-governing)를 갖는다(안희정·최은석, 2001 재인용). 안문석(1992)은 공공기관이 비공식적 공공부문에 속한다고 하여 공공기관이 행하는 업무를 '그림자행정'이라고 주장한다.

우리나라 공공기관의 정의

「공공기관의 운영에 관한 법률」(2007년 1월 19일 제정)에 의하면 공공기관은 국가·지방자치단체가 아닌 법인·단체 또는 기관으로서 기획재정부 장관이 ① 정부지원액이 총수입액의 2분의 1을 초과하는 기관, ② 정부가 100분의 50 이상의 지분을 가지고 있거나 100분의 30 이상의 지분을 가지고 임원 임명권한 행사 등을 통하여 당해 기관의 정책 결정에 사실상 지배력을 확보하고 있는 기관, ③ 정부와 해당하는 기관이 합하여 100분의 50 이상의 지분을 가지고 있거나 100분의 30 이상의 지분을 가지고 임원 임명권한 행사 등을 통하여 당해 기관의 정책 결정에 사실상 지배력을 확보하고 있는 기관, ④ 해당하는 기관이 단독으로 또는 두개 이상의 기관이 합하여 100분의 50 이상의 지분을 가지고 있거나 100분의 30 이상 지분을 가지고 임원 임명권한 행사 등을 통하여 당해 기관의 정책 결정에 사실상 지배력을 확보하고 있는 기관 중에서 지정한 기관이다.

「공공기관의 운영에 관한 법률」 제5조에 의하면, 기획재정부장관은 공공기관을 공기업·준정부기관과 기타공공기관으로 구분하여 지정하도록 해 다음과 같이 유형별로 구분하고 있다. 공기업과 준정부기관은 직원 정원이 50명 이상인 공공기관 중에서 지정하되, 공기업은 자체수입액이 총수입액의 2분의 1 이상인 공공기관 중 지정하고, 이외의 공공기관 중에서 준정부기관을 지정하도록 규정하고 있다. 공기업은 다시 시장형 공기업과 준시장형 공기업으로 구분되며, 준정부기관은 기금관리형 준정부기관과 위탁집행형 준정부기관으로 구분하도록 규정하고 있다.

표 2-1 **우리나라 공공기관의 유형**

구분	분류 지정기준(원칙)
① 공기업	○ 자체수입비율 ≥ 50%
– 시장형 공기업	– 자산규모가 2조 이상이고, 자체수입비율 ≥ 85%인 공기업

– 준시장형 공기업	– 자체수입비율 50~85%인 공기업
② 준정부기관	○ 자체수입비율 < 50%
– 기금관리형 준정부기관	– 「기금관리기본법」에 따라 기금을 관리하거나 기금의 관리를 위탁받은 준정부기관
– 위탁집행형 준정부기관	– 기금관리형이 아닌 준정부기관
③ 기타공공기관	○ 공기업·준정부기관을 제외한 공공기관

출처: 「공공기관의 운영에 관한 법률」(2007).

공공조직과 비영리조직(nonprofit organizations)은 다른 의미를 갖는다. 사회적 기여를 조직의 목표로 하는 비영리조직은 종종 제3섹터(third sector)로 불리며, 갈수록 그 중요성이 증대되고 있다. 따라서 "공공-민간"의 스펙트럼에서 비영리조직은 어느 정도에 위치하는지에 대한 관심이 증대되어 왔다. 비록 비영리조직은 공공조직의 외부에 존재하고 있지만, 사익을 추구하기보다는 사회적인 기능을 수행하거나, 구체적인 사회의 목표를 달성하기 위하여 존재한다.

대부분의 비영리조직은 공공-민간의 연속체(continuum)에서 민간부문보다 공공부문 쪽에 훨씬 더 가까이 위치한다. 사실 공공조직과 민간기업은 흑백논리에 의해 구별될 수 없다. 즉 비영리조직의 영역을 분절적이고 단정적으로 표현하기가 어렵다. 때문에 대다수 비영리조직들은 공공조직과 민간기업 사이의 연속체상에 존재한다. 다시 말해서, 공공성의 정도에 따른 연속체에 의하여 구분될 수 있다. 좀 더 극단적으로는 현대사회에서는 100% 공공조직도, 100% 민간기업도 존재하지 않는다고 설명되기도 한다([그림 2-1] 참조).

그림 2-1 공공조직, 비영리조직, 민간기업

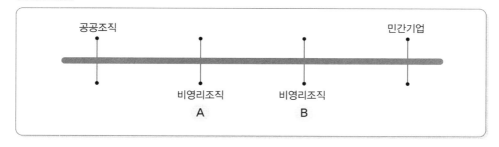

2. 조직에 대한 보편적인 접근방법

현대 조직이론의 보편적인 접근방법은 공공조직과 민간조직을 구분할 필요가 없다는 주장이다. 이러한 접근방법은 대부분의 대규모 조직이 유사한 특성을 갖고 있다는 인식에 바탕을 둔다. 복잡한 구조를 가진 조직은 특성과 업무과정이 비슷하기 때문에, 조직에 대한 보편적인 접근법이 타당하다고 주장된다. 실제로 많은 조직이론에 관한 문헌과 연구들은 이러한 보편적인 접근방법을 취하고 있다. 보편적인 접근방법을 주장하는 사람들은 정부규제(government regulation), 민간위탁 (outsourcing), 민간기법의 도입 등 세 가지의 근거에서 그들이 주장이 타당함을 제시하고 있다(Gortner, Mahler, & Nicholson, 1997).

1) 정부규제

현대사회에서는 100% 공공조직이거나 100% 민간조직이라고 구별하기 점점 더 힘들어지고 있다. 공공조직이 관련 법규와 규정의 영향 하에 있어야 하는 것은 너무나 자명하다. 하지만 현대사회에서 민간기업 역시 거의 모든 분야에서 끝없이 다양한 정부규제(government regulation)를 받고 있다. 사실 많은 민간기업의 경영자들이 너무나 많은 정부규제로 인해 기업의 운영에 끊임없이 영향을 받고 있다고 불만을 토로하고 있다. 공해유발시설의 배출저감장치 설치의무가 예가 될 수 있다. 결과적으로 민간기업은 기업 자체의 목표를 달성함과 동시에 공공의 목표를 달성해야 하는 처지가 되었다는 것이다.

2) 민간위탁

현대 행정에서는 민간위탁(outsourcing)이 증가하고 있는 추세이다. 현재 정부기능의 민영화는 거의 모든 업무분야와 수준에서 이루어지고 있다. 실제로 공공기능과 민간기능 간의 구분은 정부업무의 민간위탁과 더불어 정부조직과 기능의 축소 (small government)에 의해 더욱 모호해졌다. 우리나라에서도 민간위탁은 폭넓게 활용되고 있다. 과거의 민간위탁은 건물의 관리, 안전 및 음식서비스 등과 같은 단순 육체노동 분야에 한정되어 있었다. 그러나 최근에는 공공부문도 민간부문의 영향을 받아 정보기술 업무와 같은 정신노동 분야에 대한 민간위탁의 필요성이 점점 강조되고 있다.

현재 민간위탁을 통하여 우리나라의 지방자치단체들이 행정서비스를 제공하고 있는 분야는 사회복지, 환경위생, 공공시설, 체육·청소년, 청사관리, 경영사업, 보건의료, 문화예술 등 다방면에 걸쳐있다. 이와 같이 민간위탁 종류는 대부분의 시설과 업무에 걸쳐있으나, 우리나라 지방자치단체의 경우, 아직까지는 주로 시설의 민간위탁이 대부분이며, 점차 확대되는 경향을 보이고 있다. 공공조직은 민간위탁한 업무를 관리, 통제, 검사하여 공익성을 유지해야 하는데 이는 공공조직관리의 기법이 보다 다양해져야 함을 의미하기도 한다. 행정안전부에서 제시되는 민간위탁대상 선정기준은 다음과 같다.

- 민간수행이 효율적인 단순집행기능(주·정차 단속 등)
- 시설관리 등 민간의 전문성을 활용할 수 있는 기능(하수처리장 등)
- 민간이 보다 우수한 전문기술을 갖춘 기능(설계감리 등)
- 단순집행적인 시설·장비관리 기능(청사관리 등)
- 서비스제공기능(방역 등)
- 민간위탁으로 활성화되는 기능(문화예술회관 등)
- 비영리사회단체의 재정보조로 효율적 관리가 기대되는 기능(도서관 등)
- 급속히 변화된 기능 및 기술습득이 필요한 기능(기술교육 등)
- 현업 및 생산제작 기능(공보발간 등)

지방자치단체들이 민간위탁을 통하여 행정서비스를 제공하고 있는 현황은 다음의 〈표 2-2〉와 같다.

표 2-2 지방자치단체의 민간위탁 유형

분야	시설명	단위기능명
사회복지	종합복지관, 장애인·맹인·상이군경·노인·근로자·가정복지관, 양로원, 요양원, 보육원, 여성회관, 보훈회관, 자원봉사센터, 직업전문학교, 근로자합숙소, 장애인 체육시설, 장의시설	사회복지세미나, 수화통역센터운영, 심부름센터운영, 고용촉진훈련, 보육시설종사자 교육훈련

환경위생	재활용센터, 소각장, 음식물쓰레기자원화시설, 하수처리장, 폐수종말처리장	폐기물수집운반, 분뇨·정화조청소, 적출물처리, 규격봉투공급, 대기오염측정, 급수공사, 간이상수도관리, 하수도공사
공공시설	대공원, 한강공원, 근린공원, 자연휴양림, 관광안내소, 지하상가주차장, 새마을회관, 구민회관, 승전기념관, 운수연수원, 반공전시관, 양묘장, 논공단지, 양수장, 비상급수시설	도로관리, 올림픽대로관리, 노점상관리, 도로굴착 및 복구공사감독, 공동구 유지관리, 지정벽보판관리
체육·청소년	테니스장·수영장 등 체육시설, 청소년회관, 청소년수련관, 청소년독서실, 유스호스텔, 구민체육센터	청소년유해환경감시
청사관리	각종 청사 등 청사시설관리	청사청소, 청사경비, 청사승강기관리, 주민전산망유지관리, 청사전기안전관리
경영사업	중소기업제품전시판매장, 토산품판매장, 축산물직판장, 민속공예품전시판매장, 눈썰매장, 생약유통센터, 농수산물도매시장, 축산물판매장	중소기업육성자금관리, 택지개발사업, 수입증지판매, 지역개발공채관리, 해수욕장관리, 국민관광지 관리운영
보건의료	시립보라매병원, 정신보건센터	결핵관리사업, 에이즈예방홍보, 나병관리사업, 가족계획사업, 방역소독, 마약퇴치사업, 기생충예방
문화예술	서울놀이마당, 문화원, 민속예술관, 문예회관, 농악전수회관, 향토공예관, 공공도서관	세종문화회관입장권판매, 미술대전, 문화예술강좌, 군민의 날 행사, 문화제
기타	소비자보호고발센터	주택자재품질검사, 택시운전자자격교부, 자동차검사, 수렵강습, 광고물교육, 기능경시대회, 공동주택상수도검침, 관광종사자교육, 주차위반차량견인, 건축사관리

미국의 경우, 다음의 〈표 2-3〉과 같이 보다 다양한 분야에서 민간위탁을 추진하고 있다. 이 가운데 특히 체납세 징수, 세금청구, 세금조사 등은 우리나라에는 아직 도입되지 못한 사무이다.

표 2-3 미국의 민간위탁 유형

분야	위탁사무명
공공사업과 교통	주거지역 쓰레기수거, 상업지역 쓰레기수거, 쓰레기처리, 거리수선, 거리 및 공원청소, 눈 치우기·모래뿌리기, 교통신호등 설치 및 관

	리, 주차미터기 관리 및 수거, 나무심기 및 손질, 공동묘지행정 및 관리, 감독 및 법령시행, 주차장 및 자동차차고 운영, 버스교통시스템 운영 및 관리, 항공교통시스템 운영 및 관리, 공항운영, 급수, 상수원 처리, 하수수거 및 처리, 슬러지 처리, 위험물질 처리
공공시설	전력시설 운영 및 관리, 가스시설 운영 및 관리, 시설계량기 검침
공공안전	범죄예방 및 순찰, 경찰 및 방화의사전달, 방화예방 및 진압, 긴급치료(구급)서비스, 엠블런스 서비스, 교통통제 및 주차집행, 자동차 견인 및 보관
보건 및 인적서비스	위생 감독, 곤충 및 설치류 통제, 동물통제, 동물보호소 운영, 탁아시설운영, 어린이복지프로그램, 노인을 위한 프로그램, 병원운영 및 관리, 공중보건프로그램, 의약품 및 알코올관리 프로그램, 정신건강 및 지체부자유 프로그램, 죄수 및 교도소 관리 운영, 부랑인시설 운영
공원 및 레크리에이션	레크리에이션시설 운영관리, 공원조경 및 관리, 컨벤션센터 및 대강당 운영
문화 및 예술프로그램	문화 및 예술프로그램 운영, 도서관 운영, 박물관 운영
일반행정기능	건물 및 대지관리, 건물안전, 선박교통운영·자동차관리(중장비, 응급차량, 기타 교통장비), 임금지불, 세금청구, 세금조사, 데이터처리, 체납세징수, 토지소유권기록 및 도면지도관리, 법률서비스, 인사서비스, 홍보활동 및 공공정보

미국 교도소의 민영화 사례

미국 남서부의 애리조나(Arizona) 주가 재정난 해소를 위해 교도소를 민영화하기로 방침을 정하고 조만간 입찰에 들어갈 예정이다. 애리조나 주정부는 경기침체로 재정난이 심화됨에 따라 127명의 사형수를 포함해 대략 4천여 명의 재소자가 수감돼 있는 주의 10개 교정시설 중 9개를 민영화하기로 결정하고 조만간 민간 교정전문회사들을 상대로 입찰을 실시하기로 했다고 뉴욕 타임스(NYT)가 24일 보도했다. 이 신문은 사형수가 수감돼 있는 교도소까지 민영화하기로 방침을 정한 것은 애리조나 주가 처음일 것이라고 분석했다.

애리조나 주의 이 방침은 경기침체로 재정난이 심화됨에 따라 재소자 관리비용을 줄이려는 노력의 일환으로, 교도소 민영화로 현재 20억 달러의 재정적자 속에 1억 달러 정도의 비용절감 효과가 있을 것으로 희망하고 있다. 민간 교정전문회사들은 주정부를 위해 교도소를 건설해 운영하면서 주정부에 재소자 1인당 일정액의 관리비를 청구하는 게 일반적인 패턴이었지만 애리조나 주가 추진하는 방식은 교정회사들이 1개 이상의 교정시설 운영을 위해 1억 달러 이상을 선금으로 지불하고, 교도소를 주정부보다 더 효율적으로 운영해 나오는 수익금은 주정부와 나누는 형식이다.

> **그림 2-2** 미국 샌프란시스코의 알카트래즈 교도소 내부
>
>
>
> 애리조나 주는 다만 사형수에 대해서는 안전과 책임문제가 야기될 가능성을 고려해 민영화를 하더라도 일상적인 운영은 민간회사가 맡고, 집행은 주정부의 교정당국이 담당한다는 계획이다. 또 보안문제를 고려해 민간회사들이 운영하는 교도소는 모든 시설이 완비된 독립건물을 사용토록 하고, 경비가 허술하거나 저렴한 건물은 사용하지 못하도록 엄격히 제한할 방침이다. 애리조나 주는 최근 재정난 해소를 위해 피닉스시에 있는 행정부서가 입주해 있던 몇 개의 주정부 건물을 매각했고, 주 재소자의 30%는 민간 교정전문회사들이 운영하는 수감시설에 수감돼 있는 상태다. 미국 내 최대 교정시설 운영회사인 '아메리카 교정회사' 관계자는 애리조나 주의 교도소 입찰에 참여할 의향이 있다고 밝혔다. 많은 주들이 재정적자를 줄이기 위해 최근 교도소 폐쇄와 죄수 가석방을 적극 추진하고 있지만 그에 따른 부작용도 만만치 않은 상황이다.
>
> 출처: 연합뉴스(2009.10.24). "美 애리조나 주, 교도소 민영화 추진."

3) 민간기법의 도입

공공부문과 민간부문 간의 차이는 공공부문이 문제해결형 학습(action learning), 경영과학(operation research, OR), 비용-편익분석(cost-benefit analysis), 생산성 측정법, 전사적 품질관리(total quality movement, TQM)과 같은 민간기법을 공공조직에 도입함으로써 줄어들었다.[3] 다시 말해서, 동일한 기법이 공공조직과 민간조직에서

---

3) 경영과학(OR)은 의사결정을 돕기 위해 수학적인 모델, 통계학, 알고리즘 등을 활용하는 것을 의미

사용됨에 따라 공공조직과 민간조직을 구분할 필요성이 점점 줄어들게 되었다.

역량평가

역량평가(assessment center)는 조직 내에서 높은 성과를 올리는 행위(behavior)를 기준으로 개인의 능력을 평가하는 방법이다. 핵심역량별 행동지표를 바탕으로 조직구성원의 역량을 평가한다(진종순, 2009). 현재 우리나라와 영국, 미국, 캐나다 등에서 고위공무원 임용대상자와 승진대상자에 대해 활용되고 있는 역량평가는 공공부문과 민간부문 모두에서 활발히 활용되고 있다. 역량평가는 독일 육군의 장교선발(1920-1942)에서 유래되었다. 1938년에 하버드대학교 정신의학연구(Harvard Psychological Clinics Study)에서 50여명의 대학생을 대상으로 연구가 이루어지기도 하였으며, 1942년 이후, 영국의 육군성 선발위원회(War Office Selection Board)에서 장교를 선발하기 위해 역량평가가 사용되었다. 또한 1945년부터 영국의 인사위원회(Civil Service Commission)가 공무원 선발을 위해 사용하였으며, 제2차 세계대전 중 미국 전략사무국(Office of Strategic Service)에서 첩보원의 선발을 위해 사용되었다(Fiske et al., 1996).

1956년 미국의 AT&T사가 역량평가를 도입한 이후, 1960년대에 GE, Standard Oil, IBM, Sears, J.C. Penny 등 민간기업에서 관리자의 선발, 육성, 경력관리를 위해 사용되기 시작하였다(Waldron & Joins, 1994). 우리나라 민간기업의 경우, 1982년에 POSCO에서 최초로 도입된 후, 현대산업개발, SK텔레콤, KT 등에서 활용되었다(외교안보연구원, 2008; 진종순, 2009). 우리나라의 경우, 고위공무원과 과장급 승진을 위해 역량평가가 활용되고 있으며, 미국의 경우, 고위공무원 재직자와 후보자를 대상으로 사용되고 있다(진종순, 2005). 캐나다의 경우, 평가대상은 단순 사무직(entry level clerk)에서 고위공무원(senior executive level)을 망라한다(최관섭, 2005).

---

3. 공공조직과 민간조직의 차이

조직에 대한 보편적인 접근방법에서는 이와 같이 공공조직과 민간조직이 점점 더 유사한 특성을 공유함에 따라, 이들이 동일하게 다루어져야 한다고 주장되고 있다. 하지만, 이러한 주장에는 오류가 있다. 다른 환경에 놓인다고 할지라도, 조

한다. 응용수학(mathematical science)의 하위분야로 간주된다(Wikipedia, wikipedia.org/wiki/Operations-research). 전사적 품질관리(TQM)는 고객만족을 통한 장기적인 성공을 위한 관리방식을 의미한다. 조직의 모든 구성원은 프로세스, 제품, 서비스, 업무문화의 개선에 참여한다(asq.org/quality-resources/total-quality-management).

직구성원들이 비슷한 행동과 상호작용을 하는 경우는 많이 발견될 것이다. 하지만 그렇다고 과연 조직에 대한 하나의 보편적인 해석이 타당할까? 조직에 대한 보편적인 접근방법은 대체로 "타당할 수 있다." 하지만 이는 단지 포괄적이고 일반적인 수준에서의 분석과 설명을 할 때에만 해당될 것이다. 조직에 대한 보편적인 접근방법이 조직의 관리자가 적절한 판단, 결정, 행동을 하는데 도움이 되는 정보를 제공할 수 있을까? 이에 대한 대답은 "아니다"일 것이다. 비록 조직들이 공통된 특성을 갖고 있다고 할지라도 이를 설명하기 위해 포괄적이고 일반적인 수준의 이론을 제시하는 식의 방법이 정당화될 수는 없다. 엄연히 차이가 존재하는 두 개의 대상을 설명하기 위해 하나의 이론을 제시할 수는 없다는 것이다.

이는 다음의 [그림 2-3]과 같이 표현될 수 있을 것이다. 진정으로 보편적인 이론으로 성립되기 위해서 그 이론은 반드시 연구의 대상을 완전히 설명해야 한다. 즉 조직이론이 공공조직을 설명하기 위해서는 **공공성**이 갖는 특징과 의미를 설명할 수 있어야 한다. 공공조직과 민간조직의 차이를 설명하지 못하는 이론이라면, 앞서 언급한 비영리단체에 관해서도 제대로 설명할 수 없을 것이다. 따라서 조직에 대한 보편적인 접근방법을 선택하는 것은 너무 성급한 결정일 수 있다.

 **그림 2-3** **공공성**

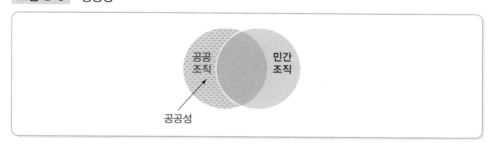

게다가 조직은 주변 환경의 영향을 받고, 주변 환경에 영향을 주는 개방조직(open system)이다.[4] 비록 조직의 본질(elements of organization)은 변화가 미비할 수 있지만, 조직의 목표, 운영방법, 조직구성원의 업무활동과 관리하는 방법 등 세

---

4) 초기의 조직이론에서는 조직을 폐쇄체제(closed system)로 이해하였다. 조직을 하나의 검은 상자(black box)로 이해하여 조직 내부와 환경과의 사이에서 일어나는 일은 중요시하지 않았다. 하지만 아마도 아직까지 그런식으로 조직을 이해하는 학자는 더 이상 없을 것이다.

부적 사항에서는 변화무쌍할 것이다. 실제로 이러한 다양함은 조직이 환경에 적응하기 위해 독특하게 발전되어 온 것이기도 하다. 공공조직이 처한 환경은 민간조직과 큰 차이가 있는 것이다.

이렇게 공공조직과 민간조직이 다르다는 이해에 바탕을 두고 이제부터는 민간조직과 다른 공공조직이 갖는 특징을 살펴본다. 공공조직과 민간조직은 근본적인 차이점을 갖고 있다. 영어에서는 'organization' 대신에 'public bureau' 혹은 단순히 'bureau'라는 단어가 공공조직을 지칭하기 위해 사용되기도 한다. 공공서비스를 집행함으로써 국민의 지속적인 관심을 받고 있는 공공조직은 국회의원과 같은 정치인과 지속적으로 협력해야 한다. 공공조직의 관리자는 필연적으로 정치의 영향을 받고 정치적인 상황에 개입을 할 수밖에 없다. 또한 공공조직은 행정법(administrative law)에 의해 설립되고, 법률을 집행하는 것을 주요 임무로 한다.

크게 공공조직은 법적, 경제적, 그리고 정치적 특징과 역할에서 민간조직과 큰 차이가 있다. 이하에서는 이러한 광범위한 세 가지 관점에서 공공조직과 민간조직의 차이를 살펴본다(Gortner, Mahler, & Nicholson, 1997). 그리고 차이점들이 공공조직관리자와 조직구성원(공무원)에게 어떤 영향을 주는지 알아본다.

1) 법적인 차이

헌법과 법률은 공공조직에서 수행되는 업무의 배경과 내용을 결정하는 주요한 요인이다. 왜냐하면 공공조직의 목표는 법에 의하여 주어지고, 공공조직의 기능과 자원, 그리고 관리자의 역할은 법의 범위 안에서 규정되기 때문이다.

(1) 권한위임

공공조직은 가장 기본적인 측면에서 민간조직과 차이가 있다. 공공조직은 헌법과 법률을 집행하기 위한 근본적인 토대이다. 공공조직의 존재이유, 즉 미션(mission)은 법을 집행하는 것이다. 가장 근본적이고도 공식적인 공공조직의 기능은 법에 의해 위임된 권한의 집행이다. 공공조직은 법률과 정부의 권한이 미치는 범위 내에서 매우 활동적으로 역할을 수행한다. 권한위임(empowerment)은 공공조직과 민간조직을 구분하는 가장 중요한 특징이다. 민간조직의 대상은 자발적으로 규칙을 따르지만 공공조직의 대상은 강제적으로 법률을 준수해야 한다는 것이다.

왜냐하면, 정부조직은 국가의 권력과 권위를 상징하기 때문이다. 이는 **대의민주주의 제도**에서 정부조직이 공식적으로 부여된 목표를 달성하기 위하여 강력한 권한위임을 받고 있다는 것을 의미한다.

- 권한위임이 공공조직 관리자와 공무원에게 주는 영향

대의민주주의 하에서 강력한 권한위임으로 인해 공공조직 관리자와 공무원의 활동은 강제성과 독점성을 가진다. 어느 국민이든 세금을 내기 싫다고 해서 부과된 세금을 내지 않을 수 없으며, 경찰 서비스가 마음에 들지 않는다고 해서 경찰 이외에 다른 치안유지 방법을 모색할 수는 없다.

(2) 책임성

대의민주주의제도에서 공공조직의 권한은 매우 광범위하게 적용된다. 공공조직의 강력한 권한은 민간기업의 주주나 비영리조직의 지지자의 수준이 아닌 전 국민으로 확대된다. 그리고 그 권한은 우리나라의 전 영토를 아우른다. 공공조직이 내리는 의사결정의 영향은 민간조직보다 훨씬 넓고, 상징적인 의미를 크게 갖고 있다. 따라서 공공조직의 구성원, 즉 공무원은 민간조직의 구성원인 회사원과 달리 공정하고 국민들의 요구에 순응하며, 책임성(accountability)이 강하고 정직할 것이 요구된다.

그러면 어떻게 공공조직의 관리자, 즉 정부 관료가 책임을 다하도록 할 것인가? 권력의 분산과 권력의 혼재를 위해 공공조직들이 각각 일부의 권한만을 갖고, 다층적이고, 중복된 권한을 이행하도록 만드는 것이 하나의 해결책이 될 수 있다. 예를 들어, 미국 헌법의 창시자들(Founding Fathers)은 인간의 속성에는 필연적으로 탐욕이 자리 잡고 있는 것으로 보았다. 달리 표현하자면, 이들은 동기부여의 근원이 개인의 이기심, 이익추구라고 생각하였다. 따라서 Founding Fathers는 정부 관료의 이기심과 탐욕을 매우 경계하였다. 고인 물이 썩듯이, 견제 받지 않는 정부관료는 반드시 이기심과 탐욕에 따라 국민보다는 자신의 이익을 추구할 것이라고 생각하였다. 그렇다면 정부 관료의 이기심과 탐욕으로 인한 문제를 방지하기 위해서는 어떻게 해야 할까? 이에 대한 Founding Fathers의 해결책은 정부의 권력을 분야와 수준에 따라 분산시키는 것이었다. 삼권분립과 함께 Founding Fathers는 연방·주·지방 정부, 양원제(상원, 하원) 의회와 같이 하나의 정부조직 내에서도 권력을 분산하였다. 대통령의 의회에 대한 비토권, 대통령의 각료임명에 대한 의회의 동의권, 헌법과 그 집행에 대한 사법부의 재심 등 권력은 더욱 공유되고 나누어졌다. 미국의 헌법에 따르면, 행정부, 의회, 사법부의 권력은 완전히 분리되지 않는다. 이 세 가지의 권력을 섞어서, 각각의 권력이 상호 간섭을 함으로써 다른 권력을 견제할 수 있도록 한다([그림 2-4] 참조).

그림 2-4 삼권분립

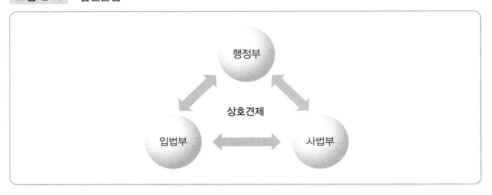

(3) 법의 규정

민간조직의 관리자는 특별히 금지된 활동이 아니라면, 이익을 창출하기 위한 어떠한 활동이든 할 수 있다. 하지만 공공조직의 관리자는 법에 의해 권한이 주어지지 않는다면 어떠한 활동도 할 수 없다. 즉 공무원은 법에서 규정하는 이외의 업무는 할 수 없다. 어떤 업무를 하든지 법적인 규정에 기반을 두어야 한다. 같은 맥락에서 Berkley(1978)는 민간조직의 경우 법에 금지한 것을 하지 않을 뿐 그 이외에는 어떤 것도 하려고 하지만 공공조직은 법에서 규정된 것만 하려는 경향이 있다고 지적하고 있다.

법률이 공공조직을 통제하는 가장 기본적인 방법은 공공조직의 목표를 제시하고 규정하는 것이다. 하지만 실제로 법률은 목표의 제시와 규정을 넘어 공공조직에서의 업무를 위한 수단의 제공, 자원의 통제와 같이 공공조직에서 일어나는 다양한 측면까지 확대 적용되고 있다. 다시 말해서, 법률은 해당 공공조직이 어떤 주어진 자원을 가지고 어떤 주어진 목표를 달성해야 하는지 결정하고 있다. 이에 덧붙여 이러한 목표는 법 혹은 정치인(입법자로서)에 의하여 주어진 조직의 기반 내에서 달성되어야 한다. 이는 나아가 공공조직의 구성원들 간의 권력관계, 관리자의 역할, 업무수행방식 등 조직 내의 필수적인 메커니즘도 법과 정치인의 영향을 크게 받고 있음을 암시한다.

- 법의 규정이 공공조직 관리자와 공무원에게 주는 영향

이러한 공공조직의 특성으로 인해, 우리가 흔히 얘기하는 관료제 조직의 문제가 발생된다고 이해할 수 있다. 조직 자체가 아닌 외부에서 주어진 목표는 해당 조직이 처한 문제를 정확히 파악하지 못함에 따라 불명확하고 비현실적일 수 있다. 또한 외부에서 결정한 자원과 조직구조는 부적절할 수도 있다. 이러한 결과로서, 공공조직의 목표는 제대로 달성되지 못할 것이고, 적시성이 낮아지며, 비효율적이고 융통성이 없을 가능성이 크다.

2) 경제적인 차이

공공조직의 경제적인 역할과 이에 따라 공공조직의 관리자와 조직구성원(공무원)이 갖는 특성은 무엇인가? 공공조직은 자유시장이론, 그리고 시장(market) 그 자체에서 민간조직과 큰 차이가 있다.

(1) 자유시장이론

자유시장이론(free market theory)에 따르면, 민간조직, 즉 민간기업은 경제적인 이익을 추구한다. 이들의 목표는 교환과 매매를 통하여 최대의 이익을 얻는 것이다. 시장에서 공공조직, 즉 정부는 최소한의 지원적이고 보조적인 역할만을 수행한다. 정부가 시장에 개입하는 두 가지 대표적인 경우가 있는데, 이는 공공재(public goods)와 경제적 외부효과(externalities)이다.

① 공공재

공공재(public goods)란 타인이 이용 가능한 양을 감소시키지 않으면서 한 개인이 소비할 수 있는 재화이다(Tullock, 1970).[5] 시장에서 작동되는 분배 메커니즘은

---

5) 공공재는 어떤 특정 서비스가 하나의 지리적 영역 전체에 제공되는 경우 값싸게 제공될 수 있고, 만약 개인들이 그것을 혼자 힘으로 제공하려고 한다면 엄청나게 값비싼 경우에 일어나는 상황을 뜻

여러 이유로 실패할 수 있다. 일례로, 누구든 제외되지 않고 모두에게 이익이 공유된다면, 이 상품은 공공재가 된다. 그리고 상품을 생산하는 비용이 너무 크다면, 민간기업은 이러한 상품을 제공하지 않을 것이다. 예를 들어, 밤거리의 가로등은 해당 지역의 범죄율을 낮출 수 있다. 가로등의 유지비용을 누가 지불하건 안 하건, 그 지역의 안전을 전체적으로 개선시킨다. 하지만 이 경우 정작 가로등 서비스를 제공하는 기업은 이익을 얻는데 난관에 빠질 것이다. 가로등 밑에 책상을 놓고 사용료를 받는다고 할지라도, 인건비만큼 수익을 얻기 힘들 테니 말이다. 이러한 경우에, 공공조직 혹은 정부에 의한 시장개입은 피할 수 없는 공공재를 제공하기 위한 당연한 메커니즘으로 받아들여진다. 결과적으로 정부의 개입은 발전소에서 전기를 생산하기 위한 비용을 대고, 전기료를 징수하는 데 가장 효율적인 방법으로 고려된다.

② 경제적 외부효과(externalities)

때때로 시장에서 개인 간, 기업 간의 교환행위는 이 활동에 관여하지 않은 사람들에게 비용을 지불하도록 강요한다. 이는 부정적 외부효과(external diseconomy)라고 불리는데, 강 상류의 공장과 하류의 주민이 좋은 예가 될 수 있다. 공장이 상품을 생산하다 보면 부산물로 하천오염이란 문제가 발생한다. 이 때 강 하류의 주민은 생산된 상품을 구입하는 실제 매매관계에 개입한 것이 아니지만, 오염된 물을 마시거나, 더럽혀진 강으로 인해 건강을 해치는 등의 부정적인 효과를 겪게 된다. 이러한 피해를 입게 된다면, 주민들은 공장에 배상을 요구하겠지만 실제로 주민들은 전문성이 높지 않으며, 피해정도를 측정하는 데에도 어려움을 겪게 될 것이다. 이렇게 시장 내 참여자가 스스로 문제를 해결하는 것을 기대하기 어려울 경우 정부가 개입하여 문제를 해결하게 된다. 정부가 세금이라는 형태로 공장에게 비용을 지불하도록 한 후, 이를 강 하류 주민들의 보건과 복지를 위해 사용할 수 있는 것이다.

부정적 외부효과의 또 다른 예로는 경찰이 길에 쓰레기를 버리는 행인에게 벌금을 부과하는 경우를 들 수 있다. 길에 버려진 쓰레기를 보면, 다른 행인들은 불쾌감을 느끼게 될 것이다. 하지만 그렇다고 다른 행인이 쓰레기를 버리는 이 행인

하기도 한다(Tullock, 1970).

을 나무란다면, 아마도 십중팔구 싸움으로 번지게 될 것이다. 따라서 경찰이 개입하여 쓰레기 투기자를 단속하는 것이 훨씬 바람직한 결과를 가져올 것이다. 부정적 외부효과와는 반대로, 긍정적 외부효과(external economy)는 시장에서 교환행위에 관여하지 않은 사람들이 이익을 얻는 것을 의미한다. 때로는 정부가 긍정적 외부효과를 유발하기 위해 의도적으로 개입하기도 하는데, 독감예방주사 접종, 교육, 양봉업자와 과수원 등이 좋은 예가 될 수 있다. 보조금 등 정부의 지원으로 양질의 교육이 이루어질 때, 교육수혜자가 양심적으로 행동하고 규칙을 준수함에 따라 실제 교육의 혜택을 받지 못한 다른 국민도 보다 안락한 삶을 누릴 수 있다.

> 이와 같이 자유시장이론의 설명에 의하면, 경제적인 측면에서 공공조직과 민간조직의 차이가 확연히 드러난다. 하지만 실제로 정부는 공공재와 경제적 외부효과가 아니더라도 주민의 요구가 있을 경우, 기꺼이 시장에 개입하고 있다. 시장 메커니즘에서 남겨진 역할을 수동적이거나 보조적으로 수행하는 것보다 정부의 역할은 훨씬 더 광범위하다. 즉 정부의 역할은 경제적인 고려에 의해서만 결정되지 않고, 사회·정치적인 역학의 결과로 주어지고 있다. 실제로, 정부의 경제정책은 주로 **정치적으로 동의된 목표를 달성하기 위한 하나의 중요한 수단**으로 받아들여진다.

(2) 경제적 시장과 정치적 시장

공공조직은 시장에 결과물을 산출하지 않기 때문에, 공공조직이 특정 서비스를 생산하는 비용을 평가하거나, 가치(value)를 매길 수 없다. 다른 말로 하면, 공공조직의 수입과 가치는 제공하는 서비스와 직접적인 관련이 없다. 예를 들어, 콜라를 한 캔 사는 것과 달리, 동사무소에서 제공하는 행정서비스에 대해 정확한 값을 매기는 것은 거의 불가능하다. 즉 경제적 시장이 공공조직이 자원을 어떻게 사용할지, 혹은 공공조직 관리자의 성과를 어떻게 측정할지 판단하는 것을 돕는 것도 아니다. 결과적으로, 민간기업을 평가하기 위해 시장에서 사용되는 평가 기준인 화폐가치는 공공조직에서 통용될 수 없다.

Downs(1967)는 관료제로써 공공조직이 갖고 있는 경제적인 기반(economic foundations)에 주목한다. 그는 'bureau'와 'firm'을 구분하는 가장 중요한 기준으로 bureau가 시장(market)에 대응하지 않는다는 점을 지적한다. 조직의 성과에 대한 가치를 평가하는 시장이 없는 상황에서 합리적, 이성적인 관리자는 조직의 확대를 위하여 최대한 많은 예산과 자금(inputs)을 획득하고, 자신의 권한을 강화시키는 데 가장 큰 관심을 쏟게 된다. 즉 bureau의 가장 기본적인 목표와 동기부여는 효율성이 아니라 예산결정자(의회, 대통령 등)의 인정과 지원이다.

이는 무엇을 의미하는가? 경제적 시장에서 상품을 구입하는 고객을 신경써야 하는 민간기업과 달리, 정치적 시장에서 공공조직이 신경써야 할 대상은 행정서비스를 받은 눈 앞의 고객이 아니라 일반 시민, 이익단체, 정치인 등이 된다는 의미이다. 그리고 공공조직의 관리자는 이러한 일반 시민, 이익단체, 정치인 등의 지원을 받기 위해 노력을 하게 된다. 이들 일반 시민, 이익단체, 정치인 등에게 자신이 속한 공공조직의 정당성, 합법성, 타당성, 성과 등을 어필하여 보다 많은 자원을 지원받기 위한 노력을 하는 것이다.

- 정치적 시장이 공공조직 관리자와 공무원에게 주는 영향

공공조직의 관리자는 자신의 권위와 지위를 높이기 위해 조직을 확장시키기 원하며, 이를 위해 예산을 배정하는 국회의원 등 정치인, 더 나아가 국민과 좋은 관계를 유지하고 지지를 얻으려 한다. 이는 공공조직이 정치적인 시장에 놓이며, 공공조직의 산출물에 대한 평가가 정치적일 수밖에 없다는 것을 의미한다. 그리고 생존을 위해 생산성을 높여야 하는 민간조직과 달리, 공공조직은 비용의 절감이나 운영상의 능률, 또는 효율성을 추구하려는 노력을 기울이지 않을 가능성이 높다. 앞서 언급하였듯이, 이러한 가치는 공공조직을 평가하는 기준이 아니기 때문이다.

3) 정치적인 차이

아마도 정치학에서 가장 많이 인용되는 문구는 Lasswell(1958)이 언급한 "정치학은 누가(who), 무엇을(what), 언제(when), 어떻게(how) 얻는가에 대한 학문이다"와 Easton(1965)이 말한 "정치학은 사회에서 가치의 권위적인(authoritative) 분배과정"이라는 정의일 것이다. 국회의 의사결정에 영향을 주고, 내려진 의사결정을 해석하는 역할을 하는 공공조직은 국민 가운데 누가, 무엇을, 언제, 어떻게 얻는가를 결정하는 권위적인 분배과정에서 필수적인 요소이다. 그렇다면, 공공조직의 정치적인 배경과 목표는 민간조직과 어떻게 다른지 살펴보자.

(1) 중립성

공공조직의 관리자와 공무원의 행위는 그 파급효과가 크기 때문에 외부의 주목과 감시를 받게 된다. 공공조직 혹은 정부부처, 그리고 공공조직의 관리자는 마치어항(fishbowl) 속의 물고기와 같다는 말이 있다. 이 말은 국회의원, 대통령, 일반국민, 미디어, 이익단체 등이 합법적으로 공공조직의 관리자와 공무원의 일거수일투족을 감시하고 있음을 의미한다. 민간조직에 비해 공공조직은 정책결정과 집행을 할 때 조직의 외부로부터 훨씬 다양하고 강도 높은 압력을 받게 된다. 게다가정책집행의 수용성 때문에 국민들의 협조와 지지를 획득하려는 활동이 필요하기도하다.

외부의 주체들은 단순히 감시를 하는 데에서 한 걸음 더 나아가 공공조직이 자신들을 위해 일하기를 기대한다. 그리고 동시에 공공조직이 중립성이라는 이름으로 혹시라도 자신들에게 피해를 가져오는 활동을 하는 것은 아닌지 경계하기도 한다. 각종 이익단체, 미디어, 정치인 등 외부환경은 모두들 다르게 중립성을 판단하고 있을 것이다. 하나의 정책에 대하여 어떤 이는 중립적이라고 판단하지만, 다른이는 전혀 그렇지 않다고 느낄 것이다. 공공조직의 중립성에 대한 이들 외부 주체의 상반된 기대와 배타적인 요구에 대응하여, 공공조직의 관리자는 정책결정과 집행의 과정에서 조율하고 화합을 이끌어내어야 한다.

• **중립성이 공공조직 관리자와 공무원에게 주는 영향**

앞서의 내용은 왜 공공조직의 행정서비스가 신속하게 제공되기 어려운지를 잘설명한다. 외부 주체들의 상반된 기대와 배타적인 요구에 대응한 결과, 공공조직에서 이루어지는 정책결정과 정책집행 과정은 민간조직의 의사결정, 집행 과정보다훨씬 느리기 마련이다. 또한 공공조직의 관리자는 민간조직의 관리자보다 훨씬 더높은 갈등관리능력과 동의형성기술을 갖추고 있어야 한다.[6]

---

6) 이러한 이유로 우리나라 고위공무원의 역량(competence) 가운데 갈등관리역량이 중요한 항목으로 강조되고 있다.

행정부에 대한 견제: 미국의 사례

미국은 오랜 역사를 가진 양당제에 바탕을 둔 입법 전통을 갖고 있는데, 그 정치제도 내에 행정부에 대한 견제와 균형의 발전을 보여준다. 대공황(Great Depression), 뉴딜(New Deal), 그리고 제2차 세계대전(World War II)의 시기 동안 미국의 의회는 행정부에 많은 법률제정권을 위임하였으며, 따라서 행정부의 권한은 과거 몇십 년 동안 행정의 범위와 행정의 복잡성의 증대와 함께 크게 증가되었다. 하지만 Willoughby(1927)는 미국의회가 행정부에 대한 감시기능을 잘 수행하여 왔다고 말한다. 또한 미국의 헌법에는 행정부가 의회에 의하여 설립되고, 권한을 위임받고, 조직이 구성되고, 인원이 배정되고, 예산을 배정받는다고 명백히 규정하고 있다. Aberbach(1990)는 의회가 행정부와 밀접하게 연관을 맺고 업무를 수행해왔으며, 의회가 행정부에 대한 효과적인 감시와 관리기능을 수행할 수 있다고 주장한다.

실제로 미국의 의회는 행정부에 대한 감시와 관리권한을 끊임없이 발전시켜왔다. 의회는 현재의 위원회 구조로 의회를 재구성하기 위해 1946년에 의회재조직법(Legislative Reorganization Act)을 제정하였다. 이 법은 의회의 감시와 관리기능을 강화하기 위하여 각각의 위원회가 연방정부의 행정부처와 일치되도록 하였다. 1946년의 의회재조직법에 근거하여 의회는 행정부에 대한 좀 더 세밀한 감시와 관리를 위하여, 1970년에 의회재조직법(Legislative Reorganization Act), 1978년에 감찰법(Inspector General Act), 1990년에 재정감찰법(Chief Financial Act)을 새로이 제정하였다. 1993년에 의회는 GPRA(Government Performance and Result Act)를 제정하였는데, 이 법은 성과에 바탕을 둔 정부(result-driven government)를 지향하였던 클린턴행정부에 의하여 지지되었다. GPRA는 의회의 감독에서의 큰 발전이었으며, 정부부처의 성과를 평가하는 것을 크게 도왔다. 게다가, GAO(General Accounting Office)는 행정부처의 재정자료(financial data)를 감사함으로써 의회가 행정부처의 권한을 견제하는 것을 돕고 있다.

이와 함께 독립적인 미국의 사법부는 행정부의 행위를 법적으로 평가하고 있다. 연방정부의 활동에 대한 사법부의 견제역할은 행정법에 의해 분명하게 규정되고 있다. 지난 수십 년간 사법부의 판결은 행정부에 대한 의회의 광범위한 감시와 관리권한을 지지하여 왔다.[7]

(2) 모호한 법안과 재량권

정부정책을 결정하거나 공공조직을 설립하기 위해 국회에서 제정되는 법안은 대부분 그 문구가 매우 일반적이고 모호한 언어로 표현된다. 이렇게 법안의 문구를

---

7) Rourke(1993)는 미국의 행정부가 대통령과 의회의 자녀연대보호(joint custody) 하에 놓여 있다고 비유한다.

모호하게 만드는 것에는 크게 두 가지의 이유가 있다. 첫째, 국회의원과 정치인은 세밀한 정책을 설계할만한 충분한 전문성과 시간, 보조 인력을 갖추고 있지 못하다. 둘째, 일반적이고 모호한 법안은 정책결정과정에서 발생할 수 있는 갈등을 줄이는 데 매우 유리하다. 모호한 내용의 법안은 관련자들 간의 합의를 이끌어내는 것을 보다 용이하게 한다. 왜냐하면 대부분의 의사결정 참여자들이 모호한 법안의 내용을 자신들에게 유리한 방향으로 해석하기 때문이다. 결과적으로 모호한 법안은 명확하게 승패(이익과 손해)가 보이는 구체적인 법안보다 쉽게 통과될 수 있다.

이렇게 국회에서 모호한 법안이 통과되는 것이 공공조직에 어떤 영향을 주는가? 국회에서 결정된 모호한 정책은 그대로 집행될 수 없다. 반드시 실현가능하도록 구체화되고 명백히 해석될 필요가 있다. 이러한 구체화는 누가 실현하는가? 바로 공공조직, 즉 정부부처의 관리자와 공무원들이 담당해야 한다. 이렇게 실제 정책방향을 공공조직에서 설정해야 할 텐데, 공공조직의 관리자와 공무원이 기계적으로 정책을 구체화하는 것이 가능할까? 이러한 질문은 국회에서 정치적인 이익 갈등, 투쟁이 끝나는 것이 아니고, 보다 많은 것을 얻기 위한 갈등과 투쟁의 위치(locus)가 공공조직으로 이동함을 의미한다. 즉 누가, 무엇을, 언제, 어떻게 얻을지를 위한 경쟁의 장소가 달라질 뿐이다.

• **모호한 법안과 재량권이 공공조직 관리자와 공무원에게 주는 영향**

결과적으로, 국회에서 결정된 정책의 광범위함과 모호함은 공공관리자에게 권력을 사용하는 책임과 기회, 즉 재량권을 준다. **재량권**이란 어떤 특정 상황에서 정부의 정책이 어떻게 집행되어야 하는가를 결정하는, 다시 말해서 공공조직의 관리자가 가능한 정책 대안 중에서 바람직한 대안을 선택하는 권한을 의미한다. 이는 민간조직의 관리자와 달리 공공조직 관리자의 정책결정이 필연적으로 정치적인 성격을 띠고 있음을 뜻한다. 결국, 공공조직의 관리자가 전문적이고 기술적인 의사결정 기준에 의하거나, 혹은 명백히 정치적인 고려를 한다던가 하는 것과는 관계없이, 공공조직 관리자의 결정은 기본적으로 정치적인 성격을 갖는다. 공공조직 관리자와 공무원의 재량권은 많은 로비와 부패가 공공조직에서 벌어지고 있는 근본적인 원인이 된다.

공공조직과 민간조직의 차이

Rainey, Backoff, & Levine(1976)은 기존의 연구들을 토대로 하여 공공조직과 민간조직의 차이점을 설명하고 있는데, 이 가운데 **조직의 내부구조와 과정**의 차이를 다음과 같이 설명한다.

① 조직목표와 평가 기준의 복잡성

공공조직의 목표는 다양하고 복잡할 뿐만 아니라 모호하고 종종 상호 대립적인 경우가 많다. 민간조직의 경우에는 목표의 달성 정도를 평가하기가 용이하나, 공공조직은 그 성과의 평가가 곤란하다.

② 권한 관계 및 관리자의 역할

공공조직의 관리자는 민간조직의 관리자보다 의사결정의 자율성이나 융통성이 적다. 그 이유는 공공조직에서의 정책결정에는 다양한 법적, 절차적 통제가 부과되고 있기 때문이다. 그리고 관리자의 부하직원에 대한 권한도 민간조직에 비해 약하다. 이는 공공조직 구성원의 신분 보장이 확실할 뿐만 아니라, 공공조직의 직원은 상급기관 등 다른 공공조직, 또는 국민에게 직접 호소함으로써 관리자의 권위를 뛰어넘을 수 있기 때문이다. 또한 공공조직은 조직 목표의 모호성과 성과평가의 어려움 때문에 관리와 감독이 힘들다.[8]

③ 조직의 성과

공공조직은 민간조직에 비해서 성과가 낮다. 이는 여러 가지 요인에 의해서 설명될 수 있으나, 조직 내부적으로 볼 때 관료적 형식주의(red tape), 책임의 전가, 경직적인 구조 등에 더하여 최고관리자 및 정치적 임명직의 잦은 교체로 정책집행에 차질이 있기 때문이다.

④ 유인(incentive)에 대한 가치 판단

공공조직과 민간조직은 조직의 구성원들에 줄 수 있는 동기부여에 차이가 있다. 많은 실증적인 연구에 의하면, 민간조직의 구성원들은 대체로 금전적 유인(incentive)에 큰 의미를 부여하지만, 공공조직의 구성원들은 직업의 안정, 타인을 위한 봉사, 권력, 명예 등과 같은 비금전적 유인을 더 중시하는 것으로 설명되고 있다.

⑤ 개인적 특성

공공조직과 민간조직은 유인(incentive)에 대한 개인적 특성의 차이가 있다. 공공조직의 구성원은 일에 대한 만족과 조직에 대한 충성도가 낮은 반면, 성취 욕구가 높다는 연구 결과가 제시되기도 한다.

---

8) Sawhill & Williamson(2001)에 의하면, 공공조직의 성과평가는 환경과의 이해관계가 복잡하고, 성과가 장기간에 걸쳐서 발생하며, 목적이 지나치게 추상적이거나, 책임의 귀속 여부가 불명확하여 실제 시행에 많은 어려움이 있다.

4. 우리나라 공공조직의 이해를 위해 필요한 용어들

다음의 용어들은 우리나라의 공공조직에 관한 설명에서 항상 언급되는 것들이다. 따라서 지금까지 이러한 용어들은 익히 들어왔을 것이지만, 아마도 그 의미에 관해 깊이 생각해볼 기회는 없었을 것이다. 우리나라의 공공조직에 관해 보다 정확하게 이해하기 위해 아래 용어들의 의미를 보다 명확하게 정의내릴 필요가 있다. 행정자치부(2006.12)에서는 다음의 용어들을 아래와 같이 정의하고 있다.

① 국가행정기관과 중앙행정기관

'국가'와 '중앙'이라는 용어 사용에 있어 일반적으로 국가는 중앙과 지방을 막론하여 사용하는 경향이 많고, 중앙행정기관은 국가행정기관 가운데 특별지방행정기관과 지방자치단체의 기관을 제외한 기관을 의미한다. 현재 지방자치 실시 이전에 제정되어 운영되어 오던 정부조직법과 행정기관의 조직과 정원에 관한 통칙을 개정하면서, 지방자치단체에 관한 부분을 제대로 정리하지 못하여 국가행정기관과 중앙행정기관이라는 용어를 혼동하여 사용하고 있다.

② 부(部, department)

부는 대통령 및 그의 명을 받은 국무총리의 통할 하에 국무회의의 심의를 거쳐 대통령이 결정한 정책과 그 밖의 행정부의 권한에 속하는 사항을 기능별, 또는 행정 대상별로 수행하는 중앙행정기관이다. 따라서 부는 대통령이나 국무총리의 단순한 보조기관(staff)이 아니라 그들의 하위에 있는 행정기관(line)이다. 부의 장은 국무위원 중에서 국무총리의 제청으로 대통령이 임명한다. 따라서 국무위원이 아닌 자는 부의 장이 될 수 없다. 예를 들어, 교육부, 외교부, 통일부가 이에 해당된다.

③ 처(處, ministry)

처는 국무총리 소속기관이다. 처는 부의 통할적 성질의 사무를 관장, 처리하는 중앙행정기관의 지위를 갖는다. 통할적 성질의 사무란 부 업무의 조정사무(기획, 행정조정 등)와 성격 상 어느 한 부에 관장시키는 것이 불합리한 성격의 사무(인사, 예산, 법제 등)를 의미한다. 처의 장은 정무직으로 임명하며, 국무총리의 제청없이 대통령이 임면한다. 예를 들어, 인사혁신처, 국가보훈처, 기획예산처가 이에 해당된다.

④ 청(廳, administration, agency, service)

청은 부의 소관사무 중 업무의 독자성이 높고 업무의 범위가 전국에 미치는 사무를 관장하는 중앙행정기관으로 장관의 일반적 지휘를 받아 소관사무를 처리한다. 청은 대체로 집행적 성격의 업무를 수행하며, 보조기관인 국의 경우보다 업무

그림 2-5 우리나라 중앙정부 조직도

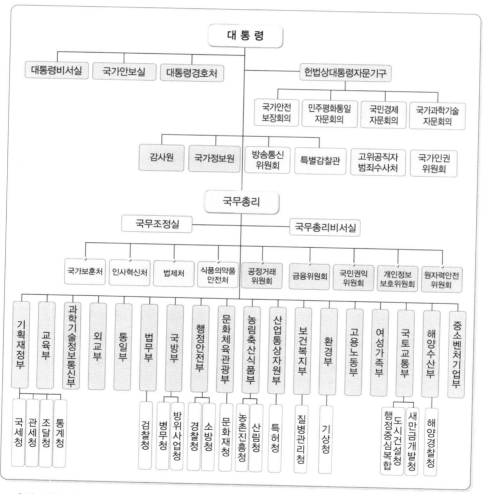

출처: 정부조직관리정보시스템(https://org.go.kr/oam/gvrnOrgChartView.ifrm?flag=gov)

량이 많고 어느 정도 독자적인 업무수행이 필요한 경우 설치하며, 대외적 의사표시가 가능한 행정기관이다. 청의 장은 정무직으로 임명하며, 소속장관의 제청없이 대통령이 임면한다. 예를 들어, 관세청, 농촌진흥청, 산림청이 이에 해당된다. 앞의 [그림 2-5]는 우리나라 중앙정부의 조직도를 보여준다.

부, 처, 청의 내부에는 실, 국, 과가 배치된다. 실, 국, 과는 수행하는 직무가 비교적 동질적인 단일 업무로 구성된다. 이는 기계적 관료제에 적합한 조직구조이며, 기능적 부서화 방식에 따른 구분이다. 앞서 살펴본 조직의 개념에 따르면, 하나의 국, 하나의 과는 하나의 조직이 될 수 있다.

⑤ 실(室, office)

실은 중앙행정기관의 주요 정책업무를 관장하거나 정책의 종합적 조정을 관장하는 조직이다. 국, 본부, 단으로는 정책의 조정이나 업무의 수행이 용이하지 아니한 경우에 설치된다. 실을 설치하기 위해서는 5개 이상의 하부조직을 필요로 하는 업무량이 있어야 한다. 현재는 실이 국보다 상급조직으로 사용되고 있으며, 때로는 실 밑에 국을 두기도 하고 있다.

⑥ 국(局, bureau)

국은 중앙행정기관의 소관업무를 기능적으로 분담하여 수행할 필요가 있을 경우에 설치된다. 국을 설치하기 위해서는 업무의 한계가 분명하고 업무의 독자성과 계속성이 있어야 한다. 그리고 4개 이상의 하부조직을 필요로 하는 업무량이 있어야 한다. 국 밑에 실, 본부, 단, 부 등을 둘 수 없다.

⑦ 과(課, section)

과는 실, 국의 소관업무를 기능적으로 분담하여 수행할 필요가 있을 때 설치된다. 과를 설치하기 위해서는 업무의 한계가 분명하고 업무의 독자성과 계속성이 있어야 한다. 과의 적정인원은 지정하지 않는 것이 바람직하다.

⑧ 본부(本部, headquarters)

본부는 대체로 두 가지의 유형으로 나누어 볼 수 있다. 첫째는 과학기술부 과학기술혁신본부, 외교통상부 통상교섭본부, 정보통신부 우정사업본부(소속기관)와 같이 당해 부처의 일반적 기능과 분리하여 별도 관리할 필요가 있고, 실이나 국보다는 많은 기능을 관장하는 경우에 본부라는 명칭을 부여하고 있다. 둘째는 국과 같이 당해 부처의 일반적 기능을 분담하여 수행하는 경우에 본부라는 명칭을 사용하고 있다. 본부는 실, 국과 같이 동질적 기능단위의 전통적 관료제 조직이 아니라 다수의 이질적 업무들을 과정 중심으로 묶은 조직이며, 유기적 조직구조를 가지고 있는 사업부제조직에 적합한 형태이다.

⑨ 단(團, group)

단은 앞서 살펴본 본부와 유사한 성격을 가진 조직구조이다. ○○사업단, ○○지원단과 같이 당해 부처의 일반적 기능과 분리하여 독립적으로 관리할 필요가 있거나 ○○기획단, ○○추진단과 같이 일시적 정책적 업무를 수행하는 경우에 사용되고 있다. 대체로 본부보다는 업무량이나 조직규모가 작고, 직급이 낮다.

그림 2-6 인사혁신처 조직도

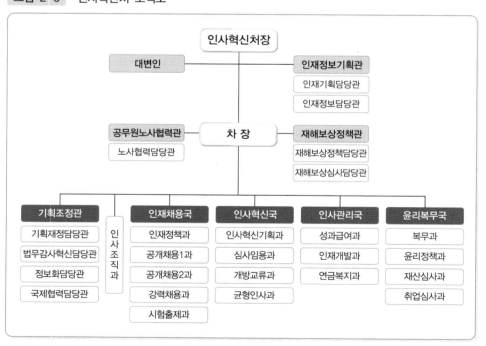

출처: https://www.mpm.go.kr/mpm/about/aboutorg/orgchart/

⑩ 팀(team)

팀은 대체로 두 가지의 유형으로 나누어 볼 수 있다. 첫째는 ○○지원팀, ○○ 기획팀, ○○전략팀, ○○혁신팀 등과 같이 특별한 일시적 업무를 집중적으로 수행하기 위한 태스크 포스 형태이다. 둘째는 과와 같이 당해 부처의 일반적 기능을 분담하여 수행하는 경우에 팀이라는 명칭을 사용하고 있다. 팀은 과와 같이 동질적 기능단위의 전통적 관료제 조직이 아니라 다수의 이질적 업무들을 과정 중심으로 묶은 조직이며, 유기적 조직구조를 가지고 있는 사업부제 조직에 적합한 형태이다. 앞의 [그림 2-6]은 인사혁신처의 조직도를 보여준다.

✪ 복습을 위한 질문

- 민간조직과는 달리 공공조직의 관리자에게 특히 요구되는 능력은 무엇인가?
- 공공조직과 민간조직의 법적인 차이는 무엇인가?
- 외부 주체들이 공공조직이 자신들을 위해 일하기를 기대하면서 대외적으로 표방하는 것은 무엇인가?

제**3**장

공공조직의 목표와 활동

이 장에서는 민간조직과는 다른 공공조직이 갖는 목표와 활동을 살펴본다. 이를 위해 공공조직이 놓은 환경, 공공조직의 목표인 공익, 공공조직의 활동근거로서 공익의 창출과 대의민주주의를 설명한다. 그리고 대의민주주의의 대안으로 제시되는 세 가지의 주장을 살펴보고, 결국 공공조직의 관리자가 어떠한 가치판단을 해야 하는지, 혹은 할 수밖에 없는지를 이야기해보도록 한다.

1. 공공조직이 놓인 환경

공공조직은 환경과 상호작용하는 개방체제(open system)의 성격을 띠고 있다. 공공조직은 사회체제나 정치체제의 하위 체제이기도 하다. 따라서 공공조직은 사회체제와 정치체제의 영향을 받기도 하며, 사회체제와 정치체제에 영향을 미치기도 한다. 어느 특정한 공공조직을 지배하는 가치나 기본 원칙은 그 조직이 속해있는 정치적, 경제적, 사회·문화적, 기술적 환경의 특수성에 따라 결정된다. 즉 모든 국가, 모든 사회에 적용될 수 있는 보편적인 공공조직의 기본 원리나 제도는 존재하지 않으며, 동일한 원리나 제도라도 시대적 상황이 달라지면 그 효과도 달라진다. 따라서 공공조직은 그 조직이 속한 환경적 특수성을 고려하여 설계되고 운영되어야 한다. 이러한 상황은 우리나라 공공조직의 경우에도 동일하게 적용될 수 있다. 예를 들어, 경제성장과 민주화의 진전에 따라 공공조직의 서비스에 대한 국민의 기대는 계속 높아지고 있으며, 이에 비례하여 공공조직에 대한 비판의 목소리도 커지고 있다. 동시에 작은 정부를 향한 정치적인 압력도 점차 커지고 있다.

지금부터는 공공조직에 영향을 미치는 환경을 살펴본다. 공공조직에 영향을 미치는 환경은 크게 법적, 정치적, 경제적, 사회·문화적, 기술적 환경으로 분류될 수 있다.

1) 법적 환경

공공조직의 합리성과 공정성을 확보하는 가장 확실한 방법은 법에 근거한 행정이다. 우리나라에서도 남녀고용평등법, 공직자윤리법, 장애인고용촉진에 관한 법률 등 새로운 법이 제정됨에 따라 공공조직에 미치는 법적 환경의 영향이 증가하고 있다. 하지만, 이러한 법적 환경이 주는 제약이 강화됨에 따라 공공조직의 경직화를 초래할 수 있다. 따라서 법에 근거하여 공정한 조직관리와 조직구성원의 권익보호를 추구함과 동시에 환경의 변화에 적응하기 위한 탄력적 조직관리를 달성하도록 노력해야 한다.

2) 정치적 환경

공공조직의 정치적 환경으로는 국민, 대통령, 국회의원(정당), 언론, NGO 등을 들 수 있다. 이 중에서 특히 대통령이 공공조직에 주는 영향이 지대하다. 대통령은 공무원의 임면권뿐만 아니라 정책결정의 최고책임자로서 공무원 보수, 공공조직 개편, 능력위주의 인사 등 중요한 공공 정책에 결정적인 영향을 미친다. 예를 들어, 과거 노무현 정부의 인사제도 혁신은 대통령과 보좌관의 아이디어와 정책결정에서 시작되어 공공조직에 지대한 영향을 주었다.

3) 경제적 환경

공공조직의 중요한 주제인 공무원 채용규모 축소, 보수동결과 인하, 해외교육훈련규모 축소 등은 경제적 환경의 지속적인 영향을 받고 있다. 가장 대표적인 사례로는 국제통화기금(IMF) 구제금융 하에서 공무원의 정년 단축(65세→63세)이 실시된 것을 들 수 있다. 공공조직의 경제적 환경으로는 크게 세 가지가 있는데 첫째, 국가의 경제상황을 들 수 있다. 국가의 경제상황이 좋으면, 국민의 담세능력이 향상된다. 이에 따라 공공조직의 예산확보가 비교적 용이해진다. 예를 들어, 국가예산의 20% 정도가 인건비로 지출되므로 공무원의 보수도 경제상황의 영향을 받게 된다는 것이다.

둘째, 국가의 노동시장 상황이다. 국가의 노동시장이 활성화되면(민간 기업이 많은 우수인력을 확보하는 경우를 의미함), 공공조직은 우수한 인력의 충원을 위하여 민간기업과 경쟁하여야 한다. 따라서 보다 적극적인 모집, 채용, 선발, 인력 유지 방안이 요구될 것이다. 실제로 현재 개방형 직위 등 민간 전문가를 유치하기 위해 정부 헤드헌팅(headhunting) 제도가 도입되어 활용되고 있다.[1] 셋째, IMF, World Bank 등으로 대표되는 국제경제 상황이다. 예를 들어, IMF, World Bank, 미국, 유럽연합(EU) 등은 개발도상국의 대형 국책사업에서 발생하는 정부에 대한 뇌물공여에 지대한 관심을 갖고 있다. 따라서 개발도상국들은 부패를 통제하기 위한 정책과 제도를 시행하라는 강한 압력을 받고 있다. 유사한 예로, 우리나라는 경제협력개발기구(OECD)의 회원국으로서 공무원 노동조합의 허용을 요구받기도 했다.

국제경제기구의 부패에 대한 관심

시장의 세계화가 진행됨에 따라, 모든 국가는 세계경제의 일부분이 되었다. 개발도상국에서 발생되는 부패는 그 국가가 불안정한 시장을 갖는 주요한 원인이며, 개발도상국의 부패는 세계경제에까지 영향을 미치게 된 것이다. 그러므로 국제사회도 개별 국가의 부패문제에 큰 관심을 갖게 되었다. 국제기구는 시장의 세계화에 있어서 결정적인 역할을 하여왔다. 즉, 유엔발전프로그램(UNDP), 세계은행(World Bank), 국제통화기금(International Monetary Fund: IMF)는 개발도상국의 뿌리 깊은 부패를 통제하지 않고서는 이들 국가에 대한 재정지원과 융자가 전혀 효과가 없음을 깨닫게 되었다. 예를 들어, 아프리카의 개발도상국이 댐을 건설하기 위해 World Bank로부터 100원을 빌렸다면, 정책집행과정에서 뇌물로 90원이 허비되고 결과적으로 10원으로 댐을 건설하는 경우도 비일비재하게 발생하였다. 10원으로 건설된 댐이 제 역할을 하여 수해를 예방하거나 농작물의 수확에 도움을 주기를 기대하는 것은 비현실적일 것이다. 결과적으로 World Bank의 융자는 개발도상국의 경제개발에 전혀 도움을 주지 못하였다. World Bank와 IMF를 포함한 국제경제기구가 부패한 독재자에게 빌려준 막대한 자금이 부패로 인해 회수하기 어려워진 것이다. 부패한 독재자가 융자금을 잘못 사용했음에도 불구하고, 국제경제기구는 이들 국가에 대한 융자금을 탕감해야 한다는 강한 압력에 시달리게 되기도 했다. 현재 World Bank는 100개 이상의 국가에서 600개 이상의 반부패와 정부제도 지원프로그램을 진행하고 있다. 공공부문의 제도 개혁에 대한 지원은 1997년의 4천만달러에서 1999년에는 7천5백만달러로 지속적으로 증가하고 있다.

---

1) 정부 헤드헌팅은 개방형 직위와 경력개방형 직위를 대상으로 필요로 하는 최고 수준의 민간전문가를 직접 발굴, 추천하는 활동이다. 추천된 인재의 심사와 평가 등 임용제반과정은 부처 및 중앙선발시험위원회에서 별도 시행한다(인사혁신처 홈페이지, https://www.mpm.go.kr/mpm/info/hrInfo/hrInfo03/hrInfo0301/).

4) 사회 · 문화적 환경

사회·문화적 환경 또한 공공조직에 큰 영향을 미친다. 예를 들어, 우리나라의 유교적인 장유유서의 질서에서는 능력보다는 연공서열에 의한 인사가 뿌리 깊은 관행이다. 일반국민의 공직에 대한 의식, 온정주의와 연고주의 등은 공공조직의 중요한 환경이 된다.

5) 기술적 환경

공공조직은 기술적 환경의 영향을 받기도 한다. 정보사회화, 전자정부 등 새로운 기술의 변화는 새로운 직무를 수행할 능력을 갖춘 인력을 요구한다. 이를 위해 공무원의 지속적인 교육훈련이 요구되며, 새로운 인력을 충원(예를 들어, 개방형 충원·직위제도를 통하여)할 필요성이 높아지게 된다. 현재 제4차 산업혁명(4th industrial revolution) 등의 변화로 인해 공공부문에 빅 데이터(big data) 전문가의 충원이 요구되고 있다.[2] 이 밖에 민간부문의 인적자원 관리기법, 평가기법 등을 공공조직에 도입하기도 한다. 민간조직이 공공조직의 벤치마킹(benchmarking)의 대상이 되는 것이다.

문제해결형 학습

1990년대 이후 핵심인력육성을 위해 문제해결형 학습(Action Learning)을 도입하는 기업이 급속히 증가하고 있다. General Electric(GE), IBM, Johnson & Johnson 등의 세계적 기업들은 물론 삼성생명, 삼성화재, 현대자동차, CJ, SK 등 우리나라의 대기업들도 문제해결형 학습을 도입하여 활용하고 있다(Boshyk, 2000; 봉현철·황석기, 2001). 문제해결형 학습은 문제해결과 학습조직의 구축, 팀 형성, 리더십 개발 및 경력개발 등의 측면에서 매우 효과적인 교육방법으로 인정받아, 새로운 교육훈련의 패러다임으로 자리 잡고 있다.

미국 인사관리처(Office of Personnel Management, OPM)의 인적자원관리전략은 민간분야의 경영혁신에 큰 영향을 받았다. GE 등 민간기업의 관리전략의 혁신이 공공분야 혁신의 기

---

2) 빅 데이터(big data)는 거대한 규모(volume), 빠른 속도(velocity), 높은 다양성(variety)을 특징으로 하는 데이터로 3V라고도 불린다. 빅 데이터를 사용하면, 더 많은 정보를 확보할 수 있기 때문에 데이터의 신뢰성이 높아지며, 문제해결에 대한 완전히 다른 접근방식이 가능하다(https://www.oracle.com/kr/big-data/what-is-big-data/).

반이 된 것이다.[3] 이는 GE에서 사용된 문제해결형 학습(Action Learning), 6시그마(six sigma) 등 다수의 관리전략기법이 미연방정부에 도입된 것을 보아도 알 수 있다. 결과적으로 미연방 정부의 인적자원관리전략의 혁신은 민간분야의 관리전략 혁신과 많은 유사점을 갖게 되었다.

출처: 진종순(2005.12) 재정리.

2. 공공조직의 목표: 공익

공공조직의 목표는 무엇일까? 아마도 대부분의 사람들은 공익(公益, public value)을 들 것이다. 그렇다면, 공익은 무엇일까? 쉽게 생각되었던 공익이라는 말을 한마디로 정의 내리기는 참으로 어렵다. 공익이라는 개념을 정의 내리는 것은 학자들에게도 참으로 어려운 일이다. 그럼에도 불구하고, 공공조직을 이해하기 위해서는 공공조직의 존재 의미인 공익에 대한 정의와 이해가 반드시 필요하다.

고대 그리스의 철학자인 플라톤(Plátōn) 이후 오늘날까지 수많은 학자들이 공익(public value)에 관하여 연구해왔다. 정치적·환경적 여건의 변화에 따라 각 시대마다 특정한 이론적 견해가 받아들여져 왔으며, 다양한 학설이 존재하고 있다(백완기, 1981). 이러한 학설들은 특정한 시각에서 공익의 개념을 설명하고 있다. 따라서이 학설들 가운데 하나의 학설만으로 공익의 개념을 파악하고 구체화하기에는 한계가 있다. 이러한 다양한 학설들에 대한 이해를 바탕으로 현재 우리 사회에서 강조되는 공익의 개념을 포괄적으로 이해할 수 있을 것이다. 지금부터는 공익에 대한 다양한 학설들인 규범설, 과정설, 합리설, 공공재설, 공동체의 이익설을 살펴본다(백완기, 2010).[4] 각 학설은 흑백논리로 상호 대치되는 개념으로 이해하기보다는 상호 보완적인 것으로 이해하는 것이 바람직하다.

---

3) 미국기업의 경우, 평균적으로 매출액의 약 4% 정도를 핵심리더의 육성에 투자하고 있다고 한다(김현기, 2004).

4) 공익은 보다 단순하게 두 가지로 구분된다. 첫째, 실체설에서는 공동체를 그 자체의 공공 의지와 집단적 속성을 지닌 하나의 실체로 보고, 공익은 단순한 사익의 집합이 아니라 사익을 초월한 별도의 실체적 개념으로 본다. 대표적인 학자로는 J. Rawls, Platon, Kant, Rousseau 등을 들 수 있다. 둘째, 과정설(過程說)에서는 공익을 사익의 총합이거나 사익 간의 대립, 투쟁, 협상, 타협 등 절차적 과정을 통해 형성된다고 본다. 대표적인 학자로는 Lindblom, Harmon, Bently, Schbert 등을 들 수 있다(김영종, 2008; 이종수, 2009; 박영수 외, 2019).

1) 규범설

규범설은 구체적인 정책들을 평가하는 규범적이고 윤리적인 기준으로서의 **공공선(common good)**의 개념으로 공익을 파악하는 학설이다. 이러한 규범적 입장은 인간은 선천적으로 공공선을 추구하며, 따라서 인간이 정치적 결사(political association)를 형성할 때에 사적 이익을 위해서 만드는 것이 아니라 보다 나은 공동생활을 위해서 만든다는 논리에 근거하고 있다. 규범설을 주장하는 학자들에 의하면, 공익은 사익(私益)을 초월한 실체적, 규범적, 도덕적 개념으로서 공익과 사익과의 갈등은 있을 수 없는 것이다. 공익은 사익의 단순한 총합이 아니고, 사익과는 구별되는 적극적 개념이다(김영종, 2008; 이종수, 2009). 규범설은 인간이 누구나 보다 나은 공동생활을 추구한다는 점에서 사회전체로서의 공동체의 공공선(common good)을 공익으로 파악하는 입장이다. 예를 들면 우리사회의 안전 및 번영은 누구나 추구하는 바람직한 것으로 볼 때, 이를 공익으로 이해할 수 있을 것이다.

2) 과정설

과정설의 기본적 관점은 공익을 사익의 총합이거나 사익 간의 타협, 집단상호 과정의 결과적 산물로 보는 것이다(이종수, 2009). 즉 **이익집단들의 상호작용의 결과**를 공익이라고 보는 입장이다. 과정설은 정치현상을 집단현상으로 파악하여, 개인이나 집단들은 자신들의 이익과 선호를 증진시키기 위해서 정치의 광장 속에서 상호 경쟁하는 것으로 본다.

공익을 개인주의적인 관점에서 보는 과정설에 의하면, 공익은 여러 사회집단이 대립, 투쟁, 협상, 타협을 벌이는 정치과정 속에서 개인이나 집단들의 이익이 전환된 것으로서 결과적으로 다수의 이익에 일치하도록 도출된 것으로 볼 수 있다(이종수, 2009). 따라서 규범설에서 설명하듯이 사회전체로서의 공동체에게 좋은 공공선이란 있을 수 없으며, 결국 개인이나 집단에 의해서 추구되는 이익만이 존재한다고 본다. 다시 말해서, 사익을 초월한 별도의 공익은 존재하지 않는다는 주장이다(김영종, 2008). 과정설은 공익을 집단과정의 결과적 산물 및 과정 자체로 본다는 점에서, 민주적인 의사결정 및 절차, 공정한 경쟁, 다수결의 존중 등을 공익으로 파악할 수 있다.

3) 합리설

합리설은 공익의 근원을 조직화된 집단이익, 자연법 또는 개인의 양심보다는 **민심으로서 국민 대다수의 의사**라고 이해한다. 그리고 이러한 국민 대다수의 의사를 발견하기 위한 방법이 있는데, 정당을 활용하는 방법, 즉 선거를 통해 파악하는 방법이다. 정당을 활용하여 국민전체의 다수 의사를 발견하는 방법으로 가장 바람직한 방법은 양당체제이다. 양당 이상의 다당체제는 대다수 국민의 의사를 대변하지 못할 가능성이 크기 때문에, 양당제야말로 국민의 의사를 명백하게 표명할 수 있는 가장 바람직한 메커니즘으로 본다. 합리설은 공익을 민심으로서의 국민 대다수의 의사로 파악함으로써, 여론 및 국민의 의사, 이를 수렴할 수 있는 민주적 절차 및 방법들을 공익으로 이해한다.

4) 공공재설

공공재설은 **공공재**가 곧 공익이라는 학설이다. 즉, 재화의 성격에서 공익을 구별해야 한다는 주장이다. 공공재는 소비의 비경합성(non-rival consumption)과 비배제성(nonexclusion)을 특징으로 하는 재화이다. 비경합성이란 한 사람이 그것을 소비한다고 해서 다른 사람이 소비할 수 있는 기회가 줄어들지 않음을 의미한다. 그리고 비배제성이란 대가를 치르지 않는 사람이라 할지라도 소비에서 배제할 수 없음을 의미한다. 법과 질서는 어느 누구도 이것으로부터 배제될 수 없다는 점에서 공공재의 좋은 예가 될 수 있다. 공공재설은 공공재적 성격이 비교적 큰 국방 및 치안, 공공시설, 공공질서, 보건 및 의료, 교육 등을 공익으로 이해한다.

5) 공동체의 이익설

공동체의 이익설은 공익이 사익의 단순한 집합에 불과하다는 주장에 정면으로 반대되는 견해이다. 비록 사회나 국가는 개인으로 구성되어 있지만, 단순한 개인의 집합체와는 다른 성격을 갖고 있다는 것이다. 즉 공동체의 이익설은 사회나 국가는 개인의 단순한 집합체 이상의 스스로의 인격과 권익을 가지고 있는데 이것을 공익의 원천으로 보는 입장이다. 따라서 **사회전체로서의 권익과 인격**을 추구하고 실현하는 것이 공익이라고 보며, 이러한 입장에 의하면, 공동체의 이익이 개인의 이익에 우선시된다. 즉 개인의 이익은 공동체의 이익범위 내에서만 추구될 수 있다. 공동체의 이익설은 개인의 이익에 우선하는 사회전체로서의 권익을 공익으로 보는 입장이므로, 이러한 견해는 국가의 안위, 헌법의 이념, 국방의 의무, 국민으로서의 의무 등을 공익으로 이해한다.

우리나라 공공조직의 가치 변화

우리나라에 실적주의가 확립되기 이전에는 **인사권자의 리더십**(executive leadership)이 공공조직 관리에서의 지배적인 가치로 작용하였다. 따라서 공무원의 임용은 주로 귀속적인 요인에 의하여 이루어졌다. 그러나 이렇게 정실주의에 바탕을 둔 임용은 행정의 비능률을 야기하게 되었고, 공공조직에서 **행정의 효율성**(administrative efficiency)이 지배적인 가치로 대두되었다. 행정의 효율성 추구는 실적에 의한 공무원의 임용과 강력한 신분 보장을 주요한 수단으로 촉진되었다. 하지만 이는 결과적으로 **관료제의 대표성**(bureaucratic representativeness) 문제와 국민 요구에 대한 관료의 대응성 부족 문제를 야기하였다. 근래에는 국민의 민주 의식 향상에 따라 **공무원의 개인적 권리**(employee right)에 대한 관심이 높아지고 있으며, 이에 대한 관심은 공무원의 강력한 신분 보장, 높은 보수, 공무원단체의 활성화 등에 대한 요구로 나타나고 있다.

---

3. 공공조직의 활동 근거

1) 공익의 창출

앞서의 다양한 정의들에 대한 이해에 바탕을 두고, 공익에 관한 이야기는 다음과 같은 단순한 아이디어에서 시작해볼 수 있다. "민간조직의 목표가 이익(profit)의 창출이듯이, 공공조직의 목표는 공익(public value)을 창출하는 것이다." 즉 공공조직은 사회를 위하여 가치를 창출한다. 그런데 공공조직은 전체 사회의 자원, 혹은 민간부문의 자원을 활용하지 않고는 목표를 달성할 수 없다. 전체 사회에서 활용가능한 자원이 한정되어있다고 가정할 때, 공공조직이 사용하는 자원은 민간부문에서 소비될 수도 있었던 자원을 사용하는 것이다. 다시 말해서, 공공분야에서 일정한 양의 자원이 사용된다면, 그 만큼의 자원은 민간분야에서 사용될 수 없는 것이다(Moore, 1995; [그림 3-1] 참조).

그렇다면, 공공조직의 관리자는 공공조직에서 자원이 사용될 때 민간부문에서

그림 3-1   자원의 활용

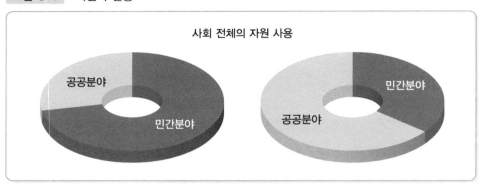

사회 전체의 자원 사용

공공분야   민간분야

민간분야   공공분야

사용되는 것보다 더 의미가 있다는 것을 증명할 필요가 있다. 어떻게 공공조직에서 사용되는 자원이 더 가치 있다는 것을 증명할 것인가? 논리적으로 보면, 적어도 공공조직의 관리자는 사용된 자원으로 인한 결과가 민간소비로 인해 초래될 결과보다 더 나은 결과를 가져왔다는 것, 그리고 자원의 사용(정책의 집행) 과정에서 정부의 개입으로 인해 필연적으로 침해된 국민의 자유가 그럴 만한 가치가 있었다는 것을 증명할 수 있어야 한다.

2) 대의민주주의

실제로 "우리는 어떻게 공공조직의 활동이 정당하다고 평가하는가?" 사실 우리는 경제적인 관점이 아니라, 대의민주주의라는 정치적인 관점에서 공공조직의 행위를 평가한다. 즉 대의민주주의가 공공조직이 일반 국민을 대신하여 활동을 하는 것이라는 행위의 정당성을 부여한다. 규범적으로 보면, 대의민주주의를 통해 공공조직의 활동과 권위에 정당성이 부여되는 것이다. 만약 대의민주주의가 제대로 잘 작동한다면, 지금까지 설명한 논의에는 큰 문제가 없다. 하지만 문제는 국민들이 대의민주주의라는 제도에 대해 날이 갈수록 의문을 제기하고 있다는 점이다. 선거는 선출직 공무원에 대한 국민의 통제를 통하여 국민의 정책선호(policy preference)를 보장받기 위한 수단이지만, 현재에는 오히려 정치권력을 정당화시켜주는 수단으로 변질되고 있다고 비판받고 있다(Krislov & Rosenbloom, 1981).

대의민주주의의 대표적인 문제로는 인기영합적인 지방개발사업(pork barrel)과 국회의원들의 상호결탁(log rolling, 혹은 vote-trading)이 있다. 국민 전체보다는 지역구민의 이익을 우선시하는 미국 국회의원의 행태는 오랫동안 문제시되어 왔다(Mayhew, 1974; Evans, 1994). 비용은 세금의 형태로 광범위하게 부담되지만, 정책의 편익은 대부분 국지적으로 발생한다는 점을 보면 어쩌면 이는 국회의원의 당연한 합리적인 행태라고 여겨질 수 있다. 포크배럴(pork barrel)은 돼지의 구유통을 뜻하는데, 이권이나 정책교부금을 얻기 위해 몰려든 미국 워싱턴 정가의 국회의원들이 마치 미국에 노예제도가 있었을 당시 농장주가 구유통에서 절인 돼지고기를 하나 던져줄 때 모여드는 흑인노예들과 같다고 하여 생긴 단어이다. 인기영합적인 지방개발사업의 문제는 지역주민의 표를 의식한 국회의원들이 예산을 해당 지역에 다리, 도로 등을 건설하는데 과다 사용함에 따라 결과적으로 국가 전체의 이익을 위한 사업이 예산부족으로 진행되지 못하는 문제를 발생시킨다는 점이다. 즉 국회의원이 자신의 지역구에 공공사업을 끌어오기 위해 서로 간에 물밑거래를 하고, 결과적으로는 국가 전체적으로 과다한 재정지출을 하게 된다. 결국, 지역적인 이해만을 추구하다 보니 전체 국민의 이익이 뒤로 밀리는 해악을 가져오게 되는 것이다.

실세 의원들 지역구 예산 폭탄 … 청와대는 28억 원 삭감

'강원 양구-원통 일반국도 건설 5억 원, 충남 천안 직산-부성 일반국도 건설 5억 원, 경북 포항-안동 1-1 일반국도 건설 5억 원, 전남 함평-해보 일반국도 건설 5억 원.' 4일 동아일보가 분석한 '예산이 증액된 선심성 사업 314개' 중에는 유독 5억 원 안팎의 소규모 사업이 많았다. 정부 관계자는 "일단 연구용역비만 배정한 채 예산안에 이름이 올라가기만 하면 그 다음 해에는 설계비, 공사비 명목으로 수십억, 수백억 원의 예산을 반영할 수 있다"고 귀띔했다.

마치 여야가 나눠 먹기라도 한 듯 지역별로 증액 예산이 같은 금액으로 골고루 배분된 것도 곳곳에서 발견할 수 있었다. 예산안 전반에 걸쳐 소규모 예산 사업이 난립하면서 '나라 가계부'는 누더기 신세를 면치 못했다는 지적이 나온다. 지역구 예산을 한 푼이라도 더 따내려는 데에는 여야가 따로 없었다. 예산안 심의 때 국민들에게는 여야가 누리과정 예산 확보, 법인세 인상 등 거시적 정책을 갖고 힘겨루기를 하는 것처럼 비쳤다. 하지만 물밑에선 여전히 예산안 나눠 먹기가 진행되고 있었던 셈이다. 특히 여야 지도부 및 대선 주자처럼 '실세'일수록 지역구에 민원성 예산이 더 잘 반영되는 모습이었다… (중략)

　최근 국정 공백을 틈타 올해는 그 어느 해보다 쪽지예산과 예산 나눠 먹기가 기승을 부렸다는 지적도 나온다. 올해 국회 심의 과정에서 증액된 선심성 지역구 예산 7,410억 원은 지난해 국회가 심의를 통해 끼워 넣은 선심성 예산(약 6,000억 원)보다 1,400억 원가량 많은 것이다.

출처: 동아일보(2016.12.5). "실세 의원들 지역구 예산 폭탄⋯청와대는 28억 원 삭감"

　국회의원들의 상호결탁(log rolling)은 앞서 언급한 인기영합적인 지방개발사업과 관련이 있는데, 말 그대로 통나무를 굴리듯이 국회의원들이 서로 밀어주기 식으로 결탁을 하는 것을 의미한다. 즉 국회의원들의 "이번에 네가 나를 위해 표를 주었으니, 다음번에는 내가 너를 밀어주겠다"는 식의 표결행위를 뜻한다. 법안이 통과되기 위해서는 일정수준의 찬성표가 필요하므로 자신의 지역구에 필요한 법안을 통과시키기 위해 동료의원의 찬성표를 거래하는 것이다. 이러한 국회의원들의 행위로 인해 결과적으로는 국가 예산의 낭비를 가져올 수밖에 없다.[5]

미국 시민단체의 호명투표 평가순위

　미국 시민단체(NGO: non-governmental organization)는 이와 같은 국회의원의 행태에 변화를 주기 위하여 많은 노력을 기울여 왔다. 그 하나의 수단으로써 시민단체는 국회의원의 호명투표(roll call voting)에 평가순위(ratings)를 매기고 있다.[6] 즉, 일반국민의 이익에 반하

---

5) 미국에서는 이러한 행위를 방지하기 위해 다양한 시민단체들이 매년 국회의원들의 법안에 대한 투표상황을 정리하여 대중에게 공개하고 있다.

는 호명투표를 한 국회의원을 지표화하여 국민에게 널리 알린다는 것이다. 국회의원들의 일년간 투표 성향을 살펴보면, 이들에 대한 보다 정확한 평가가 가능하며 이를 통해 국회의원들의 활동을 견제할 수 있다. 국회의원은 이러한 평가로 인한 부정적인 결과를 두려워하여, 결국 일반국민의 이익에 반하는 인기영합적인 지방개발사업과 국회의원들의 상호결탁과 같은 행태를 줄이게 될 것이라는 것이다.

출처: 진종순(2006) 재정리.

4. 공공조직의 세 가지 대안적인 활동 근거

대의민주주의가 갖는 앞서 언급된 문제점으로 인해 학자들은 공공조직의 새로운 활동근거를 탐색하기 시작했다. 대의민주주의가 제대로 기능한다고 믿기 어려운 상황에서 정치적으로 결정된 공익을 바탕으로 공공조직이 활동을 하는 것은 불합리하다는 것이다. 현 정치제도와 정책결정과정의 책임성과 기능을 불신하는 이에게 공익이 정치적으로 결정되어야 한다는 주장은 받아들이기 어려울 것이다. 따라서 학자들은 공익을 규명하고, 공공조직의 활동 근거를 제시하기 위한 보다 객관적인 방법을 찾게 되었다(Moore, 1995).

1) 정치-행정 이원론

21세기에 들어서 Woodrow Wilson(1887)은 앞서 언급된 문제를 해결하기 위한 하나의 방안을 제시하였다. Wilson은 행정학의 기원이라고 일컬어지는 *Political Science Quarterly*에 게재된 "The Study of Administration"(1887)에서 행정학은 자립적이고 전문적인 학문분야가 되어야 한다고 주장한다. 정치는 정책을 결정하는 역할을 수행하고 행정은 정치적인 과정에 의해서 결정된 정책을 단순하게 집행하는 역할을 담당하도록 하자는 주장이었다.[7] 행정과 정치는 분리된 각각의 분야에서 상호간섭 없이 활동해야 한다는 것이다. 정치-행정 이원론(政治行政二元論)으로 불리는 이러한 주장을 이해할 때 주의할 점은 정치와 행정의 역할이 다르다는

---

6) 호명투표는 개별 의원의 성명을 호명하면 호명된 의원이 기립하여 찬성 또는 반대의 의사를 구두로 표시하는 표결방법이다.

7) 미국정치학회(American Political Science Association, APSA)의 회장이었던 Wilson은 이후 프린스턴 대학교(Princeton University)의 총장을 거쳐 미국의 대통령으로 선출된다.

것이지, 서로 관련성이 없다는 주장은 아니라는 점이다.

Wilson에 의하면, 행정학은 **어떻게(how)** 정부가 집행해야 하는가에 집중해야 한다. 왜냐하면, 법이나 정책을 만드는 것보다 집행하는 것이 더 어려워졌기 때문이다. 즉 행정은 관리과학이 되어야 하고 정치와 분리되어야 한다. 이 당시 대부분의 학자와는 달리 Wilson은 어떻게 효율적, 즉 최소의 비용으로 행정 업무를 수행할지에 큰 관심을 가졌다. 즉 조직과 관리(organization & management)에 연구의 중점을 두었다(Shafritz & Hyde, 2012).[8]

굿나우(Goodnow: 1859-1939)

Frank J. Goodnow는 1900년에 정치-행정 이원론(政治行政二元論)에 관한 보다 세밀한 연구인 *Politics and Administration*이라는 책을 발간하였다. Goodnow는 미국정치학회(American Political Science Association, APSA)의 설립자이자 초대 회장이었는데, 진보주의 개혁운동(Progressive Reform Movement)의 주창자였다. 그는 그 당시 학자들이 주로 관심을 가졌던 정부의 다양한 기관들 간, 그리고 입법, 사법, 행정 간의 권력분립에 관한 문제에서 한 걸음 더 나아가 "정치, 행정의 기능과 관련된 딜레마"의 문제를 제시한다. Goodnow에 의하면, 정치는 국가 의지의 표현이며 행정은 국가 의지의 집행으로 설명될 수 있다. 그리고 상위의 정치와 하위의 행정은 연결된 것이며 상호 분리될 수 없다. 그렇기 때문에 정치적인 결정과 집행의 기능이 법적으로 분리되었을 때, 의회는 법 이외의 통제방안을 고안하는 경향이 있는 것이다. 그는 상위의 정치와 하위의 행정 간에는 반드시 조화가 필요하며, 진정한 조화는 행정 관료의 선출을 통해서 가능하다고 주장하였다.

출처: Shafritz & Hyde(2012) 재정리.
사진출처: 위키피디아(https://en.wikipedia.org/wiki/Frank_Johnson_Goodnow)

정치-행정 이원론은 다음의 두 가지 문제에서 분명한 입장을 보여주고 있다. 하지만 정치-행정 이원론의 주장은 이상에 불과하며 현실을 반영하지 못한다는 치명적인 문제점을 갖고 있다.

---

8) 이 당시 미국에서는 진보주의 개혁운동(Progressive Reform Movement)의 영향을 받아 실적제의 원칙을 밝힌 Pendleton Act(1883)가 제정되었다.

(1) 행정에 목표설정을 포함시킬 것인가?

다른 말로 이는 "목표를 누가 설정할 것인가?"의 문제이다. 이러한 문제는 행정의 기능(가치판단문제)과 관련이 있다. 정치-행정 이원론의 입장에서 행정은 정책의 집행만을 담당해야 한다. 정책목표의 설정은 정치의 영역이다. 행정은 주어진 목표를 달성하기 위한 가장 효율적인 수단만을 강구하며, 공공조직의 관리자는 가치중립적(value free)인 기술자의 역할에 머물러야 한다. 예를 들어, 과학적 관리운동(Scientific Management Movement), Herbert Simon의 합리성(rationality)에서 주장하는 목표-수단 연쇄(ends-means chain)에 의하면, 어떠한 행위든지 목표달성을 위한 수단을 제공할 경우에만 공공조직 관리자의 행위는 정당화될 수 있으며 목표의 합리성도 이런 기준에 의하여 평가되어야 한다.

하지만 정치-행정 이원론을 실제 현실에 적용하는 데에는 분명히 한계가 있다. 실제로 공공조직의 관리자는 정치과정에 의해 결정된 모호한 정책을 구체화하기 위해 끊임없이 의사결정과 판단을 내려야 하며, 이러한 공공조직 관리자의 결정은 정책을 집행하는 데 필수적인 것이다. 이러한 주장은 정치-행정 일원론(政治行政一元論)이라고 불리는데, 정치-행정 일원론의 관점에서 행정은 필연적으로 정책수립 기능을 내포하고 있다.

이에 더하여 목표의 합리성은 객관적으로 평가될 수 없으며, 개인적인 선호와 판단에 의존할 수밖에 없다. 즉 목표의 설정 자체가 잘못되는 경우에 합리적인 수단의 강구라는 기능과 역할은 무의미해진다. 이를 보여주는 가장 대표적인 예로 독일 히틀러의 나치 정권 하에서 수레바퀴의 나사(cog of wheel)로서 역할을 한 관료를 들 수 있다.

아돌프 아이히만의 전범 재판

유대인 출신으로 나치를 피해 미국으로 망명했던 정치철학자 한나 아렌트(Hannah Arendt)는 미국 시사잡지인 「뉴요커」의 요청을 받아 특파원 자격으로 유대인 수백만 명을 죽음의 학살 수용소로 이송시킨 책임자인 아돌프 아이히만(Adolf Eichmann)의 재판을 참관하고 보도를 한 뒤, 「예루살렘의 아이히만」(Eichmann in Jerusalem, 1963)이라는 책을 썼다. 아렌트의 책의 핵심은 나치의 유대인 수송을 책임지며 홀로코스트의 인종 학살에 가담했던 아이히만이 악마적 본성을 지닌 흉포한 인물이 아니라 **생각할 능력이 없는, 평범한** 관료였다는 것이다. 아이히만은 나치 관료로 출세 가도를 달리다 전후 아르헨티나에 정착했다. 1957년 그의 소재가 밝혀진 후, 이스라엘은 모사드 요원들을 보내 아이히만을 납치하고, 전쟁범죄와 인류에 대한 범죄 및 유대민족에 대한 범죄 등의 혐의로 예루살렘의 법정에 세웠다. 아이히만 재판은 국제적 관심 속에 7개월간 열렸고, 결국 1962년 5월 31일 밤 아이히만의 사형이 집행됐다.

　재판 과정에서 아렌트가 관찰한 아이히만은 반유대주의 이데올로기에 충실하고 나치즘의 사상을 자기 것으로 만든 신념에 찬 나치가 아니었다. 그는 파괴적 이념과 반인간적 정치에 물든 악마적 인간이 아니라 다만 선과 악을 구분할 줄 모르며 관료제적 타성과 인습적 관례를 따른 명령수행자 내지 거대한 기계의 한 톱니바퀴에 불과했다. 아렌트에 따르면, 아이히만은 셰익스피어 희곡에 나오는 주인공들, 즉 자신의 악행을 의식하고 양심의 가책을 느끼는 맥베스나 이아고와는 달랐다. 아렌트가 보기에 아이히만은 전체주의에 길들여진, 판단력이 마비된 충직한 관료에 불과했다.

출처: 한겨레21(2015.1.27). "아렌트는 아이히만에 속았다"; 위키백과(https://ko.wikipedia.org/wiki).

　정치-행정 일원론의 대표적인 학자인 Dwight Waldo(1948)에 의하면, 행정은 다음과 같이 본질적으로 정치와 뗄 수 없는 관계에 있다. 첫째, 공공조직의 관리자들이 수집, 분석, 제시하는 정보 자체가 이미 가치판단적인 요소를 내포하고 있다. 왜냐하면 해당 정책과 관련된 모든 정보를 수집, 분석하는 것은 불가능하므로 이를 선별적으로 선택할 수밖에 없기 때문이다. 그리고 이러한 선택은 어떠한 객관적으로 주어진 기준에 의해 이루어지는 것이 아니라 행위자의 가치와 선호에 의해 이루어진다. 둘째, 정책집행과정에서 공공조직의 관리자들은 장기 목표를 설정하거나 구체화하는 실질적인 정책결정 기능을 수행하게 된다. 셋째, 행정의 파급효과는 이미 정치적 요소를 내포하고 있다. 행정의 집행결과는 사회구성원들의 이해관계에 큰 영향을 미친다.

(2) 공공조직 관리자의 역할에 정책결정이 포함되는가?

　다른 말로 이는 공공조직의 관리자가 정치인을 돕기만 하고, 정책결정(policy decision)은 그의 역할에 포함되지 않는가의 문제이다. 이러한 논쟁은 행정가의 역할이 무엇인가, 그리고 행정가도 정책결정자에 포함시켜야하는가의 문제로 귀결된

다. 이는 앞서 언급된 행정의 기능과도 관련이 있다. 정치-행정 이원론의 입장에
서 행정은 어디까지나 준비과정, 내지는 참모적인 기능을 수행하는 데 그쳐야 한
다. 행정은 참모기능, 조언(advice), 지도, 지원, 정보제공 등의 역할만을 수행해야
한다. 하지만 정치-행정 일원론의 입장에서 보면, 행정의 역할에는 당연히 의사
결정이 포함된다. 오히려 공공조직 관리자의 의사결정은 행정의 가장 본질적인 요
소이다.

정치-행정 일원론

뉴딜 정책을 집행했던 관료(New Deal administrator)이자 시라큐스대학교 행정학부
(Maxwell School at Syracuse University) 학과장이었던 Paul Appleby(1891-1963)는 정치-행정
일원론(政治行政一元論)을 주장한 대표적인 학자였다. 그는 행정을 정치로부터 분리하기
어려울 뿐만 아니라 행정과 정치는 밀접하게 연관된 하나의 연속 과정이라고 주장하였다.
그는 정부와 민간기업을 비교하면서 비정치적인 정부업무가 미국의 토양에 걸맞지 않으며,
행정이 정치와 별개의 것이라는 주장은 하나의 신화(myth)에 불과하다고 보았다. Appleby
에 의하면, 정치에 포함되는 것은 행정에게도 좋은 것이다. 왜냐하면, 정치가 관료의 제멋
대로의 재량적인 권력을 견제하는 역할을 하기 때문이다. Appleby의 "정부는 다르다. 왜냐
하면, 정부는 정치이기 때문이다"라는 주장은 정치-행정 이원론의 사망기사와 같았다.

Dwight Waldo(1913-2000)는 그의 예일대학교(Yale University) 박사학위논문이었던
Administrative State(1948)에서 행정의 원리(orthodox public administration)와 정치-행정 이
원론을 비판하였다. 제2차 세계대전 이후 행정학은 스스로의 자리를 찾기 위해 분투하고
있었는데, Waldo의 관점은 행정이 정치의 하위부분(subset)이라는 것이었다. 후에 미국행정
학회보(Public Administration Review, PAR)의 편집장(1966-1977)이 된 Waldo는 1960년대에
Minnowbrook Conference에서 행정학이 새롭게 직면하고 있는 문제들을 젊은 학자들과 함
께 정의하고자 하기도 했다. 그는 행정의 기술은 새롭게 등장하는 행정의 과학과 융합되어
야 하며, 행정이 보다 적극적으로 사회의 정의(평등, 가치 등)에 관심을 가져야 한다고 주장
하였다.

출처: Shafritz & Hyde(2012).

---

2) 분석 기법의 활용

분석 기법(analytic techniques)의 활용은 경제학, 경영학, 통계학 등 사회과학분

야에서 도입된 정책분석, 프로그램평가, 비용효과분석 등의 기법들이 공공조직이 제공하는 서비스의 가치가 있는지, 아니면 없는지를 판단하는 객관적인 기준으로 활용될 수 있다는 주장이다. 분석기법에 의해 가치가 있는 서비스로 판단되는 경우, 공공조직이 활동하는 근거가 된다는 것이다. 하지만 이러한 분석기법의 유용성을 논의할 때, 다음의 두 가지 점을 고려할 필요가 있다.

첫째, 이러한 분석기법들은 정책의 전반적인 가치를 평가하기보다는, 특정한 프로그램이나 구체적인 정책의 가치를 평가하는데 좀 더 유용하다. 다른 말로 하면, 이러한 분석기법들이 성공적으로 활용되기 위해서는 공공조직의 관리자들이 반드시 구체화된 목표와 그 목표를 달성하기 위한 구체화된 수단을 제시해야 한다. 예를 들어, 이러한 분석기법으로 댐이나 도로 건설의 가치를 평가하는 것이 교육정책의 가치를 평가하는 것보다 훨씬 적합할 것이다. 교육정책의 목표는 인재양성, 사회분위기의 개선, 경제발전, 사회적 평등 등 광의적인 것들도 수십가지를 뽑을 수 있으며, 구체적인 목표를 설정하는 것은 거의 불가능하다. 또한 어떤 목표를 설정했는지에 따라 셀 수 없이 다양한 수단이 제시될 수 있다. 구체적인 목표와 수단이 제시되지 못할 때 이를 계량적인 분석을 활용하여 측정하는 것은 불가능할 것이다.

둘째, 어떠한 정책이 가치가 있는지 사전에 평가할 수 있는 기법과 정책이 성공적이었는지 사후에 평가할 수 있는 기법을 구분할 필요가 있다. 정책분석(policy analysis)은 종종 미래의 가치를 사전에 미리 평가하는 것에 중점을 둔다. 반대로 프로그램평가(program evaluation)는 과거의 정책을 사후에 평가하는 것에 중점을 둔다. 민간 기업이 시장에서 얻는 이익(profit; 화폐가치로 평가됨)은 기업의 성공을 평가, 측정하는 직접적인 기준으로 활용되고 있다. 민간분야에서 얻는 교훈은, 과거의 성과를 사후에 정확히 측정하는 기준을 발견한다면, 이것이 매우 가치 있는 평가기준으로 활용될 수 있을 것이라는 점이다. 이러한 주장이 옳다면, 공공분야에서 평가를 위해서는 정책분석보다 프로그램평가에 좀 더 관심을 두어야 한다. 하지만 공공부문에서는 프로그램평가보다는 정책분석이 일반적으로 사용되고 있다.

결론적으로, 분석기법은 모든 정책의 가치를 평가하기 어렵고, 사전 평가에 중점을 두고 있다는 점에서 공공조직의 활동근거로 활용되기에는 한계가 있다.

3) 고객만족도의 활용

고객만족도는 미국 클린턴 행정부(Clinton Administration, 1993~2001년)의 NPR (National Partnership for Reinventing government)에서 공공분야에 적극적으로 도입되었다. 이는 민간분야의 소비자만족도와 마찬가지로 공공분야에서도 고객만족도를 활용하여 공공조직 활동의 가치를 평가하자는 주장이다. 이러한 주장은 일견 수용 가능한 것으로 보인다. 하지만 조금만 달리 생각해보면 고객만족도의 실제 적용이 매우 어려운 문제임을 알 수 있다. 첫째, 무엇보다도 정부부처의 고객이 누구인지 확실하지 않다. 정부 정책은 직접, 간접적으로 광범위한 영향을 미치므로, 정확히 누가 고객인지 파악하기 어렵다. 둘째, 정부는 단순한 행정서비스 제공자가 아니다. 정부는 행정서비스를 제공함과 동시에 국민에게 책임과 의무를 지우는 일을 한다. 예를 들어, 경찰서, 환경보호 담당부서(환경부), 과세업무 담당부서(국세청) 등은 국민들을 행정서비스 공급자로서 만나는 것이 아니다. 전 국민을 대신하여 일부 국민에게 책임과 의무를 지우는 국가의 대리인으로서 만난다. 결과적으로, 국민에게 책임과 의무를 지우는 대리인으로서도 역할을 수행하는 공공조직을 고객만족도로 단순히 평가하는 것은 불가능하다.

예비군 훈련의 평가

예비군 훈련을 고객만족도로 평가하면 어떻게 될까? 아마도 군대를 다녀온 대부분의 남성들이 인정하듯이, 긴 시간의 힘든 예비군 훈련을 받고나서 높은 만족도 점수를 주기는 어려울 것이다. 오히려 최대한 빨리 훈련을 마치거나, 혹은 편하게 훈련을 받게 될 경우에 여러분의 훈련만족도 점수가 높아지지 않을까? 이와 같이 공공조직의 모든 서비스가 고객만족도로 평가될 수 있는 것은 아니다.

---

5. 현실: 공공조직 관리자의 가치판단

결론적으로, 정치-행정 이원론, 분석 기법, 고객만족도라는 새로운 대안으로 대의민주주의와 정치과정을 통한 공공조직의 활동근거 도출 방법을 100% 대체하는 것은 불가능하다. 즉 이러한 대안들은 공공분야에서 무엇이 생산할만한 가치가 있는지 결정하는데 있어서 정치과정을 완벽하게 대신할 수 없다. 이러한 결론이 시사하는 것은 무엇인가? 결과적으로 공공조직의 관리자는 정치과정을 이해하고, 무엇이 정치과정에서 도출된 공익인지를 인지함으로써 자신의 직무를 수행할 수 있다는 것이다.

공공조직의 관리자는 어떻게 공공조직의 목표인 공익을 창출해야 할까? 무엇에 근거하여 활동을 해야 할까? 어떤 가치에 중점을 두어야 할까? 공공조직의 관리자는 정치과정에서 도출된 결정을 단순히 이행하는 로봇이 아니다. 공공조직의 관리자는 정치과정에서 도출된 모호하고 광범위한 정책결정을 집행하기 위해 이를 구체적인 정책으로 재구성해야 한다. 이것이 왜 공공조직의 관리자가 담당하는 업무가 정치의 일부분인지에 대한 해답이다. 공공조직의 관리자는 정책결정을 재구성하고 집행하는 과정에서 자신의 관점과 가치를 정책결정에 반영하게 된다.

공공조직의 관리자가 공익을 창출하기 위해 갖는 가치는 크게 **효율성**과 **형평성**의 두 가지로 구분해볼 수 있다. 우선, 공공조직의 관리자는 정책이 최대의 효율성을 이끌어내도록 구성해야 한다. 다시 말해서 공공조직의 관리자는 예산의 낭비를 줄이도록 노력해야 한다. 왜냐하면, 정책의 집행은 항상 국민이 부담한 세금의 지출과 관련되기 때문이다. 동시에, 공공조직의 관리자는 국민들에게 주는 부담과 이익이 최대한 공정, 공평하게 분배되도록 정책을 구성해야 한다. 즉 공공조직의 관리자는 소외되는 사람을 배려하기 위해 노력해야 한다. 왜냐하면, 정책의 집행은 국민의 권한, 책임, 임무 등 공정성 문제와 항상 연관되기 때문이다.

공공조직의 관리자는 반드시 이 두 가지 모두의 관점을 바탕으로 공공조직을 관리해야 한다. 공공조직의 관리자는 정책의 효율성 문제를 배제할 수 없다. 그리고 동시에, 정책의 집행에서 파생되는 국민의 특권과 부담의 공정한 분배 문제를 배제할 수 없다. 하지만 이러한 두 가지 가치가 언제나 동등하게 고려될 수는 없다는 것이 공공조직의 관리자가 풀어야 할 딜레마이다. 그리고 이러한 딜레마는 공공조직 관리자의 주관적인 가치판단으로 해결(비록 잠정적이라고 할지라도)될 수밖에 없다.

예를 들어, 거리를 왜 청소해야 하는 걸까? 그 이유는 두 가지 관점에서 대답이 가능하다. 우선, 깨끗한 거리를 봄으로써 얻을 수 있는 미적인 즐거움을 위한 것이라고 대답할 수 있다. 다른 하나는 깨끗한 거리에서 얻을 수 있는 공공의 보건을 보장하기 위한 것이라고 대답할 수 있다. 시장, 혹은 시의 청소분야 관리자가 거리 청소를 시민 개개인이 선택하여 구입하는 오락과 같이 **미적인 즐거움**을 위한 것이라고 판단할 때, 거리 청소의 범위는 줄어들 것이고, 거리 청소의 역할은 얼마든지 보다 높은 효율성을 가진 민간기업에게 맡겨질 수 있을 것이다.

하지만 이와 반대로 거리 청소를 **보건**을 위한 것이라고 판단할 때, 이는 시민에게 보장되어야 할 하나의 권리로 청소서비스가 해석됨을 의미한다. 그러므로 시장 혹은 시의 청소분야 관리자는 시민의 권리가 빠짐없이 보장되도록 거리 청소의 범위를 확대해야 할 것이며, 동시에 이러한 권리가 모든 시민에게 형평성 있게, 균등하게 분배되도록 노력해야 할 것이다.

즉 공공조직이 제공하는 특정한 상품이나 서비스가 사회에서 어느 정도 가치 있는 것으로 간주된다고 할지라도, 형평성의 개념과 연계되지 않을 때 공공조직의 역할은 줄어든다. 반대로 공공조직이 제공하는 특정한 서비스가 형평성(이에 더해서, 사회정의, 공정성)과 밀접히 관련된다고 해석될 때, 공공조직의 관리자는 서비스의 분배가 일정 수준 확실히 이루어지도록 하는 의무를 지게 된다. 그리고 서비스의 범위는 확대될 것이다.

예산 줄인 공무원에게 성과급 2배 인상

예산절감과 국가수입증대에 기여한 공무원에게 지급하는 '예산성과급' 인센티브를 올 연말부터 2배 인상하는 방안이 추진된다. 기획재정부는 창의적인 업무개선을 통한 재정건전성 강화를 위해 인센티브 강화 등의 내용을 포함한 '예산성과급 규정 개정안'을 11월 23일까지 입법예고한다고 16일 밝혔다. 예산성과급제도는 예산의 집행과정에서 지출절약 또는 수입증대가 발생한 중앙부처 소속 공무원에게 심사를 거쳐 인센티브를 제공하는 제도로 1998년 5월 도입됐다. 낭비되는 지출을 막고 자발적인 예산절감을 위해 제도가 도입됐으나 최근 10년간 예산성과급 신청건수가 약 70% 감소하는 등 제도가 제대로 활용되지 못하자 인센티브 규모를 상향하는 등의 활성화 방안을 마련한 것이다. 우선 예산성과급 지급규모가 현재 최고 3,000만원에서 6,000만원으로 2배 인상된다. 타부처 포상금 규모와 비교해 현저히 낮은 성과급 수준을 끌어 올려 공무원들의 참여를 유도하기 위한 것이다.

예산낭비신고나 핵심국정과제, 협업과제와 관련된 예산절감 사례에 대해서는 최대 130%까지 성과급을 확대 지급하는 방안도 추진된다… 공무원의 적극적인 참여를 유도하기 위해 재정절감 규모를 통합재정사업평가에 반영하는 방안도 추진된다. 내년부터는 예산성과급 심사도 상·하반기 연 2회 실시해 보다 많은 성과급이 지급될 수 있도록 했다. 예산 성과급제도로 개선된 내용이 예산에 반영될 수 있도록 성과급 제출 시기를 2월말에서 1월 말로 1개월 앞당기고 보다 공정한 심사를 위해 분야별 전문가를 심사위원으로 위촉하는 내용도 개정안에 포함됐다. 기재부 관계자는 "성과급제도 활성화는 재정건전성에 기여할 뿐 아니라 맡은 업무를 묵묵히 수행하는 공무원의 사기진작에도 도움이 될 것"이라고 밝혔다.

출처: 뉴스1코리아(2016.10.16.). "예산 줄인 공무원에게 성과급 2배 인상 '최고 6000만원' 예산성과급 규정 개정안 입법예고."

🔁 복습을 위한 질문

- 의회에서 모호한 법안을 통과시키는 이유는 무엇인가?
- 공익에 관한 학설 가운데 합리설의 내용은 무엇인가?
- 대의민주주의가 가진 대표적인 문제는 무엇인가?
- 공공조직의 관리자가 실제로 정책을 결정, 집행하고 목표를 달성하기 위해 갖는 가치는 무엇인가?

제 **2** 부

고전적 조직이론

　제2부에서는 고전적 조직이론의 세 기둥(pillars)인 과학적 관리론, 행정관리론, 관료제를 살펴본다. 제4장에서는 과학적 관리론과 행정관리론을 살펴본다. 사회과학 분야에서 경험적·계량적인 연구를 촉발시켰던 과학적 관리론은 행정관리론의 바탕이 되었다. 제5장과 제6장에서는 관료제의 개념과 문제점을 살펴보는데, 관료제는 현재까지도 대부분의 대규모 조직을 구성하는 기본 원리로 설명되고 있다. 관료제에 관한 이해는 그 자체뿐만 아니라 앞으로 근대와 현대 조직의 발전에 대한 이해를 높일 수 있을 것이다. 왜냐하면, 대부분의 근대와 현대 조직이론은 관료제가 갖고 있는 문제점을 개선하고 해결하기 위한 대안으로 제시되고 있기 때문이다.

제 4 장

과학적 관리론과 행정관리론

과학적 관리론은 조직이론의 기원이 되었으며, 그 몇몇 원리들은 현대의 조직을 설명하는 데 아직까지도 유효하다. 과학적 관리론에 기반을 둔 행정관리론은 공공조직에 더욱 적합한 설명을 제시하고 있다. 이 장에서는 이러한 두 주장을 상세히 살펴보도록 한다.

1. 과학적 관리론(scientific management)

1) 과학적 관리론의 등장배경

산업혁명으로 인한 대량생산체제는 이전의 생산방식과 무엇이 다를까? 가내수공업 방식의 생산에서는 노동자가 도구(tools)를 소유하고 있었다. 하지만 산업혁명 시기 대규모 공장에 속한 노동자는 본인의 도구를 소유하지 못하였다. 대장장이의 예를 들어보면, 대장장이는, 특히 본인이 대장간을 소유하고 있다면, 작업을 위한 모든 도구를 소유하고 있었다.[1] 하지만 대규모 공장에서 도구인 대량생산기계를 소유한 사람은 직접 일을 하는 노동자가 아닌 자본가였다. 공장제 생산 방식에서 모든 도구는 자본가와 공장에 속하여 있었다.

자본가는 값비싼 대량생산기계의 생산량을 최대로 늘리려 하였고, 노동자는 대량생산기계를 보조하는 역할을 하는 존재로 간주되었다. 즉 노동자는 값비싼 대량생산기계가 쉼 없이 돌아가도록 하는데 도움을 주는 부속품으로 간주되었다. 실제로 공장 노동자는 20세기에 들어서야 제대로 된 권리를 갖게 된다. 공장제는 중앙

---

1) 다른 예로 중세시대에는 전쟁에 참전하는 경우, 기사(knight)가 대부분의 무기(도구)를 개인적으로 구매하여 소유하고 있었다.

집권적 조직의 발전으로 이어지게 되는데, 이 시기에는 조직도 기계처럼 돌아가야 한다고 생각되었다. 고전적 조직이론에서 조직은 다음과 같이 이해되었다(Shafritz, Ott, & Jang, 2005).

① 조직은 생산과 관련되고, 경제적인 목표의 달성을 위해 존재한다.
② 생산을 위해 조직구성원들을 조직화하는 최선의 방법(one best way)이 있고, 체계적, 과학적 탐색으로 이 방법이 발견될 수 있다.
③ 생산은 전문화와 분업으로 극대화된다.
④ 인간과 조직은 논리적, 경제적인 원리에 의해 움직인다.

토인비(Arnold J. Toynbee)는 「역사의 연구」(*A Study of History*)에서 증기기관 (steam engine)을 발명한 제임스 와트(James Watt, 1736-1819)와 함께 아담 스미스 (Adam Smith, 1723-1790)를 산업화(industrialization)를 이끈 가장 중요한 인물로 꼽는다. Adam Smith는 경제학의 창시자, 혹은 산업화의 학문적 원리인 자유방임주의(Lassez-faire), 혹은 자본주의(Capitalism)의 아버지로 불린다.[2] 그는 「국부론」(*An Inquiry into the Nature and Causes of the Wealth of Nations*, 1776)에서 개인의 이기심이 모여서 시장을 움직인다고 주장한다. 그리고 자유경쟁시장(system of perfect liberty)에서 가격을 결정하여 가장 효율적인 사람, 혹은 기업에게 가장 큰 보상을 주는 **보이지 않는 손**(invisible hand)이 시장경제를 활발하게 하여 국가의 부를 결정한다고 설명한다. 즉 자유로운 시장이 개인과 국가를 부유하게 한다는 것이다.[3]
또한 Adam Smith는 모든 가치, 혹은 국가의 부는 노동(labor)에 의해 만들어진다고 설명하며, 책의 첫 장에서 시장 메커니즘의 중요한 고리로 노동의 분화 (division of labor), 혹은 분업을 설명한다. 그는 분업으로 인해 노동생산력이 향상되었고, 노동의 숙련도, 기교, 판단력의 많은 부분이 영향을 받게 되었다고 설명한

---

2) 영국 스코틀랜드 글래스고 대학의 철학교수였던 Adam Smith는 「도덕감정론」(Theory of Moral Sentiments, 1759)을 저술하였는데, 그는 이 책에서 "이기적인 존재인 인간이 어떻게 도덕적인 판단을 할 수 있는가?"라는 근본적인 질문을 던지고 있다. 그는 이러한 질문에 대한 해답으로 근본적으로 인간은 사회적 존재로서 도덕적인 행동을 하고 있다는 점을 강조한다. Adam Smith에 의하면, 인간의 도덕적인 행동이 가능한 것은 마음 속에 자신의 행동을 감시하는 공명정대한 관찰자 (real and impartial spectator)가 존재하고 있기 때문이다. 즉 그는 인간의 이기심(혹은, 자유경쟁시장)은 사회의 도덕적 범위 내에서만 허용된다고 보았다.
3) 흥미롭게도, 보이지 않는 손(invisible hand)이라는 단어는 국부론에 단 한번 쓰여졌다. 하지만 이는 Adam Smith의 이론을 설명하는 가장 유명한 단어가 되었다.

다. 즉 분업은 생산량을 늘리는 가장 효율적인 방법인데, 이는 다음의 세 가지에 기인한다. 첫째, 분업으로 인해 노동자 개개인의 기교(dexterity)가 향상된다. 둘째, 하나의 일에서 다른 일로 넘어갈 때 잃어버리는 시간이 절약된다. 마지막으로, 노동을 쉽게 만들고 한 사람이 보다 많은 사람의 일을 감당할 수 있게 하는 다양한 기계의 발명이다. 이렇게 분업은 생산량을 크게 증가시키며, 최하층의 사람들에게까지 전반적으로 풍요로운 생활을 가능하게 한다. 이와 같은 Adam Smith의 주장은 산업혁명 초기 공장 시스템을 뒷받침하는 경제적인 논리로서 가장 영향력 있는 주장이었다(Shafritz, Ott, & Jang, 2005).[4]

산업혁명과 함께 시작된 고전적 조직이론(classical organization theories) 가운데 최초로 등장한 Taylor의 과학적 관리론(scientific management)에서는 대규모의 공장에서 **노동자**의 생산성을 극대화하기 위한 방법을 연구하였다. 이 장에서는 과학적 관리론의 아버지라고 불리는 Frederick W. Taylor(1865-1915)가 「과학적 관리의 원칙」(*Principles of Scientific Management*, 1911)에서 주장한 내용을 살펴본다. 실제로, 과학적 관리론은 테일러리즘(Taylorism)이라고 불리기도 한다. 과학적 관리론의 질문은 다음의 한 문장으로 표현될 수 있다. "어떻게 분담하여 일을 하면 공장의 생산성을 최대로 끌어올릴 수 있을 것인가?" 과학적 관리론은 노동자의 생산성을 최대한으로 끌어올리기 위한 가장 빠르고, 효율적이고, 피로가 덜한 생산방법을 발견하는 데 관심을 두었다.

과학적 관리론(Scientific Management)이라는 단어는 미국 동서부를 관통하는 철로를 건설한 Santa Fe Railroad의 Harrington Emerson에 의해서 최초로 사용되었다. 그는 과학적인 관리를 통해 동서부 횡단 철로 건설이 가능하였다고 설명하였다. 하지만 아이러니하게도 Taylor는 처음에는 과학적 관리라는 단어를 싫어했다고 한다.

Taylor의 책이 발간된 1900년 초반의 미국은 공업이 발전하고 자본주의가 뿌리내리는 과정에서 독점자본가와 노동조합 간의 대립이 극심하던 시기였다. 미국의 노동조합은 자본주의가 형성되는 가운데 발전하였는데, 미국에 노동조합이 뿌리를 내린 것은 1861년 남북전쟁 이후 미국의 공업이 급격하게 발전된 시기이다.[5]

---

4) 그런데 왜 책의 이름이 국부론(*The Wealth of Nations*)일까? Adam Smith는 중상주의(Mercantilism)가 득세하고 있던 그 당시 상황에서 국가들이 부강해지는 새로운 방법에 관한 책을 썼던 것이었다. 그가 정의한 국부(wealth of nations)는 '모든 국민이 연간 소비하는 생활필수품과 편의품의 양'이었다.

5) 현재 미국의 노동조합은 특정 후보를 선거에서 정치헌금, 인력, 조직 등을 제공하여 지원하는 등 막강

이후 독점자본가와 노동조합 간의 극심한 갈등은 물리적인 충돌로까지 이어졌으며, 자본가는 더 심화된 기계화를 통해 보다 적은 수의 노동자를 고용하거나, 혹은 기존의 노동자들 대신 유럽으로부터 새롭게 유입된 이주민을 고용하여 이러한 갈등 문제를 해결하고자 하였다.[6] 하지만 이러한 자본가의 대책은 노동자들로부터의 더욱 강한 저항을 불러온다.

미국의 이념과 제도

미국은 짧은 기간에 역동적인 변화과정을 거쳐 수십 년간 세계 최강국의 위치를 점해왔다. 물론 세계정세의 개편으로 인해 미국의 지위가 다소 약화되었다. 하지만 미국이 앞으로도 세계정치와 경제를 주도하리라는 점에 이견이 없는 것도 사실이다. 미국은 최초의 현대적 의미의 공화제 국가였으며, 미국인들은 이러한 새로운 정치제도를 확립하기 위해 많은 노력을 해왔다. 하지만 미국이 공화제를 시험하기 위한 좋은 무대였다고 말하기는 어려울 듯하다. 강력한 권한을 지닌 지방정부·주정부와 약한 중앙정부, 이민자들로 이루어진 이질적인 국민과 문화, 그리고 통제하기 어려운 광대한 영토 등은 하나의 정부, 그것도 왕이 아닌 선출된 대표자에 의한 공화제를 시행하기에 좋은 조건은 아니었다.

이러한 미국을 묶은 것은 혈연이나 종교가 아닌 이념이었으며, 이념을 뒷받침하기 위한 제도(institution)였다. 혹자는 미국의 번영은 끊임없는 전쟁과 미국식 자본주의에 바탕을 두고 있다고 주장하기도 한다. 하지만 만에 하나 이러한 진단이 옳다고 할 경우에도, 그 근원은 미국의 이념과 제도에 있다고 봐야 할 것이다. 미국은 자유주의(liberalism)라는 하나의 이념에 의해 유지되어왔다. 미국 자유주의의 핵심은 개인주의, 제한된 정부(limited government), 사유재산권(property right)의 보장을 강조하는 것이다. 즉 개인의 사회·경제적 자유는 최대한 보장되어야 하며, 이를 위해 정부의 역할과 권한, 기능은 가능한 한 제한되어야 한다는 주장이다. 미국인은 종교박해에서 벗어나기 위한 이민, 영국의 통치에서 벗어나기 위한 과정, 그리고 그 당시 유럽의 경험에서 절대 권력에 대한 불신을 하게 되었으며, 개인에게 권력이 집중되는 것에 큰 반감을 갖게 되었다. 미국인의 개인에 대한 불신은 개인을 통제하기 위한 제도에 대한 관심으로 이끌었으며, 권력의 분립, 균형, 견제를 위한 제도를 설계하게 된 것이다.

"정권에 대한 견제가 가능한가? 불가능한가?"

출처: 진종순(2009) 재정리.

한 정치적 영향력을 행사하고 있다. 실제로 미국 노동조합의 정치헌금은 민주당의 주요 재원이기도 하다.
6) 이 당시 사병조직이 노동조합을 물리적으로 저지하는 데 활용되기도 하였다.

Taylor는 공장에 근무하던 시절에 노동자의 단체행동과 공장의 경영난을 목격하고 과학을 바탕으로 하는 작업관리의 필요성을 느꼈다. 그의 고민은 이러한 혼돈의 시기에 극한으로 대립하고 있던 사회갈등을 해결하기 위한 방법을 찾는 것이었다. 그는 그 당시 자본가와 노동자 간의 갈등이 상호 필요성과 연계성에 관한 이해가 부족한 데에서 기인하는 것으로 보았다. 즉 둘은 상생할 수밖에 없는 관계이지만, 둘 다 이러한 관계를 잘 이해하지 못하고 있다는 것이었다.[7]

Taylor는 둘 간의 상호관계가 반드시 뺏고 뺏기는 제로섬(zero-sum) 관계일 필요는 없다고 생각하였다. 이보다는 자본가와 노동자 간의 긴밀한 협조를 통해 보다 높은 생산성을 얼마든지 얻을 수 있다고 보았다. 다시 말해서, 보다 높은 생산성을 바탕으로 자본가의 이익을 극대화하는 것과 동시에 노동자의 이익을 극대화하는 것이 충분히 가능하다는 것이었다. 전 세계 대부분(19/20)의 실질적 부(wealth)는 부유층이 아닌 빈곤층에 의해 사용되므로, 생산성을 낮추고자 태업을 하는 노동자는 결국 자기 동료의 재산을 훔치는 것과 마찬가지이다(Taylor, 1911).[8] Taylor는 과학적 관리(Scientific Management)를 통해 공장의 생산량을 증대시킨다면, 자본가는 상품의 판매로 더 많은 이익을 얻을 수 있을 것이고, 동시에 노동자는 더 많은 보수를 받을 수 있을 것이라고 생각하였다. 결과적으로, 노동자가 대량으로 생산한 생산품과 소비력을 갖춘 노동자의 대량 소비에 바탕을 둔 조화로운 사회가 구현되는 것을 바랐다(Taylor, 1911).

---

7) 만약 노동자들에게 생산량을 두 배로 늘리기를 제안한다면, 노동자들은 당연히 두 배의 생산량을 얻기 위해서는 두 배의 일을 해야 하고, 두 배의 생산량을 얻게 되면, 결국 그들 중에서 1/2이 해고될 것이라고 생각한다. 이는 당시 노동자들에게나, 사업가들에게나 너무나 자명한 이치로 이해되었다. 따라서 대부분의 노동자들은 열심히 일하기보다는 느릿느릿 일하는 것이, 혹은 일을 최대한 적게 하고 보수를 받는 것이 이익이라고 굳게 믿고 있었다(Taylor, 1911). 하지만 Taylor는 이것이 잘못된 선입견이라고 주장한다.

8) 실제로 1840년대에 영국 맨체스터(Manchester) 지방의 노동자들은 역직기(power loom: 전동기와 같이 동력을 사용하여 운전하는 방직기)가 수직기(hand loom: 기계의 힘에 의존하지 않고 사람의 손발로 직접 움직여서 짜는 방직기)를 대체하게 되면, 3배 이상 많은 옷을 생산할 수 있고, 결과적으로 자신들이 직장을 잃게 될 것으로 생각하였다. 노동자들은 이러한 사태를 막기 위해 역직기가 설치된 공장에 침입하여 이 기계들을 파괴하였다(Taylor, 1911). 이는 산업혁명 초기의 러다이트 운동(Luddite Movement)에 관한 설명이다.

테일러(Frederick Winslow Taylor: 1856-1915)

테일러는 미국의 경영학자·능률기사로 필라델피아에서 출생하였다. 처음에는 법률가가 되려고 시도했으나 안질 때문에 단념하고 기계공장의 견습공을 거쳐 미드베일 제강소의 기사장과 베들레헴 제강소의 기사를 지냈다. 테일러는 세상의 일을 보다 능률적으로 만드는 데 관심을 가지면서 일생을 보냈다. 그는 미드베일, 지몬드, 베들레헴 철강회사, 워터포드 병기창에서 능률성을 높이기 위해 그의 일생을 보낸다. 테일러는 직장에서 뿐만 아니라 일상생활에서도 일을 능률적으로 수행하기 위한 관심을 가졌는데, 피로를 극소화하면서 크로스컨트리를 하는 가장 좋은 방법, 핸들이 두 개 달린 골프 퍼터를 발명하거나, 가장 좋은 잔디를 개발하기 위해 여러 종의 잔디를 가지고 실험하기도 했다.

출처: 네이버 지식백과(2010.3.25). http://terms.naver.com; 행정학사전(2009); Harman & Mayer(1986).
사진출처: 위키피디아(https://en.wikipedia.org/wiki/Frederick_Winslow_Taylor)

---

2) 과학적 관리론의 내용

앞서 설명한 병폐를 극복하기 위한 첫 걸음이 바로 과학적 관리이다. Taylor는 공장의 생산성을 높이기 위해서는 관리자와 노동자 간의 역할분담이 필요하다고 보았다. 기존의 생산방법에서 노동자가 머리 역할과 몸 역할을 모두 담당하여 자의적인 판단에 의해 주먹구구식으로 노동방법을 선택하여 왔다면,[9] 과학적 관리론에서는 머리(head) 역할은 관리자가 담당하며, 몸(body) 역할은 노동자가 담당해야 한다는 주장이었다. 즉 관리자는 최적의 노동방법을 연구, 발견하고, 이를 노동자에게 훈련시키는 역할을 담당해야 한다. 그리고 노동자는 관리자가 제시하는 방법을 잘 습득하여 그 방법 그대로 작업해야 한다.[10]

그렇다면, 관리자는 어떻게 최적의 노동방법을 연구, 발견할 것인가? 관리자는

---

9) 대장간에서 일하는 인부의 예를 들면, 숙련된 인부의 경우 다년간의 경험에서 얻은 기술로 높은 생산성을 얻을 수 있을 것이며, 초보 인부의 경우 낮은 기술로 인해 낮은 생산성을 얻을 것이다. 이러한 생산성의 차이는 노동자 개인이 갖고 있는 노동방법의 차이에 기인하는데, 기본적으로 노동방법의 선택은 노동자의 개인적인 경험, 판단이나 선호에 달려있다.
10) Taylor는 노동자를 거대한 생산기계의 교체 가능한 부품과 같이 인식하였다.

기존의 기술적 지식을 집대성한 후, 이를 하나의 법칙 혹은 수학적 공식으로 정리해야 한다. Taylor는 노동자의 작업을 분석하기 위해 **시간–동작연구**(time and motion study)를 시행하였는데, 실제로 1898년 미국 필라델피아(Philadelphia)에 위치한 베들레헴 철강공장(steel plant)에서 그는 철도차량에서 철강원료를 내리고 완성된 철강을 싣는 작업을 분석하였다. 그는 올바른 동작, 도구, 작업 배열을 통해 노동자들의 하루 평균작업량이었던 12.5t보다 훨씬 많은 47.5t을 작업할 수 있다고 결론지었다(Daft, 2010).

구체적으로 Taylor는 숙련된 노동자가 삽으로 석탄을 푸는 최적의 방법을 연구하였다. 예를 들어, 삽의 최적의 크기, 석탄을 푸기 위해 숙이는 허리의 최적의 각도, 1분간 석탄을 푸는 최적의 횟수 등을 계량적으로 측정하여 각각의 생산성 차이를 비교한 후, **최적의 방법**(one best way)을 알아내었다. 그는 가장 신속하고 효율적이고 피로를 덜 가져오는 최적의 노동방법은 항상 존재하며, 관리자 혹은 연구자의 역할은 이 방법을 발견하는 것이라고 생각하였다.

그림 4-1   석탄을 푸는 노동자

다음으로, 관리자는 발견된 최적의 노동방법을 어떻게 노동자에게 훈련시켜야 할까?

관리자는 각 노동자들의 성격, 육체조건, 성과를 세밀히 측정하여 이들의 한계와 발전가능성을 알아낸 후, 앞서 얻은 지식을 노동자들에게 주입하여 훈련시켜 최상의 성과를 얻어낼 수 있도록 한다. 노동자들에게 최적의 방법을 훈련시키기 위해서는 차별적인 보수제도를 활용한다. 해당 노동자가 제시된 성과를 초과할 경우에 **경제적인 보상**(economic reward)을 통해 동기를 부여하는 것이다. Taylor는 베들레헴 철강공장의 연구에서 초과작업량에 대한 성과급을 일당 1.15달러에서 1.85달러로 상향 조정하였다. 이러한 그의 분석은 철강회사의 생산성을 순식간에 향상시켰다(Daft, 2010).

Taylor(1911)는 최적의 성과를 내는 조직의 예로 톱클래스의 프로야구팀을 들고 있다. 시합에서 감독의 지시를 성실히 이행하는 선수들로 이루어진 팀과 선수 각각의 능력이 출중하여 자의적으로 판단하여 시합에 임하는 팀이 경쟁한다고 할 때, 감독의 지시에 따라 시합을 하는 팀이 이길 가능성이 훨씬 높다는 것이다. 즉 감독은 선수들에게 지시를 내리는 머리의 역할을 수행하며, 선수들은 감독의 지시에 잘 따르는 몸의 역할을 충실하게 수행하면 높은 성과를 낼 수 있다는 주장이었다. Taylor가 주장한 과학적 관리론은 그가 미국 하원 특별위원회(1912)에서 증언한 관리의 임무(duties of management)에 관한 다음의 내용에서도 잘 드러난다.[11]

① 전통적인 주먹구구식의 노동방법을 개인의 노동요소를 측정하고 관리하는 체계적이고 더 과학적인 방법으로 대체한다.
② 최적의 노동역할을 지우기 위해 노동자의 선발과 노동을 위한 훈련을 과학적으로 연구한다.
③ 과학적인 원칙을 완전하게 적용하기 위해 노동자의 협조를 얻는다.
④ 노동자와 관리자 간의 업무 역할과 책임의 균등한 배분을 실시한다.

3) 과학적 관리론의 영향

Taylor의 과학적 관리론은 그 당시 사회에 큰 반향을 일으키게 된다. 실제로 포드(Ford) 자동차의 이동식 조립 라인(conveyor system)을 비롯한 대부분의 대규모 공장에서 과학적 관리론에서 주장하는 경제적 보상을 바탕으로 하는 노동방법을 채택하였다.[12] 그의 이론은 현대의 수많은 제조업체, 유통회사, 사무실 등에 까지도 영향을 주고 있다. 예를 들어, 맥도널드(McDonald)와 같은 패스트푸드(fast

---

11) 태프트(W. H. Taft) 미국 대통령이 1910년에 설치한 절약과 능률에 관한 대통령위원회(Taft Commission)에서는 행정부 예산제도의 창설을 제안하였는데, 이 위원회에서 사용한 '절약과 능률'이라는 개념은 행정관리의 성과를 평가하는 가치 기준으로 자리 잡게 되었다.
12) 임금, 보너스 등의 경제적 보상이 현재에도 가장 강력한 동기부여의 방법 가운데 하나임에는 이견이 없을 것이다.

food) 체인점에서는 전체 생산과정을 분석하여 가장 효율적인 작업 과정을 발견한 뒤에, 그 작업들을 정해진 방식대로 정확하게 수행할 수 있도록 종업원들을 훈련시킨다. 그리고 훈련받은 종업원들에게 구체적인 개별 과업을 할당할 수 있도록 직무를 세밀하게 설계한다. 모든 사고 혹은 생각은 관리자나 조직설계자에 의해 수행되는 한편, 모든 실행 기능은 종업원들이 담당한다. 흥미롭게도 이러한 과학적 관리론은 자본주의 국가뿐만 아니라 공산주의 국가에서도 광범위하게 도입되었다 (Morgan, 2006).

Taylor가 주장한 논리는 고전적인 조직이론의 기반이 되었다. 첫째, 만약 주어진 생산 업무에서 최적의 방법을 얻을 수 있다면, 조직의 임무를 수행하는 데에도 최적의 방법(one best way)이 있다는 논리로 발전되었다. 세상 어딘가에 하나의 최적의 방법은 있으며, 과학적인 분석과 연구를 통해 발견될 수 있다는 논리였다. 그리고 이러한 아이디어는 후대 학문연구의 기반이 되었다. 둘째, Taylor가 최적의 노동방법을 발견하기 위해 활용했던 관찰, 측정, 실험을 바탕으로 한 계량적, 과학적 연구방법은 이후 조직이론 연구의 대세가 되었다.

하지만 Taylor가 궁극적으로 달성하고자 했던 목표인 자본가와 노동자 간의 화합은 결국 성취되지 못하였다. 그는 과학적 관리론의 가장 큰 성과는 완전한 정신적 변혁(complete mental revolution)으로 노동자들이 고용주를 세상에서 가장 친한 친구로서 보게 되는 점이라고 주장하였다. 그리고 고용주가 노동자들에 가졌던 의심과 경계심, 적대감은 완전히 사라지고 양자간의 진심 어린 우애로 대체될 것이라고 주장하였다.[13] 하지만 아이러니하게도 오히려 Taylor는 노동자를 생각 없이 육체노동만을 하는 존재로 해석함으로써, 결국 자의성이 없는 기계로 취급하여 인간으로서의 기본 권리와 자유를 박탈하였다고 노동조합으로부터 비난을 받았다. 그리고 노동자를 관리하는 중간, 혹은 말단 관리자, 기술자에게 불필요하게 너무 많은 권한을 주었다고 자본가에게서 비판을 받았다.

실제로 그는 1915년 사망할 때까지 '노동자들의 공공의 적'으로 악명을 떨쳤다고 한다. 일례로, 포드 자동차회사에서 모델 T 자동차를 생산하기 위해 일괄 조립 공정을 위한 이동식 조립 라인을 도입하였을 때, 노동자들의 이직율은 매년 약

---

13) Taylor가 사망하기 2주 전인 1915년 3월 3일에 Cleveland Advertising Club에서 연설한 내용의 일부이다.

380%에 육박하였다.[14] 이해될 만도 한 것이 포드 자동차공장의 노동자들은 작업 도중에 대화, 기침, 휘파람, 앉기, 기대기, 생각을 위한 동작 중단 등이 일체 금지 되었고, 교대 시 단지 30분간의 휴식시간만이 허용되었다. 하루 5달러로 노동자들 의 임금이 2배가량 인상된 후에야 노동자들은 이렇게 극도로 단조로운 작업공정을 받아들일 수 있었고, 가까스로 안정적인 생산이 가능하게 되었다(Morgan, 2006).

그림 4-2 포드 모델 T

출처: 자동차대백과(http://navercast.naver.com).

2. 행정관리론

과학적 관리론은 사회 각 분야에 막강한 영향을 미치게 되었다. 처음에 과학적 관리론의 영향은 공장에서의 육체노동(physical tasks) 분야에 머물렀으나, 과학적 관리론의 사고는 다양한 사회조직(social organization)으로 전이되었다. 과학적 관리론의 사고를 정리하면, 다음과 같다.

---

14) 2,000달러가 넘던 자동차 가격을 850달러로 낮추어 자동차의 대중화를 이룬 포드 모델 T는 1903년 제작에 들어가 1908년 미시간주 디트로이트에 위치한 피케트 공장(Piquette Plant)에서 본격적인 생산·판매에 들어갔다. 당시의 자동차들은 부자들의 장난감에 불과했으나, 포드가 자동차를 장난감 에서 보편적인 생활용품으로 변화시켰다. 비록 아직도 부담이 큰 액수이긴 했으나, 일반 근로자들 의 경제력으로도 자동차를 구입할 수 있도록 한 것이다. 배기량 2,900cc, 4기통 엔진, 22마력의 출 력에 시속 60㎞로 달렸던 모델 T에는 속도계와 연료계가 수년간 장착되지 않을 만큼 편의 장치가 부착되지 않았다. 하지만 고장이 잘 나지 않았고 수리가 쉬웠으며 힘이 좋아 진창길과 눈길 등 당 시에 대부분이었던 비포장도로를 잘 달릴 수 있었다. 모델 T는 1927년까지 18-19년 사이에 1,500 만대 이상 판매되었는데, 3분에 한 대씩 생산되었다(자동차대백과, http://navercast.naver.com; 빌 브라이슨, 2014).

- 시간 – 동작연구(time and motion study), 경험적 연구를 해야 한다.
- 최적의 방법(one best way)을 발견할 수 있고, 발견해야 한다.
- 경제적인 보상(economic reward)을 활용해야 한다.

과학적 관리론의 영향을 받은 행정관리론(Administrative Science)은 조직구성원을 효과적으로 관리, 통제하여 조직의 효율성을 극대화하기 위한 방안을 연구하였다. 즉 과학적 관리론과 행정관리론은 모두 조직의 능률성, 효율성, 생산성을 연구의 목표로 설정하고 있다는 공통점을 갖고 있다. 하지만 노동자를 연구의 대상으로 삼은 과학적 관리론과는 달리 행정관리론은 특히 **관리자**를 연구의 주제로 삼고 있다. 그리고 과학적 관리론의 최적의 방법(one best way)은 행정관리론에서는 **원칙(principles)**으로 불린다. 행정관리론에서 가장 영향을 끼친 학자로는 Henri Fayol, W. F. Willoughby, J. D. Mooney, 그리고 Luther Gulick & Lyndall Urwick을 들수 있다. 과학적 관리법은 행정과학학파(Administrative Science School), 혹은 원리주의(principlism)라고 불리기도 한다. 이 장에서는 이들 학자 가운데 가장 대표적인 Fayol과 Gulick & Urwick의 주장을 살펴본다.

1) 관리의 14개 원칙

30여 년 동안 광산회사의 엔지니어이자 민간기업의 최고관리자로 경력을 쌓은 앙리 파욜(Henri Fayol, 1841-1925)은 75세에 「산업과 일반관리론」(*General and Industrial Management*, 1916)이란 책을 출판하였다. 1949년에 영문으로 번역된 이 책은 관리(management)에 관한 최초의 체계적인 글이었으며 회사의 운영, 관리와 조직에 필요한 요소들을 구체적으로 설명하였다. 그의 글은 그 당시 사회에 큰 영향을 끼쳤으며 Fayol은 Taylor와 동급의 학자로 인정되기도 했다.

Fayol(1916)은 기업이 활동하는 여섯 가지의 활동분야를 들고 있는데, 이들 활동분야는 모든 조직에 적용될 수 있다고 주장하였다. 이는 기술(technical: 상품 생산), 영업(commercial: 구입, 판매), 재무(financial: 재화, 예산 등의 자원을 획득하고 사용), 보안(security: 재산과 인원을 보호), 회계(accounting), 관리(managerial) 활동인데, 이 가운데 관리활동이 인원의 통제(control), 조직(organizing), 계획(planning), 명령(commandment), 조정(coordination) 등을 통해 앞의 다섯 가지 활동 모두를 수행한다. 기술, 영업,

재무, 보안, 회계 등 다섯 가지 활동들은 일반직원이 주로 담당하는 일이며, 관리활동은 관리자가 담당한다. 다시 말해서, 관리활동이 앞서의 다섯 가지 활동을 모두 수행하는 가장 중요한 활동이므로 관리자가 행정관리론의 주된 대상이 된 것이다.

Fayol(1916)은 분업, 권한과 책임, 원칙(규정), 명령체계의 일원화, 방향의 일원화, 회사의 이익추구, 보수, 집권화, 계층화, 질서, 공정성, 직업안정성, 주도권, 단결 등 14개의 원칙(principles)을 제시하였다. 그는 이들 원칙이 성공적인 관리를 위해 필수적으로 요구되며, 원칙은 등대와 같이 방향을 잡아주는 역할을 한다고 주장하였다. 각각의 내용을 살펴보면 다음과 같다(Fayol, 1916; Shafritz, Ott, & Jang, 2005).

① 분업(division of work): 분업은 같은 노력으로 보다 더 많이, 보다 더 능률적으로 생산하는데 목적이 있다.

② 권한과 책임(authority & responsibility): 권한은 명령을 내리는 권리이고 복종하게 하는 힘이다. 권한은 지위에 기반을 둔 관리자의 공식적인 권한과 지능, 경험, 도덕적 가치, 리더십, 근무연한 등에 기반을 둔 개인적인 권한으로 구분될 수 있다. 공식적인 권한을 행사하기 위해서는 좋은 개인적인 권한이 필수적으로 수반되어야 한다. 권한을 행사할 때는 항상 책임이 수반된다. 따라서 권한이 커지면 책임도 그만큼 커져야 한다.

③ 규정(discipline): 규정은 본질적으로 복종, 인내, 실천, 행동, 그리고 회사와 고용인 간의 합의에 따른 표면 상의 상호존중의 표시이다. 규정은 회사와 고용인 간의 동의가 바탕이 되어야 한다. 규정은 회사를 문제없이 경영하기 위한 필수적인 요소이고, 회사는 규정이 없이는 번창할 수 없다. 규정이 잘 적용되기 위해서는 뛰어난 관리자들이 모든 계층에 배치되어야 하고, 명확하고 공정하게 합의가 이루어져야 하며, 정당하게 처벌이 이루어져야 한다.

④ 명령체계의 일원화(unity of command): 어떠한 행동이건 한 사람의 부하는 한 사람의 상사로부터만 명령을 받아야 한다. 즉 한 사람의 부하가 한 사람의 상사에게 명령을 받는 단일 명령체계가 필요하다.[15] 그렇지 않다면, 상황이 복잡해져 혼란과 기능장애(권한의 침범, 기강의 무너짐, 질서의 문란, 안정성의 파괴 등)가 나타나

---

15) 1900년 초반인 당시에는 복수의 명령체계가 일반적이었다.

게 된다.

⑤ 지휘의 일원화(unity of direction): 한 사람의 관리자는 하나의 계획이나 하나의 목표를 가진 활동들을 담당해야 한다. 예를 들어, 머리가 둘 달린 동물은 괴물이라고 불리고 생존하기 어렵다. 지휘의 일원화는 행동을 통일하고, 조화롭게 힘을 적용하고, 노력을 집중하기 위해 반드시 필요하다.

⑥ 개개인의 이익은 조직 전체 이익에 종속: 개인, 혹은 일부 직원의 이익은 회사 전체의 이익보다 우선시되어서는 안 된다. 하지만 이 두 가지의 이익은 항상 대립하는 경향이 있으므로, 이를 양립시킬 방법을 찾아야 한다. 이를 위해서는 관리자의 단호함과 솔선수법이 필요하고, 가능한 한 공정한 합의가 이루어져야 하며, 지속적인 관리와 감독이 요구된다.

⑦ 보수(remuneration): 보수는 근로자가 제공한 근무에 대한 댓가를 의미한다. 보수는 근로자와 고용주 모두에게 만족을 주어야 한다. 특히 보수의 지급 방식이 매우 중요한데, 공정해야하고 노력에 상응하는 보수를 주어 동기를 부여하도록 해야 한다. 보수는 합리적인 수준(일한 시간에 따라, 완수한 일에 따라, 일한 만큼)보다 더 많이 주어져서는 안 된다.

⑧ 집권화(centralization): 분업과 마찬가지로, 집권화는 자연적인 현상이다. 집권화는 부하직원의 역할을 약화시키는 것이고, 이와 반대로 분권화(decentralization)는 부하직원의 역할을 강화시키는 것이다. 집권화는 그 자체로 '좋다', '나쁘다'라고 얘기할 수 없는 문제이다. 즉 집권화와 분권화는 결국 조직에 적합한 최적의 수준(optimum degree)을 찾아내는 문제이다. 이는 전적으로 관리자에게 달려있다. 어떻게 최적의 비율을 찾아내는가는 관리자의 능력에 따라 달라진다.

⑨ 계층화(scalar chain): 계층화는 최고관리자에서 말단 직원까지 연결된 사슬(chain)과 같다. 계층화를 통해 명확한 정보의 전달과 명령체계의 일원화가 이루어진다. 하지만 계층화는 많은 전달을 거쳐야 하고 많은 사람이 연관되며, 불필요한 서류작업이 필요하고 오랜 시간이 걸린다. 따라서 계층화에서 업무를 신속하게 처리할 방안이 필요하다. 신속한 대응을 위해서는 다음의 [그림 4-3]과 같이, 바로 위의 상급자들인 E와 O의 승인 하에 담당자들인 F와 P가 직접 관련 업무를 논의하도록(gang plank) 해야 한다. 하지만 최고관리자가 권장하고 솔선수범하지 않아 담당자들 간의 직접적인 논의가 잘 이루어지지 못하고 있다. 특히 공공조직에서는

그림 4-3 계층화의 원칙

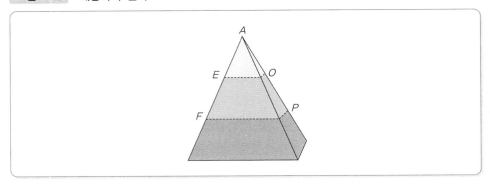

조직구성원이 자신들의 작은 목표에만 집중하고, 책임을 질 수도 있다는 두려움을 갖는다.

⑩ 질서(order): "모든 사물에는 맞는 곳이 있고, 이 맞는 곳에 놓여져야 한다"는 것은 잘 알려진 명제이다. 이러한 물질적인 질서(material order)는 재료의 손실과 시간의 낭비를 피할 수 있도록 유지되어야 한다. 이 명제는 사람에게도 똑같이 적용될 수 있다. "모든 사람에게는 맞는 자리가 있고, 이 맞는 자리에 배치되어야 한다." 즉 한 회사의 사회적인 질서(socal order)가 잡히기 위해서는 모든 직원에게 자기 자리가 주어져야 하고, 이들은 자신의 자리에서 업무를 해야 한다. 이는 적재적소의 원칙이라고 할 수 있다.

⑪ 공정성(equity): 직원들이 헌신적이고 자발적으로 업무를 수행하기 위해서는 관리자가 직원들을 친절하게 대해야 하며, 친절함과 정의가 조화를 이룬 공정성을 보여야 한다. 공정하게 다루어지는 것은 반드시 이행되어야 하는 직원의 당연한 요구, 욕구이다. 따라서 관리자는 조직의 모든 부서에 공정성의 풍토(sense of equity)가 깃들도록 해야 한다.

⑫ 직업안정성(stability of tenure of personal): 한 직원이 주어진 업무에 익숙해져서 능숙한 수준까지 도달하려면 어느 정도의 시간이 필요하다. 만약 숙련되기 전에 이동 배치된다면, 그 직원은 가치 있는 서비스를 제공할 기회를 갖지 못하게 되는 것이다. 그리고 이러한 일이 계속 반복된다면, 그 직원은 결코 제대로 된 서비스를 제공하지 못할 것이다. 하지만 조직에서 직무 재배치는 또한 필수불가결한 것이다. 따라서 조직 내 직무 재배치와 직원들의 직업 안정성은 어떻게 잘 균형을

이루는가의 문제(question of proportion)이다.

⑬ 자발성(initiative): 계획을 세우고 이를 달성하기 위해 노력하는 과정은 사람이 경험할 수 있는 가장 큰 만족과 자극이다. 이렇게 어떤 것을 제안하고 실행하는 자유는 자발성이라고 불린다. 직원들의 열의와 업무활동은 자발성에 의해 높아질 수 있으므로, 관리자는 이를 최대한 지원해야 한다. 관리자는 직원에게 자발성을 부여하기 위해 개인적인 자만심을 내려놓을 수 있어야 한다.

⑭ 단결(esprit de corps): 직원들의 단결은 회사에 매우 큰 힘이 되는 것이다. 따라서 관리자는 직원들의 단결을 이루기 위해 노력해야 한다. 단결을 이루기 위해서는 무엇보다도 명령의 일원화가 필요하다. 또한 관리자는 자신의 개인적인 이해를 위해 직원들 간에 불신, 시기심을 조장하거나 분열시켜서는 안된다. 직원들은 적이 아니다. 그리고 우리는 대화로 쉽게 해결할 수 있는 문제를 문서로 소통했을 때 오해와 갈등이 악화되는 경우를 종종 본다. 즉 문서화된 의사소통으로 인해 직원 간, 부서 간의 적대감, 문제가 발생할 가능성이 높아지므로, 보다 간편하고 신속한 말(언어)을 통한 의사소통을 사용해야 한다.

미국의 엽관주의

미국의 엽관주의(spoils system)는 인사권자(대통령과 국회의원)와의 정치적인 연계나 개인적인 친분을 바탕으로 공무원을 임용하는 인사제도이다. 엽관주의는 민주정치의 발달에 따라 관료조직과 일반 국민과의 동질성을 확보하기 위한 수단으로 발전하였다. 미국의 건국 초기, 연방주의자(북부 상공업자)와 분리주의자(남부 지주세력) 간의 대립이 있었다. 초대 대통령(1789-1797)인 조지 워싱턴(George Washington)은 연방주의자였지만 분리주의자에게도 공평하게 인사를 시행하였다. 그러나 연방주의자와 분리주의자 두 집단 간의 갈등으로 행정 업무를 제대로 수행하지 못하였고, 결국 집권 후반기에는 연방주의자 위주로 행정부를 구성하였다. 이로 인해 엽관주의적인 인사가 시작되었다.

제3대 대통령(1801-1809)인 토마스 제퍼슨(Thomas Jefferson)은 분리주의자로서 기존에 조지 워싱턴이 임명하였던 대통령 임명직의 25%를 경질하였고, 엽관주의가 본격적으로 발달하기 시작하였다. 토마스 제퍼슨은 1820년에 대통령이 임명하는 공직자의 임기를 대통령의 임기와 일치시키는 4년 임기법(Four Years' Law)을 제정하였으며, 이는 엽관주의의 법적인 기초가 되었다.

서부출신으로 최초로 당선된 제7대 대통령(1829-1837)인 앤드류 잭슨(Andrew Jackson)은 동부출신 상류층(대학졸업자)이 독점하던 관직을 서부 개척민과 일반대중에게 허용하였다. 그리고 엽관주의를 민주주의의 실천적인 정치원리라고 선언하였는데, 공직은 건전한 상식을 갖춘 사람이면 누구나 수행할 수 있는(대학을 나오지 않더라도) 단순한 것이라는 주장이었다. 그러므로 공직의 장기점유는 순기능보다 역기능이 크다고 주장하였다. 이렇게 발전된 엽관주의는 1845년부터 남북전쟁이 끝나는 1865년까지 절정을 이루게 되었다. 이 당시 미국의 엽관주의는 집권정당과 관료조직의 동질성을 확보하고, 공직을 일반국민에게 개방함으로써 민주주의를 실현하기 위한 인사원리로 간주되었다.[16]

실적주의가 수립된 1880년대 후반이후 미국의 엽관주의는 약화되게 되었다. 하지만 실적주의가 우세하게 된 현재의 미국에서도 엽관에 의한 임용은 지방정부에서 지속되어 오고 있다(Meier, 1975). 엽관주의의 요인으로는 혈연, 학연(예를 들어, 영국의 옥스퍼드와 케임브리지대학교 졸업생이 2/3, 일본의 동경대학교 졸업생이 86% 이상, 우리나라의 서울대학교 졸업생이 40-60% 정도 고위공무원 비율을 차지하고 있다고 한다), 지연, 군 출신(개발도상국에서는 군 출신 정치지도자들이 군 출신의 부하를 선호한다) 등이 있다. 현재 엽관주의는 주로 실적주의의 약점(관료가 국민대표성을 갖지 못하는 문제)을 줄이기 위하여 사용된다.

2) POSDCoRB

미국의 학자인 Gulick & Urwick은 자신들의 연구가 프랑스 학자인 Fayol에 의해 지대한 영향을 받았음을 인정하고 있다. 실제로 이들의 글은 Fayol의 글과 유사한 점이 아주 많다. Gulick & Urwick은 그들의 주장을 "Notes on the Theory of Organization"이라는 논문으로 처음 발표하였으며, 이 논문은 이후 「행정과학논집」(*Papers on the Science of Administration*, 1937)이라는 책에 다시 수록된다. Gulick & Urwick(1937)의 주장은 세 가지의 아이디어에 바탕을 두고 있다. 첫째, 윌슨(Wilson, 1887)이 주장한 정치-행정 이원론이다. 행정은 정치, 즉 민주주의라는 목표를 달성하기 위한 수단이다. 둘째, 기능적, 그리고 계층적인 분업화는 행정활동을 조직하기 위한 가장 기본적인 방법이다. 셋째, 능률성은 정부의 활동을 평가하고 행정이 추구해야 하는 최고의 가치이다(Harmon & Mayer, 1986).

Gulick & Urwick이 주장한 조직구조에 관한 전통적인 접근방법의 가장 눈이

---

16) 프랑스의 학자인 토크빌(Alexis de Tocqueville: 1805-1859)은 미국에 9개월(1831-1832, 앤드류 잭슨대통령 시기) 체류한 후, 「미국 민주주의」(*Democracy in America*, 1833, 1835)를 저술하였다. 그는 이 책에서 미국사회의 특징 가운데 하나로 조건과 기회의 균등을 가져올 수 있는 풀뿌리 민주주의(grassroots democracy)를 들고, 이를 칭찬하였다. 그 당시 미국의 풀뿌리 민주주의는 엽관주의의 다른 표현이라고 할 수 있다.

띄는 특징은 모든 조직이 가장 효과적이기 위해 따라야 하는, 그래서 이상적인 조직구조를 달성하기 위한 원리(principles) 혹은 원칙이 존재한다는 것이다. 이들은 조직구조의 원칙을 발견하는 것이 성공적인 관리를 하기 위한 핵심이라고 주장한다.

귤릭(Luther Halsey Gulick: 1892-1993)

귤릭은 미국의 행정학자로 일본 오사카에서 출생하였다. 그는 컬럼비아대학에서 박사학위를 받은 뒤, 1920년부터 약 20년간 뉴욕의 행정연구소장으로 활동하는 한편, 1930년대 말에는 컬럼비아대학의 교수로 재직하였다. 루스벨트 대통령(Franklin D. Roosevelt, 1882-1945)에 의하여 설치된 행정관리에 관한 대통령자문위원회(President's Committee on Administrative Management, 일명 Brownlow Committee)의 위원으로 참여하여 예산국을 중심으로 한 대통령부의 중앙 관리기구 확충안을 제시하기도 하였다.

1937년 위원장인 Louis Brownlow와 Charles Merriam, Luther Gulick의 세 사람으로 구성된 행정관리에 관한 대통령자문위원회에서는 예산국(BOB: Bureau of the Budget), 국가자원기획청(NRPB: National Resources Planning Board), 인사국(CSA: Civil Service Agency) 등을 대통령 직속으로 설치하여 대통령의 행정관리 권한을 강화해야 한다는 보고서가 작성되었다. 이에 따라 1939년 정부조직개혁법(Reorganization Act)이 제정되는 등 많은 정부 개혁이 실시되었다.

출처: 네이버 지식백과(2009.1.15.). http://terms.naver.com; 행정학사전(2009).
사진출처: 위키피디아(https://en.wikipedia.org/wiki/Luther_Gulick).

"관리자가 해야 하는 일은 무엇인가?" 이에 대한 대답으로 Gulick & Urwick(1937)은 관리자의 일곱 가지 주요한 기능을 제시하고 있다. 이는 계획(planning), 조직(organizing), 인사(staffing), 지휘(directing), 조정(coordinating), 보고(reporting), 예산(budgeting)인데, 영문 앞 글자만을 따서 POSDCoRB라고 불린다. 그 내용을 살펴보면 다음과 같다.

① 계획(planning): 조직의 목표달성을 위해 필요한 수단과 방법을 광범위하게 개략적으로 설계하는 것이다.

② 조직(organizing): 조직의 목표달성을 위해 직무와 하위 조직을 구성하고 공식적 권한 구조를 확립하는 것이다.

③ 인사(staffing): 직원을 충원, 교육 훈련시키고 유능한 신규직원을 유인하기 위한 근무환경을 유지하는 것이다.

④ 지휘(directing): 의사결정을 내리고, 이러한 의사결정을 보다 구체적인 명령으로 전환하는 것이다.

⑤ 조정(coordinating): 다양한 직무를 상호 연계시키는 것이다.

⑥ 보고(reporting): 진행되고 있는 업무에 관한 정보를 상급자에게 제공하는 것이다.

⑦ 예산(budgeting): 회계 등 조직의 운영을 위한 자금과 관련된 것이다.

모든 대규모, 혹은 복잡한 조직(enterprise)은 업무를 수행하기 위해 많은 인원을 필요로 한다. 많은 사람들이 함께 일하는 경우에는 언제든 이들 간의 업무분배(division of work)가 있을 때, 최선의 결과가 보장된다. 따라서 조직이론은 조직 내에서 업무를 분배하여 담당하는 부서들의 구조 조정과 관련이 있다. 업무의 분배는 조직의 기반이며, 실로 조직의 근거이다(Gulick & Urwick, 1937). Gulick & Urwick(1937)은 일곱 가지의 기능(POSDCoRB)을 바탕으로 다양한 원칙을 주장하였는데, 이들 가운데 중요한 몇 가지를 살펴보면 다음과 같다.[17]

① 통제 범위(span of control)의 원칙: 피아노의 건반 위에서 움직이는 인간의 손과 같이, 인간의 의지와 생각은 아주 가까이에서 관리할 수 있는 것으로 제한된다. 결과적으로 어떤 조직이건 관리자가 개인적으로 지시할 수 있는 사람은 몇 명에 불과하다. 통제의 범위는 세 가지의 요소, 즉 기능의 다양성, 시간, 공간의 영향을 받는다. 첫째, 기능의 다양성 측면에서, 공공기관의 최고관리자는 군대의 장군보다 부하들을 더 효과적으로 다룰 수 있다. 왜냐하면, 공공기관 각 부서의 직속 관리자들은 보다 일반적인 행정분야에 한정되지만, 군대에는 통신, 화학, 항공, 보급, 동력서비스, 교통 등 각각 독자적인 기술이 필요한 다양한 요소들이 있기 때문이다.[18] 둘째, 시간의 측면에서, 새로 생겨나거나, 변화하는 조직보다 안정적인 조

---

17) 앞서 Fayol(1916)이 설명한 14개의 원칙(principles)과 많은 부분이 중복되므로, 여기에서 모든 원칙을 다시 설명하지는 않기로 한다.

직에서 최고관리자는 더 많은 직속 직원들을 통솔할 수 있다. 마지막으로, 공간의 측면에서, 여러 도시에 분산된 조직보다 하나의 건물 내에 위치한 조직에서 최고 관리자는 더 많은 직속 직원들을 감독할 수 있다(Gulick & Urwick, 1937). 결과적으로, 한 사람의 관리자가 성공적으로 통제할 수 있는 부하의 최적의 수(사무직의 경우)는 5-6명으로 보는 것이 적절하다(Urwick, 1943).

② 명령 단일화(unity of command)의 원칙: 다수의 상관으로부터 명령을 받게 되면, 혼란만 생긴다는 것은 오랫동안 당연히 여겨져 왔던 이야기이다. 여러 관리자로부터 명령을 받는 직원은 혼동되고, 비효율적이고, 책임감이 없어질 것이다(Gulick & Urwick, 1937). 이러한 혼동, 불공정한 기대, 분리된 충성, 협동이 이루어지지 못한(조정되지 못한) 행동을 방지하기 위하여 조직구성원은 한 사람의 관리자(one master)로부터 명령을 받고, 이 관리자에게 책임을 져야 한다.

③ 계선(line)·참모(staff)의 원칙: 조직에서 최상층부터 최하층까지 계선 관료에 의한 망가지지(끊어지지) 않는 명령체계가 수행되어야 한다. 그리고 명령체계를 방해하지 않고, 의사결정권한과 명령책임을 갖지 않는, 기술적인 지원과 참모가 조직에 존재해야 한다.

④ 기능적(functional)·단계적(scalar) 원칙: 기능적·단계적 원칙은 하부 조직의 적절한 구성과 전문화(분권화)의 정도를 결정하는 최적의 기반(bases of decentralization)을 의미한다. 또한 계층제를 설계하는 최적의 방법을 의미한다.

3) 기능적 원칙과 단계적 원칙

Gulick & Urwick(1937)이 주장한 원칙 가운데 기능적(functional)·단계적(scalar) 원칙은 조금 더 자세히 살펴볼 필요가 있다. 이는 특히 조직의 구조를 구성하는데 있어 가장 기본적인 문제이기 때문이다. 개인수준에서 노동의 분화는 전문화된 업무가 된다. 이렇게 전문화된 업무는 반드시 상위부서, 하위부서를 구성하기 위해 어떤 방식이든 설계되어야 한다. 그러면 "업무들이 어떤 기준에 따라 부서에 할당되어야 하는가?", "전문적인 분야에 의해서?" 아니면, "업무영역에 의해서?" Gulick & Urwick(1937)은 정책분야와 프로그램(policy area or program), 관리기능(management function), 고객의 타입(client type), 지역(geography) 등 네 가지 기준 가운데 하나

---

18) Gulick & Urwick(1937)의 이러한 예시는 현재의 현실과는 맞지 않는 것으로 볼 수도 있을 듯하다.

에 의거하여 분권화가 이루어져야 최적의 관리가 가능하다고 주장한다.

(1) 정책분야와 프로그램(policy area 또는 program)

이는 취급하고 있는 일, 혹은 달성되어야 하는 목적(purpose), 예를 들어 **제품,
서비스, 프로젝트, 프로그램, 사업** 등에 따라 분권화가 이루어지는 경우이다. 이러
한 구조의 가장 뚜렷한 특징은 조직의 산출물을 기준으로 부서화가 이루어진다는
점이다(Daft, 2010). 실제로 소방서, 보건부처, 환경보호부처 등 많은 정부기관이
이런 방식으로 구조화되어 있다. 이렇게 조직을 분화할 때 나타나는 특징은 각각
의 부서가 자급자족적이 된다는 것이다. 관리기능과 지원서비스(예산, 인사와 같은)
는 작은 규모로 조직 내에 설치된다(〈표 4-1〉 참조).[19]

표 4-1   **정책분야와 프로그램에 의한 구조의 강점과 약점**

강점	약점
1. 불안정한 환경에서 신속한 변화에 적합	1. 기능부서에서 규모의 경제(economy of scale) 효과 감소
2. 제품에 대한 책임과 담당자가 명확하기 때문에 고객만족을 높일 수 있음	2. 제품라인 간 조정이 약화될 수 있음
3. 기능부서 간 원활한 조정	3. 특정 분야에 대한 지식과 능력의 전문화가 어려움
4. 제품, 지역, 고객별 차이에 신속하게 적용 가능	4. 제품라인 간 통합과 표준화가 어려움
5. 몇 개의 제품을 가진 대규모 기업에 적합	
6. 분권화된 의사결정	

출처: Daft(2010).

(2) 관리기능(management function)

이는 사용되어야 하는 과정(process)에 따라서 분권화가 이루어지는 경우이다. 즉
공통적인 기능을 중심으로 활동이 부서화되는 구조이다. 직원은 프로그램관리, 정책
평가, **인사, 예산, 기획** 등의 관리전문분야에 따라 부서에 배치된다. 이러한 구조는
사람, 장비 등의 불필요한 중복을 없애 자원을 최적으로 사용할 수 있다. 이렇게

---

19) Daft(2010)는 민간기업을 대상으로 강점과 약점을 설명한다.

조직을 분화할 때 나타나는 특징은 각 프로그램의 달성을 위해서는 다른 부서 직원들의 협조를 필요로 한다는 점이다. 하지만 프로그램의 목표를 달성하기 위하여 필요한 다른 부서 직원들의 협조를 얻는 것은 사실 극도로 어렵다. 예를 들어, 예산부서의 목표는 최대한 예산을 절약하는 것이다. 반면에 기획부서의 목표는 최적의 혹은 최선의 정책대안을 고안해내는 것이다. 최적의 정책대안을 만들기 위해서는 필연적으로 시행착오를 겪게 될 것이며, 이는 예산의 낭비로 이어질 것이다. 결과적으로, 예산부서와 기획부서 간의 협조는 극도로 어려울 수 있다(〈표 4-2〉 참조).

표 4-2   관리기능에 의한 구조의 강점과 약점

강점	약점
1. 기능부서 내에서의 규모의 경제(economy of scale) 효과 달성	1. 환경 변화에 대한 반응이 느림
2. 특정 분야에 대한 깊이 있는 지식과 기술 개발	2. 의사결정 문제가 최고경영층에 집중됨으로써 과부하 발생
3. 기능별 목표달성	3. 부서 간에 수평적 조정 약함
4. 제품이 소수인 경우 적절	4. 혁신이 낮음
	5. 조직목표에 대한 제한적인 시각

출처: Daft(2010).

결과적으로, 프로그램의 발전에 우선권을 두는 공공조직은 프로그램에 기반을 둔 조직, 즉 정책분야와 프로그램에 기반을 둔 구조를 사용하는 것이 바람직하다. 반면에 자원의 절약이 우선적인 조직은 기능적인 접근법, 즉 관리기능에 기반을 둔 구조를 사용하는 것이 바람직하다.

(3) 고객의 타입(client type)

이는 취급하고 있는 일 혹은 사람에 따라 분권화가 이루어지는 경우이다. 특정 고객 집단은 독특한 기호나 욕구를 가지고 있을 수 있다. 우리나라의 여성가족부가 대표적인 예가 될 수 있는데, 여성은 남성과는 다른 사회적 요구가 있다. 미국의 경우, the Office of Human Development Services in the Department of Health and Human Services에서 노년층, 아동 등 각각의 주요한 고객을 위하여 하위부서를 설치하는 경우도 있다.

(4) 지 역

이는 활동이 수행되어야 하는 장소(place)에 따라 분권화가 이루어지는 경우이다. 고객들은 각 지역(geography)별로 독특한 기호나 욕구를 가지고 있을 수 있다. 정부기관의 지방사무소가 좋은 예가 될 수 있다.

미국의 실적주의

실적주의(merit system)는 개인의 능력이나 실적을 임용기준으로 삼는다. 실적주의의 주요 구성요소는 기회균등, 실적에 의한 임용, 공개경쟁 채용시험, 정치적 해고로부터의 신분보장, 정치적 중립 등이다(Sayre, 1948).[20] 실적(merit)은 정의하기 매우 어렵고 모호한 개념이다. 따라서 능력, 자격, 기술, 지식, 업적(achievement), 성과(performance) 등과 같은 다양한 용어로 정의되고 있다. 실적은 또한 측정이 매우 어렵다. 따라서 필기시험, 근무성적평정의 타당성은 항상 의심받고 있다. Rosenbloom은 실적평가가 부하의 능력보다 상급자의 기준을 반영하고 있다고 언급하기도 한다. 미국의 실적주의는 다음과 같은 엽관주의에 대한 비판에서 출발하였다.

① 정당의 간부가 공직을 상품화하고, 금권정치가 도구화되었다.

② 19세기 후반, 미국 자본주의의 병폐(독과점)가 나타나게 되었고, 국가의 독과점 기업에 대한 개입이 필요하게 되었다. 국가의 개입을 위해서는 공무원의 전문성이 강화되어야 한다고 인정되었다.

③ 1850년대부터 엽관주의에 대한 시민단체의 개혁운동이 시작되었다.

④ 1882년 중간선거에서 공화당이 민주당에 대패한 후, 2년 후인 1884년에 이루어질 대통령선거에서 전의를 상실하였다. 공화당 출신의 공무원들을 보호하기 위하여 1883년 공화당 상원의원인 George Pendleton에 의해 발의된 펜들턴법(Pendleton Act)을 제정하고 실적주의를 공식적으로 도입하였다.[21]

펜들턴법의 도입 초기에는 실적주의의 적용을 받는 분류직(classified service)의 범위를 확대하거나 축소하는 것은 전적으로 대통령의 재량에 속하였다. 실제로 1883년에 실적주의

---

20) 이는 다음과 같은 함수로 표현될 수 있다. 기회균등＋실적에 의한 임용＝공개경쟁 채용시험
21) 미국 펜들턴법(Pendleton Act, 1883)의 내용은 다음과 같다. 첫째, 독립적이고 초당적인 인사위원회를 설치한다. 둘째, 공무원의 임용은 공개경쟁 채용시험에 의한다. 마지막으로, 공무원의 정치활동은 금지된다. 펜들턴법의 제정에는 2년 전인 1881년 제임스 가필드(James Garfield) 대통령이 엽관주의자였던 같은 당 당원에게 총으로 암살당한 사건도 영향을 끼쳤다.

의 적용을 받는 공무원은 전체 공무원의 10%에 불과하였다.[22] 하지만 1923년 공직분류법 (Classification Act)을 계기로 실적주의의 적용을 받는 공무원이 급격히 증가하여, 1929년에는 전체 공무원의 80%에 달하게 되었고, 실적주의는 정착되었다.

현재 미국에서는 신규채용이나 공직분류체계의 구성, 보수의 책정 등 그 동안 인사관리처 (Office of Personnel Management, OPM)에 집중되어 있던 인사권을 각 행정기관에 위임하고 인사에 대한 규정과 규칙을 단순화하는 등 인사에 관한 재량권을 각 행정기관의 인사권자에게 부여하는 방향으로 나아가고 있다. 대신에 업무성과에 대한 책임을 엄격히 묻고 있다.

우리나라의 실적주의

우리나라에서는 국가공무원법 제2조에서 공무원을 경력직과 특수경력직으로 나누면서 경력직 공무원을 "실적과 자격에 의하여 임용되고 그 신분이 보장되며 평생토록 공무원으로 근무할 것으로 예정되는 공무원"이라고 정의함으로써 실적주의제와 직업공무원제가 우리나라 공무원제도의 기본원리임을 분명히 밝히고 있다. 현재 우리나라 거의 대부분의 공무원이 경력직 공무원이다.

하지만 실적주의(merit system)를 적극적으로 실현하고자 할 때, 아직 미흡한 점이 많다. 무엇보다도 공직에 대한 직위분류와 직무분석이 제대로 되어 있지 않고, 실적과 보수를 연계시키지 못하고 있다. 직무에 대한 분석이 선행되어야 직무수행에 필요한 자격요건이 무엇인지를 알 수 있고, 수행하는 업무가 무엇인지를 알아야 교육훈련과 근무성적평정이 제대로 이루어질 수 있다.

❂ 복습을 위한 질문

- 과학적 관리론은 당시 사회에 어떤 영향을 주었는가?
- Fayol이 주장한 원칙 가운데 "한 사람의 관리자와 하나의 계획이 동일한 목표를 가진 활동들을 위해 요구된다"는 원칙은 무엇인가?
- Gulick & Urwick의 기능적, 단계적 원칙 가운데 취급하고 있는 일, 혹은 달성되어야 하는 목적에 따라 분권화가 이루어지는 경우의 기준은 무엇인가?
- Gulick & Urwick이 설명하는 관리자가 해야 할 주요한 기능 가운데, "의사결정을 내리고 이를 보다 구체적인 명령으로 전환하는 것"은 무엇인가?
- 고전적 조직이론에서는 조직을 어떻게 이해하였는가?

---

22) 아이러니하게도 이점 이유로 공화당 출신의 공무원을 보호하고자 했던 Pendleton 의원의 의도는 성공하지 못하였다.

제5장

관 료 제

권위적인 조직의 대명사인 관료제(官僚制, bureaucracy)는 현대 조직이론의 출발점으로 이해되고 있다. 관료제는 조직의 규모가 주먹구구식의 단순한 방법으로 관리할 수 없을 만큼 커져 노동자와 관리자로만 해결할 수 없는 경우에 **규정, 규칙, 법규**를 어떻게 만들어 조직의 효율성을 높일 것인가를 다루고 있다. 이러한 관료제도 앞서 살펴본 과학적 관리론, 행정관리론과 같이 조직의 능률성, 효율성, 생산성을 연구의 목표로 설정하고 있다. 따라서 관료제도 고전적 조직이론에 포함시킨다.

초기 가내수공업 공장은 그 규모가 크지 않았기 때문에 관리자가 구두로 눈앞의 노동자들에게 지시를 내릴 수 있었다. 하지만 넓은 대규모 공장에 직원들이 흩어져서 일을 하게 됨에 따라 구두로는 더 이상 의사전달이 불가능하게 되었다. 이러한 문제를 해결하기 위해 규정과 문서에 의해서 구성된 그 당시 유일한 대규모 조직이었던 군대의 관리방식이 대안으로 제시되었다. 군대의 병참조직에 기원을 둔 관료제는 대규모의 조직을 통제·관리하기 위한 방법으로서 공식화 또는 표준화에 중점을 두는 이론이다.

관료제(bureaucracy)라는 단어는 특정한 유형의 조직구조를 의미한다. 하지만 관료제는 조직구조를 넘어 어떤 **행위의 패턴(specific patterns of behavior)**을 의미하기도 한다. 관료제에서 일하고 있는 조직구성원들이 갖는 행위의 패턴에는 어떤 것들이 있을까? 여러분들이 알고 있듯이 수동적, 낮은 창의성, 기계적 인간 등이 여기에 해당된다. 이러한 단어는 부정적 어감을 갖고 있으며, 이러한 행위를 유발하는 관료제 또한 부정적 어조와 의미를 갖는 것으로 인식되고 있다. 그러나 관료제는 원래 군주제, 귀족제와 대조되는 통치형태를 의미했다. 프랑스의 학자인 M. de Gournay에 의해 1745년에 최초로 사용된 용어인 bureaucracy의 'bureau'는 책상과 사무실을 의미하며, 'cracy'는 통치를 의미하는데, 관리에 의한 통치를 의미했다.

현재 우리가 이해하는 관료제는 Max Weber(1864-1920)가 주장한 내용이다. Weber는 관료제가 현대 사회의 지배적인 조직구조가 될 것이라고 예측하였다. 군국주의 국가인 프러시아(현 독일)의 사회학자였던 Weber는 독일 사회정치연맹(Social-Political Union)의 회원으로 활동하였으며, 당시 독일의 사회문제에 큰 관심을 갖고 있었다. 그는 인간 문명의 발전에 종교가 큰 영향을 미쳤으며, 결국 종교와 국가의 분리가 유럽 자본주의의 발전과 근대합리주의의 기반이 되었다는 주장에 바탕을 둔 「프로테스탄트 윤리와 자본주의 정신」(*The Protestant Ethic and the Spirit of Capitalism*)이라는 책을 저술한다.[1] Weber는 이 책을 완성하지 못하고 1920년 유행성 독감으로 세상을 떠났지만, 이 책은 그가 죽은 2년 후 동료 학자들의 도움으로 독일에서 출판되었다. 이 책은 다시 1946년에 영어로 번역되어 출판되었으나, 번역상의 문제와 함께 저자에 의해 체계적으로 완성되지 못하였다는 문제로 인해 초기 독자들에게 많은 혼란을 주기도 했다고 한다.

베버(Max Weber: 1864-1920)

튀링겐(Thüringen)주 에르푸르트(Erfurt)에서 출생한 독일의 사회학자이다. 하이델베르크 대학·베를린 대학 등 독일 각지의 4개 대학에서 법률, 경제, 철학, 역사 등을 공부하였고, 졸업 후에는 한 때 사법관시보로 법원에서 근무하였다. 이후 학계로 진출하여 1892년 베를린 대학을 개시로 하여 프라이부르크(1894), 하이델베르크(1897) 등의 대학에서 교수 생활을 하였다. 그는 1920년 뮌헨 대학에서의 교수직을 끝으로 57세의 나이로 생을 마치기까지 사회과학자로서 활동하여 법학, 정치학, 경제학, 사회학, 윤리학, 역사학 등 여러 분야에서 큰 업적을 남겼다.

출처: 네이버 지식백과(2010.3.25). http://terms.naver.com; 행정학사전(2009).
사진출처: 위키피디아(https://en.wikipedia.org/wiki/Max_Weber)

관료제는 특히 공공조직을 이해하기 위해서는 반드시 다루어야 한다. 왜냐하면, 아직까지도 대부분의 공공조직이 관료제의 특징을 갖고 있기 때문이다. 따라서 이 장에서

---

1) 이 글은 1904년부터 1905년에 걸쳐 그가 편집을 맡았던 「사회과학과 사회정책」(*Archiv für sozialwissenschaft und sozialpolitik*)이라는 잡지에 연재되었다.

는 Max Weber가 제시했던 관료제의 근본적인 내용인 권위(authority)를 살펴보고, 그가 설명했던 관료제의 특징을 설명한다. 그리고 관료제에 의해 조직이 운영될 경우에 관리자가 직면하게 될 약점과 강점을 살펴본다.

1. 권   위

권위(權威, authority)는 조직의 계층구조상 특정 직위·지위를 배정받았기 때문에 그 직위·지위를 바탕으로 개인에게 주어지는 힘을 뜻한다. 조직이론에서 Weber의 주된 공헌은 조직을 권위라는 하나의 기준으로 설명하려 했다는 점이다. 즉 그는 조직에 관한 연구를 위해 기준을 제시하고 체계적인 유형화와 분석을 최초로 실시하였다(오석홍 외, 2011). 그는 권위에 따라 사회, 국가, 조직의 발전단계를 세 가지의 유형으로 나누고 있다. 이들 세 가지의 유형은 인간 문명의 발전에 따라 순차적으로 나타난다고 설명한다(Weber, 1922).

권력과 권위의 차이

권력(power)과 권위(authority)는 다른 의미를 갖고 있다. 권력은 명령을 받는 사람들이 싫어하건, 좋아하건 여부에 관계없이(상대방의 의지와 무관하게,) 명령을 수행하도록 하는 힘을 의미하며, 개인에 의해서 형성될 수 있다.[2] 반면에 권위는 사람들이 그 명령을 정당한 것으로 인지하고 자발적으로 따르도록 하는 것을 말하며, 공식적인 계층과 명령체계(직위, 지위)에 의해서만 부여된다. 권위가 가장 강력하게 행해지는 곳은 군대이다. 군대 내에서는 권위가 가장 광범위하게 퍼져있고, 권위는 조직의 운영(특히, 명령의 수행)을 위해 필수불가결하다. 국가(state) 또한 국민을 대상으로 권위적 행위를 하는데, 국가의 권위가 가장 잘 나타나는 것이 바로 경찰과 법의 집행이다. 예를 들어, 교통경찰의 권위에 바탕을 둔 재량적 행위에 따라 사거리에서의 교통통제와 흐름이 결정된다(Arrow, 1974).

---

2) 엄청난 권력을 가진 경우에라도 권력을 드러나게 행사해서는 안 된다. 아무리 권력이 강하다고 해도 공식적으로 내 방식대로만 할 것을 주문하면, 권력은 곧 사라지게 된다. 권력은 조용히 행사될 때 효과가 가장 크다. 그리고 권력에 이목을 집중시키면 권력을 잃게 된다. 왜냐하면 사람들이 누가 권력을 갖고 있는지를 알게 되기 때문이다. 결과적으로 권력을 명시적으로 내세우는 것은 불필요하며 오히려 해가 될 수도 있다(Daft, 2010).

Weber(1922)는 권위가 정당화되는 근거에 따라 사회, 국가, 조직의 유형을 카리스마적 권위(charismatic authority), 전통적 권위(traditional authority), 합리적-법적 권위(rational-legal authority) 등 크게 세 가지로 제시하고 있다.

사유재산권

사유재산권(property rights)은 "개인이 자신의 노동과 재산을 통하여 획득하는 권리"로서 "사용권, 사용하여 이익을 획득하는 권리, 타인을 배제할 수 있는 권리, 그리고 교환권"을 의미한다(North, 1990: 28, 33). Pearce(2001: 24)는 사유재산권을 "재산, 물화와 수익을 처분할 수 있는 권리"로 정의한다. John Locke에 의하면, 사유재산권은 "개인이 자신의 노동을 더하여 가치를 높일 수 있으며, 후손에게 물려줄 수 있는 대지나 자원에 대하여 갖는 자연권"으로 정의된다(Self, 2000: 35). Self(2000: 55)는 소유자가 자원을 효율적으로 사용하도록 동기를 부여함으로써 자본시장을 유지하는 기본요소로 사유재산권을 정의한다.

사유재산권은 거래비용(transaction costs)의 수준을 결정하고,[3] 사회구성원의 지대추구행위(rent seeking behavior)를 포함한 기회구조를 형성한다(North, 1990: 52).[4] 사유재산권이 보장되었다는 것은 그만큼 시장이 효율화되었다는 것을 의미한다. 시장이 효율화된 결과, 사회에서 지대의 규모는 줄어들게 될 것이다. 이는 지대추구행위의 여지가 작아짐을 의미하며 사회의 부패수준은 낮아질 것이다.

---

1) 카리스마적 권위

카리스마(charisma)의 그리스어 어원은 신의 은총(gift of Grace)을 의미하는데 예언자, 메시아(messiah), 영웅, 선동가를 뜻한다. 인간은 누구나 카리스마를 갖고 있지만 그 정도에는 차이가 있다. 카리스마적 권위(charismatic authority)에서는 권위의 행사가 지도자의 개인적인 특성과 자질에 바탕을 두고 이루어진다. 카리스마적

---

3) 거래비용(은행, 보험, 금융, 도매, 소매 등의 비용/변호사, 회계사 등에 지불하는 비용)은 국민소득의 약 45% 이상을 차지한다고 한다. 이는 다음과 같은 수식으로 표현될 수 있다. 총생산비용＝재화의 물리적 특성의 변환비용＋재화의 재산권(사용권, 사용하여 소득을 얻을 권리, 배제권, 교환권)을 정의하고, 보호하고 집행하는 거래에 소요되는 비용.

4) 지대추구행위는 특정한 편익(special benefits)을 위한 로비를 의미한다. 예를 들어, 수입면허는 종종 큰 수익으로 연결되는데, 이러한 특혜를 얻기위해 기업가가 금전적인 보상이나 개인적인 연계를 이용하는 행위를 뜻한다. 실현가능한 순편익(net benefits)이 순비용(net costs)을 상회할 때, 합리적인 개인은 자연적으로 지대추구행위를 하게 될 것이다. 하지만 모든 지대추구행위가 부패인것은 아니다. 어느 사회인가에 따라서 지대추구행위는 합법적(로비) 또는 비합법적(뇌물)일 수 있다(진종순, 2005).

권위는 지도자가 갖고 있는 일반인이 갖기 힘든 무엇인가 비상한 능력에 의해 정당화되고, 부하들은 그의 명령을 당연한 것으로 신봉한다. 대표적으로 종교단체와 혁명조직이 카리스마적 권위에 의해 유지되는 조직이다. 예를 들어, 반역죄를 범하게 되면 목숨이 위태로움에도 불구하고 조선의 건국자인 이성계를 부하들이 믿고 따르며 새로운 국가를 세우는데 일조(위화도 회군, 威化島回軍)한 이유는 다른 무엇보다도 이성계가 갖고 있던 대중을 사로잡는 능력인 카리스마 때문이었을 것이다.

2) 전통적 권위

전통적 권위(traditional authority)에서는 권위의 행사가 전통, 선례, 관례, 관습, 세습에 바탕을 두고 이루어진다. 지도자는 세습되어 온 지위로 인해 권위를 부여받게 되고 관습에 의해 그 권위의 범위가 정해진다. Weber(1922)에 의하면, 전통적 권위에 바탕을 둔 조직형태는 크게 가신제 형태와 봉건제 형태의 두 가지이다. 우선, 가신제 형태(patrimonial form)에서 부하들은 주로 지도자가 지급하는 급료에 의존하여 살아간다. 이는 조선시대의 신하들을 예로 들 수 있다. 신하들은 왕이 주는 일종의 급료인 토지에 의존하여 생활을 하였다. 다음으로, 봉건제 형태(feudal form)에서 부하들은 가신제 형태와 비교할 때 상당한 자율성을 갖는다. 왕의 부하인 봉건 영주들은 경제적인 자립을 가능하게 하는 영지, 즉 독자적인 토지와 주민을 소유하고 있으며, 이 영지에 대해 자율적인 통치권을 누린다.

조선시대의 붕당정치와 연구방법

조선의 중·후반기에는 동인, 서인, 남인, 북인, 소론, 노론 간의 붕당정치(朋黨政治)가 이루어졌다. 그러면 이 당시 다른 당과의 논쟁에서 이기기 위해서는 어떻게 해야 했을까? 논쟁에서 이기는 가장 확실한 방법은 자신의 주장과 동일한 과거의 선례를 찾는 것이었다. 선례가 있음으로 해서 자신의 주장은 정당성을 찾을 수 있었다.

조선시대에는 연구방법론이라고 할 때, 당위적, 규범적인 설명이 대부분을 차지하였다. 조선후기의 대학자인 다산의 경우에도 「목민심서(牧民心書)」에서 과거의 선례(주로 「주례(周禮)」를 기초로 그 당시(조선시대)의 정책, 제도, 인사, 윤리 등의 개선방안을 제시하였다.[5] 즉 실증적인 검증, 분석, 연구를 통해 결론을 도출하는 것이 아니라, 과거의 선례와 비

---

5) 「주례(周禮)」는 주(周)나라(B.C. 1027-771)의 정치, 행정제도이다. 주나라는 정부조직, 혹은 정부

교하여 자신의 주장이 선례와 일치할 때에는 정당한 것으로 판단하는 것이 조선시대의 연구방법이었다. 어쩌면 다산 정약용의 주장은 Fayol(1916), Gulick & Urwick(1936), Mooney(1937)가 '원리(principle)의 시대'인 1930년대에 주장하였던 원리들(principles)에 더 가깝다고 봐야 할 것이다(진종순, 2016).

3) 합리적-법적 권위

합리적-법적 권위(rational-legal authority)에서는 법규나 규칙에 따라 통치가 이루어진다. Weber(1922)는 합리적-법적 권위에 의해 유지되는 사회, 조직을 가장 효율적인 것으로 본다. 가장 대표적인 유형이 관료제인데, 관료제 조직은 목표를 달성하기 위해 설계된 기계와 같아서 최대의 능률성, 효율성으로 조직의 목표를 달성할 수 있다. 합리적-법적 권위에 의해 유지되는 사회에서는 마음대로 변덕을 부릴 수 있는 카리스마적 권위를 가진 지도자나 전통, 관례, 관습, 세습의 통제 하에 있는 전통적 권위를 가진 지도자에 의해 개인의 경제활동, 혹은 사유재산권(property right)이 영향을 받지 않는다. 합리적-법적 권위, 즉 관료제는 비개인화(dipersonalization)의 최종단계에 이른 것이기 때문이다.

> ### 무역상 이야기
>
> 여러분이 실크로드를 여행하는 상인이라고 가정해보자. 당신은 낙타를 끌고 사막을 건너다가 실수로 길을 잘못 들게 되었다. 갖고 있던 식수도 거의 다 떨어져 가는데 눈앞에 처음 보는 마을이 나타났다. 어떻게든 마을에 들러 먹을 물을 구하는 것이 급선무이다. 이때 당신은 마을에서 누구를 가장 먼저 만나겠는가? 아마도 경험 많은 상인이라면, 우선 마을의 촌장부터 만날 것이다. 촌장을 만나 선물을 건네고 그의 환심을 사 안전을 보장받지 못한다면, 당신은 그 마을에는 들르지 않는 것이 현명할 것이다.

여러분들이 카리스마적 권위에 의해 유지되는 국가에서 무역업을 크게 한다고 가정해보자. 당신은 다른 나라의 무역파트너와 앞으로의 사업에 대해 구체적으로

의 관직을 하늘(天)과 땅(地), 1년 사계절(春夏秋冬)을 근거로 천관(天官), 지관(地官), 춘관(春官), 하관(夏官), 추관(秋官), 동관(冬官) 등으로 구성된 6관(官)제도를 만들었다. 이것이 이후 사(吏), 호(戶), 예(禮), 병(兵), 형(刑), 공(工) 등 6조(曹) 혹은 6부(部)의 관직제도로 바뀌어 중국과 우리나라에서 19세기 말까지 활용되었다(윤재풍, 2005).

상의를 했으며, 내일이라도 당장 무역을 시작할 수 있다. 하지만 당신이 무역을 시작하기 전에 반드시 만나야 하는 사람이 있다. 누구일까? 우선 당신이 살고 있는 나라의 국왕(지도자)과 만나야 한다. 그를 만나 당신의 무역 계획에 관해 설명해야 하며, 그의 허가를 얻기 위해 충분한 대가(종종 뇌물)를 지불해야 한다. 만약 그의 환심을 사지 못한다면, 그는 당신이 얻는 무역의 이익을 언제든 마음대로 가져갈 것이다. 무역을 하는 중에도 당신은 그에게 계속 대가를 지불해야 할 것이다.

이제 당신은 국왕(지도자)의 눈치를 보는데, 신물이 났다. 언제 내 재산을 빼앗길지 모르는 지금 생활에서 벗어나고 싶다. 그래서 당신은 전통적 권위에 의해 유지되는 국가로 이주를 하게 되었다. 이제 당신은 마찬가지로 이 나라에서 무역업을 하고자 한다. 누구를 제일 먼저 만나야 할까? 우선 당신이 살고 있는 나라의 국왕(지도자)과 만나야 한다. 그를 만나 당신의 무역 계획에 관해 설명해야 하며, 그의 허가를 얻기 위해 충분한 대가(뇌물)를 지불해야 한다. 하지만 이 전통적 권위에 의해 유지되는 국가에서는 지불하는 대가의 근거가 있다. 얼마만큼의 대가를 지불해야 되는지는 과거의 선례에 의해 결정되는 것이다. 앞서 비슷한 무역업을 했던 상인이 100원을 지불했다면, 아마도 당신도 100원을 지불하면 될 것이다. 제아무리 국왕이라고 할지라도, 자기 마음대로 선례가 없었던 500원, 혹은 50원의 대가를 요구하지는 못할 것이다.

전통적 권위에 의해 유지되는 국가에서도 마찬가지로 때가 되면 대가를 지불해야 하니 이것도 만만치 않은 일이다. 어느 정도 액수가 정해지긴 했지만, 역시 대가를 지불하는 것은 신경이 쓰이는 일이다. 그리고 여전히 국왕의 행위에는 불확실성이 존재한다. 국왕이 100% 선례를 따를 것이라고 어떻게 확신하겠는가? 내가 미쳐 몰랐던 선례가 있을지 어찌 알겠는가? 그래서 당신은 합리적-법적 권위에 의해 유지되는 국가로 이주하게 되었다. 이제 누구를 만나야 할까? 당신은 어느 누구도 만날 필요가 없다. 단지 그 국가의 법령을 잘 살펴보고 무역을 위해 얼마만큼의 세금을 지불해야 하는지만 계산하면 된다. 당신은 국왕(지도자)에게 대가를 지불하기 위해 찾아갈 필요가 없으며, 무역 사업에만 전념하면 된다. 즉 당신의 사유재산권은 법률에 의해 보장되므로, 누군가에게 빼앗길 것을 걱정할 필요가 없다. 또한 당신은 보장된 사유재산권을 바탕으로 장기적인 무역 계획을 세울 수 있다. 왜냐하면, 앞으로 얼마나 세금으로 지출해야 하는지 알고 있으므로 비용에 대한 정확한 예측이 가능하기 때문이다. 그리고 얼마만큼 이익을 얻어야 수지타산이 맞는지 계산이 가능하기 때문이다.

Weber(1922)는 합리적-법적 권위에 의해 유지되는 사회에서 자본주의의 발전이 가능하다고 주장한다. 이러한 사회에서 경제활동을 하는 사람들은 법규와 규칙에 바탕을 두고 비용·효과의 합리적인 계산(rational calculation of benefit & cost)을 통해 미래를 예측할 수 있으며, 장기적인 경제계획을 세울 수 있기 때문이다. 즉 이러한 사회에서 경제활동을 하는 사람들은 최상의 성과, 다시 말해서 최대의 이익을 얻을 수 있다.

제도와 부패

정부제도(government institution)는 사회의 부패수준과 매우 밀접한 연관을 가지고 있다. 사유재산권을 보장하는 효율적인 정부제도는 지대추구행위인 부패를 통제하기 위한 필요조건이 된다. 즉 사회구성원의 사유재산권을 보장하기 위해서는 제도(institutions)가 필요하다. 제도는 팀 스포츠에서의 게임 규칙(rule)과 매우 유사한 역할을 하는 것이다(North, 1990: 4). 우선, 제도는 사회 내 구성원들 간의 게임 규칙을 결정함으로써 상호작용에서의 불확실성을 줄인다. 사회구성원들은 제도에 의지함으로써 의사결정비용을 줄이게 되는 것이다. 제도는 개인이 고려할 수 있는 대안의 수를 줄이고, 사회내의 동기구조를 규정한다. 사회구성원은 어떤 행위가 자신에게 이익을 가져다줄지 제도에 기준하여 판단을 하게 되는 것이다(North, 1990: 47).

장기적으로 볼 때, 제도는 사회구성원이 지식과 기술을 획득하는 방향을 설정함으로써 국가발전에 전반적으로 영향을 주게 된다. 제도와 같이 정부제도 또한 잠재적인 비용과 효과를 결정하게 된다(North, 1990). Pearce(2001: 30)는 정부제도를 법규(rule of law)와 동일시한다. 즉 정부제도는 사회구성원들 간의 상호작용을 구조화함으로써 거래비용(transaction cost)과 사유재산권의 수준을 결정하는 것이다. 사회구성원은 정부제도에 비추어 행위의 결과를 예측하고, 이익을 가져오는 행위를 선택하게 되는 것이다(North, 1990).[6]

사익을 추구하는 개인으로서 공무원은 지대의 천국(rental heaven)을 추구할 충분한 이유를 가지고 있다(Evans, 1989). 이런 상황에서, 공무원의 사익추구행위를 통제하지 못하는 불안정하고 비효율적인 정부제도는 부패의 기본적인 원인이 된다. 즉 부패는 한 사회에 효율적인 정부제도가 존재하고 있지 않다는 명백한 증거가 된다(Rose-Ackerman, 1999). 사유재산권을 보장하는 효율적인 정부제도가 시장이 효율적으로 운영되는데 절대적인 역할을 하며, 또한 효율적인 시장이 지대의 크기를 줄임으로써, 결과적으로 사회의 부패수준을 낮춘다.

출처: 진종순(2005) 재정리.

2. 관료제의 특징

Max Weber가 구상한 관료제는 실제로 존재한 조직형태가 아니었다. 따라서 그의 관료제는 이념형(ideal type of bureaucracy)으로 불리는데, 그렇다고 해서 그가 아무 근거 없이 관료제를 상상한 것은 아니었다. 그는 그가 살던 프러시아의 병참조직, 카톨릭 교회의 조직, 이집트, 로마, 중국의 관리제도 등을 바탕으로 관료제를 구상하였다. Weber(1922)가 구상한 관료제는 **인간의 자의성을 최대한 배제**하고 객관성, 전문성, 효율성, 능률성을 강조하는 합리적 조직구조이다. 특히 관리자의 자의성을 최대한 배제하는 것을 강조하고 있다. Weber는 경제적 합리성을 달성하기 위해 효율적으로 조직된 대규모의 조직을 관료제로 보았는데, 관료제의 특징과 이러한 관료제의 특징으로 인해 나타나는 관료의 지위(position)를 다음과 같이 설명하고 있다(Weber, 1946; Gerth, 1973).

1) 법과 규정에 의한 업무분담

관료제는 법이나 행정규제, 즉 일반적으로 규정에 의해 지시되는 일정하고 공식적인 관할권의 원칙에 따라 기능한다(Weber, 1946; Gerth, 1973). 조직구성원의 모든 활동, 특히 개별 직위의 직무 범위는 법과 규정에 근거하여 할당된다. 즉 조직구성원이 분업을 통해 맡는 일은 법과 규정에 따라 정해진다. 따라서 조직구성원의 교체가 일어난다고 하더라도 조직의 업무는 계속해서 안정적으로 이루어질 수 있다. 또한 상관이라고 할지라도 법과 규정에서 정하는 업무 이외의 것을 부하에게 지시할 수는 없다(Shafritz & Hyde, 2012; 백완기, 2010).

2) 계층제

계층제와 등급화된 권한 수준의 원리는 상급자와 하급자 간의 확실한 명령체계를 의미한다. 이 명령체계에서 지위의 규범적인 규칙에 의해 보장된 사회적 지위를 가진 상급자는 하급자를 관리한다(Weber, 1946; Gerth, 1973). 즉 상관은 명령을

---

6) Pearce(2001)는 하나의 틀(framework)로서 정부제도의 영향력이 조직이론이나 조직행태이론에서 올바르게 평가되지 않았다고 말한다.

내리고, 부하는 내려진 명령을 따른다. 이는 상명하복(上命下服)의 원칙을 의미한다. 그런데 상관의 명령은 어디까지나 업무에 한정된다. 부하들을 업무가 아닌 개인적인 일을 위해 부릴 수는 없다(Shafritz & Hyde, 2012; 백완기, 2010).

3) 문서주의

관료제에서 관리나 업무처리는 문서(혹은, 문서철, document file)에 바탕을 두고 이루어진다. 이들 문서는 원본이나 초안의 형태로 보관된다(Weber, 1946; Gerth, 1973). 문서주의는 번문욕례(red tape)로 나타나기도 한다(백완기, 2010). 번문욕례는 관료의 형식적이고 절차를 중시하는 행위를 의미하는데, 원래는 영국의 관료가 문서철에 빨간 색 테이프로 표시를 했던 것에서 유래되었다(Shafritz & Hyde, 2012).

4) 전문성과 경력에 바탕을 둔 인사

관료제의 관리, 적어도 모든 전문화된 관료제의 관료는 대부분 철저하고 전문적인 훈련을 전제로 한다. 이는 공공기관뿐만 아니라 민간기업의 관리자와 직원들에게도 점점 더 적용되고 있다. 계층적인 지위 내에서의 경력(career)에 따라 관료는 낮은, 덜 중요한, 낮은 보수의 지위로부터 보다 높은 지위로 이동한다(Weber, 1946; Gerth, 1973). 즉, 관료제에서의 임용, 승진 등은 시험이나 자격증 등 개인의 경력을 기준으로 이루어진다. 여기서의 경력은 연공서열(seniority)과 자격 두 가지 모두를 의미한다. 또한 이렇게 임용된 조직구성원의 지위는 공식적으로 보장되어 상관은 자의적으로 조직구성원을 해고할 수 없다(Shafritz & Hyde, 2012; 백완기, 2010).

5) 직업관료

관료제가 완전하게 발달되었을 때, 계약상 의무적으로 몇 시간을 근무해야 하는가의 여부와 관계없이 관료의 공식적인 업무는 하루종일 지속되도록 요구된다. 대부분 이는 공공기관뿐만 아니라 민간기업의 관료제가 오랜 기간 발전된 결과이다. 과거에는 공적인 업무가 부수적인 활동으로 수행되어왔다(Weber, 1946; Gerth, 1973).[7) 관료는 일의 대가로 정기적으로 보수를 지급받는다. 보수의 수준은 조직

---

7) 중세시대 대부분의 관리는 원래의 직업을 동시에 갖고 있었다. 또한 이들에게는 보수가 지급되지 않았다. 그러면 어떻게 일의 대가을 얻었을까? 서비스의 대상인 일반국민은 관리들에게 일종의 서

내의 지위와 근무기간에 따라 결정된다. 즉 조직구성원은 관직을 직업(vocation)으로 삼아 일생동안 종사하게 된다. 이렇게 보수가 지급됨에 따라 조직구성원은 자신의 업무에 책임성을 갖게 된다. 하지만 보수가 지급된다고 해서 노예가 됨을 의미하지는 않는다. 즉 보수를 통해 독립성과 의존성 간의 적절한 조화가 가능하다(Shafritz & Hyde, 2012; 백완기, 2010).

6) 공식적인 업무관계

관료제는 다소 안정적이고, 다소 철저하고, 학습될 수 있는 일반적인 규정을 따른다. 이러한 규정에 대한 지식은 관료가 소유한 전문적이고 기술적인 교육에 바탕을 둔다. 이는 법률학, 행정적이거나 경영적인 관리 분야에 관한 교육을 포함한다(Weber, 1946; Gerth, 1973). 이러한 규정을 준수하는 관료는 고객을 상대할 때, 공식적인 업무관계에 입각하여 서비스를 제공한다. 특정 고객과의 친분, 연고, 혈연, 지연 등을 배제하고 모든 고객들을 공평하게 대함으로써 업무의 공정성을 기해야 한다(Shafritz & Hyde, 2012; 백완기, 2010).

위의 내용을 이해할 때 착안할 점은 Weber가 살던 1900년 초반에는 대부분의 조직이 관료제의 특성을 갖고 있지 않았다는 점이다. 즉 관료제는 인간사회 합리화의 산물이라고 할 수 있으며, 앞서 언급한 바와 같이 하나의 이상적인 조직형태로 Weber가 제시한 것이다.

관료제는 다음과 같이 요약될 수 있다. 대규모 조직이 목표를 달성하기 위해서는 조직구성원의 업무가 분업화되어 수행되어야 한다. 이렇게 분업화가 진행됨에 따라 각 조직구성원들의 전문성은 높아지게 된다. 그리고 분업화된 업무를 전문적으로 수행하는 조직구성원들이 속한 하위조직들 간에는 필연적으로 조정과 통제가 필요하다. 따라서 관료제에서 제시되는 것이 **계층제**이다. 계층제를 통해 조직구성원들 간의 업무 조정을 이루어내는 것이다. 하지만 이러한 계층제는 하급자에 대한 상급자의 지나친 감독을 가져올 수 있으며, 하급자에게는 정신적인 긴장을 야기하여 능률을 떨어뜨릴 수 있다.

비스료를 지불해야 했다. 물론 서비스료에 차이가 있었고, 이에 따라 서비스의 질에 차이가 있었음은 쉽게 짐작할 수 있다.

이러한 상급자의 지나친 감독을 줄이기 위해 **공식적인 규정체제**(system of official rule)를 도입한다. 규정을 통해 조직구성원들의 활동을 표준화함으로써 직접적, 세부적인 감독의 필요성을 줄이는 것이다. 하지만 공식적인 규정체제가 마련되어 있음에도 불구하고 인간적 편견(personal bias)과 감정이 조직구성원들의 합리적인 결정을 방해한다. 여기에서 **몰인간적 초연성**(impersonal detachment)이 강조되는데, 이러한 몰인간적 초연성은 의사결정을 하는데 있어 비합리적인 요소의 간섭과 방해를 줄인다. 하지만 몰인간적 초연성은 오히려 계층적 조직구조 내에서 조직구성원들을 소외시킬 수도 있다. 따라서 조직구성원들이 몰인간적인 관리에서도 불안해하지 않도록 안정된 **경력직**이 마련된다. 이러한 설명에서 앞서 설명된 관료제의 여러 가지 특징을 살펴볼 수 있다([그림 5-1] 참조).

그림 5-1 　관료제의 여러 가지 특징

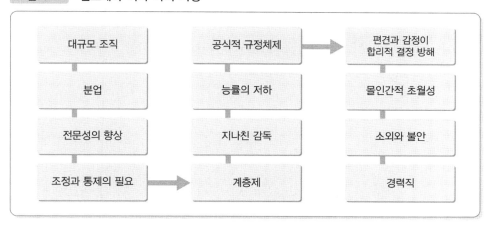

3. 관료제로 조직을 운영할 때의 약점

앞서 설명한 관료제에 입각하여 조직을 운영한다면 어떤 약점이 있을까? 이제부터는 관료제조직이 갖고 있는 약점을 살펴본다. 이러한 약점들은 상호 대치되는 개념들은 아니다.

1) 인간발전의 저해

관료제에서 조직구성원은 분업을 통해 자신의 단순한 업무만을 수행한다. 그러므로 조직구성원이 단순한 업무에서 성취감을 얻고 자아실현을 이루기는 쉽지 않다. 이러한 문제는 업무가 더욱 단순한 하위직일수록 심각하게 나타난다. 관료제에서 조직구성원은 항상 효율성에 기반을 두고 행동한다. 그러므로 조직구성원은 인간적이고 창의적인 방식으로 행동할 기회를 잃는다. 보다 더 심각한 문제는 비인간적이고 수동적인 조직구성원의 행동이 고착화된다는 점이다. Hummel(1994)은 조직구성원과 더 나아가 인간의 개성(personality)에 대한 관료제의 심각한 위협에 주목한다. 고착화된 조직구성원의 행동으로 인해 조직을 넘어 가족관계까지 점점 더 관료제적인 특성을 띠게 되는 것이다. 관료제적인 성격을 띤 조직에 속한 개인들이 관료제적인 성향을 갖게 하고, 스스로의 판단에 따라 행동하는 능력이 줄어들게 된다는 것이다. 이러한 관점에서 bureau는 조직구조라기보다는 문화적인 제약, 혹은 심리적인 감옥(psychic prisons)이나 계급지배를 위한 도구(instruments of class domination)로 이해되고 있다(Shafritz & Hyde, 2012).

2) 훈련된 무능력

관료제의 부정적인 측면에 관한 연구는 Thorstein Veblen의 '훈련된 무능력 (trained incapacity)', John Dewey의 '직업병(occupational psychosis), 또는 Daniel Warnottes의 전문적인 기형(professional deformation)' 등의 개념을 관료제에 적용하면서 시작되었다.[8] 이 가운데 훈련된 무능력은 어떤 사람의 능력이 부적절하게 기능하고 맹점을 갖는 경우를 의미한다. 즉, 과거에 성공적으로 적용되었던 훈련이나 기술에 바탕을 둔 행동이 '변화된 상황'에서는 부적절한 결과를 야기할 수도 있는 것을 의미한다. 현대 사회에서 낮은 유연성을 갖고 기술을 적용할 때, 더욱 더 심각한 부적응을 야기할 것이다. Kenneth Burke는 훈련된 무능력에 관해 재미있는 사례를 들고 있다. 농장에서 기르는 닭은 먹을 것을 주는 시간에 들리는 종소리를 먹이를 주는 신호로 알도록 길들여질 것이다. 하지만, 종소리는 훈련된 닭을 모이게 하여 도축하기 위해 사용될 수도 있다. 즉 대부분의 사람들은 과거의 훈련

---

8) 많은 연구자들은 관료에게 끔찍한 잡종(horrid hybrid)이라는 오명을 씌우게 되었다(Merton, 1957).

에 기반하여 행동을 취한다. 하지만 기존과 조금이라도 다른 상황에서 이렇게 훈련된 행동은 잘못된 결과를 가져올 수 있다(Merton, 1957).

계층제의 구조를 갖춘 관료제에서 조직구성원은 상급자의 명령을 받고 업무를 수행한다. 즉 관료제에서 조직구성원은 명령에 복종하여 수동적으로 업무를 수행하게 된다. 오랜 기간 동안 명령받은 대로 업무를 수행하다 보면, 담당하고 있는 그 익숙한 업무는 능률적으로 수행할 수 있다. 하지만 환경의 변화로 인해 그 업무가 아닌 새로운 업무를 수행해야 하는 경우에는 이렇게 명령받고 익숙한 업무의 수행방식은 오히려 방해가 될 수 있다. 다시 말해서 오랜 기간 계속 명령대로만 업무를 수행해오면서 조직구성원들은 수동적이고 의존적이 된다. 관료제에 익숙해진 조직구성원들은 스스로를 새롭게 변화시키지 않으며 변화에 저항한다. 변화에 대응하기 위해 스스로 해결방안을 찾는 것은 이들에게 너무나 생소하고 어려운 일이기 때문이다(Shafritz & Hyde, 2012; 백완기, 2010).

3) 환경변화에 대한 낮은 적응력

Weber에 의하면, 관료제는 목표를 효과적으로 달성하기 위한 최적의 조직구조이다. 관료제에서 강조되는 계층주의, 분업화, 상명하복(上命下服) 등의 특징은 변화가 적은 환경에서는 목표달성에 도움이 될 수 있다. 하지만 관료제의 이러한 특징은 급격한 환경변화가 일어나고 있는 현대 사회에서는 오히려 목표달성에 방해가 된다. 예를 들어, 관료제는 계층적인 구조를 갖고 있으므로 환경변화가 있을 때 이에 재빨리 대응하기 어렵다. 계층제에서 환경의 영향을 가장 먼저 인지하는 하급 직원이 대응하기 위해서는 상급자에게 보고를 해야 하며, 또 그 상급자는 자신의 상급자에게 보고를 해야 한다. 결과적으로, 최고관리자에게 보고가 도달하기까지 일정 시간이 소요되며, 최고관리자의 명령이 하급 직원에게 내려오기까지도 시간이 소요된다. 즉 관료제의 구조로 인해 환경변화에 적시에 대응하는 것은 거의 불가능하다(Shafritz & Hyde, 2012; 백완기, 2010).

4) 목표의 전환현상

조직구성원에게 절차와 규정의 준수를 강조하는 관료제에서는 조직의 목표보다 오히려 수단인 절차와 규정을 중시하는 일이 얼마든지 발생할 수 있다. Merton

(1957)은 이렇게 조직구성원이 절차와 규정에 얽매이는 현상을 목표의 전환현상 (displacement of goals)이라고 설명한다. 원래는 수단으로 인식되었던 규정에 대한 집착은 규정을 목표 그 자체로 바꾸어 버린다. 이 경우에 수단적인 가치(instrumental value)는 최종적인 가치(terminal value)가 되어 버린다. 규정을 준수하는 것으로 해석되기 쉬운 원칙(dicipline)은 어떤 상황에서든 특정한 목표를 위해 고안된 수단으로 해석되는 것이 아니라, 관료가 속한 조직의 즉각적인 가치로 해석되는 것이다. 목표의 전환현상이 강조되기 시작하면, 경직성이 커지고 쉽게 조정하지 못하게 된다. 공식적인 절차에 대한 과도한 집착은 형식주의(formalism), 의식주의(ritualism)로 이어지는 것이다(Merton, 1957).

목표의 전환현상이 발생할 때 조직의 목표는 오히려 수단보다 경시될 수 있다. 결과적으로, 조직의 목표달성이 어려워지는 것이다. 조직의 존재이유가 목표의 달성이라고 할 때, 목표의 전환현상은 아이러니한 현상이다. 목표의 전환현상은 조직구성원들이 선례에만 집착하고 목표에는 신경을 쓰지 않는 관성화(inertia)와도 관련이 있다(Shafritz & Hyde, 2012; 백완기, 2010).

5) 감정적 측면의 경시

관료제는 인간이 합리적인 존재라는 것을 전제로 한다. 하지만 인간은 합리적인 동시에 감정(feeling)과 욕구(needs)를 가진 존재이기도 하다. 인간은 언제나 **합리적, 경제적인 인간**이라는 해석과 인식에 바탕을 둔 관료제의 관리방법은 문제를 야기할 수 있다. 즉 관료제의 관리방법은 조직구성원의 심적 갈등을 불러오고, 조직구성원의 감정적인 대응이라는 예상하지 못했던 결과(unintended consequences)를 가져온다(Barnard, 1938). 이러한 인간의 감정은 항상 부정적인 결과만을 가져오는 것은 아니다. 인간의 감정에 바탕을 둔 사기(morale)는 조직의 목표달성에 큰 도움을 줄 수 있다(Shafritz & Hyde, 2012).

6) 조직구성원, 부서 간의 과도한 경쟁

관료제의 하위직 직원에 대한 성과평가는 대체로 계량적 기준에 따라 이루어진다. 하지만 상위직 직원으로 올라갈수록 계량적 평가기준의 적용이 어렵고, 결국 질적인 평가에 의지할 수밖에 없다. 따라서 상위직으로 올라갈수록 조직구성원의 불안감은 증가하며, 본인의 실적을 보여주기 위해 부하직원에 대한 눈에 띄는 관리와 통제에 자신의 시간을 사용하게 된다. 이러한 경향은 피라미드의 형태인 계층제 조직구조에서 필연적으로 나타난다. 피라미드 조직에서는 상위 계층으로 올라갈수록(승진 가능한) 직위의 수는 줄어든다. 이러한 구조는 결국 승진을 위한 조직구성원들 간의 갈등과 경쟁을 필연적으로 야기한다. 또한 관료제에서는 성과를 내기위한 부서 간의 과도한 경쟁으로 인해 정보의 공유가 어렵다. 그리고 이는 조직 전체의 성과를 낮추는 결과를 야기하게 된다(Shafritz & Hyde, 2012).

기업의 핵심역량

기업 관리의 중요한 목표는 고객이 원하지만 아직 상상도 하지 못한 상품을 개발하는 것이다. 기존의 기업 관리는 전략적 관리단위(strategic business unit, SBU)의 방식에 사로잡혀있다. SBU의 부서 간 경계를 좀처럼 넘지 않는 생산라인과 하나의 경력에만 바탕을 둔 성과평가제도는 부서 관리자들 간의 극심한 경쟁을 가져왔다. SBU방식의 관리에서는 부서의 관리자가 보다 큰 보상을 받기 위해 다른 부서의 관리자와 경쟁하게 된다. 그리고 경쟁에서 승리하기 위해 자기 부서의 경험, 기술을 다른 부서와 공유하려 하지 않는다.

하지만 핵심역량에 바탕을 둔 기업은 하나의 큰 나무와 같다. 비유하자면, 줄기와 큰 가지는 핵심생산품이고, 작은 가지는 생산단위이다. 잎, 꽃, 과일은 최종 생산품이다. 자양분을 주고, 지지하고, 안정성을 제공하는 뿌리는 핵심역량이다. 핵심역량은 조직 내 부서의 경계를 넘어서 일을 하는 의사소통, 참여, 그리고 책임을 의미한다. 한 기업은 다른 기업들이 모방(copy)하기 어려운 이러한 핵심역량을 바탕으로 다양한 분야에 진출하여 비교우위를 점할 수 있다. 예를 들어, 삼성의 핵심역량은 디스플레이기술인데, 삼성은 이를 바탕으로 TV, 핸드폰, 노트북 등 다양한 분야에 진출하였다. 또한 혼다(Honda)의 핵심역량은 엔진과 변속기 기술인데, 이를 바탕으로 모터사이클, 자동차, 항공기, 발전기 등의 분야에 진출하였다.

보다 구체적으로 핵심역량은 조직 내 다양한 수준의 **기술과 직원**을 의미하는데, 핵심역량은 사용되고 공유될 때 발전된다. 최고관리자는 중요한 역량을 확인하면, 이러한 역량을 소유하고 있는 직원을 찾아야 한다. 그리고 이러한 중요한 역량을 가진 직원들이 기술과 아이디어를 교류하기 위해 전 부서에 걸쳐서(부서에 관계없이) 모임을 갖고, 결과적으로 이들 직원 간에 강한 동료의식이 만들 수 있도록 도와야 한다. 또한 이들 직원의 의무는 부서에 대한 충성이 아닌, 이들이 대표하는 핵심역량 분야에서의 충성이 되어야 한다. 이에 덧붙여, 각 부서의 관리자는 그 기업의 핵심역량(core competence of corporation)을 갖고 있는 직원을 왜 자신의 부서에 머물도록 해야 하는지 증명해야 한다. 만약 증명하지 못한다면, 그 직원은 다른 부서로 이동하게 될 것이다.

출처: Prahalad & Hamel(1990).

4. 관료제로 조직을 운영할 때의 장점

앞서 설명한 바와 같이 관료제는 여러 가지 약점을 갖고 있다. 하지만 많은 현대 조직이 아직까지도 관료제의 특징을 갖고 있다고 할 때, 분명히 관료제로 조직을 운영할 때 장점이 존재한다. 이제부터는 관료제의 특징을 가진 조직이 갖고 있는 대표적인 장점을 몇 가지 살펴본다(Shafritz & Hyde, 2012; 백완기, 2010). 이러한 장점들은 서로 배타적인 것이 아니며 동시에 많은 공통점을 갖고 있다.

1) 합리적인 의사결정과 높은 성과

물론 조직구성원들의 편견, 직관과 같은 감정적인 요소가 반드시 부정적인 결과만을 가져오는 것은 아니다. 하지만 이러한 감정적인 요소가 조직에서의 의사결정에 반영될 때, 아무래도 비합리적인 결과, 혹은 낮은 성과를 가져올 가능성이 높아진다. 관료제적인 조직구조에서 강조되는 비사인주의(impersonalism)는 의사결정자의 감정적 행동을 차단하여 합리적인 의사결정과 결과적으로 높은 성과를 가져올 가능성을 높여준다.

2) 개인의 역량 차이를 반영

사회에서 모든 사람은 평등해야 한다. 하지만 이것이 사람들의 능력이 동일하며, 동일하게 다루어져야 한다는 것을 의미하는 것은 아니다. 근본적으로 사람들은 다양한 능력을 갖고 있으며, 같은 능력에서도 차이를 갖고 있다. 이는 최근에 자주 언급되는 역량(competence)이라는 개념에서도 알 수 있다. 역량에 의하면, 모든 사람들은 잘하는 업무 분야를 적어도 하나, 혹은 그 이상 갖고 있다. 남들 앞에서 리더십을 발휘하는 것을 잘 하는 사람이 있는 반면에, 세심하게 문서를 다루고 정리하는 일을 잘 하는 사람이 있는 것이다. 또한 하위직 직원이 맡은 바 일을 세심하게 잘 했다고 해서, 이 사람이 상위직으로 승진하여 반드시 부하직원을 잘 이끌고 일을 잘 할 것이라고 확신할 수는 없다. 따라서 관리자의 역할은 개개인이 잘 하는 업무 분야를 찾아주고 각자에게 알맞은 업무를 하도록 배치하는 것이다. 관료제는 업무분담과 전문화를 강조한다. 따라서 관료제적인 조직구조에서 조직구성원들이 본인의 역량에 따라 적절하게 배치된다면 조직의 성과를 높일 수 있다.

3) 불필요한 정보의 여과

어떤 최고관리자도 조직 내에서 발생하는 모든 정보를 혼자 처리할 수는 없다. 모든 사람의 능력에는 한계가 있으며, 최고관리자도 마찬가지이다. 계층제적인 구조를 가진 관료제에서는 최하위 직원에서 하위관리자로, 하위관리자에서 중간관리자로, 중간관리자에서 최고관리자로 연결되는 보고체계를 통해 자연스럽게 불필요한 정보가 최고관리자가 관리할 수 있는 수준으로 여과될 수 있다. 결재의 경우를 예로 들면, 중요도가 비교적 낮은 문제는 국장, 과장 선에서 결재가 끝나며, 중요도가 높은 문제는 장관, 차관까지 결재를 하고 있음을 알 수 있다.

4) 갈등의 해결

사람들이 모여 사는 곳에서 갈등(conflict)은 필연적으로 발생하며 보편적인 현상이다(Coser, 1956). 어떻게 보면, 사람들 간의 갈등은 화합보다도 더 자연스러운 현상이다. 서로 다른 생각을 가진 많은 사람들이 모여서 일을 처리해야 하는 조직 내에서는 더욱 그렇다. 갈등이 만장일치나 협의, 협상을 통해 잘 처리된다면 매우 바람직할 것이다. 하지만 실제 조직 내에서 갈등이 항상 화합하여 처리되리라고 기대하는 것은 비현실적이다. 따라서 대부분의 경우에는 누군가 갈등을 강제로 정리할 필요가 있다. 상명하복(上命下服)의 체계를 가진 관료제는 이렇게 강제, 혹은 강압적으로 갈등을 해결하는 것을 가능하게 한다.

5) 원활한 정책집행

조직 내에 있는 사람들이 모두 동일한 난이도와 업무량으로 일을 분담할 수는 없다. 누군가는 싫건 좋건 남들보다 어렵거나 더 많은 일을 할 수밖에 없다. 예를 들어, 민원업무가 대표적인데 어떤 구청 공무원도 불만에 가득찬 시민을 상대하는 일을 기꺼이 맡으려 하지는 않을 것이다. 하지만 민원업무도 구청의 목표인 대국민서비스를 제공하는데 필수적인 부분으로 반드시 제공되어야 한다. 상명하복과 계층제의 특징을 가진 관료제는 공공조직의 정책집행을 담보할 수 있다.

감정노동의 부정적 효과

Hochschild(1983)의 주장에 따르면, 대면서비스에서는 자의든 타의든 관리된 감정(emotion)이 상품화(commercialization of human feelings)된다. Morris & Feldman(1996, 1997)은 자신의 감정보다 고객의 감정을 더 중요시 할 수밖에 없는 대인서비스에서 감정노동의 횟수가 높을수록, 기간이 길어질수록, 다양한 감정을 표현할수록 업무강도가 높아져 직무만족이 낮아진다고 주장한다. 그리고 서비스상호작용에서 나타나는 자신의 감정과 고객의 감정을 분리하여 자신의 감정을 억압하는 경우, 감정부조화를 경험하고 많은 감정에너지가 필요하게 되어 업무강도는 높아져 직무만족에 부정적인 영향을 미치는 것으로 설명한다. 그리고 Adelman(1989)은 감정노동자 집단과 비감정노동자 집단에 대한 비교연구를 통해 감정노동자 집단의 직무만족이 낮고, 건강상태가 좋지 않았으며, 우울증을 지각하는 사람이 더 많았다고 주장한다. 아울러 Schaubroeck & Jones(2000)는 감정노동자의 경우, 긍정적이거나 부정적인 감정표현을 감추기 위하여 많은 노력과 에너지를 소모함으로써 정서적인 피로와 함께 육체적 증상을 야기할 수 있음을 주장한다.

출처: 신동욱·진종순(2016).

부유한 국가와 빈곤한 국가의 차이?

부유한 국가와 빈곤한 국가, 혹은 선진국과 개발도상국간의 격차는 현재에도 과거만큼 크고, 어쩌면 과거보다도 더 크다. 무엇이 이러한 격차를 만드는가? 선진국을 만들고, 또는 후진국을 초래하는 원인은 무엇인가?

제도(institution)는 경제적인 제약과 함께 한 사회 내의 모든 기회를 결정한다. 다시 말해서, 제도는 사회에서 게임의 법칙이며 인간이 고안한 제약으로 사회 내 행위자들 사이의 상호작용을 구체적으로 규정한다. 예를 들어, 과거 스페인제국에서 볼 수 있는 비효율적인 제도들은 지배자인 국왕의 재정상의 필요에 의해 생겨났다. 즉 짧은 시계(time horizon)의 소유자였던 국왕의 사적인 동기에 의해 그 당시 스페인 사회의 사유재산권이 정의되었다. 지배자인 국왕은 자기 자신에게 이익이 되도록 사유재산권을 보장하고, 이 결과 초래된 과도한 거래비용은 결국 비효율적인 사유재산권제도가 유포되고 고착화되는 결과를 초래하였다.

한 사회 내의 행위자들은 종종 불완전한 정보 하에서 행동하고 정보를 자신의 것으로 받아들이고 처리한다. 이러한 행위는 일관되게 비효율적인 경로로 나아갈 수도 있다. 정치적, 경제적 시장에서의 거래비용이 비효율적인 사유재산권을 형성하고, 결과적으로 당면한 문제의 복잡성을 이해하기 어려운 행위자들은 주관적인 판단을 통해 이와 같은 비효율적인 사유재산권을 지속시키게 된다.

출처: North(1990).[9]

🔄 복습을 위한 질문

- 관료제에서 정기적인 보수의 지급으로 인해 나타나는 효과는 무엇인가?
- 관료제로 인한 인간발전의 저해를 표현하는 단어는 무엇인가?
- Weber의 합리적, 법적 권위에 의해 유지되는 사회의 특징은 무엇인가?
- 관료제로 인해 조직구성원이 목표보다 절차와 규정을 중시하게 되는 현상은 무엇인가?
- 관료제로 조직을 운영할 때의 약점은 무엇인가?

---

9) Douglass North는 1993년 노벨경제학상을 수상하였다.

제 6 장

관료제의 문제점과 개선방안

　현대의 가장 영향력 있는 사회학자 가운데 한 사람인 Robert K. Merton(1910-2003)은 1940년에 *Social Forces*에 게재된 "Bureaucratic Structure and Personality"에서 Weber(1992)가 주장하는 관료제의 이상형에 대해 비판하였다. 그는 Weber(1992)의 관료제가 역기능을 갖고 있어 조직이 완벽하게 효율적으로 작동하는 것을 방해한다고 주장하였다. Merton의 이러한 주장은 이후 관료제에 관한 경험적인 연구의 기반이 되었다. 1957년에 Merton은 기존의 원고를 약간 개정하여 책(*Social Theory and Social Structure*, 1957)으로 발표하였는데, 이 책에서 그는 관료제의 우수성을 완전히 부인하지는 않았다. 이 장에서는 Merton(1940) 이후 촉발된 여러 경험적인 연구를 바탕으로 관료제(官僚制, bureaucracy)의 문제점을 살펴본다. 하지만 Merton이 언급한 것처럼, 관료제를 완전히 부정하는 것은 아니며, 관료제의 문제점을 완화하여 보다 현대 사회에 적합한 이론으로 개선하는 방안을 이야기해본다. 이 장에서는 우선 이론적인 틀로서 관료제가 갖고 있는 문제점을 설명하고, 관료제가 국민을 위해 서비스를 제공할 수 있는 적절한 조직형태인지 살펴본다. 그리고 관료의 통제 방안으로 제시되고 있는 대표관료제를 설명한다.

1. 이론적인 틀로써 관료제의 문제점

　이론은 현실을 보다 정확하게 바라보기 위한 도구(tool)이다. 이런 의미에서 많은 연구자들은 Weber(1992)의 관료제가 조직현상을 설명하는 이론적인 틀(theoretical framework)로서 미흡하다고 비판하고 있다. 즉 관료제라는 틀을 갖고 조직을 바라본다면, 놓치는 부분이 너무 많다는 것이다. 앞으로 살펴볼 내용은 관료제의 특성을 가진 조직을 운영할 경우에 발생하는 문제점이 아니라, 이론적인 틀로써의 문제점에 관한 것이다. 이론적인 틀로써 관료제의 문제점은 조직 내 비공식적인 측면의 경시, 인간을 기계적인 존재로 이해, 외부환경의 영향을 경시 등 크게 세 가지를 들 수 있다.

1) 조직 내 비공식적인 측면의 경시

Weber(1992)의 관료제에서는 공식적인 조직구조만을 설명하고 있으며, 비공식적 조직에 관해서는 언급하고 있지 않다. 하지만 조직구성원들 간의 비공식적인 상호관계는 조직 내에서 필연적으로 발생한다. 신입사원으로서 출근한 첫날 가장 먼저 해야 할 일은 무엇일까? 아마도 학연이나 혈연, 지연관계가 있는 선배를 찾아 안면을 트고 조언이나 도움을 구하는 것이 가장 현명한 행동일 것이다. 조직구성원들은 왜 조직 내 동호회나 친목모임을 만드는 것일까? 조직내에서 필연적으로 발생하는 비공식적인 조직은 조직의 공식적인 구조와 의식적·무의식적 심리과정 (mechanism)에 영향을 주게 된다. Barnard(1938)는 비공식적인 조직은 공식적인 조직의 효과적인 작동을 위해 반드시 필요하다고 주장하기도 한다.

2) 인간을 기계적인 존재로 이해

관료제에서는 인간을 규칙과 명령에 의해 움직이는 기계적이고 수동적 존재로 이해한다. 하지만 인간은 수동적인 동시에 자발적, 능동적, 창의적인 존재이기도 하다. 따라서 관료제로는 **일탈, 갈등, 사기**(morale) 등 능동적이고 창의적인 조직 구성원의 행동을 설명할 수 없다. 또한 조직내에서 발생하는 권력현상이나 정치행 위를 설명하기 어렵다. 조직 내의 **권력현상**은 필연적으로 발생하는 것이다. 예를 들어, 대체로 인사, 예산 부서는 다른 부서들에 비해 강한 권력을 갖는다. 모든 조직구성원들이 관심을 갖는 인사와 보수 문제를 다루며, 가장 먼저 정보를 입수하기 때문이다. 이는 정부부처들 간의 관계에도 그대로 적용이 된다. 우리나라의 행정자치부, 인사혁신처, 기획재정부는 상대적으로 다른 정부부처에 비해 강한 권력을 갖고 있다. 부서 간 목표가 일치하지 않을 때, 당연히 자신의 부서 목표를 달성하기 위한 **정치행위**가 나타날 것이다. 예를 들어, 조직 내 예산부서의 목표는 예산을 절약하는 것이며, 기획부서의 목표는 그럴 듯한 정책을 만들어 내는 것이다. 그럴 듯한 정책을 기획, 개발하기 위해서는 어쩔 수 없이 실패가 발생할 것이며, 예산부서에게 기획부서의 이러한 실패는 낭비로 비춰질 것이다. 이 경우, 각 부서는 자신들의 의견을 최고관리자에게 어필하기 위한 활동을 하게 될 것이다. 조직구성원 개개인의 입장에서도 계층체 조직구조에서 승진하기 위해서는 정치행위가 필요할 것이다. 결론적으로, 인간을 기계적인 존재로 이해해서는 조직내에서 발생하는 중요한 문제를 설명할 수 없다.

3) 환경의 영향을 경시

Weber(1922)가 관료제를 제시했던 약 100년 전에는 현대사회만큼 환경이 다양하고 변화가 심하지는 않았을 것이다. 혹은 Weber(1922)는 조직을 개방체제(open system)가 아닌 폐쇄체제(closed system)로 인식하였기 때문에 환경은 전혀 고려되지 않았을 것이다. 하지만 현대사회에서는 환경에 대한 빠른 대응과 적응은 조직의 생존을 위해 반드시 요구된다.

다시 말해서, Weber(1922)의 관료제로 현대사회의 다양하고 변화하는 환경이 조직에 주는 영향 그리고 조직의 대응을 설명하기 어렵다.[1] 예를 들어, 환경변화에 대한 대응성을 확보하기 위해서는 의사결정이 적시에 이루어져야 하는데, 관료제의 계층적인 조직구조에서는 보고와 명령의 전달에 필연적으로 많은 시간이 소요되어 적시에 대응하기 어렵다. 현대 조직에는 이러한 문제점을 해결하기 위한 여러 방안과 장치가 있는데, Weber(1922)의 관료제로는 이러한 점을 전혀 설명할 수 없으며, 간과할 수밖에 없다는 것이다.

거짓 관료제

거짓 관료제(Pseudo-Bureaucracy)는 주로 동남아, 아프리카, 남미 등의 개발도상국에서 시행되고 있는 관료제를 지칭한다. 이들 국가는 서구의 지원을 받아 관료제의 형태를 갖춘 정부조직을 설치하였다.[2] 하지만 관료제의 공식적인 조직구조만을 갖추고 있을 뿐, 실제 조직의 내부에서 벌어지고 있는 상황을 보면 카리스마적 권위, 혹은 전통적 권위에 의해

---

1) 이러한 원인으로 강조되는 것이 이른바 탈관료화(debureaucratization) 현상이다.
2) 1960년대에 유행했던 이 분야의 행정학은 발전행정론(development administration)이라고 불린다. W. Riggs, E. Weidner, G. Gant 등의 학자가 있었다.

운영되는 조직의 특성을 여실히 보여준다. 즉 상급자는 아무런 거리낌 없이 개인적인 일을 하급자에게 강요하며, 하급자는 이에 순응하고 있다. 물론 하급자가 아무런 대가없이 상급자의 명령에 순종하는 것은 아니다. 상급자는 충성스러운 하급자에게 개인적인 선호, 배려를 하며, 이들 국가에서 이러한 행위는 당연시 된다. 여러 언론과 사람들은 정부조직의 문제점을 지적하면서 관료제가 문제라는 논리를 편다. 그런데 이러한 문제들이 과연 관료제의 문제일까?

지금까지 살펴본 바와 같이 여러 연구자들이 이론적인 틀로써 관료제의 문제점을 지적하고 있다. 하지만 이러한 비판은 관료제를 보완하여 보다 종합적이고 다각적인 관점에서 조직을 이해하자는 것이지, Weber의 관료제를 전적으로 부정하는 것은 아니다. 왜냐하면, 어떠한 이론도 완벽할 수는 없기 때문이다. 즉 어떠한 조직이론도 조직 내에서 일어나는 모든 현상을 설명할 수는 없다.

그리고 앞서 설명한 것처럼, 사회학자인 Weber는 인간의 합리성이 발전하는 최종단계로 관료제를 제시하며 그 특징을 설명하였을 뿐, 조직구조로써 관료제 하나만을 세밀하게 설명한 것이 아니었다. 그는 역사상의 조직, 그리고 그 당시 가장 발전된 조직에 관한 분석에 바탕을 두고, 과거의 조직과 관료제적인 조직을 구별하여 몇 가지 특징을 발견, 제시하였다. 관료제는 더욱 중립적이고 안정적인 방식으로 법규를 이행하고, 많은 사람들의 복잡한 사회, 경제 활동을 예상가능하고 효과적인 방식으로 조율하는 수단이라고 주장한 것이었다.

2. 관료제가 국민을 위한 서비스에 적합한 조직인가?

20세기 이후, 관료제의 영향력은 끊임없이 증대되었고, 그 결과, 잘 발달된 관료제 없이는 어떠한 사회도 제대로 기능을 할 수 없게 되었다. Weber(1922)는 관료제의 발전이 기술의 발전에 기반을 두고 있으며, 관료제는 일단 발달되면 가장 와해되기 힘든 사회조직 가운데 하나라고 지적하였다. 앞서 살펴본 바와 같이 Weber(1922)는 관료제의 주요한 특징을 다음과 같이 설명한다. 첫째, 권위가 고정되어있다. 즉 조직구성원의 권한과 기능은 법과 규정에 의해 주어진다. 둘째, 하급자가 상급자의 명령을 받는 계층적인 구조를 갖고 있다. 셋째, 문서에 바탕을 두고 업무가 이루어진다. 넷째, 조직구성원은 전문성에 의하여 구성되며, 직업은 경력직이고, 평생의 직업으로 인정된다. 마지막으로, 조직구성원은 가치중립적이고, 자신들의 업무를 공식적인 임무로 여긴다.

공공조직은 관료제의 특징을 많이 갖고 있는 조직이다. 그렇다면 관료제의 특징을 갖고 있는 공공조직이 국민을 위해서 바람직한 조직형태인가? 공공조직의 목표가 대국민 서비스의 제공이라고 할 때, 과연 관료제의 특징을 갖고 있는 공공조직은 이러한 목표를 달성하는데 적합한가? 국민이 원하는 서비스를 적절하게 제공할 수 있는 조직형태인가? 공공조직의 외부에 있는 국민의 선호를 반영하는, 즉 민주주의에 도움이 되는 조직형태인가? 공공조직이 관료제의 특징을 갖고 있다고 할 때, 이러한 질문은 반드시 필요한 것이다. 지금부터는 이러한 질문에 관한 해답을 찾아본다. 관료제와 민주주의와 관계는 크게 갈등관계로 보는 시각과 조화관계로 보는 시각의 두 가지가 있다.

1) 갈등관계

구조적으로, 과정적으로, 심리적으로, 민주주의는 관료제와 상반된다(Krislov & Rosenbloom, 1981). 민주주의는 국민의 합의와 정치적인 형평성을 요구한다. 또한 민주주의 하에서 모든 국민은 정치적, 사회적, 경제적 선호를 갖고 표현할 권리가 있으며, 이러한 선호는 공공조직에 의하여 공평하게 다루어져야 한다(Dahl, 1972). 이러한 점에서 보면, 관료제는 민주주의의 거의 모든 아이디어와 상반되는 특징을 가지고 있다. 첫째, 민주주의는 평등을 요구하지만, 관료제는 계층제를 요구한다. 둘째, 민주주의는 업무의 순환을 요구하지만, 관료제는 계급을 중시한다. 셋째, 민주주의는 자유를 요구하지만, 관료제는 명령을 중시한다. 넷째, 민주주의는 다원주의와 참여를 중시하지만, 관료제는 협동을 중시하고, 전문성에 의하여 구성된다. 다섯째, 민주주의는 정보공개를 요구하지만, 관료제는 비밀을 추구하는 경향이 있다. 여섯째, 민주주의의 정당성은 선거에 기반을 두며, 민주주의 하에서 국민들은 정책 형성을 위해 공동체(community)를 구성하지만, 관료제는 업무에서의 비인간성(impersonality)을 지원한다(Krislov & Rosenbloom, 1981).

이러한 관료제와 민주주의 간의 아이디어의 차이와 함께, 관료제가 실제로 민주주의의 발전에 도움을 주지 못하고 있다는 주장은 **관료제의 권력집단화와 이로**

인한 국민의 요구에 대한 둔감현상으로 대표된다. 관료제에서 강조하는 분업은 조직구성원의 전문성을 높인다. 사실상 공무원의 전문성은 일반 국민보다 훨씬 높은데, 이렇게 높은 전문성을 가진 공무원은 **일반 국민에 대해 우월함**을 느낀다. 국민에 대한 서비스가 목표인 공무원이 오히려 우월함을 바탕으로 일반 국민을 가르치려 한다는 것이다. 실제로 일반 국민은 한 사람의 공무원을 하나의 개인으로 대하지 않는다. 공무원 개개인을 정부를 대표하는 사람, 혹은 정부 그 자체로 생각한다. 또한 공무원도 스스로를 개인으로 생각하지 않고, 정부 그 자체라고 여긴다.

또한 공무원들은 권력집단이 되어 자신의 이익을 위해 권한을 행사하고, 자신이 만든 원칙에 따라서만 행동하게 된다. 결과적으로, 공무원은 일반 국민의 요구에 반응하지 않게 된다. 게다가 공무원은 **법규에 집착**함에 따라 국민의 요구에 신속하게 반응하기 어렵다. 국민을 위한 서비스를 목표로 했던 법규와 절차는 복잡해져 번문욕례(繁文縟禮) 혹은 레드 테이프(red tape)가 되어, 오히려 국민의 요구보다는 절차나 수단이 중시되게 된다. 2016년 10월 우리나라 남부 지방에 태풍피해를 입었을 때, 흥미로운 티비 인터뷰 내용이 보도된 적이 있었다. 홍수피해를 입은 한 가정이 복구를 위해 동사무소와 구청에 전화로 지원신청을 하였을 때, 공문(公文)을 보내라는 답을 들었다는 것이었다. 홍수로 온 집안이 엉망인 상황에서 공문을 보내라니, 법규와 절차를 국민의 요구보다 우선시하는 공무원 행위의 대표적인 예가 아닌가 한다.

비밀입양인데… 방문조사 포스트잇 붙인 복지부 공무원

인천에서 올해 4세가 된 입양아를 키우는 A씨는 지난 6월 구청으로부터 전화를 받았다. 양육수당을 받는 입양가정에 대한 방문조사를 하려고 하는데 언제가 괜찮겠느냐는 내용이었다. 전례가 없었지만 구청에서 하는 일회성 조사라고 생각한 A씨는 아이와 함께 공무원을 맞았다. 하지만 방문조사가 일회성이 아니라 아이가 16세가 될 때까지 매년 계속된다는 사실을 알고 깜짝 놀랐다. A씨는 아이를 비밀입양(주위에 입양사실을 공개하지 않는 입양)한 경우다. 지금은 아이가 어려 괜찮지만 구청에서 매년 찾게 될 경우 아이나 주변에 입양사실이 알려질 수 있다. A씨는 "아이가 어느 정도 자라면 입양 사실을 이야기하려고 했지만 매년 방문조사를 하면 내 뜻과 무관하게 아이가 알 수밖에 없어 너무 당황스러웠다"고 말했다.

보건복지부가 지난해 1월 각 지방자치단체에 내려 보낸 '입양가정 방문조사 지침'이 입양가정의 거센 반발에 부딪친 끝에 철회된 사실이 10일 뒤늦게 확인됐다. 입양가정의 사정을 제대로 헤아리지 않은 '탁상행정'이라는 비판이 나온다. 복지부는 지난해부터 양육수당을 신청한 입양가정에 대해 1년에 2회 이상 가정조사(1회는 반드시 가정방문)를 실시해 양육 여부를 파악하도록 각 지자체에 지침을 내려 보냈다. 2014년 발생한 해외 입양아 김현수군 사망사건과 관련해 국내 입양가정에 대한 양육 실태를 점검한다는 차원이었다.

양육 실태를 점검한다는 정부의 취지에도 불구하고 해당 지침은 시행 초기부터 반발을 불러왔다. 비밀입양 가정이 여전히 많은 국내 현실에서 일괄적으로 방문조사를 실시할 경우 가족 의사와 무관하게 입양 사실이 알려질 수 있다는 우려가 터져 나왔다. 실제 입양가정 모임 등에 따르면 지방에서는 공무원이 가정을 방문했다가 가족을 만나지 못하자 포스트잇을 붙여 방문 사실을 알리는가 하면 이웃에 해당 가정에 대한 내용을 묻고 다닌 경우도 있었다… 정부는 입양가정에서의 반발이 이어지자 지난달 28일 각 지자체에 지침을 내려 보내 방문조사를 결국 철회했다. 문제가 된 지침은 철회됐지만 입양가정의 상처는 여전히 남아있다.

출처: 국민일보(2016.8.11). "비밀입양인데… 방문조사 포스트잇 붙인 복지부 공무원."

2) 조화관계

관료제가 실제로 민주주의의 발전에 도움을 줄 수 있다는 주장은 법규에 의한 운영, 효율적인 집행체제, 입법부를 지원 등의 세 가지로 제시될 수 있다.

(1) 법규에 의한 운영

관료제에서는 경력을 바탕으로 직원을 채용하고 승진시킨다. 즉 혈연, 학연, 지연, 인종, 피부색, 종교, 성별 등의 특성은 관료제에서 인정되지 않는다. 즉 관료제에서 강조되는 능력, 경력, 성과는 민주주의에서 주장하는 형평성과 유사점을 갖고 있으며, 실제로 일반 국민이 공직에 진입하는데 도움을 준다. 관료제는 조직 내에서만 형평성을 강조하는 것이 아니라, 대국민관계에서도 비사인주의(impersonalism)를 강조함으로써 민주주의의 형평성을 추구한다. 즉 관료제는 법규가 모든 사람들에게 평등하게 적용되는 것을 추구한다. 이러한 법 적용의 형평성, 혹은 법(法)에 의한 지배, 법치주의(法治主義)는 바로 민주주의(民主主義)와 일맥상통한다.

(2) 효율적인 집행체제

국민의 동의와 위임, 즉 대의민주주의를 통해 국회에서 정책이 결정되면, 이러한 정책을 효율적으로 집행하는 체제가 필요하다. 관료제는 정책을 집행하는 효율적인 수단이므로, 이러한 점에서 국민에게 도움이 되는 조직형태라고 할 수 있다. 즉 관료제는 민주주의를 실현하기 위한 좋은 수단, 혹은 방법이 된다.

(3) 입법부를 지원

사회가 전문화됨에 따라 국회의원의 입법 활동을 위해 전문적인 지식과 정보가 필요하게 된다. 그런데 높은 전문성을 가진 관료제는 이렇게 입법을 위해 필요한 정보를 국회에 제공하는 바람직한 조직형태이다. 물론 국회의원의 활동을 지원하기 위해 보좌관이 배치되어 있지만, 소수의 보좌관이 충분한 전문성을 갖추기는 쉽지 않다. 국회의원의 입법 활동이 국민의 의사를 대변한다고 할 때, 관료제는 민주주의에 큰 보탬이 된다.

3. 관료의 통제방안: 대표관료제

앞서 살펴본 바와 같이 관료제의 특징을 가진 공공조직은 민주주의의 발전에 도움을 줄 수 있으나, 동시에 권력집단화 되어 국민의 권리와 자유를 침해할 가능성도 있다. 따라서 무엇보다도 중요한 것은 "어떻게 관료제가 국민을 위한 서비스를 제공하도록 적절히 통제할 것인가?"의 문제이다. 공공조직에 대한 통제수단으로는 입법부에 의한 통제, 사법부에 의한 통제, 국민에 의한 통제(고발, 주민참여, 여론, 언론기관의 보도 등), 옴부즈만(ombudsman)에 의한 통제, 외부감사기관에 의한 통제, 감사원의 감사제도, 기관평가 등 내·외부통제의 방법이 있다.[3] 하지만 이러한 방법은 지금부터 설명할 정보의 비대칭(information asymmetry) 문제로 인해 통제가 제대로 이루어지기 매우 어렵다는 근본적인 문제를 갖고 있다. 이러한 상황에서 대표관료제(representative bureaucracy)는 민주주의와 관료제를 조화시킬 수 있

---

3) 옴부즈만(ombudsman)은 스웨덴어로서 '왕의 사절'이라는 의미로 원래 북유럽의 행정 기관에서 국민의 권익을 보호하는 민원조사관이나 인권옹호자를 뜻했다. 옴부즈만 제도는 1809년 스웨덴 의회에 의해 처음 만들어졌으며, 법에 위반하거나 부당한 행정행위로 인하여 국민의 권리나 이익이 침해되었을 때 정부나 의회에 의해 임명된 대리인이 국민을 대신하여 이를 신속히 조사하여 시정케 함으로써 민원을 해결하여 주는 것을 말한다(온라인행정학전자사전, 2014.7.11.). 현재는 일반 국민을 대신하여 정부기관, 기업, 사회단체 등 각종 조직의 활동을 감시하고 부당한 행위를 견제하는 역할을 맡은 사람을 말한다.

는 매우 유용한 방안 가운데 하나로 제시되고 있다.

1) 관료제와 민주주의

관료는 정책집행은 물론 정책결정과정에서도 주도적인 역할을 수행하고 있다. 또한 이러한 영향력은 관료의 전문성으로 인해 더욱 더 커지고 있다. 따라서 국민에 대한 관료의 대응성(responsiveness)이 큰 문제가 되었다. "관료를 어떻게 민주주의의 원리에 순응하도록 할 것인가?"가 중요한 문제가 된 것이다. 현대사회에서 국민들은 필연적으로 관료제에 의지하여야 한다. 그러므로 관료제의 특성을 이해하고, 이러한 관료제에 민주주의의 가치를 주입시키는 것이 필요하다. 보다 구체적으로, 관료제가 선출된 정치인과 의회의 책임(accountability) 하에 있도록 해야 한다.

정치적 책임성과 엽관제

정치적 책임성을 구현하기 위해 엽관제적인 성격을 공직에 도입하는 것도 하나의 방안이 될 수 있다. 국민이 선출한 대통령이 또 다른 대리인을 선정하도록 함으로써 대표성과 책임성을 보장할 수 있다는 것이다. 하지만 이 때 임용자의 전문성 문제가 발생할 수 있다. 2005년 8월 카트리나 허리케인(Hurricane Katrina)이 미국 뉴올리언즈(New Orleans) 지역을 휩쓸고 갔을 때, 도시의 약 80%가 물에 잠겼고 깊은 곳은 7-8미터까지 물이 차올랐다. 약 104만명의 주민이 대피했고, 1,300명 이상의 인원이 사망하는 대참사가 일어났다. 뉴올리언즈에서만 720명 이상의 주민이 홍수 등으로 인해 사망하였다.

그림 6-1 도시제방 붕괴 후의 뉴올리언즈 모습

출처: http:www.nola.com/news

> 이 당시 문제가 되었던 것은 미국 연방재난관리청(FEMA, Federal Emergency Management Agency)의 늑장 대응이었는데, 특히 마이클 브라운(Michael D. Brown) 청장의 전문성이 도마에 올랐다. 브라운 청장은 조지 W 부시 대통령과 친분이 있는 행정관료였지만, 소방경험이 전무한 사람이었다. 결국, 브라운 청장은 많은 비난을 받고 사실상 쫓겨나게 되었다.

하지만 관료제의 특성 때문에 관료의 책임성은 관료제의 어딘가에서 사라져버린다. 이러한 공공조직의 무책임한 경향은 특히, 하위직 공무원(street-level bureaucracy) 업무의 경우에 강하다. 대부분의 하위직 공무원은 일반 국민들이 받을 이익과 권리를 자율적으로 결정하고 있다. 즉 하위직 공무원의 자율권(discretion)은 공공정책을 해석하고 집행하는 데 결정적인 역할을 하고 있다(Lipsky, 1980). 예를 들어, 한 경찰이 넓은 담당구역을 모두 순찰하기 힘들 경우, 그는 투입 대비 산출이 가장 높은 지역, 즉 범죄율이 가장 높은 지역을 순찰하게 될 것이다. 이는 그 해당 경찰에게는 합리적인 선택일지 모르지만, 다른 지역(범죄율이 높지 않은 지역)의 주민들은 만에 하나 일어날지도 모르는 범죄에 무방비 상태가 된다는 것을 의미한다.

정책의 범위와 복잡성이 증가함에 따라, 정치인들은 더욱 더 정보와 정책대안을 얻기 위하여 관료들에게 의존하고 있다. 이러한 상황은 아마도 주인-대리인 문제(principal-agent problem)에 의해 가장 잘 설명될 수 있을 것이다. 주인-대리인 문제는 정보의 비대칭(asymmetric information)으로 야기되는 문제이다. 정보의 비대칭 상황은 어떤 유용한 속성에 관하여 한쪽 당사자가 다른 쪽 당사자보다 더 많이 알고 있을 경우, 한쪽 당사자가 그 정보를 숨겨서 더 많은 이익을 얻으려고 하는 경우를 의미한다. 주인인 국민과 대리인인 관료와의 정보 비대칭상황은 다음과 같다. 첫째, 대리인인 관료는 주인인 국민보다 많은 정보를 보유하게 되어, 양자 간에는 정보의 비대칭이 발생하게 된다. 둘째, 이때 국민보다 훨씬 많은 정보를 소유한 관료는 이러한 정보를 국민이 아닌 자신들의 이익을 위하여 사용하게 된다.[4] 셋째, 또한 관료는 자신들에게 유리한 이러한 정보비대칭 상황을 지속시키기 위해 가능한 한 국민이 정보를 획득하기 어렵도록 한다.[5]

---

4) 또한 불특정 다수로서 주인인 국민은 합리적 무시(rational ignorance)를 하게 된다. 많은 사람들이 있을 때, 우리는 다른 사람들이 해주기를 기대할 뿐 스스로 자신의 개인적 시간과 자원을 소비하면서 공무원의 행위를 감시하지 않는다. 결국, 어느 누구도 공무원의 행위를 감시하지 않게 되는 것이다.

국민과 관료와의 이러한 상황은 레스토랑의 주인과 종업원(대리인)의 관계로 설명될 수 있다.[6] 주인의 관심은 최대의 이익을 창출하는 것이다. 이익은 많은 매출을 올림으로써 창출될 수 있다. 하지만 이와 함께 각 손님에게 적정한(혹은, 가능한 한 최소의) 양의 음식을 제공함(수익성의 증대)으로써 이익이 많아질 수 있다. 하지만 주인과 달리, 종업원의 관심은 손님에게서 가능한 한 많은 팁(tip)을 받는 것이다. 손님을 직접 대면하는 종업원은 주인보다 손님 각자의 취향을 더 잘 알고 있다. 그러므로 그는 팁이 후한 손님에게 보다 좋은 서비스(예를 들어, 음료수를 더 가져다주는 식의)를 제공할 것이다. 이러한 행위는 종업원의 이익(팁의 획득)에는 도움이 되겠지만, 주인의 이익(수익성의 증대)에는 반하는 것이다. 아마도 종업원은 이러한 상황을 지속시키기 위해 그가 알고 있는 고객에 관한 정보를 숨길 것이다.

그림 6-2 레스토랑의 주인과 종업원

주인-대리인 상황을 타개하기 위하여 전통적으로 사용된 방법은 국민의 또 다른 대리인인 선출된 정치인과 입법부(국회의원)에게 권한을 위임하여 이들이 관료를 통제하도록 하는 것이다. 하지만 선출된 정치인과 국회의원을 일반국민과 관료사이의 연결고리(bridge)로써 사용하는 것은 관료제에서 민주주의의 가치를 보호하기에 충분하지 않다. 이러한 외부통제는 국회의원의 상대적인 전문성의 부족에서 오는 또 다른 정보의 비대칭으로 인하여, 현대행정에서 그 효과성이 현저하게 떨

---

5) 비밀정보(confidential information)의 가치는 그 정보를 알고 있는 사람들의 숫자에 반비례한다 (Rose-Ackerman, 1999).

6) 저자는 우리나라가 아닌 팁이 일상화되어 있는 미국의 상황을 가정하였다.

어지게 되는 것이다. 그러므로 현대행정은 관료의 권한확대와 관료에 대한 의존성의 강화, 그리고 민주주의 하에서 국민 대표성의 보존이라는 상반된 가치를 조화시켜야하는 도전에 직면하게 된다. 이러한 상황에서 가능한 대안은 관료제 내의 정치(역학)에서 국민이 직접 역할을 맡도록 하는 것이다. 즉 관료제 자체가 민주주의의 성격을 갖도록 하는 내부통제를 시도하는 것이다. 대표관료제는 이러한 요구에 의하여 발전하게 되었다.

권력의 비대칭

오늘날 정보사회에서 기술을 활용하는 방법을 안다는 것은 곧 기술을 활용할 수 있는 권력을 가졌다는 것을 의미한다. 이런 상황에서 정보의 불균형은 곧 권력의 불균형으로 이어질 수 있다. (기술, 기기의) 최고 접근권한(root access)을 가지고 있는 단체는 전능한 힘을 가지고 있다고 봐도 될 정도다. 현대 기술의 잠재력과 근본적인 세부 조항을 완벽히 이해하기에는 복잡하고 어렵기 때문에, 기술을 잘 이해하고 통제하는 전문가와 기술을 이해하지 못하고 수동적으로 사용하는 비전문가 사이의 불평등은 더욱 커질 수밖에 없다.

출처: "파괴의 시대에 필요한 민첩한 통치의 원칙(A call for Agile Governance Principles in an Age of Distruption)", 소프트웨어와 사회에 관한 글로벌어젠다카운슬, 세계경제포럼(2015. 11); 클라우스 슈밥(2016).

---

2) 대표관료제의 개념

대표관료제(representative bureaucracy)는 정부관료제의 인력구성이 전체 국민의 인구구성을 반영(mirror)하도록 하는 방안이다. 즉 정부관료제의 인력구성비(여성비율, 장애인비율, 기술인력비율, 지역비율, 학력비율 등)가 전체국민의 인구구성비(여성비율, 장애인비율, 기술인력비율, 지역비율, 학력비율 등)와 일치하도록 하는 제도이다([그림 6-3] 참조). 이렇게 함으로써, 정부관료들이 자신의 성별, 출신지역 등의 이익을 자연스럽게 대변하도록 하는 제도이다. 다시 말해서, 대표관료제는 만약 정부관료가 사회의 모든 분야에서 골고루 선발된다면, 관료제가 국민을 대표하는 **대의적인 정치체제(대의민주주의)**로써 작동하는 것이 가능한지 그 가능성을 타진하는 이론이다(Dolan & Rosenbloom, 2003).

그림 6-3   대표관료제의 논리

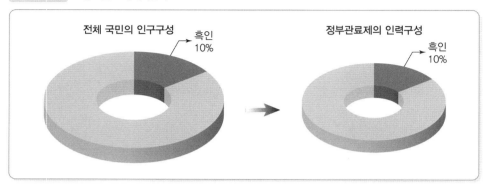

Weber(1992)의 관료제에서 관료의 대표성(representativeness)은 언급되지 않는다. 공무원들은 공공조직, 혹은 행정이라는 기계에서 하나의 부품(cog)으로 간주되며, 누군가를 대표하기 위한 독립성이나 자율성은 주어지지 않는다. 대표관료제(representative bureaucracy)라는 단어는 1944년에 Kingsley에 의하여 처음으로 사용되었다. 킹슬리(Kingsley, 1944)는 계급제의 전통을 강하게 갖고 있는 영국의 행정을 연구하다가, 민주주의 사회에서는 국민 가운데 어떤 사람, 혹은 어떤 집단도 소외되어서는 안 된다고 강조하게 되었다. Kingsley(1944)는 이를 위하여 공무원 임용 시 모든 국민에게 동등한 기회를 부여해야 한다고 주장하였다.

Kingsley(1944)의 이러한 생각은 Krislov(1974)에 의하여 더욱 발전되었다. Krislov(1974)는 대표관료제가 정부의 합법성과 공공서비스의 성과와 직접 관련이 있다고 주장하였다. 그는 공무원들이 업무에 개인적인 가치를 개입시키는 것은 피할 수 없으며, 이것이 긍정적인 효과를 가져온다고 믿었다.[7] Krislov(1974)는 만약 대표관료제가 공공조직에 도입이 된다면, 관료가 가진 막대한 영향력과 전도효과(spillover effect)로 인하여 사회의 전 분야를 변화시킬 것이라고 주장하였다(진종순, 2006).

대표관료제를 주장하는 연구자들은 관료의 주관적 책임을 통하여 관료제의 문

---

7) 개인적인 가치를 개입시키는 것은 비단 공무원들만이 아니다. 연구의 엄격성이 요구되는 사회과학 연구에서도 연구자의 개인적 가치는 개입된다. 사회과학자는 자연과학자처럼 오로지 관찰에 기초하여 자신의 지식을 수립하고 수정하는 중립적인 관찰자가 아니다. 사회과학자는 이미 상황에 몰입해 있고, 자신의 경험과 사상과 삶의 영향을 배경으로 주관적으로 대상을 이해한다(Gadamer, 2013; Heidegger, 1962; 사공연호, 2015 재인용).

제를 해결하려고 하였다(Kingsley, 1944). 여기에서 관료의 책임은 기본적으로 주관적 그리고 심리적이다. 주관적 책임은 "누구에게, 무엇에 대하여 제도적으로 책임을 지는가?"가 아니라, "누구에게, 무엇에 대하여 **스스로** 책임을 느끼며, 또 책임 있게 행동하는가?"는 것이다. 주관적 책임은 주로 개인의 성장배경, 사회화 과정, 조직 내부나 외부에 존재하는 사회집단(해당 사회집단이 갖고 있는 가치, 태도, 신념, 이해관계 등)에 의하여 형성된다. 대표관료제의 개념은 이러한 주관적 책임의 맥락에서 형성, 발전되어 왔다(Mosher, 1968). 즉 대표관료제의 기본가정은 관료들은 누구나 자신의 사회적 배경의 가치나 이익을 정책 과정에서 반영시키려고 노력한다는 것이다(진종순, 2006).

Kingsley(1944)는 단순히 사회 내의 지배적인 세력들을 그대로 반영하도록 (mirror) 구성된 관료제를 대표관료제라고 보았다. 하지만 반 라이퍼(Van Riper, 1958)는 여기에서 한 걸음 더 나아가 사회적 특성 외에 **사회적 가치**까지도 대표관료제의 요소에 포함시켰다. Van Riper(1958)에 의하면, 대표관료제는 직업, 사회계층, 지역 등의 관점에서 그 사회의 모든 계층과 집단을 합리적으로 대표할 수 있도록 구성되어야 하며, 한 걸음 더 나아가 그 사회의 사조(ethos)나 태도까지도 충분히 반영할 수 있어야 한다. 마지막으로, 크랜츠(Kranz, 1976)는 대표관리제의 개념을 비례대표(proportional representation)로까지 확대시켰다. 그에 의하면, 특정 집단 출신이 정부관료제에서 차지하는 비율은 그 집단구성원들이 총인구에서 차지하는 비율과 동일해야 하며, 동시에 모든 직무분야와 계급에서도 인구비율에 상응하게끔 분포되어야 한다(이종수·윤영진 외, 2008). 다시 말해서, 단순히 전체 공무원의 인력구성비율이 인구구성비율과 동일한 것이 아니라, 각 직무별, 계급별 인력구성비율이 인구구성비율과 동일해야 한다는 주장이었다. 예를 들어, 인력구성비율은 하위계급뿐만 아니라 상위계급에서도 인구구성비율과 동일하게 분포되어야 한다고 주장하였다(진종순, 2006).

3) 대표관료제의 효용성과 문제점

대표관료제는 효용성과 함께 문제점도 함께 갖고 있다. 지금부터는 그 효용성과 문제점을 상세히 살펴본다. 문제점에서는 특히 수동적인 대표성과 적극적인 대표성 간의 관계에 관해 설명한다.

(1) 효용성

대표관료제의 효용성은 다음의 네 가지로 정리될 수 있다.

① 대표관료제는 기회균등의 원칙을 보장함으로써 관료제의 국민대표성과 사회적 형평성의 제고라는 민주적 이념을 실현한다.

② 대표관료제는 정부정책에 대한 관료의 책임성을 제고한다. 특히 출신지의 이해와 일치하는 경우, 관료가 책임감을 갖도록 한다.

③ 소외되었던 사람들의 요구와 이익을 반영함으로써 정부가 좀 더 민주적이고 합리적인 정책을 선정할 수 있도록 돕는다.

④ 소외된 집단의 요구를 수용함에 따라, 정책에 대한 국민의 신뢰를 높일 수 있다. 이는 정책집행을 용이하게 하고, 정부활동의 능률성을 높인다.

(2) 문제점

앞서 살펴본 바와 같이 관료제와 민주주의 사이에 다리를 놓는 하나의 방안으로써 Kingsley(1944), Krislov(1974)의 연구는 대표관료제의 이론적인 기반이 되었다. 하지만 Mosher(1968)는 대표관료제의 미래를 그리 낙관적으로 보지 않았다. Mosher(1968) 또한 관료제가 국민의 의사에 따라 운영되는 것을 중요한 행정·정치적인 문제로 인정하였다. 하지만 **수동적인 대표성**(passive representation: 공무원의 사회적인 배경)과 **적극적인 대표성**(active representation: 공무원이 출신 집단의 이익을 위하여 실제로 행동하는 것) 간의 연계에 관해 의심을 하였다. 즉 소극적 대표는 자동적으로 적극적 대표를 보장한다고 보지 않았다. 예를 들어, 미국에서 흑인이 공무원으로 임용된다고 할지라도, 그가 흑인사회의 이익을 위해서 일한다고 확신할 수는 없다는 것이다. 오히려 관료가 된 후 받게 된 재교육으로 인해 흑인 공무원은 백인 공무원과 별다른 차이 없이 행동하게 될 것이라고 주장하였다.

전체 사회의 인구 구성적 특성을 반영하는 관료제의 인력 구성인 소극적(passive) 측면과 관료들이 출신 집단의 이익을 위하여 적극적으로 행동할 것을 기대하는 적극적(active) 측면 간에 차이가 있다는 주장은 관료가 어떤 행동을 할 때 출신 집단보다는 현재 소속되어 있는 정부조직의 영향을 더 받는다는 논리에 바탕을 둔다. 이러한 주장은 다음과 같은 다섯 가지의 근거를 갖고 있다.

① 조직의 이해관계와 출신 집단의 이해관계가 충돌, 갈등하는 상황에 놓이게
될 경우, 조직의 목표달성을 위한 압력이 출신 집단의 대표로서의 역할 수행을 위
한 압력보다 훨씬 더 직접적이고 강력하다.

② 대부분의 조직구성원은 적극적으로 자신의 출신 집단을 대표할 수 있는 공
식적인 권한이 없으며, 이를 위한 제도적인 장치도 마련되어 있지 않다(Thompson,
1976).

③ 학교 등을 통한 공교육은 특수 이익보다는 사회 전체의 공익을 강조하는 입
장에서 이루어진다. 따라서 공무원들도 사회전체의 공익이 최선의 가치인 것으로
교육받아왔다. 이러한 상황에서 특수이익을 대변해야 한다는 대표관료제의 주장은
모순적일 수 있다.

④ 대부분의 사람들은 자신의 경력 발전에 대한 욕구를 출신 집단의 이익을 위
한 욕구보다 강하게 갖고 있다. 따라서 개인적인 욕구와 출신 집단의 이익이 충돌
할 경우, 개인적인 욕구가 중시되는 경향이 있다.

⑤ 전문가, 연구자들이 정책 문제를 평가, 검토할 때, 출신 집단의 특수 이익보
다는 그 문제 자체에 대한 분석의 결과를 더 중요시한다(Dresang, 1974; Meier &
Nigro, 1976). 즉 일반적으로 강조되는 것은 집단의 특수 이익보다는 보다 객관적
인 분석 결과이다. 이러한 상황에서 특수이익을 대변한 정책은 좋은 평가를 받기
어렵다.

Mosher(1968)의 문제제기 이후, 수동적인 대표성과 적극적인 대표성 간의 연관
성을 규명하기 위한 많은 연구가 시도되었다. 하지만 둘 간의 관계에 영향을 미치
는 많은 변수로 인해, 이를 경험적으로 입증하기는 쉽지 않았다. 어떤 연구자들은
공무원의 출신배경이 이들의 **공공정책을 대하는 태도**에 영향을 주는지 검증하려
하였다. 연구의 결과, Meier & Nigro(1976)는 조직에 동화된 공무원의 행동에 출신
배경이 크게 영향을 주지 못함을 발견하였다. 하지만 이와 반대로 Rosenbloom &
Featherstonhaugh(1977), Dolan(2002)은 공무원으로 근무한다고 해서 출신배경의
영향력이 없어지지는 않는다고 주장하였다. 또한 Hale & Branch(1992)도 관료문
화가 성별로 인한 공무원의 태도 변화에 영향을 주지 못한다는 것을 밝혀냈다.
다른 연구자들은 출신배경과 **정책결정**과의 직접적인 관계를 밝혀내려 하였다.

Meier & Stewart(1992)는 미국의 주(州) 교육청에서 근무하는 흑인 공무원의 행태를 연구하였는데, 공무원의 인종이 공공정책의 집행에 영향을 줌을 알아내었다. Selden, Brudney, & Kelloughl(1998)는 소수인종의 공무원들이 소수인종의 이익을 증진시키는데 특별한 책임의식을 갖는 경향이 있음을 보여주었다. 하지만 이렇게 책임의식은 공공정책의 주요한 결정요인이었으나, 출신배경 자체는 주요한 요인이 아닌 것으로 나타났다. 이와 달리 Naff(1998)의 연구는 히스패닉계의 미연방정부 중간관리자가 백인들보다 히스패닉계의 지원자를 선호하여 임용하는 경향이 있음을 발견하였다.

이 밖에도, 수요자인 **국민**의 관점에서 대표관료제의 효과를 연구한 연구자도 있었다. Thielemann & Stewart(1996)는 AIDS환자가 자신과 동일한 인종이나 성별의 공무원으로부터 서비스 받기를 강력하게 원함을 발견하였다. 이는 대표관료제가 국민으로부터의 요구일 수도 있다는 것을 경험적으로 증명한 것이었다. 이러한 다양한 연구에도 불구하고 공무원이 실제로 사회화의 배경이 된 출신 집단을 얼마나 적극적으로 대표하는지에 관한 결론은 아직 내려져 있지 않다. 앞으로 더욱 다양한 경험적인 연구들이 축적되어야 할 것으로 보인다.

현실과 동떨어진 정책 남발하는 '상위 1%' 경제관료들

어떤 정책이든 정책 발의자의 철학과 성향이 반영되기 마련이다. 정책을 발의한 국회의원이 여당 소속이냐, 야당 소속이냐에 따라 그 내용이 크게 달라지는 경우가 많은 것도 이런 이유에서다. 정치권에서 발의되는 입법과 비교하면 정부발의 입법은 상대적으로 중립적이고 덜 편향적이라는 평가를 받지만 이 역시 공무원들의 경험과 가치관이 반영된 결과물이다. 경제부처 1급 이상 공무원의 대부분이 명문대를 졸업하고 절반가량은 강남 3구 고급 아파트에 거주하고 있다는 분석을 예사롭게 볼 수 없는 것도 이 때문이다.

기획재정부·국토교통부·금융위원회·국세청 등 부동산 정책과 관련이 있는 정부부처의 1급 이상 고위 공무원의 부동산 현황 분석 결과는 예상을 크게 어긋나지 않았다. 1급 이상 공무원 30명 중 절반인 15명이 서초·강남·송파 등 강남 3구에 최소 1건 이상의 부동산을 소유한 것으로 나타났다. 단순히 거주하는데서 나아가 2~3채의 아파트를 보유한 이도 있었다. (중략)

상황이 이렇다 보니 일정 직급 이상 공무원의 자산 보유를 강제로 제한해야 한다는 목소리까지 나오고 있다. 자본주의 사회에서 '금수저'가 늘어나는 것을 전면적으로 막을 수는 없지만 정책에 영향을 미칠 수 있는 고위 공무원에 대한 최소한의 규제는 필요하다는 것이다. 과거 공직자들에 대한 부동산 투기 의혹이 제기됐을 때 시민단체 등이 주장한 부동산 백지신탁 제도가 대표적이다. 다만 이 제도는 사적 소유권을 지나치게 침해한다는 반발에 현실화되지는 못했다.

최근 가시화되는 경제 관련 부처 공무원의 주식거래나 주식보유를 제한하는 움직임도 이와 맥을 같이 한다. 금융감독원은 올해 안에 직급과 관계없이 모든 임직원의 주식거래를 금지하기로 했다. 개별회사 주식뿐 아니라 개별 주식과 연계된 주가연계증권(ELS) 투자까지 차단한다는 방안을 세우고 직원들을 대상으로 의견 수렴에 나설 계획이다. 공정거래위원장도 최근 국회 정무위원회 국정감사에서 공정위 직원들의 기업 주식보유가 공정성 등을 해칠 수 있다는 지적에 "5급 이하 직원들도 주식보유 신고의무 등으로 규제할 방안을 검토하겠다."고 밝힌 바 있다. 대검찰청은 지난달 주식 관련 정보를 취급하거나 수사하는 부서의 검사와 수사관, 직원의 주식거래를 전면 금지했다. 전문가들은 채용 경로를 다양화해 고위 공무원 집단의 편향성을 극복해야 한다고 조언한다. 민간 전문가 채용, 개방형 직제 확대 등을 통해 전문성을 보완하고 정책의 효율성도 더 높여야 한다는 것이다.

출처: 연합뉴스(2016.10.23.). "현실과 동떨어진 정책 남발하는 '상위 1%' 경제관료들."

4) 대표관료제에 관한 비판과 의의

관료제와 민주주의를 조화시키기 위해 제시된 대표관료제는 앞서의 문제점과 함께 비판을 받아왔다. 지금부터는 이러한 비판을 살펴본 후, 마지막으로 대표관료제가 갖고 있는 의의를 설명한다.

(1) 비 판

지금까지 대표관료제는 지지와 함께 많은 비판을 받아왔다. 이러한 비판은 크게 두 가지로 구분될 수 있다. 첫째, Mosher(1968)는 적극적 대표가 지나치게 활성화되면 오히려 민주주의에 커다란 위협이 될 수 있다고 주장한다. 서로 다른 이해관계와 영향력을 지닌 집단들이 이익극대화를 위해 경쟁할 경우에 그 경쟁은 사회적 형평성(social equity)을 제고하기보다는 오히려 소수집단에 더욱 불리한 결과를 초래하거나, 집단 간의 갈등을 증대시키게 된다(이해갈등의 법칙: conflict-of-interest law). 정부관료는 정치나 사회에서 벌어지는 이익극대화를 위한 경쟁에서 한 발자국 떨어져 상대적으로 중립적, 장기적 결정을 내려 왔다. 이러한 정부 내에 이익극대화를 위한 경쟁기제를 도입하는 것은 소수집단에 보다 더 불리한 결과를 가져올 가능성이 높다. 이들 소수집단은 정부 내에서도 소수집단일 것이기 때문이다. 따라서 사회적인 형평성은 더 악화될 가능성이 크다.

둘째, 대표관료제는 할당제(quota system)를 강요하는 결과를 초래한다. 즉 공직에의 임용기준이 개인의 능력이 아니라, 그가 속한 집단에 있게 됨으로써 결과적으로 실적주의를 훼손시키고, 능률을 저하시킨다. 그리고 이러한 할당제는 역차별(reverse discrimination)의 문제를 야기한다. 좀 더 우수한 능력을 지닌 개인이 혜택집단에 속한다는 이유(기존에 과다하게 임용된 상황 등으로 인해)만으로 신규채용이나 승진에서 불이익을 받는 결과를 초래하게 된다.[8]

(2) 의 의

미국의 경우, 1946년의 행정절차법(Administrative Procedure Act) 제정 이후, 오랜 기간 동안 대표관료제 관련 정책이 개발, 발전되어 왔다. 또한 여러 연구자들이 대표성을 측정하는 척도를 고안하여, 대표관료제가 실제로 활용 가능하도록 노력하고 있다. 이러한 척도는 다양성 측정도(Nachmias & Rosenbloom, 1973), 대표성의 구분비율(Sigelman, 1991), 적극적 차별보상정책(affirmative action)을 위한 노력점수(Eisinger, 1982) 등 다양하게 제시되고 있다.

우리나라의 경우, 정부는 비교적 짧은 기간 내에 양성평등채용목표제, 여성관리자 임용목표제, 여성관리자 임용확대 5개년계획, 여성채용목표제, 장애인 의무고용제도, 장애인 구분모집제, 지역인재 추천채용제(인턴제), 지방인재 채용목표제, 4급이상 기술직·이공계 임용확대 5개년계획 등을 실시하고 공공조직의 조직구성원이 국민의 대표성을 갖도록 하기 위해 노력하고 있다.

앞서 대표관료제에 대한 비판에서 살펴본 바와 같이 대표관료제는 인사운영의 기본 원칙인 능력주의와 실적주의에 배치되며, 상대적인 역차별을 조장한다고 우려되고 있다. 하지만 대표관료제는 한 사회에서 오랜 기간 동안 지속되어, 구조화

---

8) 미시건 주립대학 로스쿨(University of Michigan Law School)은 입학시험에서 일정 성적 이상을 받은 흑인 등 소수인종 학생을 입학시켰는데, 이로 인해 입학허가를 받지 못한 백인 지원자가 입학 사정에서 지원자의 인종이 지배적인 요인으로 활용되었기 때문에 자신이 불합격하였으며 이는 연방 헌법 수정 제14조에 위배되는 인종차별에 해당한다고 연방대법원에 위헌심사를 청구하였다. 하지만 결국 인종을 하나의 입학전형요소로 고려한 미시건 주립대학 로스쿨 입학정책은 합헌으로 판결되었다(Grutter v. Bollinger, 539 U.S. 306, 312-316, 2003; 헌법재판소 헌법재판연구원, 2017 재인용).

된 차별을 시정하기 위한 한시적인 대책이라는 점에서 그 정당성이 주장될 수 있을 것이다. 역차별은 소외집단의 구성원이 능력과 영향력을 갖출 때까지만 어쩔 수 없이 한시적으로 감수되어야 하는 불가피한 현상이라는 것이다.[9]

대표관료제는 미국과 같이 인종 간의 갈등이 첨예한 국가뿐만 아니라, 지역, 학벌, 계층 간의 대립과 갈등이 벌어지고 있는 우리나라의 현 상황에서도 그 의의가 크다고 할 수 있다. 우리나라는 권위주의 통치제도 하에서 국민의 정치 참여가 적었고, 정당이나 이익단체가 활성화되지 못하였다. 이러한 상황에서 정부관료의 국민대표성은 대의적인 정치체제로서 중요한 역할을 할 수 있다. 또한 우리 사회에 사회계층 간, 이익집단 간, 도시농촌 간, 남녀 간의 대립과 갈등을 해소하는데 대표관료제가 유용하게 사용될 수도 있다. 여성의 대표성을 높이기 위한 여성채용목표제가 좋은 예가 될 수 있다.

공공조직에서의 학벌 편향

한 조사에 의하면, 학벌의 영향이 여전한 상황에서 경제부처 1급 공무원들의 출신 대학 편향도 심각한 것으로 나타났다. 행정고시 출신 5급 이상 기획재정부 공무원 375명 중 서울대 출신은 181명(48.3%)으로 절반에 육박했다. 연세대·고려대까지 포함하면 321명에 달해 이른바 스카이(SKY) 출신 비중이 85%까지 치솟았다. 금융위원회(행시·비행시 포함) 역시 5급 이상 직원 중 서울대 출신이 92명(43%)으로 가장 많았고, 연세대·고려대까지 합치면 67%에 육박했다. 국토부도 행시 출신 5급 이상 354명 중 서울대 출신이 139명(39.3%)으로 가장 많았고, 연세대(69명)와 고려대(45명)가 뒤를 이었다. 이들 경제부처 공무원들은 또 대원외고, 경기고, 순천고, 대일외고, 명덕외고 등 외고나 지역 명문고 출신이 많았다. 특히 기획재정부 5급 이상 공무원 중 대원외고 출신이 가장 많은 19명(5.1%)으로 명문대 뿐만 아니라 명문고 편향성도 높게 나타났다.

출처: 연합뉴스(2016.10.23). "현실과 동떨어진 정책 남발하는 '상위 1%' 경제관료들."

아직까지 대표관료제의 실제 효과에 관해 많은 논란이 있다. 하지만 만에 하나 대표관료제의 직접적인 효과가 없다고 할지라도, 그 상징성에서 얻을 수 있는 효

---

9) 하지만 이런 주장에도 문제는 있는데, 전 세대가 누려왔던 이익 때문에 다음 세대가 모든 불이익을 감수하는 것이 정당한가의 문제이다. 예를 들어, 국민연금의 세대 간 부담 문제를 들 수 있다.

과를 무시하기 힘들 것이다. 상대적으로 차별을 받아왔다고 느끼는 사회집단은 대
표관료제가 실제로 효과가 있건 없건 어느 정도의 대리만족을 느낄 수 있을 것이
다. 이러한 대리만족의 효과는 사회통합에 긍정적인 영향을 줄 수 있다. 게다가 공
기업 등 다른 공공부문과 민간분야에 미치는 전도효과(spillover effect)를 고려한다
면, 공공조직에서 활용되는 대표관료제의 의의는 충분하다고 할 수 있다.

왜 선진국이 못 되는가?

아마도 모든 국가의 국민들은 선진국의 좋은 복지시스템 하에서 살기를 원할 것이다.[10] 특
히 개발도상국에 살고 있는 사람들은 이와 같은 생각을 간절히 가질 것이다. 개발도상국에 살
고 있는 국민들이 선진국의 국민들이 누리는 부와 복지를 누리기 원하는 것은 당연하다.[11] 그
러면 왜 수십 년의 산업화에도 불구하고 개발도상국들은 선진국이 되지 못하였는가? Joel S.
Migdal은 그의 *Strong Societies and Weak States: State-Society Relations and State Capabilities
in the Third World*(1988)라는 책에서 제3세계 국가들이 식민지기간 동안 형성되었던 사회
적인 구조 때문에 악순환의 고리(vicious circle)를 끊을 수 있는 능력이 없다고 설명한다.

그는 다음과 같이 말한다. "심각한 사회적인 혼란을 조성하는 상황이 없이, 가까운 미래
에 새로운 강력한 국가가 제3세계에 나타날 가능성은 거의 없다." 누구도 개발도상국이 기
존의 사회제도를 허물기 위해 전쟁에 휘말리거나 혁명을 겪어야 한다고 주장하지는 않을
것이다. 그러므로 Migdal의 논의에 의하면, 아무리 노력하더라도 개발도상국은 스스로의 노
력에 의해서 선진국이 될 수 없다. 어떤 면에서 Migdal(1988)의 논의는 Douglass C. North의
Institutions, Institutional Change and Economic Performance(1990)에서의 주장과 일치한다.
North에 의하면, 제도는 최초의 상황에 크게 좌우되며, 그 구조에 변화를 주기 위해서는 매
우 큰 전환비용(transaction cost)이 필요하다.

---

10) 다양한 국제기구는 경제발전의 수준에 의한 국가의 카테고리(선진국과 개발도상국)를 사용하고 있
다. 하지만 이 두 카테고리 사이의 구별은 종종 확실치 않다. 지금까지 선진국과 개발도상국의 명
확한 정의는 없었다. 많은 국가들은 스스로 자신들이 선진국인지 개발도상국인지 대내외적으로 선
언하곤 한다. 그러므로 보다 정확한 선진국과 개발도상국의 정의와 구분은 국가들이 하나의 연속체
(continuum)를 따라 위치하고 있다고 이해하는 것이다. 하지만 OECD국가들은 일반적으로 높은
수준의 경제적, 제도적 발전에 도달했다고 이해되고 있다. 물론 논란의 여지가 있으나, 대체로 1960
년대와 1970년대에 OECD에 가입한 23개국을 선진국으로 분류한다. 오스트레일리아, 오스트리아,
벨기에, 캐나다, 덴마크, 핀란드, 독일, 그리스, 아이슬란드, 아일랜드, 이탈리아, 일본, 룩셈부르크,
네덜란드, 뉴질랜드, 노르웨이, 포르투갈, 스페인, 스웨덴, 스위스, 영국, 미국 등이다.

11) 복지(welfare)는 일반적으로 사회의 안녕과 풍요로 정의된다. Sen(1976)에 의하면, 실제 국가의 수
입은 각국의 복지수준의 차이를 거의 반영할 수 없다. 왜냐하면, 국가의 수입은 수입의 분배를 고
려하지 못하기 때문이다. 하지만 Self(2000: 67)의 다음 논의는 개발도상국에서의 복지의 의미를 잘

🔅 복습을 위한 질문

- 이론적인 틀로써 관료제의 문제점은 무엇인가?
- 관료제와 민주주의 간의 관계를 조화관계로 이해하는 관점의 내용은 무엇인가?
- 관료제의 권력집단화의 내용은 무엇인가?
- 국민보다 훨씬 많은 정보를 소유한 관료가 이러한 정보를 국민이 아닌 자신들의 이익을 위해 사용하는 것은 무엇인가?
- Mosher가 주장한, 관료가 어떤 행동을 할 때 현재 소속되어 있는 정부조직의 영향을 더 받게 된다는 근거는 무엇인가?
- 대표관료제의 효용성은 무엇인가?

설명한다. "친밀한 친척 간 그리고 공동체 내의 관계, 그리고 개인적인 출세와 지위상승의 추구와 관련된 스트레스가 없음으로 인해, 가난한 사회에서도 적어도 풍요한 사회에서처럼 개인의 행복추구권을 추구할 수 있는 듯 보인다. 하지만 예를 들어 적절한 영양공급과 깨끗한 식수의 공급이 부족한 경우와 같이, 생계를 유지하기 위한 기본적인 물질이 없는 경우에 이는 명백한 불행의 원인이 되며, 당연히 국민의 건강을 해치고 생존연령을 줄이게 된다. 가난한 사회에서 사는 사람들은 확실히 그리고 당연히 그들의 생활수준을 높이고 싶어 할 것이다."

제 3 부

근대의 조직이론

공공조직이 반드시 관료제적인 특성을 가진 조직구조를 가져야만 하는가? 공공조직이 관료제가 갖고 있는 부정적인 특성을 가질 수밖에 없는가? 관료제의 대안은 무엇인가? 그리고 대안적인 조직형태의 장점과 한계점은 무엇인가? 이러한 질문은 근대 조직이론이 답하고자 하는 핵심적인 질문들이다. **제3부에서는** 이러한 질문에 답하기 위해 근대의 연구자들이 어떠한 형태의 조직구조를 제시하였는지 살펴본다. 즉 변화된 사회에 적합한, 보다 혁신적이고 환경에 대한 대응성이 높은 조직구조를 설계하기 위해 연구자들이 어떠한 관점을 갖고, 어떤 주장을 하고 있는지 살펴보기로 한다. 제7장에서는 고전적 조직이론에 대한 비판을 살펴보고, 제8장에서는 고전적 조직이론의 첫 번째 대안으로 제시된 인간관계론을 설명한다. 제9장과 제10장에서는 환경과의 관계를 중시한 상황이론의 내용을 알아보고, 마지막으로 제11장에서는 조직구조에 관한 새로운 이해와 설명을 살펴본다.

제 7 장

고전적 조직이론에 대한 비판

어떤 이론이 현상을 적절히 설명한다면, 굳이 새로운 이론을 만들 필요가 없다. 즉 새로운 이론이 대두되었다는 것은 기존의 이론이 갖고 있는 설명력이 약해졌다는 것을 보여주는 것이다. 근대 사회에 들어 고전적 조직이론의 설명력은 약해졌으며, 근대의 조직이론은 이러한 기존의 이론에 대한 비판에서 시작되었다. 이 장에서는 고전적 조직이론에 대한 비판으로 나타난 개인의 행태에 대한 관심, 격언(proverb)으로서 행정관리론, 새로운 시대의 조직, 체제이론, 제도이론 등을 살펴본다.

1. 개인의 행태에 대한 관심

제2차 세계대전 이후, 1950년대는 행정학뿐만 아니라 사회과학 전체적으로 행태주의(behavioralism)로의 전환기였다. 행태주의는 개인, 또는 집단의 목표, 그리고 개인의 동기에 관한 가정보다는 유기체의 관찰 가능한 행태에 관하여 과학적인 연구가 가능하다는 하나의 경향이었다. 행태주의에서는 인간의 행태가 측정가능하다는 것과 이러한 인간의 행태에 관해 인과관계를 추측할 수 있다는 것을 가정하였다. 특히 자연과학의 과학적 접근법을 적용함으로써 이러한 설명이 가능하다고 확신하였다. 다시 말해서, 행태주의는 하나의 학파가 아니라, 관찰 가능하고 일반화가 가능한 인간의 행태를 유일한 사회과학의 연구 대상으로 규정하는 하나의 지적 경향이라고 설명된다(Harmon & Mayer, 1986).

1950년대 행태주의의 발전과 함께 고전적 조직이론에 대한 비판이 늘어나기 시작했다. 모든 조직에 통용되는 과학적인 관리원칙을 주장한 고전적 조직이론들은 경험적인 연구에 바탕을 두지 못하였으며, 결과적으로 매우 쉽게 비판을 허용하였다. 하지만 이러한 고전적 조직이론에 대한 비판이 고전적 조직이론을 완전히 반박하지는 못하였고, 단지 고전적 조직이론을 어느 정도 수정하는데 그쳤다. 즉 고전적 조직이론에 대한 비판들이 행태과학에 바탕을 둔 하나의 이론으로 확립되지는 못하였다. 그러나 과거의 단순한 기계적인 관점에서 벗어났다는 점에서 이 당시의 행태주의가 현대 조직이론의 바탕이 된 것은 부정할 수 없다.

Taylor, Fayol, Weber 등의 아이디어와 함께 Hawthorn 연구의 결과는 조직이 협력적인 시스템(cooperative system)이라는 결론에 이르도록 하였다. 즉 조직은 임무(tasks)와 사람(people)으로 구성되어 있으며, 이들 간의 균형상태가 유지되어야 한다는 결론이었다. 이러한 주장에 의하면, 기술적인 업무나 이러한 업무를 하는 사람들의 요구에 관리자가 관심을 갖는 것만으로도 시스템을 최적화하는 것이 가능하다. 따라서 관리자는 달성해야 하는 임무를 위해, 그리고 동시에 이러한 임무를 수행하는 사람들의 요구를 충족시키기 위해 조직을 관리해야 한다.

이와 같이, 조직이 협력적인 시스템이라는 아이디어를 제시한 최초의 학자는 Chaster Barnard(1886-1961)이었다. 그는 New Jersey Bell의 최고관리자로 American Telephone and Telegraph(ATT)에서 일한 경험에 바탕을 둔 *The Functions of the Executive*(1938)라는 책에서 이러한 아이디어를 제시하였다 (Robbins, 1990). Barnard(1938)에 의하면, 개인은 조직에 있어서 가장 기본적인 전략적 요소이다. 조직은 각자의 살아온 삶이나 의무와 관계없이 개인들의 협력(cooperation)을 이끌어내야 한다. 개인들이 자발적으로 협력적인 시스템을 위해 개인적으로 노력을 들여 기여하도록 하는 것이 진정한 협력이며, 이는 조직의 필수적인 요소이다.

조직을 하나의 협력적인 시스템으로 제시한 것 이외에, Barnard(1938)는 인센티브(incentive)에 관해 설명한다. 조직의 에너지를 구성하는 개인적인 노력의 기여는 인센티브를 가진 개인들에 의해 만들어진다. 부적합한 인센티브는 조직의 해체, 조직 목표의 변화, 협력의 실패를 의미한다. 따라서 어떤 형태의 조직이건 적합한 인센티브를 제공하는 것은 조직의 주된 임무가 되어야 한다. 조직은 긍정적인 인센티브를 찾아내고, 부정적인 인센티브나 비용을 줄이는 등 개인에게 효과적으로 인센티브를 제공해야 한다. 조직이 제공할 수 있는 인센티브의 방법으로는 물질적인 (material) 것으로 객관적인 실체를 가진 재화, 물건, 물리적 상태(physical condition)

와 함께, 개인적이고 비물질적인(nonmaterial) 것인 차별화의 기회, 명성, 개인적인 권력, 지배적인 지위의 획득 등이 있다(Barnard, 1938).

하지만 조직은 자원의 한계로 인해 개인들이 협력하도록 하는 모든 인센티브를 제공할 수 없으며, 적절한 인센티브를 제공하는 것 또한 매우 어렵다. 왜냐하면, 다양한 사람들은 시간의 흐름에 따라 다양한 인센티브나 인센티브의 조합(combinations of incentives)에 의해 움직이기 때문이다. 즉 개인들의 욕구는 항상 불안정하다. 따라서 우리는 설득의 방법을 사용해야 한다. 설득(persuation)은 조직이 제공하는 자극이 개인에게 더욱 효과적으로 받아들여지도록 개인의 마음 상태, 태도, 동기 등에 변화를 주는 것을 의미한다. 개인이 조직에 공헌할 마음, 태도, 동기를 바꾸도록 할 객관적인 자극을 제공하기 어려운 경우, 설득을 통해 조직이 제공하는 자극이 적정한 것으로 개인들의 욕구에 변화를 줄 수 있다. 인센티브와 설득은 모든 유형의 조직에서 사용되고 있다. 하지만 대체로 산업조직(industrial organization)에서 인센티브의 방법이 사용되며, 종교조직(religious organization)에서 전도(missionary)의 형태로 설득의 방법이 강조된다. 정치조직(political organization)은 그 사이에 존재한다(Barnard, 1938).

이러한 설명과 함께, Barnard(1938)는 조직 내 구성원의 행태적인 측면에 관심을 두고, 조직에서 비공식 조직(informal organization)의 역할을 제시하였다. 그는 조직에 관해 설명하는 그 당시의 연구들이 조직을 이해하는데 핵심인 조정과 의사결정과정에 관한 설명을 결여하고 있다고 비난하면서(Harmon & Mayer, 1986), 권위가 위에서 아래로(top-down) 흐른다는 고전적인 관점은 잘못된 이해이며, 권위가 '부하의 반응'이라는 관점에서 정의되어야 한다고 주장하였다. 그는 조직 내의 권위는 아래에서 위로, 상향식으로 작용해야 한다고 하면서, 조직을 유지 가능하도록 조직구성원이 상호 협력해야 한다고 주장한다.

따라서 관리자의 역할은 직원들간의 의사소통을 활성화시키고 부하직원이 높은 수준의 노력을 하도록 동기를 부여하는 것이라고 주장하였다(Robbins, 1990). 그는 관리자의 세 가지 역할을 다음과 같이 설명한다(Harmon & Mayer, 1986).

① 관리자는 목표의식과 윤리코드를 만들고 유지해야 한다.
② 관리자는 조직 내에 공식적, 비공식적 의사소통 시스템을 만들어야 한다.

③ 관리자는 조직구성원들이 기꺼이 협조하도록 동기를 부여해야 한다. 즉 관리자는 조직구성원들이 조직의 목표달성에 협력하고 조직에 기여하도록 동기를 부여하기 위해 다양한 설득 전략을 사용해야 한다.

집단사고

Irving L. Janis에 의하면, 집단사고(groupthink)는 '동의(conformance)에 대한 압력'을 의미한다. 특히 응집력이 강한 조직 내에서는 동의를 요구하는 분위기가 너무 지배적이어서 대안에 대한 현실적인 평가가 묵살된다. 집단사고가 형성되면, 사람들은 집단동질감(동의)을 너무 추구하는 나머지, 반대자(거부자)를 인정하지 못하고 현실적인 대안을 찾지 못한다. 비판적인 사고를 희생하여 사기를 북돋우는 집단규범을 발전시키는 것이다. 결과적으로 자신이 속한 집단의 능력을 과신, 과대평가하고 새롭게 발전된 반대되는 정보와 관점을 무시하게 된다. 집단사고는 사회집단에서 어떤 안건이든 찬성과 동의가 빈번하게 나타나는 주요 원인이다(Janis, 1971).

피그만(Bay of Pigs) 침공 작전(1962), 베트남 전쟁에서 존슨(Johnson) 미국 행정부의 전쟁을 오히려 악화시키는 정책결정, 진주만 사태에 적절하게 대처하지 못한 사례(1941) 등이 집단사고의 좋은 예이다. 피그만 사태는 미국의 케네디(John F. Kennedy) 대통령이 추방된 쿠바 망명자들을 미국 중앙정보국(Central Intelligence Agency, CIA)에서 훈련시켜 쿠바의 피그만에 상륙시킨 침공 작전을 말한다. 소위 미국의 뒷마당이었던 쿠바는 1959년 피델 카스트로(Fidel Castro)에 의해 공산화되었다. 미국은 공산화된 쿠바에 불안을 느꼈고, 케네디 행정부는 이 작전이 쿠바 내부의 동조와 봉기를 일으켜 손쉽게 무능한 쿠바의 피델 카스트로 정권을 전복시킬 것이라고 자신하였다.

하지만, 쿠바 정권은 케네디 행정부의 예상처럼 무능하지 않았으며, 이미 상륙지점을 파악하고 침공에 철저히 대비하고 있었다. 상륙한 1,500명의 쿠바인들 가운데 100여명은 사살되고 나머지는 포로로 잡혔으며, 이들은 미국이 5,300만 달러의 보상금을 지불한 후에 석방되었다.

이 사건으로 침공의 배후였던 케네디 행정부와 CIA는 전 세계적으로 웃음거리가 되었다. 케네디(John F. Kennedy) 미국 대통령은 그와 그의 참모들이 계획한 피그만 침공 작전이 실패한 후, "어떻게 우리가 이렇게 어리석을 수 있소?"라고 물었다고 한다. 하지만 단순히 어리석음(stupidity)으로 이 사건이 설명될 수는 없다. 피그만 침공 작전을 계획하기 위한 참여했던 참모들은 미국 행정부 역사상 최고의 지적인 능력을 보유한 사람들로 평가된다(Janis, 1971).

| 그림 7-1 | 피그만 침공 시 포로로 잡힌 쿠바 망명자들 |

출처: Janis(1971); Shafritz, Ott, & Jang(2005).
사진출처: http://blog.naver.com/jjy0501/100065231184

2. 격언(proverb)으로서 행정관리론

케인즈(John Maynard Keynes)의 거시경제이론에 바탕으로 둔 뉴딜(New Deal) 정책(1933)과 제2차 세계대전(1939-1945)으로 인해 미국은 현대적인 관료제 국가로 변모하였다.[1] 1929년 10월 대공황으로 인해 미국에서는 수백만 명의 실업자가 양산되었으며, 이에 대응하기 위한 루스벨트(Franklin D. Roosevelt) 대통령의 뉴딜 정책은 기존의 자유방임적인 정책을 버리고 적극적인 정부개입정책을 표방하였다. 뉴딜 정책은 단순한 정부 정책의 변화가 아니라, 미국 국민의 생활 전반에 대한 국가의 통제와 미국 사회의 전면적인 개편을 의미했다.

뉴딜 기간 동안 미 연방정부의 규모는 급격히 증가되었다. 하지만 이렇게 비대해진 미 연방정부의 설계가 비경제적이고 비효과적이라는 비판이 거세게 제기되었다. 뉴딜 정책을 수행하기에 적합할 정도의 행정 전문화가 이루어지지 못하고 있다는 것이었다. 이러한 비판을 보여주는 대표적인 사례가 행정부(executive branch)와 입법부(legislative branch) 간의 갈등이었는데, 이를 해결하기 위한 방안으로 행정 관리에 관한 대통령자문위원회(President's Committee on Administrative Management,

---

1) 케인즈는 「고용·이자 및 화폐에 관한 일반이론」(The General Theory of Employment, Interest and Money, 1935-1936)에서 정부가 주도하는 완전고용정책을 주장하였다.

일명 Brownlow Committee)가 1937년에 활동하기도 하였다.[2]

이러한 상황에서 행정관리론은 점차 공공조직의 활동을 뒷받침하기 위한 이론으로 부적합한 것으로 평가되기 시작하였다. 왜냐하면 행정관리론은 논리적인 모순을 내포하고 있었으며, 결과적으로 실제 행정에 큰 도움이 되지 못하였기 때문이다. 과학적인 법칙으로서 Gulick & Urwick(1937)이 행정관리론에서 주장한 원칙들(principles)은 Simon(1964), March & Simon(1958)에 의해 심각한 비판을 받게 된다. 이들은 원칙들이 공허하고, 일관되지 못하다고 비판하였다. 어떤 원칙이 언제, 어떤 상황에서 적용되어야 할 원칙인지 나타내 줄 지표가 Gulick & Urwick(1937)의 설명에 존재하지 않는다는 것이었다.

Herbert A. Simon은 미국 행정학보(*Public Administration Review*, PAR)에 게재된 "The Proverbs of Administration"(1945)에서 고전적 조직이론을 정면으로 반박하였다.[3] 그는 Fayol, Gulick, Urwick 등이 행정관리론에서 주장한 행정의 원칙이 일관성이 없고, 상호 충돌하고, 많은 행정 상황에서 적용할 수 없다고 비판하였다. Simon(1964)은 이러한 원칙(principles)이 최적의 결과로 이끄는 원리(disciplines)가 아니라, 하나의 격언(proverb)에 불과하다고 비판한다. 예를 들어, '시작이 반이다', '천릿길도 한 걸음부터', '돌다리도 두들겨보고 건너라'라는 이야기와 같이 상반된 의미를 가진 격언이 많이 있는데, 소위 원칙은 이러한 격언 이상을 설명하지 못한다는 비판이었다. 격언은 단지 듣는 이가 이를 마음대로 적절히 활용하면 되는 것이지 행동의 기준이 되지는 못한다는 지적이었다.[4]

과학적 이론은 무엇이 옳은지뿐만 아니라, 무엇이 틀린지도 말해야 한다. 만약 뉴튼(Newton)이 물질이 서로 잡아당기기도 하고, 밀어내기도 한다는 모순된 주장을 동시에 했다면, 과학적인 지식을 쌓는데 전혀 도움이 되지 못하였을 것이다. 그가 과학에 공헌한 이유는 중력이 작용한다고 발표하고, 중력이 작용하는 원리를 정확히 설명했기 때문이다(Simon, 1946). Simon(1946)은 행정관리론에서 주장하는 원칙들의 모순에 관하여 다음과 같이 조목조목 지적하고 있다.

---

2) 행정관리에 관한 대통령자문위원회(President's Committee on Administrative Management, 일명 Brownlow Committee)에 관한 보다 자세한 설명은 제4장을 참고하기 바람.

3) 이글은 1976년에 책(*Administrative Behavior*)으로 출판된다.

4) 아이러니하게도 Gulick 또한 시간이 지나면, 과학적 관리론적인 접근법이 행태론, 인간관계론 등 더 인간적인 접근법에 의해 대체될 것이라고 말하기는 하였다.

① 전문화(specialization): 전문화는 전문화로 인해 행정의 효율성이 향상된다는 원칙이다. 이러한 주장에 의하면, 어떤 영역에서의 전문화이건, 전문화가 되면 행정효율이 증가하게 된다. 예를 들어, 장소에 따른 전문화와 기능에 따른 전문화 모두 행정의 효율성을 향상시킬 것이다. 하지만 우리가 필요로 하는 것은 장소에 따른 전문화와 기능에 따른 전문화 가운데 어떤 것이 선행되어야 하는가의 문제이다. 전문화의 원칙은 이 두 대안 가운데 하나의 선택에 전혀 도움을 주지 못한다. 즉, 전문화라는 단순한 주장은 근본적인 모호함을 숨기는 것에 불과하다. 결국 전문화를 말하려면, 어떻게(how) 전문화할 것인지를 설명해야 한다(Simon, 1946).

② 명령통일(unity of command): 명령통일은 행정의 효율성이 명확한 권위구조의 계층 속에서 구성원을 조직할 때 향상된다는 원칙이다. 하지만 첫째, 물리적으로 볼 때, 한 사람이 두 가지의 명령에 동시에 복종하는 것은 불가능하다. 또한 둘째, 이는 전문화의 원리와 상충된다. 즉 상호 모순적이다(Shafritz, Ott, & Jang, 2005). 실제 행정 문제에 부딪혔을 때, 명령의 통일(상부의 명령)을 따라야 하나? 전문가로서 스스로 결정해야 하나? 명령통일의 원리는 두 가지의 행동이 가진 상대적인 장점과 중요성을 구분하는데 전혀 도움이 되지 못한다(Simon, 1946).

③ 통솔의 범위(span of control): 통솔의 범위는 한 사람의 관리자가 통솔해야 하는 부하직원의 수에 관한 원칙이다. 통솔의 범위에서는 한 사람의 관리자에게 직접 보고하는 부하직원의 수(주로 6명이라고 주장된다)를 제한함에 따라 행정의 효율성이 향상되는 것으로 가정한다(Simon, 1946). 하지만 부하직원은 계층 수를 의미하는가? 아니면, 한 부서 내의 인원을 의미하는가? 어떻게 결정해야 하는가? 통솔의 범위에서는 이에 대한 명확한 언급이 없다(Shafritz, Ott, & Jang, 2005). 그리고 통솔의 범위를 넓히든지, 혹은 좁히든지 바람직하지 않은 결과가 초래된다면, 최적점은 어디인가? 통솔의 범위를 지지하는 사람들은 3, 5, 7, 11 등의 숫자를 말할 것이다. 하지만 왜 그 숫자를 선택하였는지에 관한 설명은 어디에도 없다(Simon, 1946).

④ 목표, 기능(과정), 수혜자(고객), 장소에 따른 부서화: 목표, 기능(과정), 수혜자(고객), 장소에 따른 부서화는 부서화를 위한 네 가지의 기준을 제시한다. 하지만 첫째, 네 가지 기준은 상호 대치되는 것이다. 즉 네 가지 가운데 하나를 선택하면, 다른 셋은 희생해야 한다. 그리고 둘째, 용어 자체가 애매모호하다. 목표

(purpose)는 어떤 활동을 수행하는 목적으로 정의될 수 있고, 과정(process)은 이러한 목표를 달성하기 위한 수단(means)으로 정의될 수 있다. 과정은 목표를 달성하기 위해 수행된다. 하지만 목표는 일종의 계층에 따라 배열될 수 있다. 예를 들어, 타이핑을 하는 사람은 타자기(typewriter)를 치기 위해 그의 손가락을 움직일 것이다. 타이핑은 편지를 쓰기 위해 친다. 편지는 요청사항에 대한 대답을 듣기 위해 타이핑된다. 결과적으로, '편지를 쓰는 것'은 타이핑을 하는 목표이며, 동시에 '편지를 쓰는 것'은 요청사항에 대한 대답을 듣기 위한 과정이다(Simon, 1946). 같은 활동이 목표로도, 혹은 과정으로도 불릴 수 있다. 즉, 모든 조직에서 목표는 더 큰 상위 목표의 과정이 된다. 결국 목표와 과정은 차이가 없다. 단지 어떠한 관점에서 보는가의 차이가 있을 뿐이다(Shafritz, Ott, & Jang, 2005).

Simon(1946)은 결국 행정학 연구에서 다음의 세 가지가 반드시 갖추어져야 한다고 주장한다. 첫째, 연구의 기준이 명확해야 하고, 조작적 정의가 필요하다. 실증적 연구와 통제된 실험 등 논리실증주의에 바탕을 둔 경험적 연구가 이루어져야 한다. 둘째, 연구의 기준들이 모여 행정상황을 분석, 진단해야 한다. 셋째, 연구의 기준들이 상호 배타적일 때, 비교를 어떻게 할지 제시되어야 한다. 결과적으로, Simon은 행정연구의 대상이 조직구성원의 의사결정이 되어야 한다고 주장한다. 어떻게 의사결정을 내리는가? 어떤 영향을 받아 의사결정을 내리는가? 합리적, 효율적 의사결정을 내리는데 어떤 제약(예를 들어, 제한적 합리성에 영향을 주는 습관, 무의식, 가치관, 지식수준 등)이 있는가? 등이 연구의 대상과 주제가 되어야 한다. 또한 보다 정교한 분석방법이 필요하며, 이는 격언이 아닌 과학(science), 즉 경험(연구와 실험)에 기초를 두어야 한다(Shafritz, Ott, & Jang, 2005).

Simon은 조직의 목표가 구체적으로 제시되고 의사결정의 과정이 명확할 때, 조직구성원이 합리적인 행태를 보일 수 있다고 설명한다. 그는 Taylor의 경제적, 합리적인 인간(economic man)이라는 가정을 비판하고, 자신의 이익을 추구하지만 종종 자신이 누구인지 모르고, 의사결정을 위한 단지 몇몇 가능한 대안만을 알고, 최적의 대안을 추구하기보다는 기꺼이 만족할만한 해결책에 안주하는 행정가(administrative man)를 제안한다. 또한 Simon은 의사결정자의 인지적인 한계를 **제한적 합리성(bounded rationality)**이라는 개념으로 설명한다(March & Simon, 1958; Scott, 2007). 인간이 갖고 있는 인지능력의 한계, 지식과 기술의 불완전성, 시간·

자원의 제약때문에 최적의 대안을 선택하는 것은 불가능하다. 따라서 인간은 익숙한 소수의 대안만을 탐색하며, 게다가 소수의 대안들이 가져올 결과를 모두 예측하지도 못한다. 결국, 제한된 범위 내에서의 합리성을 추구할 수밖에 없는 것이다.

사이먼(Herbert Alexander Simon: 1916-2001)

독일계 미국인인 Herbert A. Simon은 제한된 상황에서의 의사결정 모델에 관한 이론으로 1978년 노벨 경제학상을 수상하였다. Simon은 인간 인지능력의 한계(제한적 합리성)라는 관점을 가지고 주류 경제학이 가정하는 합리성을 비판한 최초의 학자였다. 그가 처음 합리성에 의문을 제기한 당시에는 그의 논점이 아직 개념적 단계에 머물렀고, 모델화가 어려웠기 때문에 대다수의 경제학자들에게 인정받지 못했다. 하지만 Simon의 주장은 후에 경제학과 심리학이 결합하는 행동 경제학으로 꽃을 피우게 된다.

미국 위스콘신 주 밀워키에서 태어난 그는 20여 개국의 언어를 읽을 정도로 다재다능했던 인물로 알려져 있다. 1933년 시카고 대학에 입학하여 정치학을 전공했으나, 이후 대공황과 세계대전의 여파로 사회 문제에 관심을 가지게 됨에 따라 '신고전주의 경제학에서 가정하는 합리성이 충족되지 않은 상황에서 인간은 어떻게 논리적으로 사고하는가?'라는 주제에 관해 평생 동안 연구하게 된다. 1939부터 1942년까지 캘리포니아 버클리 대학의 행정연구소에서 '캘리포니아 주 정부 산하 구제사업부에 몇 명의 사회사업가를 두는 게 적절한가'를 결정하는 연구로 조직이론의 발전에 영향을 주며, 이후 인지과학(cognitive science)과 행동 경제학(behavioral economics) 탄생에 지대한 역할을 한다.

1942-1949년에는 일리노이대학 교수를 지냈으며, 1949년 이후에는 카네기 공과대학으로 옮겨 경영학, 심리학, 컴퓨터 과학 등 각 학부의 교수를 역임하였다. 특히 1967년 이후에는 컴퓨터학 및 심리학 교수로 재직하였다. Simon(과 그 공동연구자들)의 이론이 카네기학파(Carnegie School)로 불리는 것은 이 때문이다. 이후 문제해결과 관련한 연구를 수행하다 84세의 나이로 세상을 떠났다. 그는 경영학, 조직학, 컴퓨터 과학, 인공지능, 인지 과학,

경제학 등 다양한 분야에 막대한 영향을 준 학자로 평가받고 있다.

출처: 네이버 지식백과(2010.3.25). http://terms.naver.com; 행정학사전(2009); 위키백과. https://ko.
  wikipedia.org/wiki.
사진출처: http://famouspeopleinfo.com

3. 새로운 시대의 조직

1960년대는 행정학뿐만 아니라 미국의 전 학문분야에서 커다란 변화가 일어난
시기였다. Waldo는 1960년대의 이 10여 년을 '혁명의 시대에 놓인 행정'이라고
부르기도 한다. 이 시기 베트남 전쟁(Vietnam War)은 정부와 대학생 간의 전에 없
던 대립상황을 가져왔고, 시장에서는 까다로운 새로운 소비자 집단이 등장하였다.
동등한 고용기회와 소수집단의 대표성은 아직 현실화되지 못한 헛된 공약에 불과
했다. 그리고 존슨(Johnson) 행정부의 위대한 사회(Great Society) 정책에 따라 미
국 주정부와 지방정부에서 폭발적인 고용 증가를 가져왔으며, 이러한 변화를 뒷받
침하기 위한 학문적인 관심과 노력을 요구하게 되었다(Shafritz & Hyde, 2012).[5] 교
육지원, 빈곤퇴치, 질병퇴치와 보건, 도시정비와 미화, 범죄와 비행 예방, 투표권의
확보 등을 기치로 내건 위대한 사회 정책의 주요 목표는 인종 차별과 가난을 타파
하는 것이었다. 이에 따라 1965년 투표법(Voting Rights Act of 1965)이 제정되고,
65세 이상의 노인이나 신체 장애인에 대한 의료 보험 제도(Medicare)와 저소득자
에 대한 의료 보장 제도(Medicaid)가 실시되었다. 미 연방 정부의 국민 보조정책
대부분이 1960년대 존슨 행정부의 위대한 사회 정책에서 시작되었다.

이러한 사회적인 변화의 한 가운데에서 Warren Bennis(1966)는 현대사회에는
기존의 조직 형태, 특히 피라미드형의 계급구조인 관료제가 더 이상 적용되지 못
할 것이라고 주장하였다. 관료제는 산업혁명 시기에 완벽한 사회적 창조물인 기계
장치로써 이해되었던 조직의 업무를 구성하고 관리하는 것을 목표로 하였다. 초기
의 관료제는 산업혁명이 꽃을 피운 영국 빅토리아 시대(Victorian era: 1837-1901)

---

5) 미국의 36대 대통령인 린든 B. 존슨(Lyndon B. Johnson)은 1960년 케네디의 러닝메이트로 부통령
  에 당선되었다. 1963년 11월 22일 케네디 대통령이 저격당하자 대통령직을 승계하여 1963년 11월
  22일부터 1969년 1월 20일까지 재직하였다.

의 요구와 가치에 부합하는 이상적인 조직구조였다. 따라서 관료제가 빅토리아 시대에 창의적으로 반응하기 위해 출현했던 것처럼, 현대에 요구되는 새로운 조직구조와 형태가 서서히 등장하고 있다(Shafritz & Hyde, 2012). Bennis(1967)는 관료제의 중앙집권화된 의사결정, 권위에 대한 비사인적인 복종, 엄격한 노동의 분화 등이 유연화된 조직과 같이 분권화되고 민주화된 조직구조에 의해 대체될 것이라고 주장하였다. 예를 들어, 권위에 바탕을 둔 영향력은 전문성에 기반을 둔 영향력에 의해 대체될 것이다. Weber는 관료제가 이상적인 조직구조라고 주장하였지만, 이와 정반대로 Bennis(1967)는 유연한 애드호크라시(adhocracy)가 이상적인 조직구조라고 주장하였다(Robbins, 1990).

Bennis(1967)는 미래에는 급격한 기술의 변화와 다양성으로 인해 민간기업이 정부조직에 침투하게 될 것이라고 예상한다. 정부와 민간기업과의 공동협력은 전형적인 현상이 될 것이고, 혼합된 경제가 탄생할 것이다. 사업의 범위와 비용이 극도로 증가하므로, 동일한 소비자와 판매자를 위해 경쟁하는 사업체는 더욱 적어질 것이다. 조직들은 보다 더 상호의존적으로 변화할 것이다. 미래 환경의 특징은 다음과 같이 네 가지를 들 수 있다. 첫째, 상호경쟁보다는 상호의존의 경향이 강화될 것이다. 둘째, 준비성이나 확실성보다는 혼돈과 불확실성의 경향이 커질 것이다. 셋째, 소규모의 기업보다는 대규모의 기업이 많아질 것이다. 마지막으로, 한 국가 내의 기업보다는 복잡하고 다국적인 기업이 많아질 것이다.

Bennis(1967)는 현대에는 급속한, 조직적인, 그리고 기술적인 변화가 필요하므로 참여적인 관리와 보다 전문화된 직장이 증가할 것이라고 설명하였다. 이러한 변화에 따라 조직은 더 반응적이고, 유연해져야 하고, 결과적으로 덜 관료적, 덜 구조화되고, 덜 엄격한 조직이 될 것이라고 주장하였다. Bennis(1967)는 현대의 조직이 인간 행태의 본질, 부, 권력, 조직형태에 관해 완전히 다른 아이디어에 의존해야 한다고 주장한 최초의 학자였다. 그는 현대 조직이 직면한 관리의 주요한 문제로 통합(integration), 사회적 영향(social influence), 협력(collaboration), 적응(adaptation), 활성화(revitalization) 등 다섯 가지를 제시하며, 기존 관료제의 해결책과 현대사회에 등장하는 조직의 조건을 다음의 〈표 7-1〉과 같이 비교하여 분석한다. Bennis(1967)는 이러한 다섯 가지의 문제가 앞으로 조직이 처할 주요한 문제가 될 것이라고 설명하면서, 어떻게 조직이 이러한 문제들을 관리하고 해결하는지가 의심의

표 7-1 현대 조직이 직면한 관리의 문제

문제	관료제의 해결책	현대조직의 새로운 조건
통합(integration) 개인의 욕구와 조직의 목표를 어떻게 통합할 것인가의 문제	문제가 없으므로 해결책도 없음. 개인들은 과도하게 단순화되고 수동적인 도구로 간주됨. 개인과 조직역할 간의 갈등은 전혀 고려되지 않음	인간과학의 출현과 인간의 복잡성에 대한 이해. 갈망과 야심의 강조. 인간적이고 민주적인 기풍
사회적 영향 (social influence) 권력의 배분, 권력과 권한의 근거에 관한 문제	법적, 합리적 권력에 명백하게 의존하지만 강제적인 권력의 사용도 묵시적으로 용인함	소유와 경영의 분리. 노동조합과 의무교육의 강조. 권위적인 통치의 부정적이고 의도하지 않은 효과를 강조
협력(collaboration) 갈등의 관리를 위한 메커니즘을 제공하는 문제	상하위 계층 간의 갈등을 해결하기 위해 계층제의 원칙을 사용. 같은 계층의 집단 간의 갈등을 해결하기 위해 협동의 원칙을 사용. 충성을 강조	전문화와 독립성에 관한 증대된 요구. 리더십은 너무 복잡하여 한 사람의 통치나 전지전능함은 더 이상 불가능함
적응(adaptation) 환경에 의해 유발된 변화에 적절하게 대응하는 문제	안정적, 단순, 예측가능한 환경, 일상적인 업무. 변화에의 적응은 계획 없이 편의적인 방식으로 발생. 많은 예상하지 못한 결과가 발생	더욱 극적으로 변화하고 예측하기 어려운 조직의 외부 환경. 전례없이 빠른 기술 변화
활성화(revitalization) 성장과 퇴보의 문제	미래가 확실하고 기본적으로 과거와 유사할 것이라는 가정의 강조	기술, 직무, 인력, 천연자원, 규정, 사회의 가치, 기업과 사회의 목표 등의 빠른 변화로 현 상황의 개선에 대한 지속적인 관심이 필수불가결하게 발생

출처: Shafritz & Hyde(2012).

여지없이 조직의 생존능력과 성장을 결정할 것이라고 주장한다(Shafritz & Hyde, 2012).

또한 Bennis(1967)는 행태과학과 개방시스템을 분석하고 이러한 현대사회의 새로운 조직 형태가 사회에 주는 영향에 대해 예측하였다. 이는 민주적인 리더십이라고 불릴 수 있는데, 현재 빈번하게 언급되고 있는 변혁적 리더십(transformational leadership)과도 연관된다(Shafritz & Hyde, 2012).[6]

---

6) 환경이 조직에 미치는 영향력이 증가함에 따라 안정적인 환경에서 현상유지를 목표로 하던 기존의

4. 체제이론

조직 생태시스템(organizational ecosystem)은 조직의 집합체와 환경 사이의 상호작용으로 구성되는 시스템을 말한다(Daft, 2010). 조직에 대한 체제이론적인 접근은 조직이 살아있는 유기체와 같이 환경에 대해 개방적이며, 따라서 생존을 위해서는 항상 환경과 우호적인 관계를 유지해야 한다는 인식에 기반을 두고 있다. 체제이론(systems theory)은 복잡한 기술적, 사회적 체제(system)의 규제와 통제를 위한 일반이론으로 이론 생물학자인 버탈랜피(Ludwig von Bertalanffy, 1968)에 의해 1940년대와 1950년대에 발전되었다. 버탈랜피는 복잡한 개방체제를 이해하기 위해 살아있는 유기체를 예로 삼아, 본래는 생물(유기체)을 이해할 목적으로 개발된 아이디어들을 우리의 일상 세계를 설명하기 위해 활용하는 체제이론을 고안하였다. 그는 외부환경과의 끊임없는 물질, 에너지, 정보 교환은 생명체계의 본질적인 특성이라고 설명한다(Bertalanffy, 1968). 따라서 초기의 체제이론은 다분히 생물학적인 은유의 모습을 띄고 발전할 수밖에 없었다.[7]

체제이론은 크게 세 가지의 관점을 강조한다. 첫째, 조직의 생존을 위해서는 환경을 고려해야 한다. 둘째, 조직은 마치 유기체와 같이 상호 긴밀하게 연결되어 있는 하위체제들(subsystems)의 집합체이다. 그리고 이러한 하위체제들의 배열(configurations)이 중요하다. 마지막으로, 하위체제들 간의 합치성, 혹은 올바른 배열을 설정하고 발생 가능한 역기능을 사전에 제거하는 것이 중요하다(Morgan, 2006).

Daniel Katz와 Robert Kahn은 체제이론의 대표적 저작인 *The Social Psychology of Organization*(1966)에서 사회제도에 관한 기존의 지식을 조직에 적용하려 했다. 이 책은 개방체제(open system)라는 아이디어를 조직이론에 도입한 중요한 촉매가

리더십 이론은 비판을 받기 시작했다. 변화에 능동적으로 대처하기 위해 새롭게 등장한 리더십 유형으로 변혁적 리더십(transformational leadership)이 있다. 변혁적 리더십은 직원들에게 열정과 비전을 부여할 수 있으며 리더가 직원과 함께 동기유발과 도덕 수준을 높이는 관계를 만들어 가는 과정이다. 또한 변혁적 리더십은 리더가 직원들의 잠재적 동기를 인식하여 상위수준의 욕구를 만족시키도록 동기화하고 직원들이 따르도록 행동을 유도하는 상호작용이라고 볼 수 있다(Bass, 1985). 변혁적 리더십에서는 경제적 인센티브나 외재적 보상보다는 리더에 대한 신뢰와 열망, 충성도 등 내재적 보상에 의해 동기가 부여된다고 주장한다(Bass, 1985; Burns, 1978; 진종순, 2014 재인용).

7) 체제이론의 초기에 Auguste Comte와 Herbert Spencer는 "사회는 유기체이다"라고 주장하였다. 물론 아직까지 이 말을 문자 그대로 이해하는 사람은 없을 것이다(Harmon & Mayer, 1986).

되었는데, Katz & Kahn(1966)은 이 책의 "Organizations and the System Concept"라는 장(chapter)에서 조직이 어떻게 작동하는가를 이해하기 위한 제도적인 기반(framework)을 설명하였다. 이 글에서 Katz & Kahn(1966)은 개방체제로서 조직의 특성에 관해 간결한 정의를 제시하였다. 이들에 의하면, 개방체제(open system)라는 단어는 조직이 환경의 전반적인 상황을 고려, 반영해야 함을 뜻한다.

만약 환경이 안정적이고 통제가능하다면, 폐쇄체제 또는 구조화된 전통적인 관료제 형태의 조직구조가 유리하다. 하지만 조직이 처한 환경이 점점 더 역동적이고 극적이고(dramatic) 불안정해지고 있으므로, 조직도 이러한 환경에 적응할 필요가 있다. Katz & Kahn(1966)은 조직을 폐쇄체제(closed system)로 보는 전통적인 관점은 조직과 주변 환경과의 상호작용, 의존관계를 완전히 이해하지 못하게 한다고 주장한다. 조직과 환경과의 관계에서 조직이 생존하기 위해서는 변화하는 환경에 적응해야 할 필요성이 있으며, 이러한 개방체제적인 관점을 가질 필요가 있다는 주장이었다(Robbins, 1990).

체제이론을 조직에 적용한 Katz & Kahn(1966)의 설명은 과학적 관리법과 인간관계론 간의 오래된 논쟁, 즉 폐쇄모형과 개방모형으로서의 조직에 관한 논쟁을 종결지었다.[8] Katz & Kahn(1966) 이후 조직이론 연구자들은 조직과 환경 간의 상호관계를 개방된, 다이나믹한(dynamic) 시스템으로서 보다 세밀하게 이해하기 위한 연구를 하게 되었다(Shafritz & Hyde, 2012). 다시 말해서, 지금까지 다양한 유형의 환경이 확인되었으며, 어떤 조직구조가 다양한 환경에 가장 잘 어울리는지 분석하기 위해 많은 연구들이 수행되었다. 현재는 조직이론의 어떠한 논의도 선호되는 조직구조의 형태에 영향을 주는 주요 상황요인으로서 환경에 대한 면밀한 평가와 분석이 없이는 불가능하다(Robbins, 1990).

Harmon & Mayer(1986)에 의하면, 체제이론은 다음의 다섯 가지 특징을 갖고 있다. 첫째, 조직 내의 각 부분은 조직 내의 다른 부분과의 연관성이라는 관점에서 이해될 수 있다. 둘째, 상호연관성이 있는 조직 내의 모든 부분은 조직의 전체적인 기능에 이바지할 수 있다면 중요한 것이다. 셋째, 조직은 욕구나 목표를 갖고 있는 하나의 생물이나 유기체로 간주될 수 있다. 은유적으로 보면, 전체로서 설정된 조직의 욕구나 목표는 조직구성원이나 개인의 욕구나 목표보다 우선시된다. 넷째, 조

---

8) 인간관계론은 이 책의 제8장에서 설명한다.

직의 욕구나 목표는 정적(예를 들어, 생존 혹은 질서유지)이거나, 또는 역동적(예를 들어, 의도적 성장 혹은 변화의 관점에서)으로 이해될 수 있다. 마지막으로, 조직의 활동은 조직이 생존이나 목표달성을 위해 필요로 하는 자원과 조건을 제공하는 외부 환경과의 연관성의 측면에서 이해될 수 있다.

5. 제도이론

제도이론(institutional theory)에서는 조직을 환경으로부터 큰 영향을 받는 하나의 개방체제로 이해한다. 제도이론에 의하면, 조직은 외부의 영향으로부터 단절되거나, 혹은 단순히 둘러싸여진 것이 아니라, 외부의 영향에 활짝 열려있다. 즉 제도이론에서는 조직이 보다 포괄적이고 광범위한 사회적 이익, 믿음, 가치, 사건과 격리된 하나의 기계와 같이 작동할 수 있는 폐쇄체제가 아니라고 설명한다. 조직의 내부에서 일어나는 업무 과정과 활동은 환경에서 벌어지는 정치적인 결정, 고객의 행동, 경제상황 등에 의해 결정된다. 따라서 제도이론은 버탈랜피(Ludwig von Bertalanffy, 1968)에 의해 발전된 체제이론(systems theory), 그리고 수학자인 Norbert Wiener (1948; 1950)에 의해 제안된 사이버네틱 이론(cybernetic theory)과 그 맥을 같이 한다.[9] 하지만 체제이론과 달리 제도이론은 체제(system) 내 사회적 행위자의 영향력을 인정하며, 제도(institution)가 사회, 산업, 조직과 같은 사회체제를 지배하는 집단적으로 공유된 규범, 가치, 믿음에 뿌리를 두고 있다고 설명한다(Eriksson-Zetterquist, Mullern, & Styhre, 2011). 지금부터는 제도이론을 보다 상세히 알아본다.

1) 제도의 정의

제도(institution)에 관한 개념 정의는 아마도 사회과학에서 가장 어려운 일의 하나일 것이다. 제도는 사회학, 정치학, 행정학, 경제학, 인류학, 조직이론 등 사회과학의 연구에서 가장 중요한 개념 가운데 하나이지만, 조금씩 다른 의미로 이해되고 있다. 사회학자인 뒤르켐(Emile Durkheim, 1995: 7)에 의하면, 제도는 "매일의

---

9) 사이버네틱 프로그램은 컴퓨터 공학의 발전에 큰 영향을 주었다(Eriksson-Zetterquist, Mullern, & Styhre, 2011).

일상을 인도하고 구성하는 믿음이나 가정"을 의미한다.[10] 예를 들어, 기독교의 10계명이나 코란(Qur'an)에서 얼마나 자주 기도하고 금식해야 한다는 지침 등 종교적인 믿음은 매일의 일상에 의미와 방향을 부여한다(Eriksson-Zetterquist, Mullern, & Styhre, 2011).

영국의 인류학자인 Radcliffe-Brown(1958: 174)은 제도를 "확립되거나 사회적으로 인지된 규범체계, 혹은 특정 사회생활에서 나타나는 행위의 패턴"이라고 정의한다. 이와 유사하게 사회심리학자이자 비판이론가(critical theorist)인 Theodore W. Adorno(2000)는 제도를 "숨겨진 행위, 자연스럽게 직접적인 사회적 행위와 분리된 어떤 것"이라고 정의한다. 즉 제도는 행위 그 자체가 아니고, 사회적 행위에 대한 가이드라인을 제공함으로써 행위에 큰 영향을 미치는 어떤 것을 의미한다. 이와 같은 관점에서 프랑스의 철학자인 Georges Canguihem(1989: 380)은 제도를 "가치의 성문화, 그리고 규정들의 집합으로서 가치의 구체화"라고 정의한다. 공유된 사회적 가치는 규정들이 모여 하나의 집합으로서 제도화된다. 규정들은 일반적으로 어떤 행위가 합법적이고, 합법적이지 않은지를 결정한다(Eriksson-Zetterquist, Mullern, & Styhre, 2011).

이러한 여러 가지 정의에 의하면, 제도는 매우 추상적인 개념임을 알 수 있다. 제도는 행위 그 자체가 아니며, 어떤 공동체에서 집단적으로 공유되는 규범이나 규정의 집합이다. 제도는 손으로 만지거나 느낄 수 없는 것이며, 사회적 행위에 의해 드러나는 추상적인 원칙이다. 제도에 관한 이해를 더욱 어렵게 하는 것은 제도가 절반정도의 물질(semi-material)이나 만질 수 있는 사회적 설비를 뜻하는 경우도 있기 때문이다. 예를 들어, '결혼'이나 '부모의 역할'은 실제 행위와 추상적인 원칙이 결합된 것이다. 결혼은 어떠한 의식이나 절차, 그리고 행정절차 이후에 성립된다. 동시에 결혼은 "간통은 잘못된 것이다", "남편과 부인은 서로 신뢰해야 한다" 등 어떠한 원칙을 지킴을 의미한다(Eriksson-Zetterquist, Mullern, & Styhre, 2011).

Barley & Tolbert(1997: 96)는 조직이론에서의 제도(institution)를 "조직 내 행위의 범주(category)와 상호관계의 적절한 활동을 결정하는 공유된 규칙과 전형

---

10) 프랑스의 사회학자인 Durkheim은 현대 사회학의 창시자 가운데 한 사람이라고 불린다. 그의 저작인 『사회학적 방법의 규칙들』(Rules of Sociological Method, 1894), 『자살론』(La Suicide, 1897) 등은 사회학뿐만 아니라 인류학에도 큰 영향을 주었다.

(typifications)"이라고 정의한다. 제도화(institutionalization)는 이러한 규칙과 전형이 설치되고 제정되는 실제 과정을 의미한다. Pfeffer & Salancik(1978: 234)은 제도화를 "어떤 집단의 영향력을 지지하는 상대적으로 영구적인 구조와 정책의 설립"이라고 정의한다. 보다 최근에 Lanzara & Patriotta(2007: 637)는 제도를 "어떤 사회질서·패턴·관습이 당연하게 여겨지고, 조직구조에서 스스로 재생산되는 현상적인 과정"이라고 정의한다. 즉 제도는 조직 외부로부터 발생되지 않으며, 제도화는 조직 내부에서 오랜 기간 형성되고 확립된다. 하지만 오랜 기간 형성된 제도가 변화하지 않는 것은 아니다. 때에 따라 사회문화적·경제적 환경의 변화는 제도를 훼손할 수 있다. 비록 제도는 오랜 기간 안정적이지만, 새로운 사회문화적·경제적 상황이 발생할 때 변화될 가능성이 있다(Eriksson-Zetterquist, Mullern, & Styhre, 2011).

2) 제도이론: Selznick의 TVA 사업 분석

가장 영향력 있는 사회학자의 한 사람인 Talcott Parsons(1990: 320)는 제도이론(institutional theory)을 사회생활의 모든 측면을 설명하는 일반사회학이론의 가장 중요한 분야라고 강조하였다. 조직이론분야에서도 제도이론은 조직에서의 활동을 설명하기 위한 가장 중요한 이론의 하나로서 오랜 역사를 갖고 있다(Zucker, 1987; Tolbert & Zucker, 1996; Scott, 2001). 사회학자인 Philip Selznick은 1930년대에 루즈벨트(Franklin D. Roosevelt) 행정부가 설립한 테네시강 유역 개발청(Tennessee Valley Authority: TVA)이 종합개발사업을 위해 주변 지역 이해관계자들의 지원을 얻는 과정을 연구하였다. 이 연구는 제도이론에 관한 가장 고전적이고 대표적인 연구였다(Eriksson-Zetterquist, Mullern, & Styhre, 2011).

Selznick은 자신이 직접 참여했던 TVA에 대한 연구를 토대로 조직에 관한 제도이론적인 분석을 보다 구체화하였다. 그는 공공조직의 권력(power)에 관한 최초의 사회학적인 연구였던 *TVA and the Grass Roots*(1949)라는 책에서 가치의 주입(infusion with values)과 흡수(co-optation)라는 새로운 용어를 제시하였다. 가치의 주입(infusion with values)은 어떻게 하루하루의 활동이 결정되어야 하는지에 관한 새로운 규정을 조직이 점차 받아들이는 과정을 의미한다. 그리고 **흡수(co-optation)**는 활동들이 계속됨에 따라(혹은, 가치의 주입이 계속 일어남에 따라,)

새로 발생하는 목표들을 조정하는 것을 의미한다(Shafritz, Ott, & Jang, 2005).

흡수는 이익단체, 지방정부, 시민단체와 같은 외부의 환경이 공공기관이나 공공기관의 미션에 위협(threat)이 되는 것을 방지하기 위해 사용된다. Selznick은 흡수 메커니즘이 사용하는 과정, 절차, 의미에 관한 분석을 실시하였다(Shafritz, Ott, & Jang, 2005). 흡수는 조직의 안정이나 생존에 대한 위협을 회피하는 수단으로서 새로운 요소들을 조직의 리더십이나 정책결정구조에 받아들이는 과정을 의미한다. 즉, 조직이 새로운 요소를 그 내부 정책결정과정에 도입하고자 하는 노력이다. 흡수는 공식적인 흡수와 비공식적인 흡수로 구분된다. 우선, 공식적인 흡수(formal co-optation)는 조직 내 권력 자체가 아니라 권력에 대한 책임(responsibility)을 공유하는 것을 의미한다. 동의(consent)와 통제(control) 간에 간극이 존재할 때, 공공기관(formal authority)의 정당성은 의심을 받게 된다. 이때 공공기관의 반응은 공식적인 수단을 통해 불균형 상태를 바로 잡으려는 시도이다. 예를 들어, 식민지에서 외지인이 원주민 리더를 식민 행정부에 흡수하여 식민통치의 정당성을 재확인하는 것이 여기에 해당된다(Selznick, 1948).

비공식적인 흡수(informal co-optation)는 특정한 권력 근거지(centers of power)의 압력에 대한 반응이다. 비공식적인 흡수는 반드시 조직의 정당성 문제이거나 일반적인 신뢰 저하의 문제가 아니다. 특정한 권력 근거지는 공공기관을 위협할 수 있을 정도로 잘 조직되어 있거나, 정책을 잘 마련하고 있을 것이다. 공공기관은 이러한 제도적인 환경의 영향력을 반드시 고려해야 한다. 결과적으로, 외부의 요소들이 독립적으로 행사할 수 있는 자원에 대한 인정으로 외부의 요소들은 공공기관의 리더십이나 정책결정구조에 들어오고, 한 자리를 차지하게 될 것이다. 행정구역(일부 지역)을 기반으로 특정 이익을 대표하는 것이 이러한 과정의 일반적인 예이다. 이러한 흡수는 대부분 비공식적인 언어로 표현된다. 왜냐하면, 공공기관이 주민 전체에 대한 불균형 상태에 대응하는 것이 아니라, 요구를 관철시킬 수 있는 위치에 있는 특정 집단 혹은 이익단체의 압력에 대응하는 것이기 때문이다. 더욱이 특정 이익을 공개적으로 인정하는 것은 지역사회에서 공공기관의 정당성을 훼손할 것이다(Selznick, 1948).

테네시강유역 개발청(TVA)

1930년대 미국에서는 대공황의 극복을 위한 정책의 하나로 테네시강 유역의 종합개발을 착수하였는데, 이 계획의 집행을 담당하였던 기관이 TVA이다. 1929년의 대공황을 극복하기 위해 루스벨트 대통령이 추진한 뉴딜(New Deal) 정책의 일환으로 TVA법이 제정되었다. 이미 노리스 상원의원 등이 기존의 댐, 발전소 및 제1차 세계대전 시기에 연방정부가 건설한 화약제조공장 등의 시설을 정비, 확충하여 지역개발에 활용할 것을 제안하였으나 받아들여지지 않다가 1933년 루스벨트가 대통령에 당선되면서 침체된 경제활동에 정부가 적극 개입, 본격적인 지역개발사업을 추진하기 위해 TVA법을 제정한 것이다.

TVA는 준입법적, 준사법적 기능을 수행하는 규제 기관인 동시에 경제적 과업을 담당하는 공사로서, 강력한 정치적 지지와 행정상 독립성을 인정받고 정책을 추진하였다. 테네시강 유역 개발은 앨라배마, 조지아, 켄터키, 미시시피, 노스캐롤라이나, 테네시, 버지니아(Alabama, Georgia, Kentucky, Mississippi, North Carolina, Tennessee, Virginia) 등 미국 남동부 일곱 개 주에 걸치는 약 10만 4,000㎢지역 내에 26개 대형댐을 건설하여 홍수방지, 농사법 개선, 토양과 광물자원의 보호관리, 삼림녹화, 전력자원의 개발 등 자원의 이용, 보전, 개발 촉진과 지역주민의 복지향상 및 국가목표 달성 등을 목적으로 한 다목적사업이었다. 이는 세계 최초의 대규모 지역종합개발사업으로 발전량 증가, 농업생산력 증가 등 경제발전에 크게 이바지하였을 뿐 아니라 종합개발의 성공 모델로서 세계 여러 나라에 큰 영향을 끼쳤다. 하지만 1980년대에 들어 발전의 효율성문제와 안전장치 결함으로 TVA는 상당부분 축소·재조정되기도 했다.

출처: 한국 브리태니커 온라인(2014.11.5). http://members.britannica.co.kr/bol/topic.asp?mtt_id=94807
사진출처: https://www.tva.gov/About-TVA/Our-History

처음에 TVA는 지방정부 간, 지방정부와 시민단체 간 협력이라는 풀뿌리 시민운동의 이상에 바탕을 두고 설립되었다. TVA는 조직이 설립될 때 설정된 조직 목표를 고수하기보다 지속적으로 조직의 목표가 변화·성장하는 것을 추구하였다. 그래서 이를 위해 새로운 가치와 규범을 조직에 흡수하였다. Selznick은 TVA가 새로운 영향력과 새로운 조력자를 구하는데 있어 개방적인 자세를 유지함으로써 새롭게 발생하는 사회적·경제적 변화에 대응하였다고 설명한다. 즉 TVA는 폐쇄된 조직이 아니었으며, 환경의 변화에 대응하는 능력을 유지하였다(Eriksson-Zetterquist, Mullern, & Styhre, 2011). 보다 구체적으로 TVA는 현지 주민들의 저항을 무마하고 정치적 지지를 확보하는 방편으로 지역대표들을 TVA사업에 관한 의사결정에 참여시키는 흡수(co-optation) 전략을 채택하였다. 그러나 이러한 흡수 전략은 국민 대다수의 이익 추구라는 TVA의 공식적 목표와는 달리, 소수 지역유지들의 사적 이익에 기여하는 결과를 초래하기도 했다고 평가된다.

크게 보면, Selznick은 민주사회의 정책결정과정에 시민의 참여가 미치는 영향을 분석하였다고 할 수 있다. 공공조직에서의 흡수는 공식적 권위와 사회적 권력 간의 긴장상태를 반영한다. 또한 제도적인 관점에서 관리자의 역할은 제도가 잘 작동할 수 있는 환경을 만드는 것, 그리고 채용(recruitment), 교육훈련, 거래 등을 통해 새로운 제도의 방향을 규정하는 것이다. 이러한 주장을 보면, Selznick은 1980년대의 개념인 변혁적 리더십(transformational leadership)을 예견하였다고 볼 수 있다(Shafritz, Ott, & Jang, 2005).

3) 신제도이론

Parsons(1960)와 함께 앞서 살펴본 Selznick(1949)의 제도이론은 1970년대의 신제도이론(neoinstitutional theory)과 대비하여 고전적인 제도이론(classical institutional theory)으로 불린다. Scott(2004: 7)은 기존의 제도이론과 신제도이론 간의 차이를 다음과 같이 설명한다. Parsons(1960)와 Selznick(1949)의 제도이론은 제도화된 체제(system)의 규정적·규범적인 측면을 강조하였다. 하지만 신제도이론은 규정적·규범적 측면을 중요한 것으로 이해함과 동시에, 상징적인 요소, 즉 조직구조와 조직행태를 형성하는데 있어 독자적으로 중요한 역할을 하는 선험적 도식(schemas), 전형(typifications), 문자(scripts)등의 역할을 강조한다(Eriksson-Zetterquist, Mullern,

& Styhre, 2011).

다시 말해서, 신제도이론은 상징적이고 문화적인 요소에 관심을 기울인다. 또한 매일매일 일상의 업무와 결합되어있는 선험적 도식과 문자와 같이 제도의 인식적인 측면을 중시한다. 신제도이론에 관해 가장 널리 알려진 설명은 제도의 의식(ritual)과 상징적인 측면을 크게 강조한 1977년 Meyer & Rowan의 글이다. Meyer & Rowan(1977)에 의하면, 공식적 조직(formal organizations)은 기술적인 관계와 경계를 넘나드는 교환 작용의 복잡한 네트워크에 내장된 조정·통제된 활동들의 체제로 정의된다. 조직을 완벽하게 이해하기 위해서는 명시되고 제정된 규정을 위한 형식적인 절차와 함께 이러한 공식적 조직특성들이 분석되어야 한다. Meyer & Rowan(1977)은 모든 조직이 제정된 합리적인 절차를 실제 관행과 통합하게 된다고 설명한다. 즉 조직은 표준화되고 합법화된 해결책을 추구하여 불확실성을 줄이고 조직의 통제문제를 해결한다(Eriksson-Zetterquist, Mullern, & Styhre, 2011).

다시 말해서, 항상 조직은 관행과 제도적으로 합법적으로 보이도록 하는 절차를 조화시키려 한다. 실제로 이러한 적합성(conformity)은 대부분의 민간기업들이 유사한 인사관리시스템, 품질관리제도, 현재 조직의 외부환경에서 거론되고 있는 주요 이슈에 관심을 갖고 있음을 잘 설명한다. 예를 들어, 현재 지구온난화의 위협과 환경파괴로 인해 모든 산업분야의 민간기업에서 환경보호 이슈가 공통적으로 거론되고 있다. 이러한 관점에서 볼 때, 조직은 폐쇄된 존재가 아니라 제도적으로 합법성을 얻기 위해 끊임없이 새로운 절차를 받아들이는 개방체제이다. 제도적인 이해에 의하면, 조직은 경계를 가진 독자적인 주체로서 더 이상 설명되지 않는다. 체제이론에 의해 제시되었던 환경과의 상호관계를 훨씬 넘어, 극단적인 신제도이론에서는 조직을 환경과 상호작용하는 주체라기보다는 현대사회에서 널리 퍼진 합리화된 신화의 극적인 절차로 정의한다(Meyer & Rowan, 1977: 346).

다른 기업들과 유사한 절차와 관행을 받아들이는 경향은 신제도이론에서 **동형화**(isomorphism)라고 불린다. 이 단어는 그리스어의 *iso*(유사한, 동일한)과 *morphe*(형태, 모양)로부터 유래되었다. 동형화는 모든 산업분야에서 나타나며, 하나의 산업으로부터 다른 산업으로 전이되는 구체적인 관행도 어렵지 않게 볼 수 있다. 예를 들어, 공장과 자동화 산업에서 발달되었던 TQM(Total Quality Management)의

과정은 현재 모든 산업분야에서 적용되고 있다.[11] Meyer & Rowan(1977)은 환경적인 제도에 대한 동형화가 조직이 문제와 도전에 대처하는 것을 다음과 같이 돕는다고 설명한다. 첫째, 동형화는 효율성이 아닌 외부의 합법화된 요소를 받아들인다. 둘째, 동형화는 구조적인 요소의 가치를 평가하기 위해 외부의, 혹은 의식적인(ceremonial) 평가기준을 필요로 한다. 마지막으로, 외부의 확립된 제도에 대한 의존은 조직의 혼란을 줄이고 안정성을 유지한다. 결과적으로, 제도적인 동형화는 조직의 성공과 생존 가능성을 높인다(Meyer & Rowan, 1977: 349).

따라서 조직의 관리에서 일종의 유행을 어느 정도 충실하게 따르는 것은 조직의 합리적인 선택이다. 하지만 이렇게 제도화된 절차와 규정을 고수하는 것은 때때로 조직의 단기적인 목표와 갈등을 유발할 것이다. Meyer & Rowan(1977: 355)에 의하면, 절대적인 절차와 규정은 효율성의 논리와 갈등을 일으킨다. 조직의 제도화된 절차와 규정을 준수하는 활동은 타당한 의식적인(ceremonial) 비용으로 간주되지만, 효율성의 관점에서 볼 때에는 순수한 비용으로 간주될 수 있다. 예를 들어, 새로운 관리자를 선발할 때, 이미 조직 내에 유능한 후보자가 있다면, 가장 효율적인 해결책은 조직 내부에서 관리자를 선발하는 것일 것이다. 하지만 만약 모든 관리직이 외부 공개경쟁으로 공모되어야 한다는 것이 제도화되었다면, 이러한 제도화된 규정을 무시하는 것은 조직이 기존에 획득한 제도화된 신뢰를 훼손하는 것이다. 따라서 비록 선발비용이 더 들고, 과정이 더 복잡하더라도 조직은 외부 공개경쟁으로 관리자를 선발할 수밖에 없다. 이 경우, 조직의 단기적인 이익과 장기적·제도적 신뢰 간에 직접적인 갈등이 발생한다. 때에 따라 조직은 제도화된 절차와 규정을 피하기 위해 절차와 규정의 허점을 찾고 지름길을 선택할 것이다. 하지만 이러한 선택은 항상 조직의 제도적인 신뢰를 해칠 위험이 있다.

DiMaggio & Powell(1983)은 조직에 영향을 주는 세 가지 유형의 동형화를 제시한다. 첫째, 강제적인 동형화(coercive isomorphism)는 강제적으로 제도화된 규정과 절차를 뜻한다. 대부분 강제적인 동형화는 정치적인 결정에 바탕을 두고 있으며, 조직의 합법성에 큰 영향을 준다. 예를 들어, 의약품 개발을 위해 동물실험을

---

11) 총체적 품질관리(TQM)는 고객만족과 관리개선을 위해 고객지향적인 서비스 품질에 초점을 두고 전 직원의 참여에 의해 지속적으로 서비스를 개선하는 관리전략이다. TQM은 민간기업뿐만 아니라 공공조직에서도 활용되고 있다.

하는 것은 동물 애호가와 단체들에게 비윤리적인 것으로 간주된다. 관행에 대한 논란 때문에 정치·규제 기관은 동물실험에 관한 명백한 절차를 수립하며, 제약회사는 이러한 규정과 규제를 따르지 않을 수 없다. 하지만 세세하게 모든 것을 완벽하게 규정하는 절차는 존재할 수 없다. 실제로 강제적인 동형화는 제약회사에게 어느 정도 선택과 행동의 여지를 준다.

둘째, 모방적인 동형화(mimetic isomorphism)는 조직이 제도적인 합법성을 얻기 위해 상호 모방하거나, 선도적인 조직을 모방하는 경우를 뜻한다. 즉 조직이 관련된 경쟁자들과 동일한 절차와 규정, 관행을 가짐으로써 불확실성을 줄이고자 하는 의도를 의미한다. 마지막으로, 규범적인 동형화(normative isomorphism)는 전문적인 교육과 훈련으로 얻어진 전문적인 정체성과 이념에 기반을 두고 있다. 예를 들어, 대표적인 지식근로자(knowledge worker)인 의사는 특정한 업무분야에서 자신들의 영역을 유지하기를 원한다. 의사는 의사결정에서 자신의 특권을 주장하여 자신들의 영역을 유지하려 한다. 비록 간호사가 건강관리업무에 보다 더 자질이 있고, 의사결정을 내리는데 더욱 적합하더라도, 의사는 자신을 위해 건강관리업무에서 특권을 유지하기를 원할 것이다. 따라서 의사와 간호사 간의 관계는 강한 규범적인 동형화의 통제를 받는다. 의학계가 규범적인 동형화에 의해 제도화되었기 때문에 거의 대부분의 병원에서 의사와 간호사 간의 관계는 유사하게 유지된다. 다시 말해서, 전문적·직업적인 집단들은 제도화된 합법성을 얻기 위해 경쟁하고 있고, 그들 간의 관계는 제도화된 규범과 믿음에 의해 규정된다.

Meyer & Rowan(1977), DiMaggio & Powell(1983)은 제도가 조직의 공식적인 구조와 활동에 큰 영향을 준다고 설명한다. 대체로 제도화된 규정과 믿음에 충실할수록 조직의 생존가능성이 높아진다. 하지만 앞서 살펴보았듯이 몇몇 경우에는 장기 목표와 단기 목표 간의 직접적인 갈등이 발생한다. 그리고 제도화된 규범과 믿음은 그 자체로 좋거나 나쁜 것이 아니다. 제도화된 규범과 믿음은 조직의 활동을 유지하는데 도움이 되는 반면, 많은 경우, 예를 들어 성별이나 인종적인 편견의 경우에 제도화된 규범과 믿음은 더욱 공정하고 정당한 사회를 위해 극복해야 하는 강력한 걸림돌이 된다.

제도이론은 조직, 산업, 산업부문 간의 유사점을 설명할 수 있는 좋은 이론적인 틀이지만, 차이점을 설명하는 데에서는 활용, 검증되지 못해왔다. 제도이론은 기본적으로 조직을 집단수준에서 분석하며, 단일 조직의 행태를 설명할 때에는 무딘 틀이다. Meyer & Rowan(1977)이 강조하듯이, 조직의 어떤 문제에 대한 공식적인 입장과 실제 행위 간에는 차이가 존재한다. 그러므로 조직이 지지한다고 주장하는 가치와 실제 지지하는 가치는 다를 수 있다. 이런 의미에서 Brunsson(1985)은 조직이 활동을 수행하기 위해 위선적(hypocritical)이어야 한다고까지 주장한다. 즉 항상, 일상적으로 반드시 조직이 천명해야 하는 것과 장기적으로 생존하기 위해 해야만 하는 것 간에는 차이가 존재한다. Brunsson(1985)에 의하면, 어떤 조직도 완벽하게 제도적으로 합법적인 다양한 규범에 따라 활동하는 것은 불가능하다.

복습을 위한 질문

- Barnard가 주장한 관리자의 역할은 무엇인가?
- Simon이 주장한 내용은 무엇인가?
- Selznick이 설명한 흡수(co-optation)는 무엇인가?
- Bennis가 주장한 현대 조직이 직면한 관리의 문제 가운데, 협력(collaboration)은 무엇인가?

제 8 장

인간관계론

인간관계론으로 구분되는 연구로는 Follet(1926)의 연구, Mayo(1933)의 호손 연구 (the Hawthorne Studies), Maslow(1943)의 욕구 계층이론, McGregor(1957)의 X−Y 이론, Herzberg(1966)의 2요인 이론 등이 대표적이다. 이 장에서는 인간관계론을 다룬 이들 연구자의 주장을 살펴본다. 이 연구자들의 공통점은 인간으로서 조직구성원의 미래에 대해 매우 낙관적으로 전망했다는 것이다. 이들은 조직구성원이 조직에서 자아를 실현하는 것이 충분히 가능하다고 보았고, 조직은 조직구성원이 자아를 실현하도록 지원할 수 있고, 또 지원해야 한다고 주장하였다.

비록 이러한 이들의 주장이 현재 실현되었다고 보기는 어려우나, 어쨌든 인간관계론은 다른 후대 연구자들에게 큰 영향을 주었으며, 이러한 영향은 지금까지도 계속되고 있다. 이 장에서는 이러한 인간관계론의 초기 연구들과 함께, 어떤 요인이 조직구성원의 동기에 영향을 주는지에서 한 발 더 나아가 직무 내 요인들이 구성되는 방식이 조직구성원의 동기에 영향을 준다고 설명하는 Hackman & Oldham(1980)의 직무특성모델을 살펴본다(Robbins, 2005).

1. 상황의 법칙

1900년 초기에 미국의 학자들은 주로 "전체 정치, 행정 시스템에서 각 부분과 요소들이 어떻게 작동하는가?"와 같은 큰 주제(macro issue)에 관심을 두었다. "어떻게 조직 내의 개인들이 활동을 하는가?", "의사결정이 어떻게 이루어지는가?"와 같은 작은 주제(micro issue)에는 큰 관심을 두지 않았다. Follet(1926)은 조직의 내부에서 일어나는 보다 작은 주제에 관심을 가진 최초의 연구자 가운데 한 사람이었으며, 그녀의 연구는 "조직이 어떻게 작동하는가?"를 이해하는데 큰 기여를 하였다. Follet(1926)은 어떻게 보면 현대의 참여적인 관리(participatory management)와도 연관된 주제를 연구하였는데, 위로부터의 권력(power over)이 아닌 함께하는 권력(power with)에 관심을 가졌다. 그녀는 함께하는 권력을 설명하기 위해 상황의 법칙(law of situation)을 제시하였는데, 이러한 설명은 상황이론(contingency theory)에 영향을 주게 된다(Shafritz, Ott, & Jang, 2005).[1]

Follet(1926)은 관리자와 부하직원 간의 역할 차이로 인해 나타나는 문제가 조직의 생산성을 줄이는 경우를 설명한다. 인간관계학파(human relations school of management)의 기원이 되었던 Elton Mayo의 호손실험(Hawthorne Experiment)에서 설명하듯이, 물질적 · 경제적 상황보다 더 중요한 것은 사회적 상황(social situation)이다. 조직구성원들은 위로부터의 관리, 통제보다 동료들로부터의 압력(peer pressure)에 더 민감하게 반응한다.

Follet(1926)은 상황에 대한 인식을 공유하지 않는다면, 조직구성원들 간의 친밀한 관계를 맺을 수 없다고 설명한다. 따라서 어떤 행동이나 대응을 할 수밖에 없도록 만드는 상황에 대한 조직구성원 공동의 이해가 반드시 필요하다(authority of situation). 명령이 내려지는 장소, 명령이 내려지는 환경은 반응의 차이를 만든다. 예를 들어, 같은 제안을 선생님이 했을 때와 친구가 했을 때, 이러한 말을 들은 소년은 다르게 반응할 것이다. 또 같은 제안을 선생님이 교실에서 했을 때와 함께 산책을 하면서 했을 때, 이러한 말을 들은 소년은 다르게 반응할 것이다. 먼 거리로부터 내려진 명령(long-distance order)보다는 얼굴을 맞댄 제안(face-to-face suggestion)이 보다 효과적인 것은 직접 만나서 의사소통을 할 때 상황에 대한 인식을 공유하기 쉽기 때문이다(Shafritz, Ott, & Jang, 2005).

몇몇 사람들에게 명령을 내리는 것은 매우 간단한 일처럼 여겨진다. 그들은 부하들이 자신의 명령에 이의 없이 따르리라 기대한다. 하지만 반면에 명령을 내리는 것에 많은 어려움이 있다는 것은 상식이기도 하다. 이해되지 않은 명령에 대해 절대 복종을 요구하는 것은 좋지 않은 방식이다. 심리학에서는 명령을 내리는 것이 부하들을 만족스럽게 일하도록 할 수 없을 뿐만 아니라, 부하들을 타이르거나 지적으로 납득시킨다고 해도 충분하지 않다고 설명한다. 우리의 지금까지의 삶, 어

---

1) 상황이론은 이 책의 제9장과 제10장에서 설명한다.

릴 때 받은 교육, 최근의 경험, 신념, 편견, 소망은 심리학자들이 말하는 습관 패턴(habit pattern), 행동 패턴(action pattern), 운동 자세(motor-set)라는 특정한 성향을 형성하여 왔다. 관리자는 직원이 그가 지시한 일을 그대로 이행하지 않을 때 화를 낼 것이다. 하지만 직원은 단지 그의 평생의 습관에 반해서 행동하지 못하기 때문에 명령받은 대로 할 수 없었던 것이다(Follet, 1926).

사람들은, 혹은 조직구성원들은 왜 명령을 받을 때 거부감을 느끼는가? 조직구성원들은 명령(order)의 내용보다는 누군가로부터 명령을 받았다는 그 사실 자체에 자연적으로 불만을 느낀다. 사람들은 일을 하루 쉬라고 하는 명령조차 좋아하지 않는다. 왜냐하면, 어떤 명령이건 누군가로부터 명령을 받았다는 것은 어쩔 수 없이 사람들의 자존감(self-respect)에 상처를 주기 때문이다. 자신의 삶을 통제하고자 하는 바램은 모든 인간에게 존재하는 가장 기본적인 감정이다(Follet, 1926).

그렇다면 실제로 조직 내에서 명령(order)이 어떤 방식으로 내려져야 하는가? 명령은 비개인화(depersonalize)되어야 한다. 부하직원들은 상황의 법칙에 따라 명령을 수행하는 것이다. 명령을 내리는 것을 비개인화하고, 그 상황에서 우려되는 모든 것을 공유하고, 상황에 맞는 방법을 찾아 이를 따르는 것이다. 한 사람이 다른 사람에게 명령을 내리는 것이 아니라, 둘 다 그 상황에서 그러한 명령이 이행되는 것을 동의하는 것이다. 명령이 상황의 일부라면, 명령을 내리는 사람과 받는 사람 모두 의문을 갖지 않고 받아들인다(Follet, 1926). 주어진 상황에 대한 합의를 통해 명령을 내리는 자(관리자)와 명령은 받는 자(부하직원) 간의 화합이 가능하다. 이렇게 되기 위해서는 참여적인(participatory) 리더십 스타일이 필요하다. 관리자와 부하직원들이 현재의 상황을 파악하기 위해 협력하고, 어떻게 대응할지를 결정하는 것이다. 즉 상황의 법칙이 발견되면, 관리자가 부하직원에게, 혹은 더 나아가 부하직원이 관리자에게 명령을 내리는 것이 가능하게 된다. 누구도 누구의 하급자가 아니게 되는 것이다. 결국, 모든 조직구성원들이 상황으로부터 지시(cues)를 받게 된다(Shafritz, Ott, & Jang, 2005).

조직구성원의 이러한 불만을 줄이는 가장 좋은 방법은 관리자가 처해진 상황 때문에 어쩔 수 없이 명령을 내린다고 부하직원들이 인정하도록 만드는 것이다. 즉 상황에 대한 관리자와 부하직원들의 인식이 공유되어야 하는데, 이렇게 내려진 명령은 다음과 같은 특성을 갖게 된다. 첫째, 상황의 법칙(law of situation) 때문에 할 수 없이 명령을 내린다. 둘째, 현재의 상황은 계속 변화한다. 셋째, 상황에서 나온 명령은 일방향적(linear)이 아닌 순환적인(circular) 행동을 내포한다(Shafritz, Ott, & Jang, 2005). 즉, 명령 내리기(giving of orders)와 명령의 수용(receiving of orders)은 순환적인 행위를 통해 통합되어야 한다(Follet, 1926).

미국 인사관리처(OPM)의 교육훈련 철학

THE GREATEST JOB IN AMERICA IS

serving the public

Theodore Roosevelt

Federal workers are the people that brought you the lunar landing, who rebuilt the world after the war, who cure disease, fight crime, protect our Constitution, and advance our principles.

"위대한 리더는 태어나는 것이 아니라 만들어지는 것이다."[2]

　미국 인사관리처(Office of Personnel Management, OPM)의 관리자교육훈련을 위한 철학은 크게 다음의 네 가지로 제시된다. 첫째, 리더십이 관리자질이나 관리기술보다 더욱 중요하다는 인식이다(Government Executive, 1998). 둘째, 미국 농무성(Department of Agriculture)의 Robert Franco가 제시한 개념으로서, 현재 정부에서 발생하는 문제들이 기술적이거나 관리적인 것이 아닌 리더십의 문제라는 인식이다. 고위공무원으로서의 리더십(leadership)은 관리(management)와 다르다. 리더십은 위로부터의 명령을 기다리지 않고, 당장의 문제가 아닌 미래의 비전을 보고 조직을 운영하는 것이다. 셋째, 끊임없는 학습의 강조이다(OPM, 2004: 35). 관리자의 지속적인 자기계발 노력은 끊임없이 진보하는 기술의 변화 속에서 높은 성과를 내는 리더가 되기 위해 매우 중요하다. 그러므로 공식·비공식적인 교육훈련, 세미나, 포럼, 순환보직 등을 포함한 훈련 및 자기계발 기회들이 제공되어야 한다.[3] 넷째, 변화를 주도하는 리더의 양성이다. 진정한 리더는 변화를 가져올 수 있는 신

---

2) 미국 인사관리처(OPM) 홈페이지(www.opm.gov)에 있는 글이다.
3) 미국 인사관리처(OPM)는 FEI(Federal Executive Institute), Management Development Center (MDC), Federial Executive Institute and Management Development(FEIMDC) 등 연수기관을 통하여 고위공직자들에게 교육훈련 및 자기계발 기회를 제공하고 있다.

념과 기술을 갖고 있다. 미래의 리더는 변화하는 환경의 요구에 따라 정부를 변화할 수 있도록 준비되어야 한다(OPM, 2005). 미래의 리더는 고객중심(citizen-centered), 결과중심(results-oriented), 자유시장(market-based)이라는 원리에 입각한 정부개혁을 통해 성과를 내는 효율적인 정부를 만들어야 한다.[4)]

출처: 미국 인사관리처(OPM) 홈페이지(www.opm.gov); OPM(2004, 2005).
사진출처: https://www.opm.gov/about-us/our-mission-role-history/

2. 사회적인 존재로서 인간

호손 연구(Hawthorne Studies)는 종업원들에 대한 좋은 대우가 이들의 동기를 유발시키고 궁극적으로 생산성의 향상에 큰 영향을 준다고 주장한다. 호손 연구의 결과는 이후 리더십, 동기부여 등 관련 연구를 촉발시키는 계기가 되었다(Daft, 2010). 호손 연구는 1920-1930년에 걸쳐 약 12년간 미국 시카고 교외에 있는 웨스턴 전기회사(Western Electric Company)의 호손 공장(Hawthorne Works)에서 진행되었다. 이 연구의 원래 목적은 노동자의 과도한 이직문제를 해결하고 생산성을 향상시키기 위해 작업 조건(처음에 준 작업조건의 변화는 조명도였다)과 근로자의 피로, 권태감 사이의 관계를 조사하는 것이었다. 처음에 미국 전신전화국(AT&T)의 관리자들은 과학적 관리법(Scientific Management)의 관점에 바탕을 두고 조사를 시작하였다. 즉 방(Bank Wiring Room)의 조명도(illumination), 온도, 습도, 휴식시간, 간식제공, 5일 근무 등 물리적 근무환경에 변화를 주고 노동자의 생산성에 변화가 있는지 살펴보았다. Mayo(1933)에 의하면, 이러한 최초의 분석은 마치 화학공식을 발견하듯이 문제를 작업(work) → 피로(fatigue) → 처방(remedy)이라는 매우 단순한 인과관계로 파악하였다.

최초의 실험에서는 여성 노동자를 동일한 일을 하는 실험집단(experimental group)과 통제집단(control group)으로 나누고, 두 개의 실험실에 각각 배치하였다. 그리고 실험집단이 일하는 방의 조명도를 낮추는 등, 작업 조건에 변화를 주는 실험을 약 5년간 여성 노동자를 대상으로 실시하고, 그 실험결과를 기록하였다. 실험

---

4) 미국 인사관리처(OPM) 산하의 교육훈련기관이 제공하는 리더십 이양계획 프로그램들은 변화를 가져올 수 있는 정부의 리더들을 키워낸다는 목표를 갖고 있다.

은 작업 조건의 변화가 있을 경우, 생산성에도 변화가 있을 것이라는 가정 하에 실시되었다. 하지만 실험의 기록을 보면, 어떤 물리적 환경의 변화와도 관계없이 여성 노동자들의 생산성은 대체로 조금씩 향상되고 있음을 보여주었다. 비록 근로 시간이 짧아진다고 할지라도, 이들의 시간당 생산성은 동일하게 유지되었다(Mayo, 1933). 결국, 1927년까지 진행된 실험에서 눈에 띄는 결과를 도출해 낼 수 없었고, 웨스턴 전기회사의 관리자는 그 당시 하버드대학교 교수였던 Elton Mayo의 소문을 듣고 새롭게 연구를 의뢰하게 된다(Shafritz, Ott, & Jang, 2005).

Elton Mayo의 주도 하에 Fritz J. Roethlisberger와 함께 다시 진행된 연구에서는 과학적 관리법에 바탕을 둔 기존의 관점을 버리게 된다. 뢰슬리스버거(Roethlisberger, 1941)는 인간의 문제는 인간적인 해결책을 필요로 한다고 다음과 같이 강조한다. 첫째, 우리는 인간의 문제를 마주하게 되었을 때, 인간의 문제로 인식하는 법을 배워야 한다. 둘째, 이를 인식할 때, 우리는 다른 어떤 문제가 아니라 인간의 문제로 다루는 법을 배워야 한다. 우리는 인간적인 요소가 중요하다고 떠들어대지만, 이는 그저 말뿐이다. 우리는 인간의 문제를 인식할 때, 그것이 무엇을 의미하는지, 그리고, 어떤 구체적인 행동으로 인간의 문제를 다루어야 하는지 알지 못한다. 인간적인 해결을 필요로 하는 인간의 문제는 인간에 관한 정보와 인간적인 도구를 필요로 한다. 이것이 이 연구의 목적이다.

이러한 관점에 바탕을 둔 새로운 연구는 물리적 근무환경이 아닌 작업자의 태도, 관심사, 동료관계, 사회환경 등의 요인에 중점을 두고 진행되었다. 동일한 작업이라고 할지라도 상황과 개인적인 감정은 매우 다양하다는 것이 이 새로운 실험의 전제였다(Shafritz, Ott, & Jang, 2005). Mayo와 연구진들은 여성 노동자들을 대상으로 인터뷰를 실시하였는데, 이러한 인터뷰는 1928년 당시에는 혁명적인 아이디어였다. 이 인터뷰에서 여성 노동자들은 자기가 하고 싶은 말을 하고, 연구자는 공감을 하며 들으면서 꼭 해야 할 질문만을 하였다. 즉 충고하지 않고, 도덕적인 판단을 하지 않고, 논쟁하지 않고, 너무 지식을 뽐내지 않고, 대화를 주도하지 않고, 유도질문을 삼가면서 여성 노동자들이 차츰 그들의 마음을 열도록 하였다 (Roethlisberger, 1941).

이러한 인터뷰의 결과, 실험에 참여한 과거 5년 동안 여성 노동자들은 심한 압박감을 느끼며 일해 왔다고 응답하였다. 그리고 Mayo의 새로운 실험실에서 일할 때, 이구동성으로 자신들이 더 이상의 압박감을 느끼지 않는다고 언급하였다. 최초의 실험에서 여성 노동자들이 실험실로 이동하였을 때, 이들은 필연적으로 연구자의 관찰, 감독의 대상이 되었다. 모든 여성 노동자들은 최초의 실험에서 그들이 경험했던 불쾌한 행정적, 감독적 행위가 더 이상 없다는 점에서 새로운 실험실을 훨씬 더 선호하였다(Mayo, 1933).

그리고 인터뷰 내용은 생산성의 지속적인 향상이 여성 노동자들 상호 간의 밀접한 관계를 형성하여 발생하였음을 암시하였다. 직장에서 일하는 근로자는 개개인이 아니다. 이들은 집단을 형성한다. 즉 여성 노동자들의 생각과 태도에 큰 변화가 있었고, 모두들 참여의식을 발전시켜 하나의 사회집단(social unit)이 형성된 것이었다.[5] 실험실의 여성 노동자 개개인과 집단은 매번 새로운 물리적 근무 환경에 적응해야 했다. 그리고 적응할 수 있었던 가장 큰 원동력은 스스로의 결심과 집단 구성원 모두의 행복이었다. 작업 자체는 부차적인 것이었다. 이러한 상황이 전개됨에 따라 휴식시간, 간식, 잡담 허용시간 등 실험을 위한 물리적 근무환경의 변화는 실제로 사소한 문제가 되었다. 이들은 외부의 간섭을 무시하였고, 새롭고 형성된 사회적 환경이라는 주요한 변화에 계속하여 반응하였다. 즉 생산성의 증가는 실험실에서의 물리적인 변화가 아닌 사기(morale)의 증가로 인한 것이었다. 이는 보다 자유롭고, 행복하고, 즐거운 근무환경, 특히 감독의 질의 향상이 생산성에 긍정적인 영향을 줄 수 있음을 암시하였다(Mayo, 1933).

사회적 환경에 중점을 둔 호손 연구는 과학적 관리법에 대한 최초의 도전이었다. 호손 연구는 근로자가 단지 돈(경제적 보상)만을 위해 일하는 경제적인 동물(economic animal)이 아니라는 것을 증명하였다. 즉 인간은 **사회적인 존재**라는 것이다. 호손 연구는 친교 집단이나 우연한 상호작용에 기반을 둔 **비공식 조직(informal organization)**이 공식조직(formal organization)과 동시에 존재할 수 있음을 밝혀냈으며, 관리자가 조직구성원의 인간적 측면에 세심한 주의를 기울여야 한다는 것을 보여주었다. 특히 이 연구로 인해 조직이론분야에서 **조직구성원의 동기부여**에 대한 관심이 커지게 되었다. 호손 연구의 기여는 다음의 세 가지로 요약될 수 있다.

---

5) Schein(1993)은 이를 집단규범(group norms)이라고 설명한다. 집단규범은 작업집단에서 발전되는 암시적인 기준과 가치이다.

- 인간은 사회적인 존재
- 비공식 조직
- 조직구성원의 동기부여

호손 연구의 영향을 받은 1950년대 연구자들은 어떻게 근로자들이 더 효율적으로 일하고, 결과적으로 더 높은 생산성을 얻도록 동기를 부여할지 연구를 시작하였다(Zaleznik et al., 1958).[6] 이러한 연구의 중요한 가정은 사람들이 조직에서 보여주는 행동과 행태는 그들이 일에서 얻는 동기와 만족의 영향을 받는다는 것이었다(Bussing, 2002). 비록 이와 같은 전제가 연구에서 검증될 수는 없었으나, 1950년대의 연구들은 조직구성원의 동기부여와 만족이 조직의 적절한 기능을 위해 필수불가결하다고 주장하였다. 또한 조직구성원의 동기부여와 만족이 조직의 문화, 정체성, 성과의 질(quality), 리더십의 효과성 등에 영향을 준다고 주장하였다(Eriksson-Zetterquist, Mullern, & Styhre, 2011).

메이요(George Elton Mayo: 1880-1949)

메이요는 미국의 임상심리학자로 오스트레일리아의 아델레이드에서 출생하였다. 1922년에 미국으로 이주하고, 1923년에는 펜실베이니아 대학에서 강의를 하다가 1926년에 하버드 대학에 초빙되어 1947년까지 교수로 지냈다. 1927년부터 약 5년간 뢰슬리스버거(F. J. Roethlisberger) 등과 함께 웨스턴 전기회사의 호손공장에서 호손 연구(Hawthorn research)를 실시할 때 지도적 역할을 하였고, 인간관계론의 입장에서 산업사회학을 확립하는데 공헌하였다. 대표적인 저서로는 「산업 문명에 있어서의 인류 문제」(The Human Problems of an Industrial Civilization, 1933)가 있다.

출처: 네이버 지식백과(2010.3.25.). http://terms.naver.com; 행정학사전(2009).
사진출처: 위키피디아(https://en.wikipedia.org/wiki/Elton_Mayo)

---

6) 동기부여(motivation)라는 단어의 라틴어 기원은 '움직임'을 의미한다. 따라서 동기부여에 관한 연구는 행위에 관한 연구이다(Eccles & Vigfield, 2002). 직장에서의 동기부여에 관한 연구는 1951년 이후 하버드 비즈니스 스쿨(Harvard Business School)의 인간관계(Human Relations) 분야에서의 중요한 연구주제가 되었다.

동기부여에 관한 연구는 크게 두 가지의 흐름으로 나뉜다. 첫째, 내용 중심 (Content-oriented) 이론은 인간의 욕구에 관한 원칙을 발견하고자 하였으며, Maslow 의 욕구의 계층(Hierarchy of Needs), McGregor의 X이론과 Y이론, Herzberg의 2요 인 이론(Two-Factor Theory), Hackman과 Oldham의 업무특성모델(Job Characteristics Model) 등이 이에 속한다. 둘째, 과정 중심(Process-oriented) 이론은 조직구성원이 행동을 위한 선택을 내리는데 영향을 주는 외부 요인들을 발견하고자 하였다. McClelland의 성취동기이론(Achievement Motivation Theory), Vroom의 기대이론 (Expectancy Theory), Adam의 형평이론(Equity Theory), Porter과 Lawler의 동적인 기대이론(dynamic Expectancy Theory) 등이 이에 속한다(Eriksson-Zetterquist, Mullern, & Styhre, 2011). 이 장에서는 인간의 욕구를 설명하는 보다 기본적인 이론인 내용 중심(Content-oriented) 이론을 살펴본다.[7]

3. 욕구의 계층

Abraham Maslow(1943; 1954)는 동기이론의 토대를 마련하는데 큰 공헌을 하 였다. 실제로 Maslow(1943)는 다음과 같이 강조하였다. 동기이론은 이론을 보완 하기보다는 이론의 한 측면을 지적하고 비판하는 것이 훨씬 쉽다. 이는 주로 이 분야에 타당한 데이터가 매우 부족하기 때문이다. 타당한 데이터가 부족한 이유는 동기부여에 관한 타당한 이론이 없기 때문이라고 생각된다. 여기에서 제시되는 욕구의 계층이론은 현재의 사실이나 제시된 증거에 의해 검증되는 것이 아니라, 미래의 연구를 위한 기반으로서 제시된다고 이해되어야 할 것이다(Maslow, 1943).

그는 자신의 연구에서 기존의 행태심리학(behavioral psychology)과 거리를 두고 자 하였으며, 자연과학과는 다른 과학적인 아이디어를 적용하고자 하였다. 또 다른 Maslow의 목표는 건강한 사람들을 연구대상으로 함으로써 신경증과 정신질환 환 자들을 연구했던 프로이드(Sigmund Freud)와 차별화된 연구결과를 도출하는 것이 었다. Maslow가 가진 기본적인 관점과 원칙은 인간은 본질적으로 선한 존재라는 것이었다(Eriksson-Zetterquist, Mullern, & Styhre, 2011). Maslow는 그의 책인

---

7) 이 책에서는 과정 중심(Process-oriented) 이론은 살펴보지 않는다. 이에 대한 내용은 「조직행태론」 에서 주로 다루어진다.

Motivation and Personality(1954)에서 욕구 계층론(needs hierarchy)을 통해 최소한의 여건만 허락되면, 모든 인간은 **자아를 실현하는 건강한 심리상태**(eupsychia)에 도달할 수 있다고 설명한다. 그러므로 조직은 구성원들에게 자아실현의 기회를 제공하는 최소한의 여건을 조성하기 위해 노력해야 하며, 또 그러기 위해 존재한다. 그의 욕구 계층론은 인간의 자연적인 성장을 향한 본질적인 욕구를 반영한 다섯 개의 발전 단계를 보여준다.

Maslow(1943)는 욕구를 다음의 [그림 8-1]과 같이 다섯 가지의 수준으로 분류하였다. 인간은 생리적 욕구, 안전에 대한 욕구, 애정의 욕구, 긍지와 존경의 욕구, 자아실현욕구 등 다섯 개의 기본적인 욕구(needs)와 목표를 갖고 있다. 일단 상위의 욕구가 생기면, 하위의 욕구보다는 상위의 욕구가 인간을 지배한다. 그리고 그 상위의 욕구가 충족되면, 다시 보다 더 높은 수준의 새로운 욕구가 생기며, 이런 과정은 계속된다. 즉 인간의 기본 욕구들은 상대적인 우세함에 따라 위계적으로 구성되어 있다(Maslow, 1943). 인간의 욕구를 계층화하기 위한 그의 아이디어는 세 가지의 특징을 갖고 있다. 첫째, 개인에게 동기부여가 되려면 하위의 욕구가 더 높은 수준의 욕구보다 먼저 충족되어야만 한다. 둘째, 일단 하나의 욕구가 충족되면, 더 이상 개인의 행위에 동기를 부여하지 못한다. 마지막으로, 상위의 욕구는 하위의 욕구가 만족될 때까지 동기를 부여하지 못한다(Eriksson-Zetterquist, Mullern, & Styhre, 2011).

그림 8-1 Maslow(1943)의 욕구 5단계

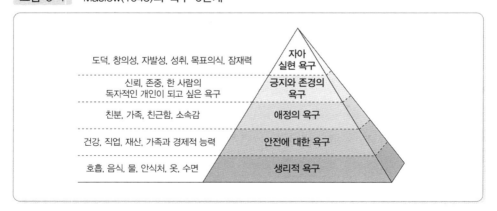

출처: Maslow(1943) 수정.

① 생리적 욕구(physiological needs): 의식주, 수면, 성적 욕구 등 항상성(homeostasis)을 유지하는 데 요구되는 기본적 욕구이다. 항상성은 일정하고 정상적인 상태의 혈류를 유지하려는 신체의 자동적인 노력이다. 의심의 여지없이, 생리적 욕구는 다른 욕구들보다 가장 우선시된다. 음식, 안전, 애정, 존중이 모두 결핍된 사람은 그 어떤 것들보다 음식을 갈구할 것이다. 만약 모든 욕구가 충족되지 못한다면, 인간은 생리적 욕구의 지배를 받게 될 것이고 다른 욕구들은 모두 우선순위에서 밀려날 것이다(Maslow, 1943). 생리적 욕구는 주로 경제적 보상에 대한 관심으로 나타난다.

② 안전에 대한 욕구(safety needs): 육체적 안전과 심리적 안정에 대한 욕구이다. 현대사회에서 건강하고, 평범하고, 유복한 성인은 대부분 안전에 대한 욕구가 충족되어 있다. 평화롭고 순조롭게 돌아가는 안정된 사회는 보통 야생동물, 극한의 기온, 범죄자, 폭행과 살인자, 독재자 등의 위협으로부터 사회구성원들이 충분한 안전함을 느끼도록 한다. 하지만 이렇게 극단적인 것이 아니라, 산업재해로부터의 보호, 안정된 직업의 선호, 예금계좌를 갖고자 하는 욕구, 다양한 보험에 가입하려는 욕망, 친숙하지 않은 것보다 친숙한 것에 대한 선호, 모르는 것보다 아는 것에 대한 선호, 종교를 갖고자 하는 열망 등을 안전에 대한 욕구로 볼 수 있다(Maslow, 1943).

③ 애정의 욕구(love needs): 대인관계를 통해 서로 정을 교환하고 소속되기를 바라는 사회적 욕구이다. 앞서 두 개의 하위 욕구가 충족되면, 인간은 전에는 결코 느끼지 못했던 친구, 연인, 아내, 아이의 부재를 심각하게 느끼게 된다. 그는 다른 사람들과의 호의적인 관계에 굶주리게 될 것이다. 여기에서 반드시 강조되어야 할 것은 애정은 성(sex)과 동의어가 아니라는 것이다. 성은 아마도 순전히 생리적 욕구로서 연구되어야 할 것이다. 일반적으로 성적인 행동은 다중 결정적이다. 성뿐만 아니라 사랑, 애정의 욕구와 같이 다른 욕구들에 의해서도 결정된다. 또한 간과하지 말아야 할 것은 애정은 주는 것과 받는 것 모두를 포함한다는 사실이다(Maslow, 1943).

④ 긍지와 존경의 욕구(esteem needs): 자존심을 유지하고 다른 사람들로부터 인정과 존경을 받고 싶어 하는 욕구이다. 우리 사회의 거의 모든 사람들은 안정적이고 확고한 스스로에 대한 높은 평가, 자존감, 자부심의 욕구와 욕망을 갖고 있

다. 여기에서 확고한 자존감은 자존감이 실제 능력, 성취, 타인의 존경에 건전하게 바탕을 두고 있음을 뜻한다. 이러한 욕구들은 두 개의 세부 유형으로 구분될 수 있다. 첫 번째는 힘, 성취, 타당성, 세상에 대한 확신, 독립성, 자유에 대한 욕구이다. 두 번째는 명성이나 위신(다른 사람에게서 존경이나 존중을 받는 것), 인정, 주목, 중요성이나 진가를 인정받는 것에 대한 욕구이다. 이러한 욕구는 Alfred Adler와 같은 학자들에게서는 비교적 강조되어왔고, Sigmund Freud와 같은 정신분석학자들에게서는 무시되어 왔다(Maslow, 1943).

⑤ 자아실현의 욕구(self-actualization needs): 자신의 잠재력을 표출하고,성장시키고 싶어 하는 욕구이다. 앞서 네 가지의 욕구들이 모두 충족되었을 경우에도 우리는 인간이 그가 꼭 해야만 하는 무엇인가를 하고 있지 못하다면, 새로운 불만족과 초조함이 곧 나타날 것이라고 대체로 예상할 수 있다. 그가 최종적인 행복을 얻으려면(ultimately happy), 작곡가는 반드시 음악을 만들어야 하고, 화가는 반드시 그림을 그려야 하며, 시인은 반드시 시를 써야 한다. 만약 인간이 무언가를 할 수 있다면, 그는 반드시 해야 한다. 이는 자아실현이라고 불린다. 자아실현(self-actualization)이라는 단어는 Kurt Goldstein에 의해 처음으로 사용되었는데, 이는 자기 성취를 위한 욕망, 즉 인간이 그가 가진 잠재력을 실현하고자 하는 경향을 의미한다. 자아실현의 욕구가 구현하는 명확한 형태는 사람마다 다 다를 것이다. 자아실현의 욕구가 출현하는 것은 전적으로 앞선 네 가지의 욕구들에 달려있다. 우리는 이러한 다섯 가지의 욕구가 충족된 사람을 만족하는 사람이라고 칭할 수 있다(Maslow, 1943).

Maslow(1943)는 조직에서의 자아실현을 위해 무엇보다도 전통적인 조직에서 흔히 나타나는 권위적인 관리와 대비되는 조직구성원의 참여가 필요하다고 보았다. 그가 말하는 참여와 자아실현은 일종의 민주적인 조직과 같다고 볼 수 있다. Maslow(1943)가 말하는 민주적인 이상은 정치적인 영역으로까지 확장되는데, 조직구성원의 자아실현은 조직의 효과성을 높이기 위한 기능적인 필요에서 요구되는 것이 아니라, 하나의 정치적인 권리라는 것이다(Harmon & Mayer, 1986). Maslow(1943)의 욕구 계층론은 관료제 조직과 같이 단순히 금전적, 혹은 안정된 일자리를 통해 동기부여를 하는 관리방법은 결국 인간의 성장을 저급한 욕구단계 수준으로 제한해버린다는 점을 시사하고 있다(Morgan, 2006). 그의 연구는 동기(motivation)에 대한 심리분석과 조직 행태(organizational behavior)에 대한 후속 연구에 큰 영향을 주었다. Maslow의 이론을 바탕으로 Herzberg, McGregor, Argyris 등의 연구자들은 보다 종합적인 연구를 실시하게 되었다.

매슬로(Abraham H. Maslow: 1908-1970)

매슬로는 미국의 심리학자로 부란다이스 대학에서 심리학 교수로 재직하였다. 초기에는 역동적 이상심리학·임상심리학을 연구하였으나 1954년 「동기와 성격」(*Motivation and Personality*)을 발표한 이후, 건강한 성인의 심리를 연구하기 시작하였다. 그는 인간의 자아실현, 성장의 극대화 등에 대하여 체험적인 연구를 통해 독자적인 유기체 이론을 전개하였다. 그리하여 인간의 기본적인 동기나 인지를 결핍동기, 결핍인지로 보고, 이에 대한 성장동기, 성장인지를 성장한 정신의 특징으로 보았다. 또한 그는 가치를 과학적으로 뒷받침하려고 시도하였다.

매슬로는 특히 조직이론의 발전에 크게 기여하였다. 그는 1943년에 심리학평론(Psychological Review)을 통해 동기이론을 발표하였는데 그것이 욕구 계층론이다. 그의 동기이론은 욕구이론 또는 성장이론의 효시로 인정된다.

출처: 네이버 지식백과(2010.3.25.). http://terms.naver.com; 행정학사전(2009).
사진출처: 위키피디아(https://en.wikipedia.org/wiki/Elton_Mayo).

---

4. 조직과 인간의 공존

Maslow(1943; 1954)의 욕구 계층론은 Douglas McGregor(1957; 1966)에 의해 더욱 발전하게 되었다(Eriksson-Zetterquist, Mullern, & Styhre, 2011). Maslow의 연구에 영향을 받은 McGregor(1957)는 조직구성원의 자아실현이 가능할 것이라고 낙관적으로 전망하였다. 인간의 본성에 관해 낙관을 했던 그는 또한 조직구성원과 조직을 동시에 만족시키는 방향으로 **개인과 조직의 욕구를 통합**할 수 있다고 긍정적으로 전망하였다. 그는 개인과 조직의 목표를 동시에 충족할 수 있는 보다 발전된 조직 관리를 통해 개인과 조직 목표 간의 갈등을 해소할 수 있다고 본 것이다

(Harmon & Mayer, 1986).

　　McGregor(1957)는 X-Y이론을 통해 조직목표의 달성을 위한 노력이 바로 조직 구성원 개인 목표의 성취로 연결되게끔 조직여건을 마련해야 한다고 주장한다. 여건의 조성에는 사람들의 상급욕구를 충족시키기 위한 기회의 제공이 필수적으로 포함되어야 하는데, 이런 통합의 원리가 적용될 경우 조직구성원들은 조직목표에 스스로의 의지를 결부시킴으로써 개인들의 능력과 창의력을 최대한 개발하고 발휘하게 된다. 뿐만 아니라 조직구성원은 자율적으로, 자기 스스로의 통제만으로도 조직목표에 적합한 행동을 하게 된다.

맥그리거(Douglas M. McGregor: 1906-1964)

　　맥그리거는 미국의 사회심리학자이자 경영학자이다. 미국 디트로이트에서 출생하였으며, 하버드 대학에서 심리학을 전공하고 1935년에 박사학위를 취득하였다. 1937년에 매사추세츠 공과대학에서 심리학 강의를 맡았고, 1948년에 교수가 되었다. 같은 해 안티오크 대학의 학장이 되었으나 6년 후 다시 매사추세츠 공과대학으로 돌아와 평생 경영학과 교수로 재직하면서 조직 관리에 관해 연구하였다. 그는 아브라함 매슬로(Abraham H. Maslow)와 프레더릭 허즈버그(Frederick Herzberg)가 이끌던 1950년대 인간관계론 학파의 중심적인 학자로 인정받았다. 당시 현직에 있는 경영자와 관리자들에게 행동과학으로 지칭된 연구결과를 명확하게 정리하여 상당한 호응을 얻었으며, 많은 기업의 경영고문으로도 활약하였다.

출처: 네이버 지식백과(2010.3.25.). http://terms.naver.com; 행정학사전(2009); 두산백과(2017.6.20). http://m.doopedia.co.kr.
사진출처: https://www.google.co.kr/search?q=Douglas+McGregor

　　일반적으로 이야기되는 McGregor의 X-Y이론의 가장 큰 기여는 인간을 바라보는 두 가지의 분명히 다른 관점이 있다는 점을 보여준 것이다. 이는 근본적으로 인간을 부정적으로 해석하는 X이론과 긍정적으로 해석하는 Y이론이다. 관리자들이 부하직원을 다루는 방식을 분석한 후, McGregor는 관리자가 인간의 본성을 보는 관점이 집단화된 확고한 가정(assumption)에 바탕을 두고 있다고 결론지었다.

조직구성원에 대한 관리에서는 "인간의 본성을 어떻게 해석할 것인가?"가 기본적인 전제와 가정이 된다. 인간본성에 대한 해석에 따라 조직의 관리전략이 확연하게 달라지기 때문이다. McGregor는 관리자가 인간의 본성에 대한 확고한 가정에 바탕을 두고 부하직원에 대한 그의 행태를 고착화하는 경향이 있다고 주장하였다. 기존의 관점(conventional view)인 X이론에 의하면, 관리자가 갖는 네 가지의 가정은 다음과 같다(Robbins, 1990).

① 직원들은 선천적으로 일하는 것을 싫어하고, 가능하다면 언제든지 일을 하지 않으려고 할 것이다.

② 직원들이 일하는 것을 싫어하기 때문에, 조직목표를 달성하기 위해 직원들은 강요되고, 통제되고, 처벌이 있다는 위협을 받아야 한다.

③ 직원들은 책임을 회피할 것이고, 가능하다면 언제든지 공식적인 지시를 받기 원할 것이다.

④ 대부분의 직원들은 자신의 일에서 다른 무엇보다도 직업안정성을 가장 우선시할 것이고, 패기나 포부, 열정은 갖지 않을 것이다.

McGregor(1957)에 의하면, 그 당시 기업에서의 인력관리는 이러한 관점과 믿음에 기반을 두고 이루어졌다. 기업의 구조, 관리정책, 관행, 프로그램은 이러한 가정을 반영한다. 이러한 가정에 따라 업무를 수행하기 위해 관리자는 양 극단의 방법을 사용할 가능성을 갖고 있다. 한 극단에서 관리자는 엄격하고, 강압적일 수 있다. 관리자는 직원의 행동을 유발하기 위해 강요, 위협, 엄격한 감시와 통제 등의 방법을 사용한다. 다른 극단에서 관리자는 부드럽고, 설득적일 수도 있다. 관리자는 직원의 행동을 유발하기 위해 허용, 직원의 요구를 수용, 조화를 이루는 등의 방법을 사용한다. 이렇게 되면, 직원들은 온순해지고 지시를 받아들일 것이다. 하지만 지금까지 이와 같은 방법들은 큰 어려움을 겪어 왔다. 엄격한 방법은 반대세력을 낳았고, 부드러운 방법은 종종 관리의 부재를 초래하거나 기대만큼 부하들이 일하지 않는 결과를 낳았다. 결과적으로, "부드럽게 말하고, 큰 매를 갖고 다녀라"(당근과 채찍 전략, carrot-and-stick approach)라는 말이 두 방법의 장점을 모두 얻기 위한 시도였다(McGregor, 1957).[8]

---

8) "Speak softly and carry a big stick: You will go far." 이것은 루스벨트(Teddy Roosebelt) 미국

인간에 대한 이러한 부정적인 관점과는 정반대로 McGregor는 Y이론에 바탕을 둔 네 가지의 가정을 제시한다(Robbins, 1990).

① 직원들은 일을 휴식이나 놀이와 같이 자연스러운 것으로 받아들일 수 있다.

② 인간은 명확한 목표의식을 갖는다면, 스스로 결정(self-direction)을 내리고 자기통제(self-control)를 할 수 있다.

③ 보통의 사람은 책임을 받아들이고, 나아가 더 많은 책임을 추구하는 것을 배울 수 있다.

④ 대부분의 사람들이 창의성, 즉 옳은 결정을 내리는 능력을 갖고 있으며, 창의성은 관리자들만 갖고 있는 것이 아니다.

새로운 Y이론에 바탕을 둔 조직을 만들기 위해서는 넘어야 할 많은 장애물들이 있다. 우선, 지난 반세기 동안 기존의 조직이론과 과학적 관리론적인 접근법에 의해 강요되어온 조건들은 직원들을 그의 능력을 활용할 수 없도록 한정된 직무에 묶어두고, 책임을 지는 것을 금하였으며, 수동성을 장려하였고, 업무에서 의미를 얻을 기회를 박탈하였다. 직원이 조직에서 일하면서 얻은 습관, 태도, 기대는 이러한 상황에서 경험을 쌓으면서 만들어졌다. 게다가 X이론은 인간 행동의 외부통제에 전적으로 기대고 있으나, Y이론은 자기통제와 스스로의 방향설정에 크게 기대고 있다. 이러한 차이는 인간을 아이로 취급하느냐, 아니면 성인으로 취급하느냐의 차이와 같다. 수 세대가 지난 지금, 하룻밤 사이에 사람들이 X이론에서 Y이론으로 바뀌기를 기대할 수는 없다(McGregor, 1957).

하지만 비록 변화가 느리다고 할지라도, Y이론으로의 변화는 분명 가능하다. 다음과 같은 아이디어는 성공적으로 적용될 수 있다. 첫째, 분권화와 위임(decentralization and delegation)이다. 이는 자신의 활동을 결정하고, 책임을 지고, 자신의 개인적 욕구를 만족시키는 자유를 부여하여 직원들이 기존 조직의 지나친 통제로부터 벗어나게 하는 방법이다. 둘째, 직무확장(job enlargement)이다. 이는 조직의 바탕에 있는 책임을 받아들이도록 북돋는 방법이다. 사회적, 그리고 개인적 욕구를 만족시킬 기회를 제공하는 것이다. 셋째, 참여와 자문식의 관리(participation

---

대통령이 1901년 9월 2일 미네소타 연설에서 한 말이다. Roosebelt는 옛 서아프리카 속담이라는 이 말을 즐겨 썼다고 한다.

and consultative management)이다. 이는 직원들이 조직의 목표를 달성하기 위해 창조적인 에너지를 사용하는 것을 장려한다. 마지막으로, 성과평가(performance appraisal)이다. 직원이 스스로 목표를 설정하고 스스로 성과를 반년, 또는 일년에 한 번씩 평가하도록 하는 것이다(McGregor, 1957).

조직이론에서 McGregor의 X이론과 Y이론이 시사하는 바는 무엇인가? McGregor(1957)는 Y이론의 가정이 보다 바람직하고, 이러한 가정이 관리자들이 조직을 설계하고 부하들에게 동기를 부여하는 방식의 바탕이 되어야 한다고 주장한다(Robbins, 1990). McGregor(1957)의 인간해석은 인간 본성에 대한 긍정적인 인식에 바탕을 두고 있다. 그는 전통적인 관리방법인 X이론이 자아실현을 추구하는 개인의 욕구의 싹을 없애버리는 것으로 간주하였다(Harmon & Mayer, 1986). McGregor는 Y이론에서 주장하듯이 조직목표와 개인목표의 조화를 통해 조직과 인간의 공존이 가능함을 조직의 관리층에게 고취시키고자 하였다.

McGregor(1957)의 이러한 주장은 후대의 조직관리론과 조직행태론, 동기부여이론에 큰 영향을 주었다. 1960년대부터 시작된 참여적인 의사결정, 직원들을 위한 책임 있고 도전적인 업무의 부여, 상호 호의적인 집단 관계의 발전 등은 관리자가 Y이론의 가정을 따라야 한다는 McGregor(1957)의 주장에 기원을 두고 있다고도 말할 수 있다(Robbins, 1990). 하지만 그의 주장은 경험이 아닌 직관적, 이상적 가설에 기반하고 있으며, 독창성이 낮다는 문제점 또한 지적되고 있다.

5. 만족과 불만족의 구분

Maslow(1957)의 이론은 Herzberg(1966)의 직무만족과 동기부여에 관한 2요인 이론(Two-Factor Theory)에 의해 더욱 발전되었다. Herzberg(1959)는 피츠버그에 거주하는 200여명의 기술자와 회계사를 대상으로 직장(workplace)에서 업무를 하는 중 즐거웠던, 혹은 불쾌했던 시간이나 사건을 회상하게 한 후에 그런 감정을 느끼게 된 원인과 이러한 감정이 업무성과에는 어떤 영향을 주었는지 등을 서술하게 하였다.[9] 이러한 설문의 결과, 직무 만족에 영향을 주는 요인과 직무 불만족에 영향을 주는 요인은 각각 별개의 것으로 구분되었다(진종순 외, 2016).

---

9) Herzberg et al.(1959). "The Motivation to Work."

즉 Herzberg에 의하면, 조직구성원이 갖는 동기는 동기요인(Motivation Factors)과 위생요인(Hygiene Factors)의 두 가지로 구분된다. 직무 만족에 영향을 주는 동기요인은 조직구성원에게 동기를 부여한다. 이와 반대로, 위생요인은 조직구성원이 직무에서 불만족을 느끼는 원인이 되며, 동기를 부여할 수 없다. 예를 들어, 직장에서의 근무여건이 바뀌었다고 해서 조직구성원이 자기성장(self-growth)을 경험하는 것은 아니다(Herzberg, 1966). 동기요인과 위생요인의 구체적인 내용은 다음과 같다.

- **동기요인(Motivation Factors)**: 동기요인은 성과, 인정, 일 자체, 책임, 경력발전 등으로 구성된다. 이러한 동기요인은 개인마다 다르고, 각 개인이 가진 고유한 목표에 영향을 받는다. 또한 동기요인은 한 개인이 일에서 얼마만큼 성취감을 갖는지 결정한다. 조직구성원은 동기요인을 성취하기 위해 동기부여를 받지만, 실제 근무여건(work conditions)으로 인해 조직구성원이 만족할 수 있는 범위에는 한계가 있다.
- **위생요인(Hygiene Factors)**: 위생요인은 조직의 정책과 행정, 관리 통제, 보상, 인간관계, 근무여건 등으로 구성된다. 이러한 위생요인은 조직구성원의 환경, 즉 외부의 업무 요구(work requirement)로 존재한다.

Herzberg(1966)는 만족의 반대가 불만족이 아니라고 주장하였다. '만족'의 반대는 '만족 없음'이며, '불만족'의 반대는 '불만족 없음'이다. 즉 직무 만족과 직무 불만족은 다른 차원의 것이다. 이러한 연구 결과가 암시하는 것은 무엇인가? 직무에서 불만족스러운 특징들을 제거하는 것이 직무를 만족스럽게 해주는 것이 아니다. 즉 관리자는 이러한 2요인 이론을 활용하여 조직구성원의 동기에 변화를 주는 전략을 보다 세밀하게 세울 수 있다. 예를 들어, 관리자는 경력기회나 더 많은 책임을 부여함으로써 부하 직원에게 동기를 부여할 수 있다.

흥미로운 것은 Maslow(1957)와 같이 Herzberg(1966)도 보수(compensation)를 중요하지 않은 동기요인으로 간주하였다는 점이다. 물론 조직구성원은 보수에 만족하지 않을 수 있다. 하지만 비록 보수에 만족할 경우에도 이러한 만족이 업무에 대해 실질적으로 동기를 부여하는 것은 아니다(Scheuer, 2000). Herzberg(1966)의 2요인 이론은 직무만족(job satisfaction)에 관한 후속 연구의 중요한 발판이 되었다.

하지만 2요인 이론은 다음의 두 가지의 단점을 갖고 있다고 비판을 받는다. 첫째, 이론적으로는 명확하게 구분될 수 있으나, 실제로 동기요인과 위생요인을 구분하는 것은 어려울 수 있다. 둘째, 동기요인과 위생요인에 다양한 개인들이 어떻게 반응하는지 명확하지 않다(Eriksson-Zetterquist, Mullern, & Styhre, 2011). 즉, 개인별로 차이가 있다.

냉소주의

현실에 안주하려는 냉소주의(cynicism)는 정부개혁의 측면에서 보면, 가장 경계해야 할 문제이다(Reichers, Wanous, & Austin, 1997). 냉소주의는 소외나 절망으로 인하여 무관심과 체념을 표현하는 것을 말한다(Kanter & Mirvis, 1989). 냉소주의는 변화의 추진주체가 무능하다는 인식에 기초한 조직변화에 대한 조직구성원의 비관적이고 부정적인 태도를 의미한다(Dean, Brandes, & Dharwadkar, 1998; Wanous, Reichers, & Austin, 2000; Bommer & Rich, 2005).[10] 정부개혁에 대한 냉소주의는 조직구성원의 변화에 대한 동기를 줄인다. 정부개혁에 냉소적인 조직구성원은 이를 지지하지 않고, 결과적으로 정부개혁과 관련된 활동의 성과가 낮아져, 정부개혁의 실패가능성이 높아지게 된다(Reichers et al., 1997; Wanous et al., 2000; 설홍수·지성구, 2005).[11]

출처: 진종순·문신용(2007) 재인용.

---

10) 어찌 보면, 조직변화에 대한 조직구성원들의 저항은 변화에 직면한 인간의 이성적인 반응이다 (Hosking & Anderson, 1992; Gray & Starke, 1984). Dirks, Cummings, & Pierce(1996)는 세 가지의 심리적 주인의식(psychological ownership)으로 조직변화에 저항하는 원인을 설명한다. 심리적 주인의식은 조직에 대한 심리적 유대감과 소유감을 의미하는데, 조직구성원은 자기고양, 자기지속, 통제와 효율의 욕구를 갖고 있다. 조직구성원은 자신의 자존심을 위협하는 상황을 회피하고 자존심을 고양하려고 하며, 자신의 지속성을 보존하기 위하여 노력하며, 통제하고 효율성을 유지하려는 욕구를 가진다. 조직구성원이 자기고양, 자기지속, 통제와 효율에 대한 욕구를 충족시키는 수준에서 조직변화를 받아들이며, 조직변화에 의하여 이러한 욕구가 침해된다고 인지할 때는 조직변화에 저항하게 된다(Dirks, Cummings, & Pierce, 1996; 행정안전부, 2005).

11) Light(1997)는 1950년대부터 미국에서 진행되어온 여러 정부개혁의 문제점을 다음의 네 가지로 요약한다. 첫째, 정부개혁과 개혁을 위한 철학들은 오랜 기간 축적되어 지속적으로 효과를 준다. 즉, 새로운 정부개혁이 진행된다고 해도 그 이전 정부개혁의 영향력이 쉽게 줄어들지 않는다. 둘째, 정부개혁은 종합적인 효과를 추구한다. 즉, 단일의 정책으로도 해결 가능한 문제들을 전 정부적인 개혁으로 다룬다. 셋째, 정부개혁은 종종 상반된 목표들을 추구한다. 마지막으로, 정부개혁 간의 시간 간격이 점차 짧아지고 있다.

6. 직무특성모델

Maslow(1943)의 욕구 계층론, McGregor(1957)의 X-Y이론, Herzberg(1966)의 2요인 이론은 동기부여에 영향을 주는 몇 가지의 요인을 제시하였다. Hackman & Oldham(1980)은 여기에서 한 걸음 더 나아가 요인 그 자체가 아니라 요인들이 어떻게 구성되어 있는가가 동기부여에 영향을 준다고 설명한다(Robbins, 2005). Hackman & Oldham은 1980년에 직무특성모델(Job Characteristics Model, JCM)을 제시하였는데, 이 모델에서 이들은 직무를 구성하는 요소인 기술 다양성, 과업 정체성, 과업 중요성, 자율성, 피드백이 구성되어 있는 방식이 조직구성원의 동기에 영향을 준다고 설명한다. 이는 달리 말하면, 조직구성원의 동기에 변화를 주기 위해서는 이러한 다섯 가지의 요소들 각각에 변화를 주거나, 혹은 다섯 가지의 요소들 간의 구성(조합)에 변화를 주어야 함을 의미한다. Hackman & Oldham(1980)이 설명하는 다섯 가지의 요소인 직무 특성(job characteristics)은 다음과 같다(Robbins, 2005).

- **기술 다양성(skill variety)**: 직무가 얼마나 다양한지의 여부, 즉 직무가 다양한 활동들을 요구하는 정도를 의미한다. 예를 들어, 페이트칠만 8시간 하는 근로자보다, 다양한 종류의 자동차와 자동차 부품을 다루는 자동차정비소 정비공의 기술 다양성이 높다고 볼 수 있다.
- **과업 정체성(task identity)**: 하나의 직무가 타 직무와 구분되는 독립적 단위로 형성되는 수준, 즉 직무가 독립적으로 완결되는 것을 확인할 수 있는 정도를 의미한다. 예를 들어, 선반(공작기계)으로 책상 다리만을 만드는 근로자보다, 하나의 책상을 만들기 위해 목재 선택, 디자인, 가공, 조립, 니스칠을 하는 목공예사의 과업 정체성이 높다고 볼 수 있다.
- **과업 중요성(task significance)**: 직무가 다른 사람의 인생이나 업무에 중요한 영향을 주는 정도를 의미한다. 예를 들어, 커피숍의 점원보다 응급실에서 일하는 간호사의 과업 중요성이 높다고 볼 수 있다.
- **자율성(autonomy)**: 직무를 수행하는 데 있어서 재량권의 수준, 즉 독립적으로 스스로 자신의 업무 일정과 수행방법 등을 결정할 수 있는 정도를 의미한다.

예를 들어, 맥도널드에서 주어진 업무매뉴얼에 따라 작업하는 직원보다, 자신의 아이디어를 더해 주택을 설계하는 건축가의 자율성이 높다고 볼 수 있다.

- **피드백(feedback)**: 직무 수행의 결과에 대한 직접적이고 명확한 정보를 획득하는 정도를 의미한다. 예를 들어, 강의 후에 학생들이 강의 내용을 잘 이해하고 있는지 확인하기 어려운 대학교수보다, 자동차의 수리 후에 차가 잘 작동하는지 바로 확인할 수 있는 자동차정비소의 정비공의 피드백 수준이 높다고 할 수 있다.

이러한 다섯 가지 직무 특성은 핵심 직무 차원(core job dimensions)으로 불리는데, 이러한 핵심 직무 차원은 직무에 있어서 조직구성원의 잠재적인 동기유여의 수준을 예측하기 위해 사용되는 동기부여 잠재력점수(motivating potential score, MPS)로 결합될 수 있다. 동기부여 잠재력점수(MPS)의 산술식은 다음과 같다.

$$동기부여 잠재력점수(MPS) = 자율성 \times 피드백 \times \frac{기술 다양성 + 과업 정체성 + 과업 중요성}{3}$$

위의 산술식에 의하면, 잠재적인 동기부여의 수준인 동기부여 잠재력점수(MPS)가 높아지기 위해서는 기술 다양성, 과업 정체성, 과업 중요성의 점수가 골고루 높거나, 혹은 그렇지 못하다면, 적어도 이 가운데 한 요소의 점수가 높아야 한다(더하기 관계이므로,). 다시 말하면, 기술 다양성, 과업 정체성, 과업 중요성 등 세 가지의 요소 모두에서 높은 점수를 얻기 힘든 직무라고 할지라도 이 가운데 한 요소만의 점수가 높다면, 그 직무의 동기부여 잠재력점수를 높이는 것은 가능하다.

기술 다양성, 과업 정체성, 과업 중요성과 달리, 자율성과 피드백 점수는 모두 높아야(곱하기 관계이므로,) 동기부여 잠재력점수를 높일 수 있다. 즉 실제로 거의 모든 직무에서 자율성과 피드백을 주는 것은 어느 정도 가능하므로, 어떤 직무이건 동기부여 잠재력점수를 높일 수 있다.

Hackman & Oldham(1980)에 의하면, 핵심 직무 차원이 바로 조직구성원의 동기에 영향을 주는 것은 아니다. 이들은 우선 개인의 심리상태(psychological state)에 영향을 주게 되며, 이렇게 변화한 심리상태가 조직구성원의 동기에 영향을 준다([그림 8-2] 참조). Hackman & Oldham(1980)은 개인의 주요한 심리상태를 다음의 세 가지로 설명한다(Robbins, 2008; 진종순 외, 2022).

그림 8-2 **직무특성모델(JCM)**

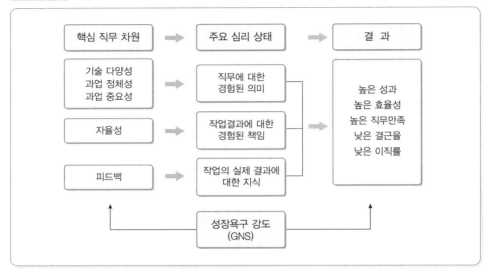

출처: Hackman & Suttle(1977: 29).

- 직무에 대한 경험된 의미: 조직구성원이 업무 수행에서 의미를 느낌
- 작업 결과에 대한 경험된 책임: 조직구성원이 업무 수행의 결과에 대해 개인적으로 책임을 짐
- 작업의 실제 결과에 대한 지식: 조직구성원이 업무 수행의 결과를 파악할 수 있음

　　각각의 핵심 직무 차원들은 각기 다른 심리상태에 영향을 주게 된다. 우선, 핵심 직무 차원 가운데 기술 다양성, 과업 정체성, 과업 중요성의 세 가지 요소는 직무에 대한 경험된 의미에 영향을 준다. 즉 조직구성원은 기술 다양성, 과업 정체성, 과업 중요성이 높을 때, 자신의 업무를 수행하는 것이 의미를 갖는다고 느낀다. 둘째, 자율성은 작업 결과에 대한 경험된 책임에 영향을 준다. 즉 조직구성원은 자율적으로 일을 할 때, 자신이 수행한 업무의 결과에 대해 개인적으로 책임감을 느낀다. 마지막으로, 피드백은 작업의 실제 결과에 대한 지식에 영향을 준다. 즉 조직구성원은 자신이 한 일에 대한 피드백을 얻을 때, 자신이 일을 얼마나 잘했는지 파악할 수 있다. 이렇게 조직구성원이 그의 업무가 의미 있다고 생각할 때, 그의 업무에 대한 책임을 갖고 있을 때, 그의 업무가 가져올 결과를 알고 있을 때,

내부 업무동기(internal work motivation)가 발생한다.

Hackman & Oldham(1980)에 의하면, 핵심 직무 차원이 동기부여에 미치는 영향은 성장욕구 강도(growth need strength, GNS)에 의해 조절된다. 조직구성원의 자존감과 자아실현과 같은 상위 욕구에 대한 충족 수준인 성장욕구의 강도(GNS)는 핵심 직무 차원과 동기부여 간의 관계를 강화시키거나, 약화시키는 변수로서 역할을 한다.

핵심 직무 차원, 개인의 심리상태, 성장욕구 강도(GNS) 등 세 가지의 요소가 잘 통합될 때, 조직구성원은 업무를 수행하고자 하는 적절한 동기를 부여받게 된다. 이러한 상황에 놓인 조직구성원은 하나의 성숙된 인간으로 성장하고, 대체로 만족을 느끼게 된다. 결과적으로, 조직구성원은 업무에서 바람직한 결실(높은 성과, 높은 효율성, 높은 직무만족, 낮은 결근율, 낮은 이직률 등)를 맺을 수 있다(Eriksson-Zetterquist, Mullern, & Styhre, 2011).

다산 정약용의 인간에 대한 해석

다산의 사상이 특별한 이유는 무엇인가? 그리고 그의 사상이 우리에게 주는 시사점은 무엇인가? 다산 사상의 특징은 유교에 바탕을 두면서 실학의 실용주의 원칙을 활용하여 유교경전을 재해석함으로써 기존의 유교이론과는 다른 독특한 사상을 펼친데 있다(박충석, 1983). 성리학에 의하면 만물은 이(理)와 기(氣)로 구성되어 있는데, 이(理)는 만물의 생성원리이자 불변의 원리이며, 기(氣)는 음양오행  (陰陽五行)의 작용으로 만물의 형질을 이루는 것이다. 성리학에서 주장하는 인간의 윤리는 만물의 생성원리인 이(理)에 바탕을 둔 것으로서 자연법칙과 인간윤리는 근본적으로 동일하다. 이렇게 볼 때, 성리학에서 해석하는 인간은 자연법칙에 지배되는 종속적인 존재이다.

이에 비해, 다산은 이(理)를 천명(天命)이나 윤리의 근원으로 보는 주자(朱子)의 견해를 부인한다(강석화, 1989).[12] 다산이 해석하는 인간은 능동적이고 독립적인 존재이다. 또한 인간의 본성은 고쳐질 수 있는 것이다. 즉 다산의 사상이 당시의 학자와 다른 점은 이러한 인간에 대한 독창적인 해석에 있다. 다시 말해서, 다산의 사상은 자율적·독립적인 인간이

---

12) 주희(朱熹), 혹은 주자(朱子, 1130-1200)는 송나라의 유학자로, 송대의 유학을 집대성하여 유학의 아버지로 불린다. 그의 사상은 명·청 시대의 유학의 정통으로 자리잡았으며, 우리나라를 포함한 주변국에도 큰 영향을 주었다(다음백과, http://100.daum.net).

라는 해석에 바탕을 둔다. 그는 인간을 스스로 선택할 수 있는 권한과 능력을 가진 하나의 독립적인 주체로 보았다(임재윤, 1999). 따라서 하나의 인격체로서 능력과 권한, 욕구를 가진 인간을 다스리기 위해서는 억압적인 방법이 아니라, 그의 욕구(감정, 재화, 이익 등)를 충족시키는 인센티브를 활용해야 한다는 결론에 이르게 된다.

출처: 진종순(2007) 재인용.

복습을 위한 질문

- Follet이 설명하는 상황에 대한 관리자와 부하직원들의 인식이 공유될 때 내려진 명령이 갖는 특성은 무엇인가?
- Walker와 Lorsch가 주장한 전문화와 조정에 관한 새로운 세 가지 기준은 무엇인가?
- X이론에서 요구되는 관리전략의 내용은 무엇인가?
- 호손연구(Hawthorne Studies)로 인해 새롭게 강조된 내용은 무엇인가?
- Maslow가 그의 이론에서 강조한 내용은 무엇인가?
- 욕구의 계층(needs hierarchy) 가운데, 대인관계를 통해 서로 정을 교환하고 소속되기를 바라는 사회적 욕구는 무엇인가?

제 9 장

상황이론 I : 기술과 규모

  현대 사회의 급속한 정치적, 그리고 문화적 변화는 공공조직에 대해 더 복잡하고 어려운 요구를 하고 있다. 현대 조직이론의 접근법은 언제 어디서나 적용될 수 있는 단 하나의 조직형태를 찾는 것이 아니라, 다양한 환경에 적응, 대응하는 다양한 조직형태를 고안하려 하고 있다. 이 장에서는 환경이 조직에게 주는 영향에 관심을 두는 상황이론(contingency theory)을 살펴본다. 상황이란 한 가지 사건이 다른 사건들에 의존되어 있는 것을 말한다. 조직은 자신이 처한 상황에 가장 적합한 구조를 가질 때 효과적이다. 이는 한 상황에서 효과적인 방식이 다른 상황에서는 그렇지 않을 수도 있음을 의미한다(Daft, 2010).

  즉 모든 상황에서 최적의 결과를 가져오는 단 하나의 방법은 없다. Scott(1981)는 최선의 조직화 방법은 조직이 관련을 맺을 수밖에 없는 상황, 환경의 성격에 달려있다고 설명한다. 상황이론에서는 조직에 영향을 주는 중요한 상황 요소(변수)로 기술, 규모, 생애주기, 환경의 변화와 복잡성 등을 제시하고 있다. 상황이론을 이해할 때, 중요한 점은 하나의 상황 요소만이 조직에 영향을 주는 것으로 이해해서는 안 된다는 점이다. 보다 정확하게는, 이러한 다양한 상황 요소들이 모여서 종합적으로 조직에 영향을 주고 있다고 봐야 한다. 그리고 이러한 상황 요소들의 상대적인 중요성은 그 해당 조직이 처한 포괄적인 상황에 따라 달라질 것이다. 이 장에서는 상황이론에서 주장하는 두 가지의 중요한 요소인 기술과 규모에 관해 살펴본다.

1. 기   술

  기술(technology)이란 조직의 여러 가지 투입물을 조직이 목표하는 산출물로 변환시키는데 활용되는 지식, 도구, 기법, 활동을 의미한다. 일반적으로 기술은 조직의 문화, 제도, 장소 이외에 존재하는 실제적인 특징을 뜻한다(Orlikowski, 2007). Woodward(1965), Perrow(1967), Thompson(1967) 등의 연구자들은 기술에 관해 관심을 갖고 그 중요성을 강조하여 왔다. 대체로 조직에 관한 연구자들은 추상적인 수준에서 기술이 조직에서 투입을 산출로 전환하기 위해 요구되는 정보, 설비, 기법, 과정이라는데 동의하고 있다. 즉 기술은 투입이 산출로 어떻게(how) 전환되는지와 관련된다. 또한 연구자들은 본래 기계적 · 생산적인 의미를 갖고 있음에도 불구하고, 기술의 개념이 모든 유형의 조직에 적용될 수 있다는데 동의하고 있다. 공장, 은행, 병원, 사회보장기관, 연구소, 신문사, 군대 등 어떤 형태의 조직이든 조직은 제품이나 서비스를 생산하기 위해 어떤 기술을 활용한다.

앞서 살펴본 바와 같이 기술을 추상적 · 포괄적 수준에서 정의할 때에는 큰 문제가 없다. 하지만 기술을 추상적인 개념이 아닌 구체적인 개념으로 정의할 때 문제가 시작된다(Robbins, 1990). 구체적으로 기술을 어떻게 측정할 것인가? 업무과정에서의 조작기술, 업무과정에서 활용되는 자료의 특성, 업무과정에서 사용되는 지식시스템의 복잡성의 정도, 지속적 · 확립된 업무절차의 수준, 자동화의 수준, 업무체제 간의 상호의존성의 정도 등 연구자들은 기술을 분석하기 위해 다양한 측정 방법을 활용하여 왔다. 하나의 조직이 갖는 기술을 측정하더라도 기술의 측정 방법들이 상이할 때, 당연히 다른 분석결과를 가져올 것이다. 그리고 다양한 측정방법으로 여러 유형과 크기의 조직을 측정하거나 조직 내에서 다른 수준을 측정할 때, 분석결과는 더 큰 차이를 가져올 것이다. 어떤 분석은 공장에만 한정되며, 다른 어떤 분석은 대규모의 조직에만 한정된다. 어떤 분석은 조직 수준에 한정되며, 다른 어떤 분석은 업무부서나 업무수준에서 비교하려고 한다. 결과적으로, 이는 오렌지와 사과를 비교하는 것과 같이 큰 혼동을 가져올 것이다. 그렇다면, 이러한 문제를 어떻게 해결할 것인가? 하나의 해결 방법은 기술에 관한 논의를 조직의 구조에만 한정하는 것이다(Robbins, 1990). 따라서 이 글에서는 조직구조에 영향을 주는 세 가지의 기술로 생산기술, 자원의 성격, 수행하는 과업을 살펴본다.

1) 생산기술

1953년부터 Joan Woodward는 영국의 South East Essex 지역에 소재한 기업

을 대상으로 그 당시 유행하고 있던 고전적 조직이론에 따라 모든 상황에 적용할 수 있는 최선의 관리 방식인 원칙(principles)을 검증하기 시작하였다. 그러나 수집된 자료를 분석한 결과, 최선의 관리 원칙이 존재한다는 어떤 증거도 찾을 수 없었다. 기본적으로 기업들은 다양한 형태의 조직구조를 갖고 있었다. 뿐만 아니라, 특정한 조직구조를 가진 기업이 최고의 성과를 낸다는 결론을 얻을 수 없었다. 이러한 결론은 고전적 조직이론의 주장을 부정하는 것이었다. Woodward(1965)는 이처럼 조직구조가 다양하며, 게다가 유사한 조직 특성을 갖는 기업들의 성과에 차이가 나는 원인을 찾기 위해 노력하였다. 그녀는 결국 생산 기술의 차이에 따라 기업들의 조직구조에 차이가 발생함을 발견하였다.

Woodward(1965)는 성공적인 조직이 사용하는 기술과 조직구조 사이에 관계가 있다고 설명한다. 설명을 위해 그녀는 조직을 첫째, 조선회사나 항공회사와 같은 소규모 주문생산이나 단위 생산체제(small batch and unit production system), 둘째, 자동차 제조회사와 같은 대규모 주문생산이나 대량생산체제(large batch and massproduction system), 셋째, 화학이나 석유 제조업체와 같이 연속 생산을 활용하는 연속공정 생산체제(continuous process production system) 등 세 가지로 유형화하였다.

(1) 소규모 주문생산이나 단위 생산체제

소규모 주문생산이나 단위 생산체제는 주문생산이라고도 하는데 조직의 생산품이 고객의 주문에 따라 각기 다르게 산출된다. 따라서 생산 공정을 조정하기 어렵고, 전체 생산비용 중 인건비의 비중이 높다. 공구 제작 산업, 주택건설 산업, 그리고 1950년대의 항공기 산업 등이 여기에 해당된다.

(2) 대규모 주문생산이나 대량생산체제

대규모 주문생산이나 대량생산체제는 기술적 복잡성 측면에서 소규모 주문생산이나 단위 생산체제와 연속공정 생산체제의 중간에 위치한다. 대규모 주문생산이나 대량생산체제는 생산품들이 표준화되어 있다. 그러나 이러한 최종 생산품은 고객의 취향에 따라 조금씩 달라진다. 예를 들어, 자동차의 경우 부품은 완전 표준화되어 있으나 소비자의 기호에 따라 차의 색상이라든가 에어컨, 썬루프, 스마트키 등 각종 보조 장치를 추가할 수 있다.

(3) 연속공정 생산체제

소규모 주문생산이나 단위 생산체제와 완전히 대비되는 것이 연속공정 생산체제이다. 연속공정 생산체제에서는 연속적으로 연결된 생산공정을 거쳐 표준화 정도가 매우 높은 제품이 생산된다. 따라서 상당히 오랜 기간 동안 제품이 안정적으로 생산된다. 생산시설은 자동화되어 있고 규모도 매우 커서 인건비가 차지하는 비율이 낮다. 연속공정 생산체제를 사용하는 산업의 예로는 정유, 화학 등의 산업을 들 수 있다.

Woodward(1965)는 소규모 주문생산이나 단위 생산체제에서 연속공정 생산체제로 기술적 복잡성이 높아질수록 계층의 수가 많아져 구조가 더 복잡하고, 공식화, 집권화되는 것을 발견하였다. 그리고 연속공정 생산체제로 갈수록 직접 생산에 종사하는 사람들의 비율이 적어지는 것을 알게 되었다. 대규모 주문생산이나 대량생산체제의 경우에는 통솔 범위가 넓으나, 연속공정 생산체제는 매우 좁다. 그리고 주로 공식적인 절차나 규칙에 의한 통제와 의사소통이 주를 이루는 대규모 주문생산이나 대량생산 체제와 달리 소규모 주문생산이나 단위 생산체제, 연속공정 생산체제의 경우에는 숙련 노동자의 노하우(know-how)에 의존하여 생산을 통제하거나 생산 공정 자체가 자동적으로 생산을 통제하도록 하고 있다. 다음의 〈표 9-1〉은 기술의 유형과 조직구조 간의 관계를 잘 보여준다.

결론적으로, Woodward(1965)는 상이한 기술은 상이한 관리를 필요로 하며, 특정한 기술에 적합한 조직구조가 존재한다고 주장한다. 경영 위계상의 계층의 수, 일선 감독자의 통솔범위, 일반 직원에 대한 관리자나 감독자의 비율 등이 기술의 영향을 받는다는 것이다. 그녀에 의하면, 조직의 구조뿐만 아니라 조직의 효율성, 성과 또한 기술의 영향을 받는다. 각각의 유형에서 성공적인 기업들은 기술에 적합한 조직구조를 갖고 있는 기업들이었다(Hall, 1999). 다시 말해서, Woodward(1965)는 기술에 적합한 조직구조를 가질수록 생산성이 높아진다고 주장한다.

표 9-1 기술의 유형과 조직구조

	소규모 주문생산이나 단위 생산체제 (n=24)	대규모 주문생산이나 대량 생산체제 (n=31)	연속공정 생산체제 (n=25)
기술적 복잡성	낮음	중간	높음
계층의 수	3	4	6
공식화	낮음	중간	높음
집권화	낮음	중간	높음
직접 생산종사자의 비율[1]	9:1	4:1	1:1
일선 감독자의 통솔 범위[2]	23	48	15
숙련공의 수	많음	적음	많음

출처: Woodward(1965) 재정리.

정보기술의 효과

　Burton & Obel은 *Strategic Organizational Diagnosis and Design: Developing Theory for Application*(1998)이라는 책에서 기술(techonology)의 다양한 측면이 조직의 설계에 영향을 준다고 설명한다.[3] Burton & Obel은 조직형태와 정보기술, 정보처리 기구로서의 조직, 설계에서 중간기구, 연계기구의 풍부함과 효과, 분권화된 조직에 적합한 정보기술을 설계하는 기준 등 조직의 설계를 위한 종합적인 설명을 제시한다(Shafritz, Ott, & Jang, 2005). 이들은 Woodward(1965), Perrow(1967), Galbraith(1974), Scott(1998) 등의 이론을 종합하여 정보기술은 조직의 여섯 가지 설계(design)에 영향을 준다고 주장하는데, 여섯 가지의 설계는 다음과 같다.

- 공식화(formalization)
- 중앙집권화(centralization)
- 조직의 복잡성(complexity)
- 조직구성(configuration)
- 조정과 통제 메커니즘(coordination & control mechanisms)
- 동기부여(incentives)

　Burton & Obel(1998)은 23개의 명제(propositions)를 제시하는데, 이 가운데 몇 가지 예를 들어보면, 중앙집권화의 경우, "만약 기술이 매우 표준화되어 있고 조직의 규모가 작다면,

---

1) : 앞의 숫자가 직접 생산종사자를 의미한다. 예를 들어, 9:1은 전직원 10명 가운데 직접 생산종사자가 9명이라는 의미이다.
2) 통솔하는 직원의 수를 의미한다.

보다 더 중앙집권화되어야 한다", "만약 조직의 규모가 크고 기술이 매우 표준화되어 있다면, 중앙집권화는 중간 수준 정도여야 한다"라고 제안한다. 또한 조정과 통제 메커니즘의 경우에는 "만약 조직의 규모가 작지 않고 기술이 표준화되어 있다면, 조정과 통제 메커니즘은 계획과 규칙을 통해 얻어지고 낮은 풍부함과 적은 양의 정보를 가진 매체(media)가 사용될 수 있다", "만약 기술이 표준화되어 있지 않다면, 조정은 집단 미팅을 통해 얻어지고 높은 풍부함과 많은 양의 정보를 가진 매체가 사용된다", "만약 조직이 지배적인 기술을 갖고 있지 않다면, 기술 구조에 관한 권고는 다른 상황 요인들에 비해 상대적으로 등한시되어야 한다"라고 제안한다.

출처: Burton & Obel(1998); Shafritz, Ott, & Jang(2005).

2) 자원의 성격

Woodward(1965)의 기술에 관한 이론의 주요한 한계는 그 설명이 공장조직에 바탕을 두고 있다는 점이다. 공장은 모든 유형의 조직의 1/2도 차지하지 못하기 때문에 만약 기술이 모든 형태의 조직에서 의미를 가지려면, 더욱 일반적으로 적용될 수 있는 설명이 필요하다. Charles Perrow(1967)는 이를 위한 설명을 제시하는데, 그의 이론은 생산기술(production technology)보다는 지식기술(knowledge technology)에 중점을 둔다. Perrow(1967)는 기술을 "개인이 도구나 기계장치의 도움을 받거나, 혹은 받지 않고 목표에 변화를 가져오기 위해 취하는 행동"이라고 정의한다(Robbins, 1990).

Perrow(1967)의 기술에 관한 설명의 핵심은 자원의 성격이다. 자원의 성격은 조직이 어떻게 구조화되고 운영되는가에 큰 영향을 끼친다. 시간이 지나더라도 자원이 변화하지 않을 때, 예외적인 사례들은 거의 발견되지 않는다. 하지만 사람과 사람 간의 상호작용, 과학의 미개척 분야와 같이 자원의 구체성과 명확성이 떨어지는 경우에는 많은 예외적인 사례들이 발견된다. 자원은 성격에 따라 논리적이고 분석적인 탐색부터 직관, 영감, 우연, 추측, 비표준화된 절차까지 다양한 탐색 과정이 가능하다(Hall, 1999).

Perrow(1967)는 조직 내에서 사용되는 기술을 보다 구체적으로 설명하기 위해 "업무 중에 직면하는 예외적인 사례의 수"인 **업무의 다양성**(task variability)과

---

3) 이 책의 7장(chapter 7)인 "Technology as a Contingency Factor"에서 설명하고 있다.

"예외적인 사례가 발견될 때 활용되는 탐색 과정의 성격"인 **문제의 분석가능성** (problem analyzability) 등 두 가지의 차원을 제시한다.

(1) 업무의 다양성

업무의 다양성(task variability)은 업무과정에서 발생하는 기대하지 못한 새로운 사건의 빈도를 의미한다. 즉 사전에 예상하지 못한 새로운 상황이 업무활동 가운데 발생하는 정도를 뜻한다. 일상적이고 반복적인 업무는 다양성이 상대적으로 적으며, 이러한 업무를 수행하는데 사용되는 기술·지식 역시 다양성을 적게 포함한다. 예를 들어, 자동차 조립라인이나 맥도널드(McDonald's)에서 감자튀김을 튀길 때 업무의 다양성은 낮을 것이다. 이와 반대로 만약 업무가 많은 다양성을 갖고 있다면, 많은 예외 상황이 발생할 것이다. 예를 들어, 최고관리자, 컨설턴트, 석유시추공의 불을 끄는 작업을 하는 사람의 업무 등이 여기에 해당된다(Robbins, 1990).

Withey, Daft, & Cooper(1983: 59)에 의하면, 업무의 다양성은 다음과 같은 다섯 개의 질문에 의해 측정될 수 있다.[4]

---

1. 당신의 업무 가운데 얼마나 많은 부분이 매일매일 항상 똑같은가?
2. 당신의 업무가 어느 정도 일상적이라고 말할 수 있는가?
3. 부서의 직원들이 동일한 업무를 동일한 방식으로 대부분 수행하는가?
4. 기본적으로, 부서의 직원들이 업무를 수행하기 위해 반복적인 활동을 하는가?
5. 당신의 업무는 얼마나 계속 반복되는가?

---

(2) 문제의 분석가능성

문제의 분석가능성(problem analyzability)은 업무에서 예외가 발생할 때 적절하게 성공적으로 대응하기 위한 방법을 찾는 탐색과정의 성격 차원이다. 이는 말 그대로 문제의 분석 가능한 정도를 의미한다. 문제가 명확하게 정의되었을 때, 사람들은 해결책을 찾기 위해 논리적이고 분석적인 추론(혹은, 기존의 프로그램이나 표준화된 과정, 절차)을 사용할 수 있다. 이와 반대로, 문제가 잘 정의되기 어려울 때, 사람들은 해결책을 찾기 위해 과거의 경험, 판단, 직관에 의지해야 한다. 즉 추측

---

4) 이는 7점 척도로 측정된다.

과 시행착오를 거쳐 사람들은 만족할만한 해결책을 선택할 것이다. 예를 들어, 건축가가 과거에 전혀 볼 수 없었던 새로운 건축물을 설계할 경우, 그는 기존의 공식적인 탐색과정을 사용할 수 없을 것이다(Robbins, 1990).

Withey, Daft, & Cooper(1983: 59)에 의하면, 문제의 분석가능성은 다음과 같은 다섯 개의 질문에 의해 측정될 수 있다.[5]

> 1. 당신이 일상적으로 해야 하는 주요 업무를 수행하기 위해 명백하게 알려진 방식이 얼마나 있는가?
> 2. 당신의 업무에 지침을 줄 수 있는 명백하게 정의된 지식이 얼마나 있는가?
> 3. 당신이 업무를 수행하는데 적용될 수 있는 이해가능한 절차가 얼마나 있는가?
> 4. 당신이 업무를 수행하기 위해 정해진 실행 절차에 얼마나 의지할 수 있는가?
> 5. 당신이 업무를 수행할 때, 참고할 수 있는 이해가능한 절차가 얼마나 있는가?

Perrow(1967)는 업무의 다양성과 문제의 분석가능성이라는 두 가지의 차원을 바탕으로 다음과 같이 네 가지 유형의 기술을 제시한다.

(1) 일상적 기술

일상적 기술(routine technologies)은 예외가 거의 없고, 문제를 분석하기 쉽다. 즉 과업의 다양성이 적고 객관적인 절차의 사용이 용이한 기술이다. 예를 들어, 너트와 볼트를 조립하는 작업, 자동차 공장의 생산 라인, 은행 창구 직원의 업무가 여기에 해당된다.

(2) 공학 기술

공학 기술(engineering technologies)은 많은 수의 예외가 있지만, 이를 합리적이고 체계적인 방식으로 처리할 수 있다. 즉 공학기술은 수행하는 과업은 다양하고 복잡하지만, 이들 업무를 확립된 공식이나 절차, 또는 기법을 응용하여 비교적 용이하게 해결할 수 있는 기술을 말한다. 예를 들어, 회계 업무, 공학기술의 업무, 사무실 빌딩의 건설 업무 등이 여기에 해당된다.

---

5) 이는 7점 척도로 측정된다.

(3) 장인 기술

장인 기술(craft technologies)은 비교적 어려운 문제들을 다루지만, 예외의 수가 한정되어 있다. 즉 장인기술은 예외성이 적으나 과업의 수행이 그렇게 용이하지 않은 경우의 기술로서, 광범위한 훈련과 경험이 필요하다. 음악의 연주, 조각, 유리공예, 도자기 공예, 가구 제작, 구두 제작 등이 여기에 해당된다. 예를 들어, 도자기를 빚는 작업에서 상대적으로 예외적인 상황은 잘 발생하지 않는다. 하지만 오랜 경험과 노하우를 가진 도자기 장인의 작품은 분명히 초보자의 작품과는 차이가 있다.

(4) 비일상적 기술

비일상적 기술(nonroutine technologies)은 많은 예외상황과 문제를 분석하기 어려운 것으로 특징지어질 수 있다. 즉 비일상적 기술은 예외성이 크고 문제의 분석가능성 또한 낮은 기술로서, 분석을 위한 노력이 많이 요구된다. 사회과학 연구, 응용 연구, 전략 계획, 항공우주산업 등의 업무가 이에 해당된다. 예를 들어, 정부 연구용역에서 책임연구원의 역량은 연구보고서의 질을 결정하는 중요한 요인이다. 아마도 그는 공동연구원인 젊은 연구자만큼 통계분석에 관한 최신 지식은 없을 것이다. 하지만 오랜 기간 동안 해당 분야에서 연구해오면서 경험과 직관을 갖게 되었을 것이다. 그리고 이러한 경험과 직관을 바탕으로, 보다 의미 있는 정책적 함의와 제언을 이끌어 낼 수 있을 것이다.

Perrow(1967)의 네 가지 유형의 기술을 업무의 다양성과 문제의 분석가능성에 따라 정리하면, 다음의 [그림 9-1]과 같다. 만약 문제가 체계적으로 분석될 수 있다면, 논리적이고 합리적인 분석을 사용하는 일상적 기술과 공학 기술이 적합하다. 오직 직관, 추측, 경험으로만 다루어질 수 있는 문제는 장인 기술과 비일상적 기술을 요구한다. 또한 만약 새롭고, 독특하고, 익숙하지 않은 문제가 정기적으로 나타난다면, 공학 기술과 비일상적 기술이 요구된다. 만약 문제가 익숙하다면, 일상적 기술과 장인 기술이 적합하다.

Perrow(1967)는 업무의 다양성과 문제의 분석가능성이 정(+)의 상관관계를 갖는다고 설명한다. 즉 그의 설명은 업무가 매우 적은 예외 상황을 갖고 있고, 탐색 과정이 명백하게 분석되기 어렵거나(장인기술), 업무가 많은 예외 상황을 갖고 있고, 탐색과정이 잘 정의되고 쉽게 분석될 수 있는 경우(공학기술)는 실제로 많지 않으리라는 것을 암시한다. 따라서 네 가지의 기술은 아래의 [그림 9-1]에서 대각선(점선)으로 표시된 것과 같이 단순하게 일상적-비일상적 차원으로 통합될 수 있다(Robbins, 1990).

그림 9-1 Perrow(1967)의 네 가지 유형의 기술

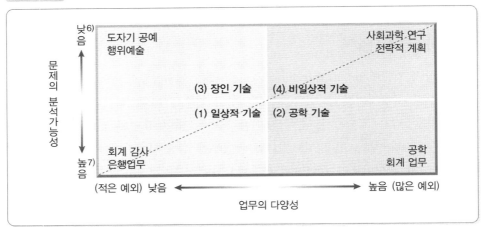

출처: Perrow(1967) 재구성.

조직은 일상적-비일상적 차원에 따라 다음과 같이 다른 조직구조와 특징을 갖게 된다(Perrow, 1967; Daft, 2010).

① 일상적 기술을 사용하는 부서의 조직구조는 기계적인 특성을 갖고, 비일상적 기술을 사용하는 부서는 유기적인 조직구조의 특징을 나타낸다.

② 일상적 기술을 사용하는 업무 분야에서는 과업의 표준화와 분업화를 통해 높은 공식화가 이루어져 있다. 즉 일상적인 일을 하는 조직은 더 공식화되는 경향이 있다(Hage & Aiken, 1969). 이러한 조직에서는 대부분의 업무 수행에 대해 정해

---

6) 잘 정의되지 못하고 분석이 어려움.
7) 잘 정의되고 분석 가능함.

진 규칙과 절차가 적용된다.

③ 비일상적 기술을 사용하여 과업이 복잡해지면, 상사와 부하는 더욱 빈번한 상호작용을 해야 하기 때문에 통제의 폭이 좁아진다.

④ 일상적 기술을 사용하는 부서에서 이루어지는 대부분의 의사결정은 관리자에게 집권화되어 있다(Grimes & Kline, 1973).

⑤ 비일상적 기술을 사용하여 조직이 수행하는 업무의 다양성이 높을수록 조직 구성원들 간의 더욱 빈번한 의사소통이 이루어진다. 다시 말해서, 비일상적 기술을 사용하는 부서의 구성원들은 정기적인 회의나 수평적인 의사소통, 의사전달 등의 조정 체계를 통해 의사결정 활동에 참여한다.

공동체가 오래 유지되려면 누군가는 놀아야 한다?

개미의 집단생활에 대한 연구에서 이런 가설을 증명하는 연구 결과가 나와 주목을 끈다. <요미우리신문> 등 일본 언론들은 17일 홋카이도대학 하세가와 에이스케 교수(진화생물학) 연구팀이 개미 집단의 장기 존속을 위해 일하지 않는 개미가 일정 부분 존재할 필요가 있다는 연구 결과를 16일 영국 학술지 <사이언티픽 리포트>에 발표했다고 보도했다. 지금까지 나온 개미의 생활습성에 대한 연구를 보면, 열심히 일하는 개미들만 모아 집단을 구성해도 어느 정도 시간이 지나면 일하지 않는 개미가 반드시 20~30% 정도 나타났다. 이번 연구는 자연계의 '비효율적 존재'로 취급받아온 이 '게으름뱅이 개미'들의 존재 이유를 밝힌 것이다.

연구팀은 일본에 서식하고 있는 개미의 한 종류인 시와쿠시개미(뿔개미속의 한 종류)를 사육해 한 마리 한 마리에 특정한 색을 입혀 개체 식별을 할 수 있도록 했다. 이어 1달 정도가 시간이 지난 뒤 1,200마리로 구성된 8개 개미 집단의 행동을 관찰했다. 개체의 움직임을 하나하나 확인할 수 있게 되자 놀라운 사실이 발견됐다. 각 개미 집단에선 이번에도 일하지 않는 개미들이 나타났다. 그러나 이들은 그냥 놀기만 하는 게 아니었다. 열심히 일하던 개미가 지쳐 휴식에 들어가게 되면, 이들을 대신해 일을 하기 시작한 것이다.

이어 연구팀은 컴퓨터 시뮬레이션을 통해 모든 개미가 한꺼번에 일하고 동시에 피곤해지는 집단과 개미의 일하는 정도가 제각각인 경우를 비교했다. 근면한 개미만 모인 집단은 모두가 지쳐 버려 집단 존속에 꼭 필요한 알의 뒷바라지 작업에 문제가 발생하는 것으로 나타났다. 결국 게으른 개미가 있는 집단이 성실한 개미로만 구성된 집단보다 오래 존속한다는 결과가 나온 것이다. 하세가와 교수는 17일 <요미우리신문>과의 인터뷰에서 "일하지 않는 개미가 일정 정도 포함된 비효율적인 시스템이 집단의 존속에 불가결하다는 사실이 확인됐다. 인간 조직도 단기적인 효율이나 성과보다 장기적인 관점을 갖고 운영하는 게 중요하다는 점을 시사하는 결론이 아니겠냐"고 말했다.

출처: 한겨레(2016.2.18). "'게으름뱅이 개미' 존재이유 있다."

3) 수행하는 과업

앞서 소개한 Woodward(1965), Perrow(1967)와 달리 James D. Thompson은 기술학파(technology-imperative school)의 일원은 아니었다. Thompson(1967)의 연구가 기여한 점은 기술이 조작의 불확실성(uncertainty)을 줄이기 위한 전략에 결정적인 영향을 주고, 조직 구조의 어떤 구체적인 배열이 불확실성을 감소시킬 수 있다는 점을 보여주었다는데 있다(Robbins, 1990). Thompson(1967)은 복잡한 조직에서 발견되는 기술의 범위를 충분히 아우를 수 있는 분류체계를 고안하고자 하였다. 그는 조직의 부서가 수행하는 과업에 따라 길게 연결된 기술(long-linked technology), 중개기술(mediating technology), 집약기술(intensive technology) 등 기술의 세 가지의 유형을 제시하였다.

(1) 길게 연결된 기술

과업이나 활동이 연속적으로 상호의존되어 있을 때, Thompson(1967)은 이를 길게 연결된 기술(long-linked technology)이라고 설명한다. 길게 연결된 기술은 반복된 작업(조치)의 연속이라고 말할 수 있다. 길게 연결된 기술은 B라는 일이 이루어지기 전에 A라는 일이 반드시 이루어져야 하고, C라는 일이 시작되기 위해서는 B라는 일이 반드시 이루어져야 하는 등 최초 투입물이 최종 산출물로 바뀌는 모든 작업과정이 연결되어 있는 것을 말한다. 예를 들어, 대규모 자동차 공장의 조립라인이나 학교급식과정이 이에 해당된다([그림 9-2] 참조).

연속적인 상호의존성 때문에 길게 연결된 기술은 활동들 간의 효율적인 조정을 필요로 한다. 관리자가 직면하는 불확실성은 주로 조직의 투입과 산출과정에서 발생한다. 예를 들어, 생산 원료의 획득과 최종 제품의 판매가 관리자의 주요한 관심사가 된다. 이때 관리자는 투입과 산출을 통제하여 불확실성에 대처한다. 조직의 목표를 달성하는 최선의 방법은 전진(forward), 후진(backward), 혹은 양자 모두

그림 9-2	길게 연결된 기술

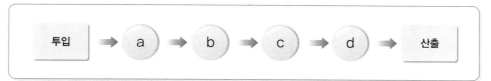

출처: Robbins(1990: 189) 재구성.

(both)의 수직적인 통합이다. 이러한 방법은 조직이 불확실성의 원인을 그 조직의 테두리(boundary) 안에 포함시키는 것을 가능하게 한다. 예를 들어, 알루미늄 호일을 생산하는 회사는 후진(backward)으로 원료를 제공하는 알루미늄 광산과 제련공장을 소유하여 투입을 통제할 수 있다. 혹은 이 회사는 전진(forward)으로 판매점을 직영으로 운영하여 산출을 통제할 수 있다(Robbins, 1990).

(2) 중개기술

Thompson(1967)은 중개기술(mediating technology)을 조직의 투입과 산출 모두에서 고객들을 연결하는 것으로 설명한다. 은행, 부동산 중개업, 전신장비, 대규모의 소매점, 온라인 중매회사, 우체국 등이 중개기술의 예가 될 수 있다. 중개자는 중개되지 않는다면 관계를 맺기 힘든 고객들을 연결하는 기능을 수행한다. 중개자는 고객들, 혹은 조직들 간의 교환을 규격화하거나 고객들 간에 교환이 가능하도록 행동을 유도한다. 예를 들어, 은행은 돈을 저축하고자 하는 사람과 돈을 빌리고자 하는 사람을 한 자리에 모은다. 은행의 성공은 서로를 모르는 이들 양자를 어떻게 모집하는가에 달려있다. 다시 말해서, 돈을 저축하고자 하는 사람들만 많이 모으거나, 혹은 돈을 빌리고자 하는 사람들만 많이 모은다면, 그 은행은 실패할 것이다. 결과적으로 중개기술을 사용하는 관리자는 고객에 대한 잠재적인 의존성, 그리고 고객들 간의 상호관계의 위험성으로 인해 야기되는 불확실성에 직면하게 된다(Robbins, 1990; [그림 9-3] 참조).

그렇다면, 중개기술을 사용하는 관리자는 이러한 불확실성에 어떻게 대처해야 하는가? 관리자는 고객의 수를 늘려 이러한 불확실성에 대처할 수 있다. 은행이 많은 고객을 갖고 있다면, 한 사람 한 사람의 고객에 대한 의존도는 낮아진다. 즉 고객 한 사람 한 사람이 갖고 있는 선호와 특성은 고객의 수가 늘어남에 따라 중요

그림 9-3 중개기술

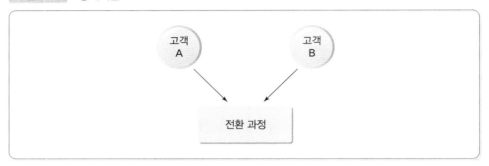

출처: Robbins(1990: 189) 재구성.

하지 않게 된다. 따라서 은행은 돈을 저축하고자 하는 많은 고객들을 모집하기위해 다양한 예금상품을 개발하는 것이다. 다른 예로, 인력고용회사는 많은 회사들을 고객으로 끌어들여 소수의 회사가 조직의 생존에 주는 영향을 줄이려고 시도한다 (Robbins, 1990).

(3) 집약기술

집약기술(intensive technology)은 다양한 상황에 대한 맞춤형 대응으로 묘사될 수 있다. 세밀한 맞춤형 대응이 가능한지의 여부는 문제의 특성과 다양성에 달려 있으며, 실제로 정확하게 대응하기가 쉽지 않다. 종합병원, 대학교, 연구실, 컨설팅 회사, 군의 전투부대 등이 집약기술에 포함된다. 다시 말해서, 집약기술은 고객에 대해서 복합적인 서비스와 제품을 제공하기 위해 이용되는 기술을 말하는데, 한 사람의 환자를 치료하기 위해 여러 개의 부서(가령, 방사선과, 내과, 약국, 행정실 등)가 합동으로 서비스를 제공하는 종합병원이 좋은 예이다([그림 9-4] 참조).

집약기술은 상호조절을 통해 조정을 이룬다. 조직 내에서 다수의 자원이 활용 가능하지만, 주어진 시간과 상황에 맞는 제한된 자원의 조합이 집약기술에서는 실제로 사용된다. 이러한 자원의 선택, 조합, 주문은 목표로부터의 피드백에 의해 결정된다. 유연한 대응의 필요성 때문에 관리자가 직면하는 주요한 불확실성은 문제 그 자체이다. 따라서 관리자는 어떤 상황에든 대응하기 위해 다양한 자원이 가용 가능하도록 준비해야 한다. 예를 들어, 종합병원은 다양한 상황에 대응할 수 있도록 다수의 전문화된 서비스와 기술을 구비해야 한다(Robbins, 1990).

그림 9-4 **집약기술**

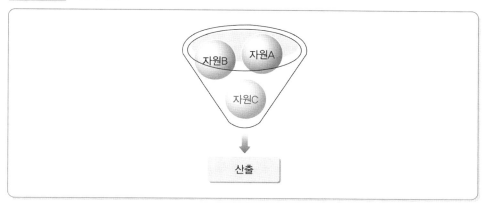

출처: Robbins(1990: 189) 재구성.

Thompson(1967)에 의하면, 세 가지의 기술은 각각 조직 내 부서들 간에 특정한 유형의 상호의존성을 만들어낸다. 첫째, 길게 연결된 기술(long-linked technology)에서 조직 내 부서는 연속적으로 상호의존(sequential interdependence)되어 있다. 절차는 매우 표준화되어 있고, 구체적인 순서에 따라 업무가 수행되어야 한다. 둘째, 중개기술(mediating technology)에서 조직 내 부서는 상호 독립적으로 업무를 수행하면서 전체 조직에 기여하는 관계(pooled interdependence)를 갖는다. 두 개, 혹은 그 이상의 부서들이 각자 더 큰 상위 부서에 기여한다. 마지막으로, 집약기술(intensive technology)에서 조직 내 부서들은 서로 도움을 주고받는 쌍방의 상호의존성(reciprocal interdependence)을 갖는다. 각 부서들의 산출은 서로에게 영향을 준다(Robbins, 1990).

이렇게 특정한 유형의 상호의존성은 특정한 유형의 조정과 조직구조를 필요로 하는데, 이를 통해 조직의 효과성을 높이고 비용을 최소화한다. Thompson(1967)은 집단적 의사결정과 의사소통의 요구가 중개기술(최소), 길게 연결된 기술(중간), 집약기술(최대)의 순서로 증가하게 된다고 말한다. 조정에서의 차이점을 살펴보면, 우선 중개기술은 규정과 절차를 통해 가장 잘 조정된다. 그리고 길게 연결된 기술은 조정을 위해 계획과 스케줄을 필요로 한다.

마지막으로, 집약기술은 상호 조정을 요구한다. 조직구조의 차이는 [그림 9-5]와 같이 정리될 수 있다(Robbins, 1990).

그림 9-5 조직구조의 차이

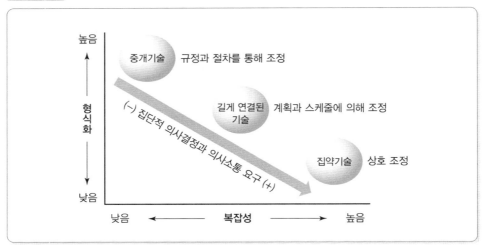

출처: Robbins(1990) 재구성.

2. 규   모

기술(technology)과 함께 조직의 규모(size)는 조직의 구조에 영향을 주는 중요한 요인이다. 조직 규모의 중요성은 영국 Aston대학교의 연구자들(Aston Group)에 의해 강조되고 있다. 이들은 대규모 조직들, 그리고 소규모 조직들이 각각 많은 공통된 구조(common structural components)를 갖고 있다고 주장한다. 조직규모가 중요시되는 이유는 이러한 공통된 구조 가운데 일부가 조직의 규모가 커짐에 따라 명백한 패턴을 보여준다는 증거가 제시되고 있기 때문이다. 조직의 규모가 커짐에 따라 나타나는 구조의 변화를 예측할 수 있다면, 관리자가 조직을 설계하는데 매우 유용한 정보를 얻을 수 있다는 점에서 이러한 패턴은 큰 가치를 갖는다(Robbins, 1990).

조직의 규모를 어떻게 정의할지에 관해서는 조직이론의 연구자들 간에 어느 정도 동의가 이루어져 있다. 80% 이상의 연구들이 '직원의 수'를 조직의 규모로 정의하고 있다. 직원의 수, 즉 직원들 간의 상호작용은 다른 그 어떤 요소들보다도 조직의 구조와 관련성이 높다. 하지만 직원의 수가 100% 완벽한 지표인 것은 아니다. 왜냐하면, 직원의 수는 조직의 효율성과도 연관이 있기 때문이다. 예를 들어, 동일한 업무를 수행하는데, 효율성이 낮은 조직은 100명의 직원이 필요할 것이며,

효율성이 높은 조직은 50명의 직원으로 충분할 수도 있다. 비록 이러한 문제점에도 불구하고, 직원의 수는 특히, 대학과 병원의 규모를 측정하는 좋은 지표로 알려져 있다(Robbins, 1990).

조직의 구조를 결정하는 요인으로서 조직규모의 중요성을 강조한 대표적인 학자는 Peter Blau(1970)이다. 그는 실직보험과 고용지원서비스를 제공하는 미국의 53개 주, 지방 직업안정기관에 관한 분석을 하였는데, 1,200개 지방정부와 350개 분소의 조직구조를 조사하였다. 이 밖에 대학교, 백화점 등에 관한 연구를 바탕으로, 그는 조직규모가 조직구조에 영향을 주는 가장 중요한 요소라고 결론지었다. Blau(1970)는 조직규모가 증대될수록, 조직구조의 분화가 촉진된다고 주장한다. 하지만 동시에 조직구조의 분화 정도는 점차 약화된다고 설명한다. 조직의 규모가 증대되면, 지방 분소의 수(공간적으로 분산된), 공식적인 직위의 수(노동의 분화를 의미하는), 수직적인 계층의 수, 본부에 위치한 기능부서의 수, 부서 내부에 위치한 팀의 수 등이 초기에는 급진적으로 증가하다가 차츰 점진적으로 증가하게 된다. Blau의 주장은 다음의 [그림 9-6]과 같이 묘사될 수 있다. 조직에 단지 300명의 직원이 있을 때 500명의 인력이 증가할 경우, 조직에 이미 2,300명의 인력이 있을 때 500명의 인력이 증가할 경우보다 조직구조의 분화에 큰 영향을 줄 것이다. 즉

그림 9-6 조직규모의 성장이 조직구조의 분화에 주는 영향

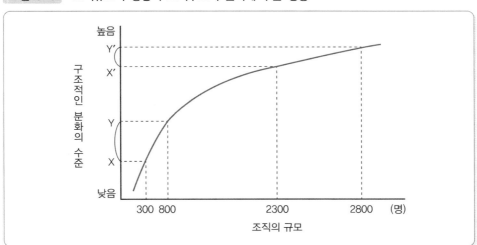

출처: Robbins(1990) 재구성.

X'와 Y'와의 차이는 X와 Y와의 차이보다 작다(Robbins, 1990).

영국 Aston대학교의 연구 또한 조직규모가 조직구조의 주요한 결정요인이라는 것을 보여주었다. 한 연구는 46개 조직을 분석하여 조직규모의 증대가 전문화와 공식화의 증가와 관련이 있다는 것을 발견하였다. 이러한 발견을 토대로, 이들 연구자는 조직의 증대된 규모가 재발하는 사건들의 빈도와 반복된 의사결정을 증가시키며, 결과적으로 표준화가 바람직하다고 주장한다. Aston대학교의 또 다른 연구는 조직규모가 전문화, 표준화, 수직적 거리(범위)와 정(+)의 상관관계를 가지며, 중앙집권화와 부(−)의 상관관계를 갖고 있음을 발견하였다. 따라서 조직이 커질수록 더욱 전문화되고, 더 많은 규정을 갖고, 더 문서화되고, 더 계층이 늘어나고, 의사결정권한이 하위계층으로 위임되어 더 분권화된다고 결론짓는다. 즉 Aston대학교의 연구결과도 조직규모가 커짐에 따라 조직규모의 영향력이 적어진다는 Blau의 주장과 유사한 설명을 제시하고 있다(Robbins, 1990).

Meyer 또한 조직규모가 조직구조에 영향을 주는 필수불가결한 요인이라고 주장한다. 조직규모와 조직구조 간에 반드시 인과관계가 존재하지는 않는다는 것을 전제로, Meyer는 미국의 194개 시, 카운티(County), 주(State) 재무기관에 관한 장기적인 연구를 진행하였다. 하지만 5년간의 자료를 비교분석한 결과, 그는 조직의 규모가 조직의 여타 특성에 주는 영향을 결코 무시할 수 없다고 결론 내렸다. 조직규모의 영향은 조직의 모든 측면에서 나타났으며, 조직규모는 조직의 구조에 일방향적으로 영향을 주었다. 즉 조직규모는 조직구조에 영향을 주었으나, 조직구조가 조직규모에 영향을 주는 것은 아니었다(Meyer & Rowan, 1977; Robbins, 1990).

❖ 복습을 위한 질문

- Woodward가 주장한 생산기술 가운데 표준화 정도가 가장 높은 제품이 생산되는 것은 무엇인가?
- Woodward가 주장한, 생산기술이 복잡해질수록, 변화하는 조직구조에 관한 설명은 무엇인가?
- Perrow의 일상적인 기술의 특성은 무엇인가?
- Perrow가 주장한, 예외성이 적으나 과업의 수행이 그렇게 용이하지 않은 경우의 기술은 무엇인가?
- Thompson에 의하면, 가장 높은 상호의존성을 갖는 기술은 무엇인가?

제 10 장

상황이론 Ⅱ : 생애주기, 환경의 변화와 복잡성

이 장에서는 제9장에서 살펴보았던 기술, 규모 이외에 상황이론(contingency theory)에서 주장하는 또 다른 중요한 요소인 생애주기, 그리고 환경의 변화와 복잡성을 살펴본다. 생애주기, 그리고 환경의 변화와 복잡성은 조직의 특성과 구조에 영향을 주는 주요한 요인이다.

1. 생애주기

많은 연구자들이 조직에 영향을 주는 환경으로 조직의 생애주기(life cycle)를 언급하고 있다. 조직이 성장할 때, 일정한 성장이나 발전의 패턴을 따른다는 것이다. 조직의 생애주기에 관해 언급한 연구자는 Lippitt & Schmidt(1967), Scott (1971), Greiner(1972) 등이 대표적이다(Bedeian, 1980). 이들 연구자 이외에도 Mintzberg(1979)는 성장단계에 따라 창업적 조직구조, 관료적 조직구조, 부문별 조직구조, 애드호크라시 등의 조직형태가 적합하다고 설명한다. Camerson & Whetton(1983), Quinn & Cameron(1983)은 기존의 여러 조직 생애주기 모델을 합성한 통합모형을 제시하였으며, 특히 Miller & Friesen(1984)는 여러 조직 생애주기 모델을 합성하여 탄생단계(birth stage), 성장단계(growth stage), 성숙단계(maturity stage), 부활단계(revival stage), 쇠퇴단계(decline stage)로 구분한다. 이 장에서는 가장 대표적인 연구인 Lippitt & Schmidt(1967), Scott(1971), Greiner (1972)의 연구를 살펴본다.

1) 중대한 관심사

Lippitt & Schmidt(1967)은 일반적으로 조직이 탄생(birth), 젊음(youth), 성숙(maturity)의 세 가지 발전 단계를 경험한다고 설명한다. Lippitt & Schmidt(1967)은 조직이 이 각각의 발전 단계에 들어감에 따라 인식 가능한 중요 이슈(key issues)와 결과(results)를 동반한 예상 가능한 일련의 중대한 관심사(critical concerns)에 직면하게 된다고 주장한다. 이러한 설명의 중요한 점은 조직의 발전 단계를 측정할 때, 단순히 조직의 역사나 규모만을 보고 판단하는 것이 아니라, 이 예상 가능한 위기를 조직이 어떻게 다루는가를 살펴볼 때 측정 가능하다고 주장한 점이다. 다시 말해서, 비교적 작은, 혹은 새로 설립된 조직도 짧은 시간 내에 성숙 단계에 도달할 수 있다. 반대로 비교적 대규모, 혹은 오래전에 설립된 조직도 젊음 단계에 머무를 수 있다. 이 밖에 Lippitt & Schmidt(1967)은 조직 생애주기의 각 발전 단계에서 요구되는 관리능력이 중대한 관심사에 따라, 그리고 신속한 대응의 요구에 따라 달라진다고 강조한다. 결국, 이들은 하나의 발전 단계에서 효과적인 관리에 도움을 주었던 지식, 기술, 태도가 다른 발전 단계에서는 크게 효과적이지 못할 수도 있다고 주장한다(Bedeian, 1980).

2) 조직의 3단계 성장과정

Scott(1971)은 조직이 1단계(stage I)부터 2단계(stage II), 3단계(stage III)까지 특성이 변화하면서 연속적인 성장 과정을 거친다고 설명한다. 각 단계별로 조직의 특성에는 확연히 차이가 난다. Scott(1971)에 의하면, 조직 성장의 세 가지 단계는 우리가 일반적으로 생각하듯이 소규모, 중규모, 대규모가 아니라, 소규모, 통합된(integrated), 분화된(diversified) 단계이다. 1단계의 주요한 특성은 '한 사람의 공연(one person show)'이다. 일반적으로 조직의 설립자가 운영하는 소규모인 1단계 조직의 강점과 약점은 그 설립자의 성격, 지식, 재정적 자원을 그대로 반영한다. 1단계 조직은 단일 생산품이나 제한된 라인의 생산품들을 생산하며, 대부분의 직원들은 설립자의 직접적인 감독 아래 업무를 수행한다.

다음으로, 2단계 조직은 하나의 생산라인과 통합된 여러 기능을 가진 조직이다. 전문관리자들이 운영하는 2단계 조직은 하나의 생산품과 지리적인 다양화를 통해 성장한다. Thain(1969)에 의하면, 철강, 석유, 농산품을 생산하는 대부분의 다국적 기업이 2단계 조직에 해당된다. 2단계 조직의 강점은 한 분야의 집중과 이를 통한 전문화에 있다. 하지만 2단계 조직은 약점도 갖고 있는데, 비유하자면, 하나의 바구니에 모든 달걀을 넣는다는 것이다. 즉 2단계 조직은 기능적인 생산과 같이 단순한 하나의 문제를 해결하는데 유리하지만, 유동적인 시장으로 인한 전략적인 변화와 일반적인 관리에서 나타나는 문제를 해결하는 데에는 유용하지 않다.

3단계 조직의 주요한 특징은 중앙통제부서와 분화, 혹은 분권화된 생산부서를 가진 대규모의 여러 구성단위(multi-unit) 구조이다. 여기에서 각각의 생산부서는 하나의 생산품이나 하나의 자동화된 생산라인을 운영하는 기능조직이 된다. 그리고 각 생산부서는 비교적 독립적으로 수익을 창출한다. 예를 들어, GM, IBM, XEROX 등의 기업이 3단계 조직에 해당된다.

Scott(1971)은 이 세 개의 조직성장 단계가 개인이 갖고 있는 특유의 생활방식처럼 조직성장 단계별로 특유의 관리적인 특성을 갖고 있다고 설명한다. 각각의 조직성장 단계는 조직의 역사적인 변천의 단계를 뜻하는 것이 아니라, **관리의 방식(way of managing)**을 보여준다. 즉 Scott(1971)의 모델은 조직의 관리나 전략이 그 조직의 구조를 결정한다고 설명한다고 볼 수도 있다. 이런 의미에서 보면, Scott(1971)의 주장은 전략의 중요성을 강조했던 Chandler(1962)의 주장과도 연관성이 있다(Bedeian, 1980).

3) 조직성장의 5단계

조직성장의 생애주기 모델 중에서 가장 광범위하게 인용되는 모델의 하나가 Greiner(1998)의 조직성장의 5단계이다. 사실 Greiner(1972)의 모델은 조직의 적응 모델이라고 할 수 있다. 그는 지속적으로 성장하는 조직이 적어도 다섯 번의 성공적인 적응, 발전 단계를 거치게 된다고 주장한다. 각 발전 단계는 **진화(evolution)**라고 불리는 비교적 고요하고 장기간의 성장 기간으로 구성되며, 하나의 발전 단계는 근본적인 내부 혼란으로 특징지어지는 관리위기와 함께 끝나게 된다. 이러한 관리위기는 **혁신(revolution)**이라고 불린다. Greiner(1972)는 각 발전 단계에서 내부혼란인 관리 위기를 극복하기 위해 단지 제한된 범위의 대안들만을 선택 할 수 있다고 주장한다. 즉, 문제(problem)인 관리위기를 해결하기 위한 해답(answer)은 이미 어느정도 정해져 있다. 그리고 하나의 발전 단계에서 이루어진 결정(해결책)은 다음 발전 단계에서 선택 가능한 대안들을 거의 결정한다. 다시 말해서, Greiner(1972)는 조직의 미래 성장은 현재의 환경이나 시장상황과 같은 외부의 영향보다는 과거에 조직이 내린 결정에 의해 정해진다고 주장한다. 어느 정도 역설(paradox)처럼 들리지만, 그는 관리자가 과거에 조직이 내린 결정에 대해 학습함으로서 보다 나은 위치에서 미래의 의사결정을 내릴 수 있다고 단언한다.

Greiner(1972)의 모델에서 제시되는 다섯 가지의 중요한 차원은 다음과 같다(Bedeian, 1980).

1. 조직의 나이(age)
2. 조직의 규모(size)
3. 진화의 단계(stages of evolution)
4. 혁신의 단계(stages of revolution)
5. 산업의 성장률(industry growth rate)

조직의 **나이(age)**는 Greiner의 모델(1972)에서 가장 필수적인 차원이다. 왜냐하면, 현재의 관리 문제는 과거의 결정들이 작용하여 발생하기 때문이다. 조직의 **규모(size)** 또한 중요하다. 왜냐하면, 조직이 직면하는 관리 문제들과 잠재적인 해결책들은 조직의 인력과 생산품, 혹은 서비스의 규모가 증가함에 따라 비약적으로 다양해지기 때문이다. 예를 들어, 소규모에서 대규모로 조직규모의 변화가 발생할 때, 의사소통과 조정의 문제가 급격히 악화되고, 새로운 역할들이 발생하며, 업무들이 불가피하게 더욱 상호 연관된다. Greiner(1972)는 조직이 나이 들고 규모가 커짐에 따라 혼란없이(방해받지 않고) 지속적으로 성장하는 시기인 **진화의 단계**(stages of evolution)에 들어가게 된다고 설명한다.

하지만 진화가 항상 쉽고 원활하게 끝없이 지속되는 것은 아니다. 조직의 나이와 규모가 증가함에 따라 관리자는 이전의 발전 단계에서 성공적으로 적용되었던 관리방법이 성장을 지속하기에 더 이상 적합하지 않음을 깨닫게 된다. 연이는 사업의 실패와 조직내부의 혼란이 Greiner(1972)가 말하는 **혁신의 단계**(stages of revolution)의 증상이다. 혁신의 단계에서 관리자의 가장 중요한 임무는 새로운 진화의 단계를 뒷받침하기 위한 새로운 절차를 발견하고 실행하는 것이다. 아이러니하게도 이러한 새로운 절차들은 시간이 지나면 또 다시 부적절한 것이 될 것이며, 새로운 혁신의 시기로 이끌 것이다. 그러므로 진화의 단계는 스스로의 혁신을 위한 태동기라고 볼 수 있다. 각 진화의 단계가 혁신의 단계에 의해 중단되기까지의 기간은 조직이 업무를 수행하는 환경인 **산업의 성장률**(industry growth rate)과 밀접하게 연관되어 있다. 즉 진화의 단계는 성숙되거나 느리게 성장하는 산업에서보다 급속하게 성장하는 산업에서 짧은 경향이 있다([그림 10-1] 참조).

그림 10-1 **산업의 성장률에 따른 조직의 발전단계**

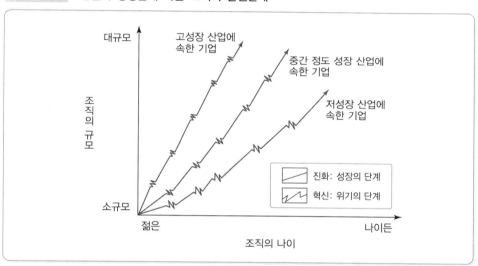

출처: Greiner(1972: 39) 재구성.

Greiner(1972)는 각 진화의 단계가 조직성장을 하기 위해 사용된 지배적인 관리 유형(management style)으로 특징지어진다고 설명한다. 반면에, 각 혁신의 단계는 조직성장을 지속하기 위해 반드시 해결되어야 하는 지배적인 **관리 문제**(management problem)로 특징지어진다. Greiner(1972)의 모델에서 주장하는 조직성장의 다섯 단계를 혁신의 단계를 기준으로 설명하면, 다음과 같다([그림 10-2] 참조).

그림 10-2 Greiner의 성장 5단계

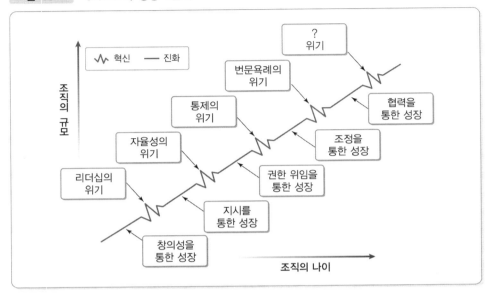

출처: Greiner(1972: 41) 재구성.

(1) 리더십의 위기

새로운 조직이 생겨난 후에 일반적으로 겪는 최초의 문제, 또는 위기는 리더십 (leadership)이다. 조직의 설립자 대부분은 기술자 출신이며, 이들은 자신이 가진 거의 모든 시간을 새로운 생산품의 생산과 판매를 위해 바친다. 새로운 조직은 느슨하게 조직되고, 의사소통은 자주 일어나며, 대부분 비공식적이다. 새로운 조직은 소수의 헌신적인 직원들로 구성된다. 이들의 단결심(Esprit de corps)은 매우 높다. 하지만 조직의 규모가 커짐에 따라, 신속하게 새로운 사업을 하기 위해 유용했던 직원들의 개인적인 활동은 점차 효과성이 떨어진다. 직원 수의 지속적인 증가는 비공식적인 의사소통 수단에 의존하는 식의 관리를 점점 더 어렵게 만든다. 게다가 조직의 설립자는 그가 갖고 있지 못한 지식과 기술을 요구하는, 원하지 않는 관리(management) 책임을 떠맡게 된 것을 깨닫게 된다. 조직의 발전을 위한 최초의 중대한 선택은 이 시점에 이루어진다. 즉 이 시점에 자격을 갖춘, 전문관리자가 반드시 선발, 채용되어야 한다.

(2) 자율성의 위기

두 번째 직면하는 위기는 자율성(autonomy)이다. 전문관리자의 지시적인 관리 기법이 조직을 두 번째 성장 시기로 이끌었지만 조직이 보다 더 거대해지고 업무가 다양해짐에 따라 이러한 지시적인 관리 기법은 결국 부적절한 것이 되어 버린다. 조직의 최상층에 있는 고위관리자들보다 더 많은 실무지식을 갖춘 하위 관리자들은 자신이 너무 집권화되고 비인간적인 계층제로 인해 큰 부담을 지고 있음을 깨닫게 된다. 더 많은 권한의 위임을 통해 이러한 위기는 해결될 수 있다.

(3) 통제의 위기

다음에 나타나는 위기는 통제(control)의 위기이다. 조직은 부서의 자율성에 기반을 둔 다양한 형태의 다각화 경영을 통해 성장해왔으나, 최상층의 고위관리자는 너무 현장에 분화된 관리로 인해 조직 전체의 발전을 위한 통제를 하지 못하게 될 것을 염려하게 된다. 독립적인 하위관리자들은 자신의 부서 업무만을 선호하며, 그들의 활동이 다른 부서의 활동으로 인해 조정되는 것을 싫어한다. 생산그룹, 공식적인 기획 절차, 조직 전체적인 통제 프로그램 등 조정 기법과 시스템이 이러한 관리 문제의 해결책이다.

(4) 번문욕례의 위기

네 번째의 위기는 번문욕례(red tape)이다. 통제를 위한 필요성의 증대로 인해 도입된 공식적인 조정 시스템이 조직 내의 자원을 더욱 효율적으로 분배하도록 한 반면에, 중앙(headquarters)과 현장(field) 간의 불신은 점차 커지게 된다. 그리고 이 결과, 계선-참모(line-staff) 간의 갈등이 점차 늘어나게 된다. 계선 관리자들은 현장의 상황에 익숙하지 않은 참모 인력들로 인해 발생하는 서류업무와 절차에 점차 분노하게 된다. 이와 반대로, 참모들은 그들이 판단하기에 비협조적이고 무지한 (uninformed) 계선 관리자들에 대해 불평하게 된다. 곧 이어 양자는 지금까지 조직의 발전을 이끌어 온 관료제적인 조직의 한계점을 경멸하게 된다. 이러한 관료제적인 조직의 문제점이 신속하게 해결되지 못한다면, 수단이 스스로 목표가 되고, 절차가 문제해결보다 선행하는 상황이 야기될 것이다.

(5) 개인 간 협력

이러한 번문욕례의 위기에 대한 해결책은 앞의 [그림 10-2]에서 볼 수 있는 마지막 진화의 단계로 이동하는 것이다. 네 번째 단계가 공식적인 시스템과 절차라는 특징을 갖는 반면에, 다섯 번째 단계에서 조직의 성장을 달성하기 위해 사용되는 지배적인 유형은 강력한 개인 간 협력(interpersonal collaboration)이다. 공식적인 통제는 사회적인 통제와 자율적인 규제로 대체된다. 이 마지막 진화의 단계에 대한 반응으로 나타나는 혁신의 단계가 갖는 성격은 아직 명확하지 않다. 미국과 유럽의 여러 민간 기업들이 조직 내에서 더 많은 자발성(spontaneity)과 자율성을 보장하는 관리를 시행하고는 있지만, 아직 이러한 노력의 결과가 무엇인지는 명확하지 않다.

앞서 Lippitt & Schmidt(1967), Scott(1971)의 모델처럼 Greiner(1972)의 모델은 조직이 성장의 과정에서 부딪히는 문제들을 강조하기 위해 현실을 의도적으로 단순화하고 있다. 하지만 조직의 생애주기 모델이 주는 기본 메시지는 명백하다. 조직이 성장하면서 변화하는 과업 환경의 요구에 대응하기 위해 새로운 전략을 개발함에 따라, 조직구조의 근본적인 변화가 요구된다는 것이다(Bedeian, 1980).

'긱(gig) 경제' 급부상…약일까 독일까?

200여 년을 지속해온 기업이 노동자와 고용 관계를 맺은 다음 고정적인 급여와 휴가 등 여러 보장책을 제공하는 방식과는 다른 새로운 형태의 기업과 고용 방식이 나타났다. 미국에서 등장한 차량공유업체 우버(Uber)와 리프트(Lyft), 숙박공유업체 에어비앤비(Airbnb) 등의 방식이다. 근로자를 고용하는 대신 서비스 제공을 계약한 다음 이를 고객과 연결해 이윤을 창출하는 것이다. 일종의 초단기 계약형태로 임시 계약직인 프리랜서 형식과도 비슷하다. 이런 고용 방식을 뒷받침해주는 것은 디지털 기술의 발전, 구체적으로는 온라인이나 스마트폰 앱을 통해 주문형 서비스가 손쉽게 가능해졌기 때문이다.

이 새로운 흐름은 미국 경제계에선 통상 '긱 이코노미(gig-economy)'라는 말로 표현한다. '긱(gig)'이라는 단어에 그만큼 함축적인 의미가 담겨 있다. 이 용어가 생겨난 곳은 1920년대 재즈가 유행하던 미국 뉴욕, '공연장 주변에서 연주자를 구해 단기간의 공연 계약을 맺는 행위'를 당시 음악가들이 '긱'이라 부른 것이다. 우버와 운전자들의 관계처럼 고정적으로 계약하지 않고 필요할 때만 일시적으로 일하고 돈을 버는 형태이다.

현재 '긱 경제'의 선두 주자로 꼽히는 우버는 서비스를 제공하는 50여 개 나라에서 110만 명, 미국에서만 40만 명의 제공자와 '긱' 관계를 유지하고 있다. 전체 고용시장에서 '긱 경제'가 차지하는 비중은 아직은 낮은 수준이다. 그러나 숙박 서비스, 음식배달, 심부름 대행서비스 등 다양한 분야에서 우버의 성공 모델을 따라 하는 업체들이 우후죽순처럼 생겨나면서 새로운 고용 흐름으로 급성장하고 있다. 특히 '긱' 방식의 고용 흐름은 금융위기 이후 얼어붙은 일자리 시장에 자영업자의 증가라는 새로운 형태로도 변형돼 나타나고 있다. 정규직 일자리를 잡지 못한 실업자나 낮은 연봉으로 기업에 다니는 직장인들이 부업형식으로 '긱' 관계를 맺고 있다.

지난 2011년 1,500만 명이던 미국 내 자영업자가 2014년 1,800만 명으로 급증했다는 미국 노동부 통계도 이를 뒷받침하고 있다(미국 프리랜서노동조합은 무려 5,300만 명이 프리랜서로 일하고 있다고 주장한다). CNBC는 '긱 경제'의 장단점을 이렇게 소개한다. 먼저 우버와 같은 기업들은 전통적인 고용형태에서 벗어난 계약 고용을 통해 세금을 피하고 있다는 점을 지적한다. 정규직 근로자들에게 제공하는 다양한 노동자 보장책도 역시 회피하고 있다. 반면 이런 기업에서 일하게 되면 시간을 보다 효율적으로 활용할 수 있고 자신을 위한 합리적인 결정을 내릴 수 있게 된다. 소비자들이 대행을 원하는 기초적인 일을 누군가에게 연결해줌으로써 일자리를 창출한다는 점도 장점이라고 분석한다.

2. 환경의 변화와 복잡성

Burns & Stalker(1961), Emery & Trist(1965), Lawrence & Lorsch(1967) 등의 연구는 우리가 조직의 환경(environment)을 바라보는 관점을 전환하는데 큰 영향을 주었다. 이들은 환경의 변화(environmental change)와 복잡성이 조직의 구조에 주는 영향을 강조하는데, 이 장에서는 이러한 연구자의 주장을 보다 자세히 살펴본다.

1) 환경의 개념

환경의 변화를 이해하기 위해서는 우선 환경(environment)의 개념을 정의할 필요가 있다. 환경은 일반적인 환경과 구체적인 환경, 그리고 실제 환경과 인지된 환경으로 유형화될 수 있다.

(1) 일반적인 환경과 구체적인 환경

일반적인 환경(general environment)은 경제적 요소, 정치 상황, 사회적 환경, 법적 구조, 생태적 환경, 문화적 상황 등 모든 것을 포함한다. 즉 일반적인 환경은 조직에 영향을 줄 수 있는 모든 상황을 말한다. 하지만 일반적인 환경과 조직간의 관련성은 명백하지 않다. 예를 들어, 유전공학은 제약회사의 일반적인 환경이다. 비록 대부분의 제약회사에서 생산하는 의약품이 유전공학의 영향을 크게 받는 것은 아니지만, 유전공학의 획기적인 발전이 앞으로 의약품을 전면적으로 재구성할 가능성이 매우 크다. 하지만 유전공학이 제약회사에 주는 영향력은 단지 잠재적인 것이다. 따라서 제약회사의 주된 관심은 일반적인 환경이 아닌 다음에 언급할 구체적인 환경이다(Robbins, 1990).

구체적인 환경(specific environment)은 조직이 목표를 달성하는데 직접적인 관련성이 있는 환경을 뜻한다. 구체적인 환경은 조직의 효과성에 긍정적, 혹은 부정적 영향을 주는 주요 요인들로 구성되기 때문에 관리자가 큰 관심을 갖는다. 구체적인 환경은 하나의 특정한 조직에만 적용되는 것이며, 상황에 따라 변화한다. 일반적으로 구체적인 환경은 고객, 자원 공급자, 경쟁자, 정부 규제기관, 노동조합, 무역협회, 공공압력단체 등을 포함한다. 조직의 구체적인 환경은 그 환경에서 조직이 선택한 **분야**(domain)에 따라 달라진다. 분야는 조직이 생산품이나 서비스의 범위에 관해서 스스로 주장하는 바를 의미한다. 예를 들어, BMW와 현대자동차는 둘 다 자동차를 생산하지만, 분명히 다른 분야에서 생산을 하고 있다. 고급 승용차를 생산하는 BMW의 고객, 경쟁자는 현대자동차와는 다르다. 또 다른 예로, 대학교와 전문대학교는 둘 다 대학생에게 교육서비스를 제공하고 있으나, 추구하는 분야가 다르다. 특정분야의 기능인을 양성하는 전문대학교의 교육서비스는 일반대학교와 차이가 있다. 왜 분야가 중요한가? 조직이 선택한 분야가 구체적인 환경을 바라보는 관점을 결정하기 때문이다. 만약 조직이 분야를 바꾼다면, 구체적인 환경을 바꾸어야 한다(Robbins, 1990).

(2) 실제 환경과 인지된 환경

환경의 개념을 정의하기 위한 어떤 시도이건 객관적인 실제 환경(actual environment)과 관리자가 인지하는 환경(perceived environment) 간의 구분을 필요로 한다. 많은 증거들이 환경의 실제 특성과 인지된 특성 간의 연관성이 높지 않음을 보여준다. 사람들이 무엇을 보는가는 그들이 어디에서 바라보는가에 달려있다. 초원의 사자를 멀리 떨어진 자동차 안에서 바라볼 때와 자동차 밖으로 나가 바로 앞에서 바라볼 때의 인식은 분명히 다를 것이다. 마찬가지로, 관리자가 조직을 설계하기 위해 어떤 결정을 내리는가는 현실이 아니라 그의 인식에 달려있다. 게다가 조직의 환경은 명확하게 드러나는 것이 아니다. 어떤 조직에서 예측불가능하고 복잡하게 인지되는 환경이 다른 조직에서는 안정적이고 단순하게 이해될 수 있다. 하위직 직원은 환경의 일부분을 구체적인 환경이라고 말하겠지만, 상위직의 관리자는 환경의 다른 많은 부분을 구체적인 환경으로 인식할 것이다. 그리고 사회적 배경, 교육, 업무 분야 등에 따라 조직구성원은 환경을 다르게 인식할 것이다. 더 나아가 같은 조직의 관리자들도 환경을 달리 인식할 가능성이 있다. 결국 조직이 환경을 창조·구성하고, 환경은 인지에 달려있다. 관리자는 그가 보고 이해하는 바에 따라 반응한다(Robbins, 1990).

이러한 두 가지의 논의를 종합하면, 구체적인 환경(specific environment)에 존재하는 불확실성에 대응하기 위해 관리자는 조직을 설계하는데, 이러한 관리자의 결정은 무엇이 구체적인 환경을 구성하는지, 그리고 구체적인 환경에서 발생하는 불확실성이 어떤 것인지를 이해하는 관리자의 인식에 달려있다(Robbins, 1990).

2) 기계적 형태의 조직과 유기적 형태의 조직

Tom Burns와 G. M. Stalker의 연구로 조직에 대한 사회기술적인 접근법(sociotechnical approach)이 시작되었다. 이들은 영국과 스코틀랜드의 전기기계 산업분야의 20여개 기업을 연구한 *The Management of Innovation*(1961)이라는 책에서 환경이 기업의 조직구조, 관리행위와 밀접한 관련이 있음을 보여주었다. 기업 관리자들과의 인터뷰와 직접 관찰에 바탕을 두고, Burns & Stalker(1961)는 과학기술의 변화 정도와 관련 상품시장의 관점에서 기업의 환경을 분석하였다. 분석의 결과, 이들은 빠르게 변화하는 역동적인 환경에 놓인 조직의 형태가 안정적인 환경에 놓인 조직의 형태와는 확연히 다르다는 것을 발견하였다. Burns & Stalker(1961)는 이 두 가지의 조직구조를 기계적 형태의 조직, 그리고 유기적 형태의 조직이라고 명명했다(Robbins, 1990). 두 가지 조직구조의 내용을 살펴보고 비교하면, 다음과 같다(〈표 10-1〉 참조).

(1) 기계적 형태의 조직

기계적(mechanistic) 형태의 조직은 넓은 통솔의 범위(span of control)와 피라미드형 직급구조를 가진 조직이다. 기계적 형태의 조직은 전통적인 계서제의 조직이며 공식적인 규정과 법규에 의존한다. 그리고 수직적인 의사소통과 구조화된 의사결정을 한다(Shafritz, Ott, & Jang, 2005; Daft, 2010). 실제로 기계적 형태의 조직이 잘 운영될 수 있는 조건은 기계장치가 잘 작동될 수 있는 조건과 매우 유사하다(Morgan, 2006). 기계적 형태의 조직이 갖는 특성은 다음과 같다.

- 과업이 전문화되고, 서로 별개의 분야로 나누어짐
- 과업이 매우 구체적으로 정의됨
- 위계와 통제가 엄격하고, 많은 규칙이 존재함

- 과업에 대한 지식과 통제권한이 조직의 상층부에 집중됨
- 수직적인 의사소통이 이루어짐

(2) 유기적 형태의 조직

유기적(organic) 형태의 조직은 통솔의 범위가 좁고 항아리형 직급구조를 가진 조직이다. 유기적 형태의 조직은 엄격성이 낮고, 조직구성원들의 참여가 많고, 조직구성원들이 스스로 직위와 상호관계를 정의(재정의)하는 조직이다(Daft, 2010). 이러한 형태의 조직은 보다 더 유연하고 융통성 있고, 수직적인 의사소통보다는 수평적인 의사소통을 강조하고, 지위로부터 나오는 권위보다는 전문성과 지식의 영향력이 크고, 직무를 엄격하게 규정하기보다는 여유있게 책임을 규정하며, 지시를 내리기보다는 정보를 교환하는 것을 강조한다(Robbins, 1990). 유기적 형태의 조직이 갖는 특성은 다음과 같다.

- 조직구성원은 조직 전체의 과업 달성에 기여함
- 조직구성원들 간의 팀워크에 의해 과업이 새롭게 정의되고 조정됨
- 위계와 통제가 엄격하지 않으며, 규칙의 수가 적음
- 과업에 대한 지식과 통제권한이 조직의 모든 부분에 분산되어 있음
- 수평적인 의사소통이 이루어짐

표 10-1 기계적 형태의 조직과 유기적 형태의 조직의 비교

특성	기계적 조직	유기적 조직
과업의 정의	엄격하고 융통성이 없는	유연한
의사소통	수직적인	수평적인
형식화	높은	낮은
영향력의 근거	권위	전문성
통제	집권화된	분권화된

출처: Robbins(1990: 211) 재정리.

Burns & Stalker(1961)는 환경이 안정적인 경우에는 규칙과 절차, 명확한 권한체계, 중앙집권적인 의사결정을 하는 기계적(mechanistic) 형태의 조직을 활용해야

한다고 주장하였다. 대체로 안정적인 환경에 놓인 조직은 수직적인 통제, 효율성, 전문화, 표준화, 작업절차, 집권적인 의사결정을 중요시하는 전통적인 구조를 갖는다. 이와 반대로, 급변하는 환경에 놓인 조직에게는 팀과 같은 메커니즘을 통해 수평적인 조정과 협조가 이루어지는 유연성이 높은 조직구조가 필요하다. 다시 말해서, 환경이 역동적이고(dynamic) 불안정할 경우에는 느슨하고, 규칙과 규정은 무시되며, 분권적인 의사결정을 하는 유기적(organic) 형태의 조직이 적합하다(Daft, 2010).

조직의 구조는 환경과 밀접한 관련이 있으며, 성공적인 조직은 환경의 복잡성과 변화에 적절하게 대응하는 조직구조를 갖고 있다. 환경의 복잡성과 변화의 두 가지 기준에 의하여 적합한 조직의 유형은 다음의 〈표 10-2〉와 같이 제시될 수 있다(Duncan, 1972).

표 10-2 네 가지 유형의 환경에 적합한 조직구조

		환경의 복잡성	
		단순	복잡
환경의 변화	정적	기계적 구조, 공식적, 집중화 적은 수의 부서 통합적 역할 불필요 계획 없이 편의적, 낮은 반응 속도	기계적 구조, 공식적, 집중화 많은 수의 부서, 부서 간 연결 다소 필요 통합적 역할 다소 필요 일부 계획, 중간 수준의 반응 속도
	동적	유기적 구조, 팀워크, 참여적, 분권화 적은 수의 부서, 부서 간 많은 경계 연결 필요 통합적 역할 다소 필요 계획지향성, 빠른 반응 속도	유기적 구조, 팀워크, 참여적, 분권화 분화된 많은 수의 부서 많은 통합적 역할 필요 확장된 계획, 예측, 빠른 반응 속도

출처: Duncan(1972) 재정리.

결론적으로, 환경과 상황에 따라 적합한 조직형태(기계적인지, 유기적인지)가 달라진다. 그리고 기계적 형태의 조직과 유기적 형태의 조직이 조직구성원에게 주는 영향은 매우 다르다. 예를 들어, 기계적 형태의 조직에서 근무하는 관리자는 강한 직업 안정성(security)을 가질 수 있다. 그는 규정과 규칙을 바탕으로 부하직원에 대해 강한 통제권을 갖는다. 이와 반대로, 유기적 형태의 조직에서 근무하는 관리

자는 강한 직업 불확실성(uncertainty)을 갖는다(Shafritz, Ott, & Jang, 2005). 지위보다는 전문성과 지식이 더 중시되고, 부하직원들은 참여를 통해 직위를 정의한다.

Burns & Stalker(1961)는 기계적 형태의 조직과 유기적 형태의 조직이 하나의 연속선상(continuum)에서 양 극단에 위치하는 이상형(ideal types)이라고 설명한다. 즉 이 두 가지 형태의 조직은 이분법(dichotomy)에 의해 구분되는 것이 아니다. 어떤 조직도 완벽하게 기계적이거나, 혹은 유기적일 수는 없으며, 단지 한 방향이나 다른 한 방향으로 상대적으로 더 이동할 뿐 이다. 또한 Burns & Stalker(1961)는 하나의 조직형태가 다른 조직형태보다 항상 선호될 수 없다는 점을 강조하였다. 안정적인 환경에서는 기계적 조직이 유기적 조직을 대체해야 한다. 조직이 처한 환경의 특성에 따라 어떤 조직형태가 보다 나은지 결정되는 것뿐이다(Burns & Stalker, 1961; Robbins, 1990).

3) 소용돌이의 장

Fred Emery와 Eric Trist는 정적-임의적(placid-randomized) 환경, 정적-집약적(placid-clustered) 환경, 교란-반응적(disturbed-reactive) 환경, 소용돌이의 장(turbulent-field) 등 조직이 처하는 네 가지의 환경 유형을 제시하였다. 이들은 Burns & Stalker(1961)보다 좀 더 복잡한 관점을 제시하였는데, 네 가지의 환경유형은 환경의 복잡성에서 차이가 있다. Emery & Trist(1965)는 정적-임의적 환경에서 소용돌이의 장으로 갈수록, 환경이 점점 더 복잡해진다고 설명한다(Robbins, 1990). 네 가지 환경의 내용은 다음과 같다.

(1) 정적-임의적 환경

비교적 변화하지 않는 정적-임의적(placid-randomized) 환경은 조직에게 주는 위협이 가장 적은 환경이다. 환경의 요구는 무작위로 일어나고, 변화는 오랜 기간 동안 천천히 나타난다. 그리고 변화가 일어날 때, 예측하기 어렵다. 정적-임의적 환경은 기업의 생산품을 구입할 만한 충분한 수의 고객이 있고, 기업이 시장에 전혀 영향을 줄 수 없는 경제학에서 말하는 완전경쟁시장과 유사하다. 불확실성은 낮고, 변화가 느리고 무작위로 일어나므로 관리자가 의사결정을 내릴 때 환경을 중요하게 고려하지 않는다.

(2) 정적-집약적 환경

정적-집약적(placid-clustered) 환경도 정적-임의적 환경과 마찬가지로 느리게 변화한다. 하지만 조직에 주는 위협은 무작위적이라기보다는 집약적이다. 집약적 (clustered)이라는 것은 환경으로부터의 영향력들이 상호 연관되어있다는 것을 의미한다. 예를 들어, 기업 내 자원의 투입에 영향을 주는 원료공급자들, 또는 기업의 산출에 영향을 주는 유통업자들은 강력한 압력단체를 만들기 위해 힘을 합칠 수 있다. 그러므로 무작위적인 위협이 있는 정적-임의적 환경에 처해있을 때보다 정적-집약적 환경에 놓여있을 때, 환경을 아는 것이 관리자에게 보다 더 중요하다. 원자력발전소와 같은 공공기관이 정적-집약적 환경에 속한 조직으로 설명될 수 있다. 만약 원자력발전소가 다른 여러 환경요소들(예를 들어, 환경보호단체나 지역주민들)에 의한 잠재적인 영향을 고려하지 않고 일방적으로 편향되게 일부 환경적인 요소(예를 들어, 원자력규제위원회)만을 고려한다면, 이 원자력발전소는 조직적이고 집약적인 반발에 직면할 가능성이 높다. 따라서 정적-집약적 환경에 놓인 조직의 관리자는 여러 환경적인 요소를 파악하고 대응하기 위해 종합적이고 장기적인 계획을 세우도록 동기를 부여받으며, 결과적으로 조직은 중앙집권적인 구조를 갖게 된다.

(3) 교란-반응적 환경

교란-반응적(disturbed-reactive) 환경은 정적-임의적 환경과 정적-집약적 환경보다 더 복잡하다. 교란-반응적 환경에서는 같은 목표를 추구하는 많은 경쟁자들이 존재한다. 그리고 한두 개의 조직은 환경에 영향을 주거나, 다른 조직들에 영향을 줄 수 있을 만큼 규모가 크다. 하나의 산업분야에서 두세 개의 대기업이 시장을 지배하는 경우가 예가 될 수 있다. 실제로 철강, 정유, 알루미늄, 자동차, 담배, 탄산음료와 같은 산업에서 몇 개의 기업이 시장가격을 조정하는 것은 가능하다. 교란-반응적 환경에 놓인 조직은 전략을 세우고, 다른 조직들의 반응을 예측하고, 계획과 대응책을 마련해야 한다. 경쟁에서 살아남기 위해 조직은 유연성을 가져야하며, 결과적으로 분권화된 조직구조를 갖는 경향이 있다.

(4) 소용돌이의 장

소용돌이의 장(turbulent-field)은 가장 복잡하고 역동적이고 불확실성이 높다. 소용돌이의 장에서 변화는 언제든지 일어나고, 환경 요소들 간의 상호연관성은 아주 높다. 환경의 변화가 일어날 경우, 환경 요소들은 조직에 복합적으로 영향을 준다. 환경변화는 역동적이고 예측하기 어려우므로 계획을 통해 환경변화를 예측하고자 하는 관리자의 노력은 좋은 결과를 가져오기 어렵다. 현대사회에서 소용돌이의 장은 점점 더 지배적인 환경이 되고 있다. 소용돌이의 장에 놓인 기업은 생존을 위해 새로운 생산품이나 서비스를 지속적으로 제공해야 한다. 또한 기업은 정부기관, 고객, 원료제공자와의 관계를 끊임없이 재평가해야 한다. 1980년대 말 컴퓨터 생산회사들이 처한 환경이 소용돌이의 장의 좋은 예가 될 수 있다. 컴퓨터기술의 진보가 혁신적으로 일어나는 상황에서 컴퓨터회사들은 생존을 위해 끊임없이 새로운 제품을 시장에 내놓았다. 하지만 많은 회사들이 기술혁신을 제대로 예측하지 못하여 단기간에 사라질 제품을 생산하였으며, 실수가 큰 손실을 가져오는 경우 회사 또한 시장에서 도태되었다.

비록 Emery & Trist(1965)가 네 가지의 환경 유형에 가장 적합한 조직구조를 구체적으로 제시하지는 않았으나, 이들이 제시한 네 가지의 환경 유형을 Burns & Stalker(1961)의 기계적 형태의 조직, 그리고 유기적 형태의 조직과 연관시키는 것은 어렵지 않다. Emery & Trist(1965)가 주장한 정적-임의적 환경과 정적-집약적 환경에서는 기계적인 조직구조가 보다 더 적합하며, 교란-반응적 환경과 소용돌이의 장에서는 유기적인 조직구조가 더 바람직하다(Robbins, 1990).

Emery & Trist(1965)의 주장은 앞서 제9장에서 살펴본 Perrow(1967)가 주장한 네 가지 유형의 기술(technology)에 관한 설명과도 일맥상통한다. 즉 기술이 비일상적이고 환경의 불확실성이 크면, 기계적인 조직구조의 효과성이 떨어지므로, 유연한 조직구조를 사용할 필요가 있다. 일상적 기술은 안정적인 환경과 연관이 있고, 잘 통합되고 구조화된 형태의 조직구조에 의해 가장 잘 다루어질 수 있다. 환경의 불확실성은 불안정한 환경과 빠른 환경변화의 가능성이 있음을 뜻한다. 유연한 조직구조만이 이러한 변화에 신속하게 대응할 수 있다(Robbins, 1990).

4) 환경의 복잡성과 조직구조의 복잡성

하버드대학교경영대학원(Harvard Business School)의 Paul Lawrence와 Jay Lorsch의 연구는 Burns & Stalker(1961), Emery & Trist(1965)의 연구보다 환경의 차이와 효과적인 조직구조 간의 관계에 관해 더 상세한 정보를 제공한다. 이들은 *Organization and Environment*(1967)라는 책에서 분석을 위해 플라스틱, 식품가공, 컨테이너 생산 등 세 개 산업에 속한 10개 기업을 선정하고 있다. Lawrence & Lorsch(1967)는 기업들이 처한 환경의 차이를 반영하기 위해 세 가지 종류의 산업을 의도적으로 선정하였다. 이들 세 개 산업은 환경의 불확실성을 가장 다양하게 보여줄 수 있을 것으로 판단되었기 때문이었다(Robbins, 1990).

플라스틱 산업은 분말형, 원통형, 판형으로 플라스틱을 생산하는 회사들로 구성되었는데, 이들 회사의 생산품은 자동차, 기계, 가구, 페인트, 방직, 제지회사로부터 장난감, 그릇, 가정용품을 만드는 소규모 회사까지 다양한 기업으로 판매되었다. 플라스틱 산업에 속한 회사들은 고도로 경쟁적인 시장 환경에 처해있다(Hall, 1999). 생산품의 수명주기(life cycle)는 매우 짧으며, 기업들은 새로운 생산품과 공정을 끊임없이 개발해야만 한다. 플라스틱 산업과 정반대인 것이 컨테이너 산업이다. 지난 수십 년간 컨테이너 산업에서 새로운 생산품은 개발되지 않았다. 컨테이너의 생산증가는 인구증가와 맥을 같이 해왔으며, 수십년간 별다른 특이사항이나 환경변화는 없었다. Lawrence & Lorsch(1967)는 고려할 만한 위협이 없는 상대적으로 명백한 환경에 컨테이너 생산회사가 놓여있다고 설명한다. 식품가공 산업은 플라스틱 산업과 컨테이너 산업의 중간에 위치한다. 비록 혁신이 있었지만, 새로운 생산품의 출현이나 생산증가는 플라스틱 산업보다는 적었고, 컨테이너 산업보다는 많았다(Robbins, 1990).

Lawrence & Lorsch(1967)는 이들 세 산업에 속한 각 기업의 내부 환경(internal environment)과 각각의 외부 환경(external environment)과의 조화에 주목하였다. 이들은 각 산업에서 보다 더 성공적인 기업이 덜 성공적인 기업보다 내부 환경과 외부 환경 간의 조화를 더 잘 이루고 있을 것이라고 가정하였다. Lawrence & Lorsch(1967)는 외부 환경을 불확실성의 수준으로 측정하였는데, 구체적으로 시간에 따른 환경의 변화수준, 환경에 관해 관리자가 갖는 정보의 분명함, 관리자가 조직이 활동하는 환경으로부터 피드백을 얻기 위해 걸리는 시간 등이 측정되었다. 조직의 내부 환경을 측정하기 위해서는 분화(differentiation)와 통합(integration)의 두 가지 차원이 제시되었다(Robbins, 1990). 분화와 통합의 정의와 내용은 다음과 같다.

(1) 분 화

분화(differentiation)는 서로 다른 기능을 수행하는 부서의 구성원들 사이에 나타나는 인지적·감정적 성향의 차이와 이들 부서 간에 나타나는 공식적 구조의 차이를 뜻한다. 분화는 구체적으로 다음의 내용을 포함한다(Eriksson-Zetterquist, Mullern, & Styhre, 2011).

- 기능부서의 목표 달성을 지원하기 위한 부서들의 관리자들 간의 차이
- 다른 부서에 속한 관리자들의 시간에 관한 관점의 차이
- 기능부서에 속한 관리자들의 일반적인 대인관계나 동료 관계를 설정하는 방식이나 성향의 차이
- 부서들 간의 구조의 차이

(2) 통 합

통합(integration)은 환경의 요구로 인해 상호 협력해야 하는 부서들 간의 단합된 노력을 얻기 위해 요구되는 부서 간 조정의 수준을 의미한다(Eriksson-Zetterquist, Mullern, & Styhre, 2011). 조직에서 일반적으로 사용되는 통합 장치로는 규정과 절차, 공식적 계획, 계층적인 권위, 의사결정위원회 등이 있다(Robbins, 1990).

Lawrence & Lorsch(1967)는 조직의 내부 환경에서 플라스틱 회사들이 가장 많이 분화되어 있고, 식품가공과 컨테이너 생산 회사들이 각각 다음으로 많이 분화되어 있을 것으로 가정하였는데, 분석의 결과도 이러한 가정과 일치하였다. 변화무쌍한 플라스틱 산업에서 조직 내 부서들은 더욱 분화되었는데, 이는 단순한 환경보다 복잡한 환경에서 많은 분화가 일어남을 의미한다. 즉, 플라스틱 회사에서 판매부서와 연구개발부서와 달리 생산부서는 상대적으로 단순한 활동을 하였고, 이는 이들 부서의 분화에 영향을 주었다. 이와 달리, 대체로 단순한 환경에 놓인

컨테이너 생산회사 내의 부서들은 거의 유사한 구조를 갖고 있었다(Robbins, 1990). 세 가지 산업에 속한 기업들의 특성은 다음의 〈표 10-3〉과 같이 비교될 수 있다.

표 10-3   세 가지 산업에 속한 기업들의 비교

구분	플라스틱	식품	컨테이너
불확실한 환경	높음	보통	낮음
부서의 분화	높음	보통	낮음
전체직원대비 통합 담당자의 비율	22%	17%	0%

출처: Lawrence & Lorsch(1972) 재정리.

Lawrence & Lorsch(1967)는 각각의 산업 내에서 기업들을 높은 성과와 낮은 성과를 내는 기업으로 분류하였는데, 높은 성과를 내는 기업이 외부 환경의 요구에 가장 맞는 조직구조를 갖고 있음을 발견하였다. 각각의 산업 내에서 높은 성과를 보인 기업은 낮은 성과를 보인 기업보다 분화와 통합의 수준이 높았다. 즉, 세 가지 산업 모두에서 성공적인 회사는 성공적이지 못한 회사보다 조직 내부 환경에서 높은 수준의 분화와 통합을 보여주었다(Robbins, 1990). 결론적으로, Lawrence & Lorsch(1967)는 불확실한 환경에 놓인 조직일수록 조직구조가 더 많이 분화되고 통합되며, 더 높은 수준의 분화와 통합을 달성할수록 성과가 높아진다고 주장하였다.

표 10-4   환경, 구조, 성과 간의 관계

산업	기업	평균 분화지수	평균 통합지수
플라스틱	높은 성과의 기업	10.7	5.6
	낮은 성과의 기업	9.0	5.1
식품	높은 성과의 기업	8.0	5.3
	낮은 성과의 기업	6.5	5.0
컨테이너	높은 성과의 기업	5.7	5.7
	낮은 성과의 기업	5.7	4.8

참고: 높은 숫자일수록 수준이 높은 것을 의미한다.
출처: Lawrence & Lorsch(1967), 오석홍 외(2011).

과거의 연구들과 달리, Lawrence & Lorsch(1967)는 조직이나 환경이 단일하거나, 하나뿐이라고 가정하지 않았다. 이들은 조직과 환경 모두 부분 부분으로 나눌 수 있다고 보았다. 다시 말해서, 조직의 일부분이 환경의 일부분에 대응하는 식으로 이해하였다. 이는 사실 일반인들도 쉽게 알만한 상식이다. 하지만 아직 분명하게 천명되지 않았던 사실을 명시했다는 점에서 Lawrence & Lorsch(1967)의 설명은 의미가 있다. 이들에 의하면, 조직의 내부 환경(분화와 통합)은 부서별로 차이가 있으며, 이에 따라 각 부서가 관심을 갖는 외부 환경의 일부분도 다르다. 어떤 부서는 A, B, C로 이루어진 외부환경 가운데 A에만 관심을 갖는 반면, 다른 부서는 외부환경 가운데 B, C에만 관심을 가질 것이다. 즉 Lawrence & Lorsch(1967)는 조직 내 부서 간에 차이가 발생하는 근본적인 이유가 외부환경의 일부분을 효과적으로 다루기 위함이라고 가정하였다(Robbins, 1990).

Lawrence & Lorsch(1967)는 조직이 변화무쌍하고 복잡하고 다양한 외부 환경에 직면할 때, 부서들 간에 더 높은 수준의 분화(differentiation)가 일어난다고 가정한다. 그리고 조직의 내부 환경이 다양하게 분화되었다면, 부서들이 각자 다른 방향으로 나아가지 않도록 내부 통합(integration)의 메커니즘을 발전시킬 필요가 있다고 주장한다. 심화된 분화에 대응하기 위해 통합을 강화시킬 필요가 있다는 이러한 주장은 각 부서의 관리자들이 갖는 상이한 목표들과도 관련이 있다. 세 가지 산업 모두에서 생산 공정 관련 부서의 관리자는 효율성과 생산성에 관심이 있고, 연구개발 부서의 관리자는 기술적인 측면을 강조하고, 마케팅 부서의 관리자는 시장상황에 관심이 있었다(Lawrence & Lorsch, 1967; Robbins, 1990).

이러한 연구의 결과는 조직의 관리자가 스스로의 전략에 따라 조직의 구조를 계획·설계한 것이 아니고, 불안정한 환경에 대응하기 위해 어쩔 수 없이 현재의 조직구조를 선택한 것임을 암시한다. Lawrence & Lorsch(1967)의 주장은 다음의 세 가지로 정리될 수 있다(Robbins, 1990).

- 다른 수준의 불확실성을 가진 다양하고 세세한 환경이 존재한다.
- 조직의 환경에서 특히 불확실성의 정도는 조직이 효과성을 높이기 위한 적절한 구조를 선택하는데 있어 매우 중요하다.
- 조직 내 부서가 성공하기 위해서는 외부 환경 가운데 일부분의 요구에 적절

하게 대응해야 한다. 조직의 내부 환경에서 분화와 통합은 다른 방향으로 가고자 하는 힘을 의미하기 때문에, 핵심은 이 둘을 적절하게 조화시키는 것이다. 즉 외부 환경 가운데 일부분이 요구하는 특정한 문제를 다루기 위해 부서들 간의 분화를 이루어냄과 동시에, 조직과 조직구성원들 간의 통합을 이루고 조직전체목표를 달성하기 위한 하나의 팀으로서 모으는 것이 필요하다. 성공적인 조직은 부서들을 외부 환경 가운데 일부분의 요구에 부응하도록 하고, 분화와 통합 간의 딜레마를 해결하는 조직이다.

🏵 복습을 위한 질문

- Scott가 주장한 2단계(stage II)의 조직은 무엇인가?
- Greiner가 주장한 조직성장의 5단계에서, 조정을 위한 공식적인 시스템이 자원을 더욱 효율적으로 분배하도록 한 반면에, 중앙과 현장 간의 불신이 점차 커지는 위기는 무엇인가?
- 환경의 개념 가운데, 조직이 선택한 분야에 따라 달라지는 환경은 무엇인가?
- Burns & Stalker에 의하면, 조직의 환경이 단순하고 안정적인 경우에 적합한 조직은 무엇인가?
- Emery와 Trist가 주장한 환경 가운데 관리자가 종합적이고 장기적인 계획을 세우고, 조직은 중앙집권적인 구조를 갖게 되는 환경은 무엇인가?

제11장

조직구조

　어떻게 보면, 조직의 구조는 건물의 구조와 흡사하다. 건물은 출입구를 갖고 있다. 조직 또한 예를 들어, 대학교의 입학관리처와 같이 출입구(entry)를 갖고 있다. 건물의 통로와 복도는 건물 내 사람들의 움직임을 제한한다. 조직 또한 조직 내 구성원들의 업무와 활동을 규정하는 규칙과 절차를 갖고 있다. 어떤 건물은 단독 주택처럼 작고 단순하지만, 다른 어떤 건물은 큰 빌딩처럼 여러 층으로 복잡하게 지어져 있으며, 심지어 주변의 건물과 구름다리로 연결되기도 한다. 조직 또한 때로는 단순하기도, 복잡하기도 하며, 다른 조직과 연합하는 등의 관계를 맺는다. 어떤 건물은 중앙에서 냉난방이 통제된다. 다른 어떤 건물은 각 방에서 냉난방을 조절할 수 있다. 조직 또한 구성원들에게 부여한 자율성과 독립성의 정도에 차이가 있다(Hall, 1999).

　하지만 조직의 구조와 건물의 구조가 완벽하게 일치하는 것은 아니다. 지어진지 수십 년이 지나도 건물의 구조는 쉽게 변하지 않는다. 그러나 조직의 구조는 구성원들의 지속적인 유입과 유출, 구성원들 간의 상호작용, 환경의 계속된 압력과 요구 등에 의해 영향을 받으며 끊임없이 변화한다(Hall, 1999). 이 장에서는 우선 조직구조를 정의하고, 조직구조의 설계에 관한 두 가지의 오래된 주제를 살펴본다. 그리고 비공식 조직, 생산품: 기능, 계층제, 조직의 규모 등 조직구조에 관한 다양한 관점을 설명한다. 다음으로, Thompson(1967)이 주장한 핵심전문기술과 조직경제 관리역할을 살펴본 후, 조직구조에 관한 가장 중요한 이론의 하나인 Mintzberg(1979)의 다섯 가지 유형의 조직구조를 소개한다.

1. 조직구조의 정의

조직구조는 "구성원들이 다양한 계선을 따라 자신의 역할 관계에 영향을 미치는 지위에 분포되어 있는 것"을 의미한다(Blau, 1974). 혹은 "조직구성원들 간의 상호작용 속에서 지속적으로 생산·재창조되면서, 동시에 그 상호작용을 형성하는 복잡한 통제매체"로 정의되기도 한다. 즉 **조직구조는 구성되기도 하고, 구성하기도 한다**(Ranson, Hinings, & Greenwood, 1980). 조직구조는 조직에서 벌어지는 일들로 인해 형성되기도 하고, 동시에 조직에서 벌어지는 일들을 형성하기도 한다(Hall, 1999).

조직구조는 조직구성원들의 조직 내 행동이 일어나는 곳이다. 이러한 조직구조는 기본적으로 다음의 세 가지 기능을 갖고 있다(Hall, 1999). 첫째, 조직구조는 조직이 산출물을 생산하고 조직의 목표를 달성하기 위해 형성된다. 둘째, 조직구조는 각 조직구성원이 갖고 있는 다양성이 조직에 미치는 영향을 최소화하거나 규제하기 위해 설계된다. 다시 말해서, 조직구성원들이 조직의 요구에 순응하도록 하기 위해 조직구성원들에게 조직구조가 부담 지워진다. 셋째, 조직구조는 조직구성원들의 권한이 행사되고, 의사결정이 이루어지며, 활동이 수행되는 환경이다. 조직구조는 조직 내 어떤 지위, 직위가 얼마만큼의 권한을 갖는지를 결정하며, 동시에 조직구성원들의 의사결정에 유입되는 정보의 양과 흐름을 결정한다.

2. 조직구조에 관한 두 개의 주제

Gulick & Urwick(1937)이 행정관리론에서 주장한 원칙(principles)은 그 단순함이 오히려 장점으로 작용한다. 원칙의 단순명료함 때문에, 관리자들은 조직설계와 관리에 실제로 도움을 받을 수 있다. 행정관리론에서 언급한 두 가지 주제인 중앙집권화와 분권화(centralization & decentralization), 분화(전문화)와 통합(differentiation & integration)의 문제는 현대의 조직설계에 관한 논쟁에서도 매우 중요한 주제이다. 현대의 조직이론에서도 이러한 두 가지 주제에 관해 실질적인 가이드라인(guideline)을 제공하는 것은 쉽지 않다. 지금부터는 중앙집권화와 분권화, 그리고 분화(전문화)와 통합의 의미를 알아본다.

1) 중앙집권화와 분권화

중앙집권화와 분권화(centralization & decentralization)는 의사결정의 권한이 조직의 최고관리층에 한정되는지, 아니면 일선관리자와 하위직원에게도 부여되는지의 정도를 의미한다. 중앙집권화된 조직구조가 바람직한 것인가? 아니면 분권화된 조직구조가 바람직한 것인가? 어떻게 해야 보다 나은 결과를 가져올 것인가? 이에 대한 가이드라인을 제시하는 것은 조직이론에서 끊임없이 제기되는 주제이다. 왜냐하면 두 가지 방안 모두 단점을 갖고 있기 때문이다.

우선, 중앙집권화가 이루어질 경우, 조직에서는 어떻게 하든 목표를 달성하기 위해, 혹은 최고관리자의 이해관계를 위해 권한이 오용될 수 있다. 예를 들어, 1972년 6월 워터게이트 사건에서 미국중앙정보국(CIA)은 공화당 리처드 닉슨(Richard M. Nixon) 대통령의 재선을 위해 민주당 전국위원회(Democratic National Committee Headquaters) 본부에 도청장치를 설치하였다.[1] 닉슨 대통령 그리고 CIA가 이러한 일을 할 수 있었던 결정적인 원인은 CIA가 국장에게 극도로 권력이 집중된 구조를 갖고 있었기 때문이다.[2] 반대로 조직의 분권화가 이루어질 경우, 전 조직을 포괄하는 일관된 정책을 수립하는 것이 어렵게 된다. 그리고 조직에서 정책을 집행함에 있어 책임이 분산되므로 아무도 책임을 지려하지 않는 결과가 나타날 수 있다.

2) 분화(전문화)와 통합

분화(differentiation)는 조직 내에서 수직적이고 수평적인 전문화의 정도를 의미한다. 조직이 더 전문화될수록, 그 구조는 더 복잡해진다. 통합(integration)은 조직의 목표를 달성하기 위하여 다양한 업무가 조화되고 체계가 잡히도록 하는 모든

---

1) 워터게이트(Watergate)는 워싱턴(Washington, D.C.)시 내에 있는 호텔의 이름이다.
2) 재선에 성공한 닉슨 대통령은 도청을 했다는 사실 자체보다 CIA와의 관계를 부인하는 거짓말을 했다는 점 때문에 대통령직에서 사임하게 된다. 대통령의 통화내용이 녹음된 테이프가 공개되어 닉슨 대통령도 사건과 관련이 있음이 밝혀짐에 따라 정직하지 못한 지도자를 둘 수 없다는 미국인의 불신이 팽배하게 되었다. 1974년 8월 상원법사위원회는 닉슨의 탄핵을 결정했고, 탄핵안이 상원을 통과할 것이 확실해지자 닉슨은 미국 역사상 처음이자 마지막으로 임기 중에 스스로 대통령직을 사임할 수밖에 없었다.

메커니즘과 절차를 포함한다. 분화(전문화)의 정도가 클수록, 동시에 통합의 필요성도 커진다. 따라서 분화(전문화)와 통합 간의 적절한 균형을 유지하는 것은 효과적인 조직구조를 설계하기 위한 핵심이다. 각 부서의 관리자들로 구성된 위원회, 부서 간의 의사소통을 돕기 위한 공식적, 혹은 비공식적인 연락책(liaisons)의 지정, 내부전산망을 활용하여 전 조직에 걸쳐 메모 돌리기, 비공식적인 컨설팅 등은 모두 통합을 위한 조직의 메커니즘이다.

3. 조직구조에 관한 다양한 관점

연구자들은 조직구조의 다양한 측면에 관하여 설명을 하고 있다. 그 대표적인 학자로는 Blau & Scott(1962), Walker & Lorsch(1968), Jaques(1990), Kimberly(1976) 등을 들 수 있다(Shafritz, Ott, & Jang, 2005). 이 장에서는 비공식 조직, 생산품: 기능, 계층제, 조직의 규모 등 이들 연구자가 주장한 내용을 살펴본다.

1) 비공식 조직

벨 시스템(Bell System)의 관리자였던 Chester Barnard(1886-1961)는 호손 연구(Hawthorne Studies)를 주도한 하버드대학교 경영학부(Harvard Business School)의 교수들과 매우 친밀한 관계였다.[3] Barnard는 조직을 하나의 협조체제(cooperative system)로 이해하였다. 그리고 관리자의 역할을 조직의 요구와 조직구성원의 요구 간의 역동적인 균형을 유지하는 것으로 보았다. 이러한 역할을 수행하기 위해 관리자는 공식적 조직(formal organization)과 비공식적 조직(informal organization) 간의 상호의존적인 관계를 이해해야만 한다고 주장하였다. 그는 특히 비공식 조직의 역할이 매우 중요하다고 주장하는데, *The Function of Executive*(1938)이라는 책에서 비공식 조직에 관한 경험적인 연구를 위한 이론적인 기반을 제공하였다(Shafritz & Hyde, 2012).

Barnard(1938)에 의하면, 비공식 조직은 조직구성원들 간의 개인적인 상호작용

---

3) 벨 시스템(Bell System)은 미국전신전화회사(American Telephone & Telegraph/AT&T)에 의해 주도되었으며 이 시스템의 제작사인 웨스턴전기회사(Western Electric Companies), 연구개발기구인 벨 연구소(Bell Laboratories), 그리고 22개의 운영회사 등을 포함했다. 벨 시스템은 법원의 결정으로 1983년에 해체된 후 22개의 운영회사로 분리되었다(다음백과, http://100.daum.net/encyclopedia).

에 의해 형성되며, 모든 공식 조직 내에는 비공식 조직이 존재한다.[4] 조직의 공식적인 구조와 조직구성원들 간의 관계가 유지되기 위해서는 비공식적인 조직이 반드시 필요하다. 이는 다음의 그림과 같이 이해될 수 있다.

그는 비공식 조직이 공식 조직을 지탱해주는 세 가지의 방식을 다음과 같이 설명한다. 첫째, 비공식 조직을 통해 조직구성원들 간의 의사소통이 유지되고 촉진된다. 둘째, 비공식 조직을 통해 조직구성원들이 조직을 위해 봉사하려는 의도와 객관적 권한 간의 안정적인 균형을 이룸으로써 조직의 응집력을 유지할 수 있다. 즉비공식 조직이 조직의 응집력과 안정성을 유지하고, 비공식 조직 내에서 의사소통을 유지함으로써 실제적이지 못한 권한이라고 할지라도 행사될 수 있다. 셋째, 비공식 조직을 통해 조직구성원들은 개인적 위신, 자기존중감, 독립성과 자율성을 지속적으로 얻을 수 있다(Harmon & Mayer, 1986).[5]

Blau & Scott(1962) 또한 조직이 공식적 요소와 비공식적 요소를 갖고 있다고 설명하였다. 모든 공식적 조직의 내부에는 비공식적 조직이 만들어진다. 모든 집단처럼 조직의 구성 집단들은 함께 생활하고 일함에 따라 그들 자신의 관행, 가치, 규범, 사회적 관계를 발전시킨다. 공식적인 규칙들은 일어날지도 모르는 여러 상황

---

4) Barnard(1938)는 공식 조직(formal organization)을 의도적으로 조정된 두 명 이상의 행동, 또는 힘의 체계(a system of conciously coordinated activities or forces of two or more persons)로 정의한다(오석홍 외, 2011 재인용).

5) 여론형성가(opinion leader)는 비공식적으로 다른 조직구성원들의 태도나 행태가 의도하는 방향으로 바뀌도록 영향을 줄 수 있는 사람이다. 여론형성가는 공식적인 높은 지위에 있을 수 있지만, 대부분의 연구에서는 여론형성가가 비공식적 조직에 속하며 모든 지위, 계층에 분포될 수 있다고 설명한다. 여론형성가는 다른 조직구성원들의 높은 신뢰를 얻고 있으며, 이들의 영향력은 공식적인 권위에 의해서가 아니라, 높은 전문성, 많은 지식과 경험, 동의된 규범 등에서 나온다.

을 해결하기 위해 충분한 범위를 아우를 만큼 일반적이어야 한다. 하지만 이러한 일반적인 규칙을 특정한 사례에 적용하는 것은 종종 판단의 문제를 일으킨다. 따라서 비공식적인 관례가 이러한 문제의 해결책을 제공하기 위해 대두된다(Blau & Scott, 1962).

　비공식적 조직은 조직의 공식적 구조에 뿌리를 두고 있다. 즉, 비공식적 조직은 공식적으로 만들어진 조직의 틀 안에서 발달한다. 이렇게 만들어진 비공식적 조직은 조직의 운영을 위한 규범(norms)을 만듦으로써 공식적 조직을 지지·지원한다. 법규와 정책에 의해 항상 규범이 명확하게 표명되는 것은 아니다. 대부분의 경우, 규범은 비공식 조직을 통해 전달된다. 따라서 비공식 조직에 관한 이해 없이 조직의 공식적 구조를 이해하는 것은 불가능하다(Shafritz, Ott, & Jang, 2005). 공식적으로 제도화된 것과 비공식적으로 나타나는 패턴은 서도 떼려야 뗄 수 없는 관계인 것이다(Blau & Scott, 1962).

성과평가

　조직구성원의 업무를 정기적으로 평가하고, 이러한 평가에서 얻은 정보를 교육훈련, 보상, 의사결정에 반영하도록 하는 것은 조직의 관리에서 가장 기본적인 사항이다. 하지만 성과평가는 가장 난해한 문제이다. 또한 실제로 아무도 확실한 해결책을 도출해내기 힘들기 때문에 그대로 참고 견딜 수밖에 없는 문제이기도 하다. 성과평가를 통해 조직구성원들은 다음의 질문들에 관한 해답을 간접적으로 얻을 수 있다.

1) 조직구성원에게 보상을 하고, 성과를 향상시키기 위하여 현재 우리 조직은 어떤 특성(qualities)을 가장 인정하고 있는가?
2) 조직구성원의 행태, 기술, 태도를 향상시키기 위하여 우리 조직은 그들에게 어떤 메시지를 전달하고 있는가?
3) 미래에 조직의 목표를 달성하기 위하여 우리 조직은 조직구성원의 어떤 특성을 발전, 향상시키기 원하는가?

　이러한 성과평가의 주요한 목표는 다음과 같다.

1) 조직구성원의 문제가 있는 업무태도를 수정하고 보완한다.
2) 조직구성원의 특성에 대한 관리자의 인식을 그들에게 전달한다.
3) 조직구성원의 부족한 기술을 평가하고, 적정한 보상수준을 제시한다.

4) 현재 직위가 가진 업무가 적정한 보상을 받고 있는지 평가한다.

5) 조직구성원의 징벌이나 해고를 위한 기록을 남긴다.

이론적으로 성과평가는 이러한 목표를 잘 달성할 것으로 설명된다. 하지만 대부분의 성과평가제도는 실제로 별로 성공적이지 못해왔다. 그 이유는 무엇인가?

첫째, 주요한 원인은 관리자(supervisor)가 유용한, 그리고 객관적인 성과보고서를 작성하는 데 큰 어려움을 겪기 때문이다. 대부분의 성과보고서는 매우 주관적이고, 막연하고, 다른 평가자의 보고서와 비교하기가 어렵다는 문제점이 있다. 예를 들어, 높은 평가기준을 가진 결단력 있는 관리자는 낮은 평가기준과 전문성이 떨어지는 관리자와 매우 다른 평가를 내릴 것이다. 조직구성원에 대한 평가보고서는 평가자의 성향을 반영한다. 관리자는 종종 '무엇이' 실제로 평가되고 있는지 혼동을 겪는다. 부하의 업무성과인가, 아니면 관리자 자신의 문장능력인가? 실제로, 어떤 성과평가이든 ① 누가 평가보고서를 작성하는가? ② 다른 평가보고서들은 어떻게 작성되었는가? ③ 평가보고서가 언급되어야 할 문제들을 언급하지 않은 것은 아닌가? 에 관한 문제에 직면한다.

둘째, 조직구성원의 어떤 역량들은 상호 충돌하는 경향이 있다. 성과평가(직무가 어떻게 수행되어 왔는가?)와 잠재력(다른 직무를 수행하기 위한 역량이 있는가?)은 상호 충돌할 수 있다. 예를 들어, 하위직의 업무에서 성과를 내기 위해 필요한 역량이 상위직의 업무를 수행하기 위해 필요한 역량과 반드시 일치하는 것은 아니다. 또한, 독립적인 업무수행이 필요한 직무에서 성공적인 조직구성원이 사회적인 상호작용과 의사소통이 필요한 직무를 담당할 때, 반드시 성공하는 것은 아니다.

2) 조직의 선택: 생산품 vs 기능

Walker & Lorsch은 1968년 하버드 비즈니스리뷰(*Harvard Business Review*)에 실린 "Organizational Choice: Product vs. Function"에서 조직을 설계하는 관리자가 직면하는 가장 근본적인 문제인 "조직이 기능(function)에 따라 구성되어야 하는가? 아니면, "조직이 생산품(product)에 따라 구성되어야 하는가?"에 관해 서술하고 있다. 이는 다시 말해서, "하나의 기능을 수행하기 위해 그들과 연관된 생산품(결과물 혹은 서비스)이 상이함에도 불구하고 전문가들이 한 사람의 관리자 아래 조직되어야 하는가?" 아니면, "다양한 기능을 수행하는 전문가들이 하나의 생산품(결과물 혹은 서비스)을 위해 일하도록 한 사람의 관리자 아래 조직되어야 하는가?"의 문제이다. 이 문제와 연관된 주제들은 매우 다양하여 많은 관리자들이 이 두 가지의 선택 사이에서 혼란을 겪거나, 이 둘 간의 타협점을 찾으려고 노력하고 있다(Shafritz, Ott, & Jang, 2005).

Walker & Lorsch(1968)는 기존의 연구들이 다음의 세 가지 기준에 의해 두 유형의 조직이 갖는 장단점을 파악했다고 설명한다. 첫째, 생산품과 기능 가운데 어떤 접근법이 전문기술과 지식을 최대로 활용하는데 더 유리한가? 둘째, 둘 가운데 어떤 접근법이 기계와 장치를 가장 효율적으로 활용하는 것을 가능하게 하는가? 셋째, 둘 가운데 어떤 접근법이 통제와 조정을 가장 용이하게 하는가?

Walker & Lorsch(1968)는 이러한 기존의 설명에 오류가 있는 것은 아니지만, 두 개의 선택지가 갖는 복잡한 장단점(trade-offs)을 인지하는 데에는 기존의 설명이 큰 도움이 되지 않는다고 주장한다. 기존의 설명이 놓치고 있는 장단점의 예를 들면, 극도로 기능화된 부서들(functional units) 간에는 조정이나 통합을 얻는 것이 어렵다. 반대로 생산품에 바탕으로 둔 부서들(product units)은 전문가들 간의 협력을 얻는 것은 쉽지만, 기능전문가들(functional specialists)은 기능적인 목표를 확인하는 데 어려움을 겪을 것이다.

따라서 Walker & Lorsch(1968)는 전문화와 조정에 관한 새로운 세 가지의 기준을 제시한다. 첫째, 차이(differentiation)는 전문가들이 각각 자신의 업무와 관련되어 발전시키는 사고와 행동방식 차이를 의미한다. 둘째, 통합(integration)은 전문화된 부서나 개인들 간의 협조를 의미한다. 셋째, 차이의 통합이 이루어지기 위해서는 전문가들 간의 의사소통(communication)이 반드시 필요하며, 이를 통해 기능 간의 갈등을 효과적으로 해결해야 한다. 즉 관리자들은 기능에 따라 구성된 조직과 생산품에 따라 구성된 조직 가운데 하나를 선택할 때, 새로운 세 가지 기준을 바탕으로 다음과 같은 새로운 질문을 던져야 한다. 첫째, 이러한 선택이 전문가들 간의 차이에 어떤 영향을 줄 것인가? 둘째, 이러한 선택이 통합과 조정을 얻는데 어떤 영향을 줄 것인가? 셋째, 이러한 선택이 전문가들이 의사소통을 하고, 갈등을 해결하고, 합의에 도달하는데 어떤 영향을 줄 것인가?

Walker & Lorsch(1968)는 행태과학자(behavioral scientist)의 관점에서 동일한 산업 내에서 두 유형의 회사인 기능에 따라 구성된 회사와 생산품에 따라 구성된 회사를 비교 분석하였다. 즉 동일한 생산품을 생산하는 두 개의 조직(plant F와 plant P)을 비교하고 있다. 여기에서 공장 F(plant F)는 기능(function)에 따라 구성

그림 11-1 공장 F 조직도

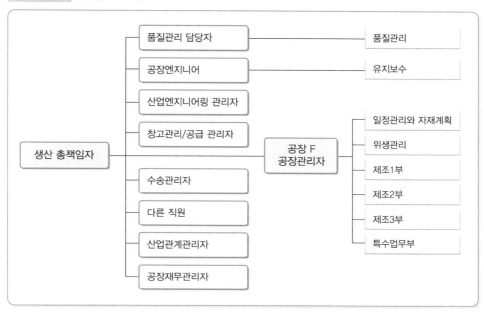

출처: Walker & Lorsch(1968) 재구성.

그림 11-2 공장 P 조직도

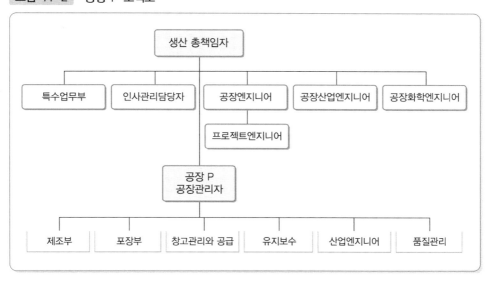

출처: Walker & Lorsch(1968) 재구성.

된 조직이며, 공장 P(plant P)는 생산품(product)에 따라 구성된 조직이다. 공장 F
는 기존의 능력 내에서 명시된 수준의 품질과 최소한의 비용으로 최단 시간 내에
상품을 만들고, 포장하고, 배송하는 것이 목표이다. 공장 P는 공장의 능력을 향상
시키는 것이 목표이다. 각각의 공장에는 제조부문, 포장부문, 품질관리, 기획과 일
정관리, 창고관리, 산업 엔지니어링, 공장 엔지니어링 등과 관련된 동일한 기능전
문가들이 있다. 공장 F에서는 제조 부서, 그리고 기획과 일정관리기능 부서만이
상품 생산의 책임을 가진 공장 관리자에게 보고한다. 모든 다른 기능의 전문가들
은 다른 상품을 생산하는 공장들을 총괄하는 책임을 가진 생산총책임자에게 보고
한다. 공장 P에서는 공장 엔지니어링을 제외한 모든 기능전문가들이 공장 관리자
에게 보고한다([그림 11-1], [그림 11-2] 참조).

첫째, 차이(differentiation)에서 이들은 특히 기능전문가들(functional specialists)
의 목표에 대한 지향성, 시간에 대한 지향성, 조직의 공식화에 대한 인식을 다음의
〈표 11-1〉과 같이 설명한다.

표 11-1 공장 F와 공장 P에서 기능전문가들이 갖는 차이(differentiation)

차이의 차원	공장 F	공장 P
목표에 대한 지향성	전문화된 목표에 집중함. 전문가들의 목표에 비교적 큰 차이가 있음(차이가 큼)	공동의 생산목표를 더 인지함. 목표로 인한 차이를 덜 느낌(차이가 적음)
시간에 대한 지향성	모두 일상적, 단기적인 문제에 관심을 가짐(차이가 적음)	전문가들의 시간에 대한 관심이 다양하고 비교적 장기적임(차이가 큼)
조직의 공식화에 대한 인식	기능적인 활동에 대해 차이를 덜 느끼며, 대부분의 기능전문가들에게 동일한 수준의 공식화된 구조가 존재한다고 생각함(차이가 적음)	조직의 공식화에 대해 근본적인 차이가 있다고 생각함(차이가 큼)

출처: Walker & Lorsch(1968) 재구성.

둘째, 통합(integration)에서는 두 공장 모두 어느 정도 어려움을 경험하였다. 하
지만 공장 F에서 어려움이 더 관찰되었고, 공장 P의 관리자는 상대적으로 어려움
을 겪지 않았다.

셋째, 전문가들 간의 의사소통(communication)에서는 공장 P의 전문가들 간의

의사소통이 공장 F보다 더 잦고, 덜 공식적이고, 더 대면적(face-to-face)이었다. 공장 P의 관리자는 갈등을 스스로 해결하는 경향을 보였고, 공장 F의 관리자는 갈등이 없어지기를 기다리거나, 상부에 보고하면서 책임을 넘기는 경향을 보였다. 공장 F에서는 현재 갖고 있는 능력 내에서 생산을 최대화하였다. 즉 최대의 효율성과 비용절감을 통해 높은 생산성을 달성하였다. 하지만 공장 P에서는 공장의 능력 자체를 향상시키는 결과를 보여주었다. 공장 P의 관리자들은 공장 F의 관리자들보다 업무에 더 몰입하였고 더 많은 스트레스와 압력을 느끼는 것으로 응답하였다.

결론적으로, 기능에 따라 구성된 조직은 일상적인 업무를 안정적으로 수행하는 데 있어 더 나은 결과를 가져오는 것으로 볼 수 있고, 반면에 생산품에 따라 구성된 조직은 업무가 예상하기 어렵고 혁신적인 문제해결을 요구할 때 더 나은 결과를 가져온다고 볼 수 있다. 따라서 두 유형의 조직 가운데 하나를 선택할 경우에 중요한 것은 조직이 직면하고 있는 업무가 무엇을 요구하고 있는지 정확히 확인하는 것이다. 일상적이고 단순한 업무인가? 통합이 계획에 따라 달성될 수 있는가? 계층제에 의해 갈등이 관리될 수 있는가? 그렇다면, 공장 F가 적절한 해답이다. 하지만 이와 반대로 업무가 문제 해결을 필요로 하는 것으로 관리자가 정의를 내린다면, 공장 P가 보다 적절한 해답이다.

하지만 실제로 관리자가 직면하고 있는 업무를 정확히 구분하는 것은 어려운 일이다. 그리고 실제로 관리자는 두 가지의 성격이 혼합된 업무에 직면하기도 한다. 따라서 많은 조직들은 공장 F와 공장 P 간에 타협점을 찾고 있다. 즉, 통합을 활성화하기 위해 다기능팀(cross-functional teams)을 활용하거나, 하나의 생산품의 주변에 정규직으로 통합자(integrator)나 코디네이터(coordinator)를 임명한다. 혹은 생산품과 기능을 중첩시키는 방법으로 매트릭스 조직(matrix organization)이나 그물 조직(grid organization)을 설치하기도 한다.

3) 계층제의 인정(praise)

심리학자인 Elliott Jaques(1990)는 계층제와 관료제 형태의 조직을 옹호한다. 그는 Tavistock Institute의 Glacier Project를 1950년부터 2000년까지 50여 년간 진행하였다. 이러한 연구의 결과를 바탕으로 계층제에 대한 비판은 계층제뿐만 아니라 인간의 본성(human nature)에 대한 부적절한 이해에 바탕을 두고 있으므로 잘못된 것이라고 주장한다. Jaques(1990)에 의하면, 관리적인 계층제(managerial hierarchy)는 대규모 조직이 선택할 수 있는 최선의 대안이다. 지금까지 그래왔고, 앞으로도 계층제는 단합된 업무 시스템으로 구조화하는 유일한 방법이 될 것이다. 계층제는 가장 효율적이고, 견고하고, 사실상 대규모 조직을 위해 자연적으로 만들어진 구조이다. 적절하게만 구성된다면, 계층제는 에너지와 창의성, 생산성을 높이고, 사기를 진작할 수 있다. 우리에게 계층제적인 조직이 필요한 이유는 단순히 업무의 복잡성 때문만이 아니다. 업무의 복잡성은 너무나 명백한 이유이고, 이와 함께 업무 안에 내재되어 있는 복잡성, 즉 각각의 업무를 연속된 단계로 분류하거나, 카테고리화시키는 어려움 때문에 계층제적인 조직은 필요하다(Jaques, 1990). 조직은 계층제를 통해 업무를 관리 가능한 단계로 나눈다. 계층제는 심리적, 물리적 복잡성과 이로 인한 비연속성에 조직구성원들이 적절히 대응하도록 한다(Shafritz, Ott, & Jang, 2005).

책임성(accontability)은 계층제가 제대로 작동하기 위한 가장 중요한 요소이다. 권한(authority)은 책임성이 선행되어야 비로소 논의될 수 있다. 책임성이 제대로 이행된다면, 권한은 자연스럽게 뒤따라오는 요소인 것이다. 즉 최고관리자가 책임을 다한다면, 그는 부하직원들의 의견에 반대하거나 찬성하는 뚜렷한 명분, 즉 권한을 갖게 되는 것이다. 반대로, 부하직원이 최고관리자의 승인이 없이 의사결정을 한다면, 책임성이라는 요소가 결여되어 사실상 아무 의미 없는 무책임한 결정이 되는 것이다(Jaques, 1990).

조직에서 관리자가 갖는 책임성의 정도는 그에게 주어진 역할 가운데 가장 긴 업무나 프로젝트, 프로그램의 목표 달성기간을 측정함으로써 객관적으로 파악할 수 있다. 즉 역할에 있어서 같은 책임 기간(responsibility time span of the role)을 갖는 사람들은 같은 무게의 책임감을 경험하며, 직종이나 실제 임금수준과 관계없이 같은 책임 기간을 가지면, 같은 수준의 급여를 받아야 한다(Jaques, 1990). Jaques(1990)에 의하면, 연속적인 관리 계층 사이의 경계(boundary)가 어떤 특정 시간 범위가 증가할 때 나타났다. 이는 마치 얼음이 특정 온도에서 물이 되고, 물이 특정 온도에서 수증기가 되는 것과 같았다. 분석의 결과, 대체로 계층은 5년의 책임 기간을 기점으로 나누어지는 것으로 나타났다. 책임 기간이 5년 미만인 사람들은 책임 기간이 5년 이상인 관리자가 필요하다고 느꼈다. 이와 달리, 책임 기간이

그림 11-3   관리계층 사이의 경계

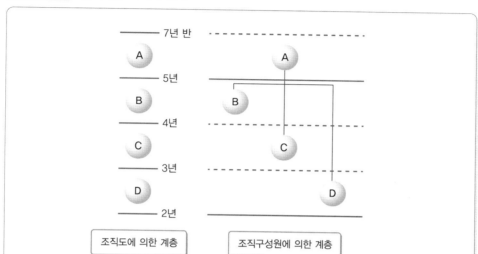

출처: Jaques(1990) 재구성.

2-3년인 관리자는 책임 기간이 4-5년인 관리자가 필요하다고 느끼지 않았다.

또한 다른 여러 관련 연구를 분석한 결과, 3개월, 1년, 2년, 5년, 10년, 20년 단위로 수행하는 책임의 질적인 차이가 나타나는 것으로 파악되었다. 즉 관리자 스스로도 책임 기간이 2년에서 5년에 이를 때까지는 자신들의 수행하는 책임의 질적인 차이를 인식하지 못하였다. 또한 부하직원들도 이러한 책임의 질적인 차이에 따른 계층의 분리에 대해 적절하고 자연스러운 것으로 받아들였다(Jaques, 1990).

이렇게 책임 기간에 따라 측정된 계층은 직원의 수나 수익의 규모와 관계없이 조직이 얼마나 많은 계층을 필요로 하는지 알려준다(Jaques, 1990). 따라서 우리에게 정말로 필요한 것은 새로운 형태의 조직구조가 아니고, 관리적인 계층제의 특성과 목표를 잘 이해하는 것이다. 다시 말해서, 계층제의 특성과 목표를 고려하여 관리 가능하도록 만드는 것이 중요하다. 보다 구체적으로 보면, "복잡한 업무를 어떻게 연계시키는가?", 그리고 "우리가 계층제를 어떻게 더욱 효과적으로 활용하는가?" 등의 문제에 관한 해답을 찾는 것이 중요하다(Shafritz, Ott, & Jang, 2005).

공공기관 유류 지정 주유소제

정부가 예산 절감 등을 위해 시행 중인 공공기관 유류공급 지정 주유소(유류공동구매) 제도가 현실과 동떨어진 부분이 많아 정책 목표를 달성하기는커녕 겉돌고 있다. 유류공동구매 제도는 공공기관이 공동구매력을 바탕으로 낮은 가격에 유류를 공급받는 동시에 주유업계의 경쟁을 촉진해 소비자 판매가격 인하를 유도하겠다는 취지로 정부가 휘발유·경유 가격이 비쌌던 4년 전 도입했다. 조달청이 경쟁입찰을 통해 낮은 가격을 제시한 정유사와 공급 계약을 하면 공공기관은 해당 정유사의 지정 주유소에서 소비자가격 대비 일정 할인가로 기름을 구매할 수 있도록 한 것이다. 그러나 "적극 활용하고 싶어도 그러지 못한다"고 하소연하는 공공기관이 많다. 지정 주유소 유가가 다른 주유소의 가격보다 비싼 경우도 많고 싸다 해도 그 폭이 작거나 인근에서 싼 주유소를 찾기도 쉽지 않기 때문이다.

30일 한국석유공사 유가정보시스템 오피넷에 따르면 일부 지정 주유소는 현장할인을 받아도 해당 지역 평균 유가보다 높았다. 서울 강남구의 한 지정 주유소는 이날 리터(L)당 휘발유 가격이 1,998원, 경유 가격은 1,798원이었는데, 지정 주유소 이용에 따른 5.74% 할인과 1.1% 적립 효과를 감안하더라도 각각 L당 1,861.3원과 1,683원으로 강남구 평균가(휘발유 1,665원·경유 1,467원)를 훨씬 웃돌았다. 특히 반경 1㎞ 내에 있는 주유소의 휘발유와 경유 가격은 각각 L당 1,455원과 1,255원으로 할인받은 금액보다 훨씬 저렴했다. 주유소별로 임대료와 인건비 등 운영비에 따라 판매가격을 임의로 책정하다 보니 지정 주유소의 할인율이 높다고 해도 판매가 인하 효과를 체감하기 어려운 셈이다. 지정 주유소 망이 헐거운 것도 문제다. 지난 6월 기준으로 SK 주유소 3,729개 중 지정 주유소는 1,905개로 절반가량에 그쳤다. 전국 주유소(1만2,071개)로 따지면 10곳 중 2곳(18.5%)만 해당돼 전국의 모든 공공기관이 편리하게 이용하는 데 한계가 많다.

출처: 세계일보(2016.8.30). "가깝고 싼 데 놔두고 굳이 멀리 있는 주유소 이용하라니…"

---

4) 조직의 규모

Kimberly(1976)는 조직의 규모가 네 가지의 요소를 갖고 있다고 설명한다. 그는 이러한 네 가지의 요소들이 높은 상관관계를 갖고는 있지만, 요소들 간에 개념적인 차이가 있으므로 분리하여 고려하는 것이 바람직하다고 설명한다(Hall, 1999).

① 조직의 **물리적인 수용능력**: 예를 들어, 병원은 정해진 병상 수를 갖고 있다. 공장은 조립라인의 수나 속도와 같이 원료를 생산품으로 전환하기 위한 용량을 갖고 있다. 대학은 강의실이나 기숙사와 같은 수용능력을 갖고 있다.

② 조직이 활용할 수 있는 **직원**: 이것은 가장 많이 활용되는 척도인데, Kimberly (1976)에 의하면 약 80% 이상의 연구에서 사용되고 있다. 이 요소를 사용하는 경우의 문제점은 직원의 의미가 약간은 모호하다는 점이다. 교회나 대학의 경우, 직원의 증가는 하나의 목표가 된다. 직원의 증가는 예산의 증가를 의미할 수도 있기 때문이다. 하지만 여타 조직에서는 경비를 절감하기 위해 직원의 수를 최소한으로 유지하는 것을 목표로 삼기도 한다.

③ 조직의 **투입과 산출**: 투입은 예를 들어, 서비스를 제공받는 고객이나 학생의 수, 또는 재소자의 수 등이다. 대학의 졸업률, 기업의 판매량 등은 산출의 예가될 수 있다. Kimberly(1976)는 투입과 산출이 유사한 유형의 조직규모를 비교할때 활용될 수 있다고 설명한다.

④ 조직이 활용할 수 있는 **자원**: 예를 들어, 대학의 기금이 여기에 해당된다.

4. 핵심 전문기술과 조직경계 관리역할

James D. Thompson(1967)은 불확실성이 복잡한 구조의 조직에서 나타나는 근본적인 문제이며, 불확실성(uncertainty)에 대처하는 것이 관리과정의 본질이라고 설명한다. Thompson(1967)에 의하면, 조직은 핵심 전문기술(technical core)과 조직경계 관리역할(boundary spanning role) 등 두 가지의 기능을 수행하는 부서, 활동, 역할로 구성된다. 조직은 핵심 전문기술을 환경의 영향으로부터 차단하여 운영활동을 보호하고 불확실성을 줄인다. 조직의 핵심 전문기술은 조직의 목표 달성을 위한 기본적인 업무과정과 관리를 다루는 기술 핵심부서(technical core)가 담당한다.

조직과 환경 간의 경계에 걸친 부서는 환경을 직접적으로 마주하고 불확실성을 다룬다(Thompson, 1967). 조직과 환경 간의 경계에 걸친 부서의 주요 업무는 조직과 환경 간의 상호작용을 조정하는 조직경계 관리역할을 하는 것이다. 이 부서의 임무는 외부의 간섭으로부터 핵심전문기술을 방어하는 완충 역할(buffering role)을 하는 것이다. 정보부서, 의회연결부서, 핫라인, 부서 간 태스크 포스 등 정보 교환을 하는 부서들이 이에 해당된다. 이들은 환경의 변화를 파악하고, 필요한 정보를 수집하고, 동시에 조직에게 유리한 방향으로 환경에게 정보를 제공한다(Daft, 2010). 예를 들어, 연구부서는 조직을 위해 혼란스러운 과학적인 환경을 해석하고,

그림 11-4 조직의 두 가지 기능

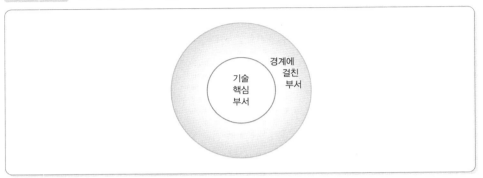

홍보부서는 적대적인 사회환경을 진정시킨다(Thompson, 1967; [그림 11-4] 참조).

더 중첩되고, 이질적이고, 예측하기 힘든 불확실성이 큰 환경일수록, 더 많은 수의 그리고 복잡한 경계에 걸친 부서가 필요하고, 이에 따라 이들 부서를 기술 핵심부서와 통합하기 위한 더욱 정교한 관리 수단이 필요하다(Daft, 2010).

5. 다섯 가지 유형의 조직구조

20세기 후반의 가장 존경받는 관리이론, 조직이론 연구자인 Henry Mintzberg 는 다섯 가지 유형의 이념적인 조직구조를 제시하였다. 그는 조직구조의 다섯 가지 유형을 제시하기 위해 여러 가지 관련 이론을 종합(synthesized)하였는데,[6] Mintzberg(1979)의 주요한 이론적인 기여는 다양한 조직의 기능을 유형화하고, 상이한 미션과 환경의 요구에 대응하기 위한 상대적인 규모와 영향력을 설명한 점이다. 비록 그의 모델은 관리자의 역할을 상세하게 설명하지는 않지만, 관리자에게 충분한 시사점을 던져준다(Bolman & Deal, 2008). 또한 Mintzberg(1979)가 주장한 조직구조의 다섯 가지 유형은 조직의 구조에 관한 기존의 관점(예를 들어, 관료제)

---

6) Mintzberg(1979)는 특히 James D. Thompson(1967)의 공동의(pooled), 연속적인(sequential), 상호적인(reciprocal) 조직 결합(coupling)을 언급하고 있다. 앞서 제9장에서 설명한 바와 같이, 공동의(pooled) 조직 결합의 예로는 독립적으로 업무를 수행하는 학교 선생님을 들 수 있으며, 연속적인(sequential) 조직 결합의 예로는 공장의 이동식 조립 라인(conveyor system)을 들 수 있다. 마지막으로, 상호적인(reciprocal) 조직 결합의 예로는 병원의 간호사와 의사, 항공사의 운영부서와 정비부서를 들 수 있다.

에서 벗어나려는 첫 번째의 실제적인 시도였다(Shafritz, Ott, & Jang, 2005). 그는 다섯 가지 유형의 조직구조를 제시하기 위해 조직의 다섯 가지 구성요소와 조정 메커니즘을 제시한다.

1) 조직의 다섯 가지 구성요소

Mintzberg(1979)는 조직의 다섯 가지 구성요소로 운영 핵심, 행정적인 요소(중간라인), 전략적인 상위부분, 기술지원, 지원스탭을 제시하고 있다. Mintzberg(1979) 모델의 가장 기반이 되는 것은 **운영 핵심**(operating core)이다. 운영 핵심은 필수적인 업무를 수행하는 직원들, 예를 들어, 생산품을 만들고 고객에게 서비스를 제공하는 직원들로 구성되어 있다. 학교의 교사, 공장 조립라인에서 일하는 근로자, 병원의 의사와 간호사, 항공사의 승무원 등이 여기에 해당된다. 운영 핵심의 바로 위에 있는 것이 **행정적인 요소**(administrative component) 혹은 중간라인인데, 업무 담당 직원을 위해 감독, 조정, 통제, 자원을 제공하는 관리자가 여기에 해당된다. 학교의 교장, 공장의 현장 주임, 중간관리자가 행정적인 요소로서 역할을 수행한다. **전략적인 상위부분**(strategic apex)은 행정적인 요소의 위에 있다. Mintzberg (1979) 모델 맨 위의 전략적인 상위부분(strategic apex)에 있는 최고 관리자는 현재 환경의 변화를 추적하고, 미션을 결정하고, 전체 조직 구조를 설계한다. 학교의 교육감과 학교 위원회, 회사의 이사와 사장 등이 이에 해당된다(Bolman & Deal, 2008).

다음으로, 행정적인 요소의 양 옆으로 두 가지의 요소가 있는데, **기술지원** (technostructure)은 전문가, 기술자, 생산절차와 생산품을 표준화·측정·검사하는 분석가 등이 해당된다. 예를 들어 회사의 회계와 품질관리 부서, 정부기관의 감사실, 항공사의 항공규정 부서 등이 이와 같은 기술지원 기능을 수행한다. **지원스탭**(staff support)은 전 조직에 걸쳐 직원들의 업무를 지원하는 역할을 수행한다. 예를 들어, 학교의 간호직원, 비서, 관리인, 급식직원, 버스운전사 등이 지원스탭에 해당된다. 종종 지원스탭은 그 해당부서의 한계를 넘어 매우 광범위한 영향력을 행사한다(Bolman & Deal, 2008; [그림 11-5] 참조).

그림 11-5 조직의 다섯 가지 구성요소

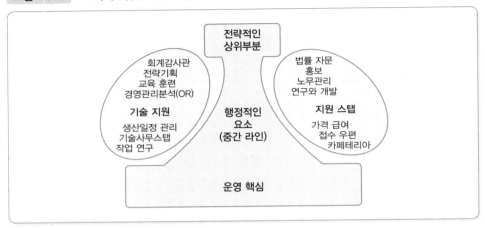

출처: Mintzberg(1979: 20) 재구성.

2) 조직구조의 다섯 가지 형태

Mintzberg(1979)는 이러한 다섯 가지의 구성요소를 활용하여 단순구조(simple structure), 기계적 관료제(machine bureaucracy), 전문적 관료제(professional bureaucracy), 사업부제 구조(divisional structure), 애드호크러시(adhocracy) 등 다섯 가지의 조직구조 유형(structural configurations)을 도출한다. 각각의 조직구조 유형에서 구성요소의 상대적 중요성과 규모에는 차이가 있다. 그리고 다섯 가지의 조직구조 유형의 관리자는 각각 특유의 관리적인 도전에 직면한다(Bolman & Deal, 2008).

① 단순구조: [7]

대부분의 신생기업은 전략적인 상위부분(strategic apex)과 운영핵심층(operating level)의 두 개의 층을 가진 단순구조(simple structure)에서 시작된다. 단순구조에서 조정은 주로 직접적인 감독과 통제를 통해 이루어진다. 경영자는 지속적으로 운영 상황을 모니터하고 매일의 업무를 관리하며 강력한 권한을 행사한다.[8] 단순구조의 장점은 한두 사람이 전 회사의 운영을 담당함에서 나오는 유연함과 적응성이다.

---

7) 출처: Mintzberg(1979: 307).
8) 잘 알려진 바와 같이, 애플(Apple)사의 창업자인 Steve Jobs와 Steve Wozniak도 주택의 주차장에서 회사를 시작했다.

하지만 이러한 장점은 오히려 해가 될 수 있다. 자의적인 권한 사용이 가능한 강력한 권한을 가진 경영자는 환경변화에 너무 경직적으로 저항하거나, 조직변화를 순식간에 일으킬 수 있으며, 변덕스럽게 직원을 처벌하거나, 과도하게 아낌없이 보상을 줄 수도 있다. 하루하루의 운영에 심취한 경영자는 단기적이고 즉각적인 문제에 쉽게 주의를 뺏기고, 장기적인 전략 문제를 소홀히 다룰 수도 있다. 회사가 성장함에 따라, 단순구조는 환경의 복잡성에 대응하려고 노력한다. Mintzberg(1979)는 단순구조가 기계적 관료제나 전문적 관료제, 혹은 사업부제 구조로 변화하게 된다고 설명한다(Bolman & Deal, 2008).

② **기계적 관료제:**  9)

기계적 관료제(machine bureaucracy)에서 중요한 결정은 전략적인 상위부분(strategic apex)에서 이루어지고, 하루하루의 운영은 관리자와 표준화된 절차에 의해 통제된다. 기계적 관료제는 거대한 지원스탭(staff support)과 기술지원(technostructure)을 갖고 있으며, 전략적인 상위부분(strategic apex)과 운영 핵심층(operating level) 사이에 행정적인 요소(administrative component)가 많은 계층으로 존재한다. 기계적 관료제의 대표적인 예로는 맥도널드(McDonald's)가 있다. 햄버거를 만들거나 자동차의 부품을 생산하는 단순한 업무를 수행할 때, 기계와 같은 작동방식은 효율적·효과적이다(Bolman & Deal, 2008).

기계적 관료제에서 관리자가 직면하는 주요한 도전은 첫째, 어떻게 운영 핵심층(operating level)의 직원들에게 동기를 부여하고, 직무만족을 갖도록 할 것인가의 문제이다. 반복적인 업무와 표준화된 절차 때문에 직원들은 업무에서 쉽게 지치게 된다. 하지만 동시에, 너무 많은 창의성과 도전적인 업무는 McDonald's의 성공을 가져온 일관성과 획일성에 해를 끼칠 수 있다. 또한 둘째, McDonald's와 같은 기계적 관료제에서는 지역 관리자와 본부 간의 긴장과 갈등이 지속적으로 발생한다. 중간 관리자는 지역의 선호와 이해의 영향을 크게 받는다. 정보기술을 갖춘 분석가의 도움을 받는 최고 관리자는 포괄적이고 추상적인 정보에 의존하며, 회사 전체의 업무에 관심을 갖는다. 결과적으로, 최고 관리자의 의사결정이 항상 지역이나 일부 부서의 요구와 일치하는 것은 아니다(Bolman & Deal, 2008).

---

9) 출처: Mintzberg(1979: 325).

③ 전문적 관료제: [10]

전문적 관료제(professional structure)에서 운영 핵심(operating core)은 다른 유형의 기능 부분, 특히 기술지원(technostructure)보다 상대적으로 더 크다. 대학교가 좋은 예가 될 수 있는데, 전문적 관료제에서 전략적인 상위부분(strategic apex)과 운영 핵심 사이의 관리부분인 행정적인 요소(administrative component)는 거의 존재하지 않으며, 모델은 편평하고 분권화된 형태를 띠게 된다. 통제는 전문적인 훈련과 지도에 기반을 두고 있다. 전문가는 공식적인 간섭으로부터 자유로우며, 자신들의 전문성을 자유롭게 활용한다. 하지만 전문가에게 업무의 자율성을 주는 것은 조직에 이익이 될 수 있으나, 조정과 품질관리라는 문제에 봉착하게 될 수 있다. 예를 들어, 대학교의 정교수(tenured professors)는 공식적인 제재를 거의 받지 않는데, 결과적으로 대학교는 정교수의 무능과 무책임성에 대응하는 다른 방법을 찾아야 한다(Bolman & Deal, 2008).

전문적 관료제는 환경변화에 느리게 반응한다. 일반적으로 혁신은 전문적 관료제에 거의 영향을 주지 않는다. 왜냐하면 대부분의 전문가는 환경의 어떠한 변화도 성가신 간섭으로만 보기 때문이다. 전문가 개인은 그들의 전문분야에서 최고가 되기 위해 노력하는 반면에, 전체 조직은 더디게 변화한다는 점에서 이는 하나의 패러독스(paradox)와 같다. 전문적 관료제에서 운영 핵심(operating core)에 많은 통제를 하려고 시도할 때, 문제가 발생한다. 예를 들어, 대학교의 교수들에게 표준화된 강의 방법을 따르도록 요구한다면, 득보다는 실이 훨씬 크게 될 것이다. 전문적 관료제에서 전략적인 상위부분과 운영 핵심 간의 갈등은 대개 운영 핵심의 승리로 끝난다. 운영 핵심에 속한 전문가들은 대부분 자신의 조직보다 자신의 전문분야에 훨씬 더 강하게 결속되어 있다(Bolman & Deal, 2008).

④ 사업부제 구조: [11]

사업부제 구조(divisional structure)에서 대부분의 업무는 종합병원 내의 전문분야, 혹은 대기업 내의 독자경영 분야와 같이 준자율적인(quasi-autonomous) 부서

---

10) 출처: Mintzberg(1979: 325).
11) 출처: Mintzberg(1979: 393).

에 의해 수행된다. 예를 들어, 휴렛 패커드(Hewlett-Packard)는 생산품과 공학적 전문성을 중심으로 부서를 조직했다. 결과적으로, 프린터 부문은 시장에서 성공을 거둘 수 있지만, 컴퓨터 부문은 실패를 겪을 수 있다. 하지만 사업부제 구조는 프린터 부분의 성공을 바탕으로 컴퓨터 부문에 시간, 자원, 브랜드 파워를 줄 수 있다. 컴퓨터 부문은 이를 바탕으로 실패에서 일어나 시장 지배적인 제품을 생산할 수 있을 것이다(Bolman & Deal, 2008).

사업부제 구조는 경제적인 위험을 통제하고 규모의 경제, 풍부한 자원, 높은 대응성 등 장점이 있지만, 다른 갈등을 유발한다. 이러한 갈등의 하나는 본부와 준자율적인 부서 간의 쫓고 쫓기는 게임(cat-and-mouse game)이다. 본부는 감시와 감독을 원하는 반면, 준자율적인 부서는 회사의 통제에서 벗어나려고 한다. 사업부제 구조의 또 다른 문제점은 본부와 준자율적인 부서 간의 의사소통이 단절되는 것이다. 조직목표가 측정가능하고, 신뢰할만한 정보시스템이 갖추어져 있지 않다면, 사업부제 구조는 운영되기 매우 어렵다(Bolman & Deal, 2008).

⑤ 애드호크러시: ⚒ 12)

임시적 조직이라고도 불리는 애드호크러시(adhocracy)는 수평적으로 연결된 느슨하고, 유연하고, 자생적인 조직 유형이다. 매우 젊거나 중간 정도의 역사를 가진 조직으로, 향후 대규모 조직으로 발전해 나아가기 위한 초기 단계에 있는 조직이다. 애드호크러시는 행정적인 요소(administrative component), 기술지원(technostructure), 지원스탭(staff support)이 하나로 합쳐져 구성되는 특징을 갖는다(Daft, 2010). 대부분 다양하고 자유로운 환경에서 발견되는 애드호크러시는 조직구조에 관한 연구자들이 전통적으로 장애라고 여겼던 것(불명확한 권위의 구조, 불확실한 목표, 모순되는 책임의 부여 등)에서 장점을 도출한다. 앞뒤가 맞지 않고, 결정을 내리지 못하는 점이 탐구, 자기 평가, 학습을 불러일으킨다는 것이다. 애드호크러시 내의 비일관성과 모순은 상반되는 것들 간의 균형이 조직을 양자택일(모 아니면 도 식의)의 함정으로부터 구할 수 있다는 점에서 하나의 패러독스와 같다. 애드호크러시는 혼란스럽거나 빠른 변화가 일어나는 환경에서 가장 많이 발견된다. 즉 애드호크러시는 복잡하고 빠르게 변화하는 환경에 유리하다. 광고대행사, 컨설팅 회사, 음반회사

---

12) 출처: Mintzberg(1979: 443).

등이 좋은 예가 된다. 하지만 애드호크러시의 장점인 창의성은 전 조직이 하나의 목표를 위해 신속하게 변화할 필요가 있을 경우에는 오히려 방해가 된다는 문제를 발생시킬 수 있다(Bolman & Deal, 2008).

민츠버그(Henry Mintzberg: 1939-)

　헨리 민츠버그(Henry Mintzberg) 상대적으로 국내에 널리 알려지지 않은 경영구루 중 한 명이다. 그는 1968년 MIT대학에서 박사학위를 받은 후 지금까지 자신의 고향이기도 한 캐나다 몬트리올에 있는 맥길(McGill) 대학에서 교수 생활을 해왔다. 민츠버그는 경영자, 기업 조직, 전략 경영, 경영 교육 등 기업 경영의 다양한 주제들을 연구해 왔고, 무려 15권이 넘는 저서와 150편에 가까운 논문을 발표했다. 민츠버그는 1973년 자신의 박사 학위 논문을 정리한 첫 번째 저서 <경영 업무의 본질(The Nature of Managerial Work)>을 출간하면서 서서히 두각을 나타내기 시작했다. 그리고 1975년과 1976년에 <하버드 비즈니스 리뷰>에 기고한 두 편의 글을 통해 명성을 알려나갔다. 특히 1975년에 발간된 논문인 <경영자의 역할: 통념과 현실(The Manager's Job: Folklore and Fact)>은 글로벌 컨설팅 회사인 맥킨지가 주는 그 해 최고의 논문상을 수상하기도 했다.

　연구한 주제가 무엇이든 간에 헨리 민츠버그의 주장은 상당히 파격적이고 심지어 이단적이었다. 민츠버그는 주류 경영학계에서 주장했던 내용들을 때로는 정면으로 반박하면서 경영자들에게 완전히 새로운 관점을 제시하곤 했다. 그 때문에 민츠버그의 연구 결과가 처음 발표된 당시에는 항상 논란이 있었지만, 세월이 흐른 후 그의 연구는 대부분 긍정적인 평가를 받았다. 이런 측면에서 민츠버그는 경영학의 '이단아'이면서도 새로운 이론의 '선구자'임이 분명하다.

출처: 이코노미 조선. (2010.11). "경영학의 파괴적 선구자 헨리 민츠버그."
사진출처: https://twitter.com/mintzberg141

🔊 복습을 위한 질문

- 비공식 조직이 공식 조직을 지탱해주는 세 가지 방식은 무엇인가?
- Walker & Lorsch가 주장한 전문화와 조정에 관한 새로운 질문은 무엇인가?
- Mintzberg가 주장한 조직의 다섯 가지 구성요소는 무엇인가?
- Mintzberg가 설명한 전략적인 상위부분과 운영핵심층의 두 개의 층으로 구성된 구조는 무엇인가?

공공조직론 | Public Organization Theory

제4부
여러 형태의
현대 공공조직

21세기의 환경은 무엇보다도 **복잡성**이라는 특징을 갖는다. 환경의 변화가 매우 다양할 뿐만 아니라 그러한 다양성이 서로 복잡하게 얽혀 있다. 이러한 환경의 복잡성은 일상적인 조직관리에서 문제로 나타난다. 오늘날 공공조직이 직면하고 있는 **대부분의 문제**는 다양한 원인과 결과로 얽혀 있다. 따라서 더 이상 단순한 방식으로는 **문제를** 해결하기 어렵다. 조직 한 부분의 충격이 얽혀있는 여러 다른 부분에 전달되므로, 관리자는 문제를 다양한 관점에서 분석하고 처방해야 하며, 복잡한 환경에 대응할 수 있도록 **조직을** 설계해야 한다.

21세기 환경의 특성 가운데 다른 한 가지는 **변화**이다. 현대의 환경은 안정성과 지속성보다는 끊임없이 변화하는 속성을 갖고 있다. 다시 말해서, 다양한 요소들이 서로 얽혀 있을 뿐만 아니라, 이들이 끊임없이 변화하고 있다. 관리자가 변화를 인지하고 대응방안을 내놓을 때에는 이미 환경은 다시 한번 더 변화한 상태가 된다. 따라서 조직은 환경의 변화에 신속하게 대응할 수 있고, 또한 관리자는 조직 스스로 항상 변화할 수 있도록 조직을 설계할 필요가 있다. **제4부에서는** 이렇게 변화하는 21세기의 환경에 적응하기 위해 연구자들이 어떤 해결책을 제시하고 있는지 살펴본다. 제12장에서는 기능과 프로젝트가 혼합된 조직구조인 팀 조직과 매트릭스 조직을 살펴보고, 제13장에서는 환경의 복잡성과 불확실성에 대응하기 위한 가외성과 위원회를 설명한다. 제14장에서는 조직의 생존을 위해 다른 조직과 협력하기 위한 조직 간의 관계와 네트워크 조직을 살펴보며, 마지막으로 제15장에서는 전 조직의 학습을 통해 환경변화에 대응하는 학습조직을 설명한다.

제 12 장

팀 조직, 매트릭스 조직

사실 조직구조의 문제는 어떤 단일한 유형의 조직을 적용하는가의 문제가 아니다. 어떤 유형들이 혼합된 형태로 조직구조를 구성할 것인가의 문제이다. 최고관리자는 높은 조직 성과를 얻기 위하여 어떤 조직 형태들을 활용할지, 그리고 조직 내의 각 부서를 어떤 형태로 구성할지 결정해야 한다. 현대에 각광받고 있는 대표적인 혼합된 유형의 조직구조로는 팀 조직과 매트릭스 조직이 있다. 이 장에서는 이 두 가지 형태의 조직구조를 살펴본다.

1. 팀 조직

조직의 효과성을 극대화하는데 있어 전통적 구조를 가진 조직의 한계와 함께, 다양한 환경변화에 유연하게 대응할 수 있는 수평적 조직으로서 팀 조직의 도입이 확대되고 있다. 정보화 시대는 조직구성원의 창의성이 요구되고, 이는 조직구성원 간의 활발한 교류를 통해 가능해지는 만큼, 급변하는 환경 변화에 맞추어 업무의 유기적인 조정을 위해 팀 조직을 도입하는 경향이 늘어나고 있다(이택주, 1999; 임창희, 1995; 정일재, 1997). 조직이론의 관점에서 팀 조직(team organization)의 등장 원인으로는 크게 다음의 세 가지를 들 수 있다(송상호 · 김명형, 1996).

① 신속한 환경대응의 필요

앞서 언급한 바와 같이 현대의 환경은 끊임없이 급격하게 변화하고 있다. 팀 조직은 조직 계층의 축소를 가져온다. 조직 계층의 축소는 곧 신속한 의사결정이 이루어질 수 있는 기반이 된다. 그리고 팀에 대한 권한부여를 통해 팀이 환경의 변화에 자율적으로 대응할 수 있게 한다(Wellins, Byham, & Wilson, 1991).

② 관료제로 인한 병리현상의 타파 필요

관료제는 조직의 생산능률을 높이는 긍정적인 효과를 가져왔다. 하지만 동시에 조직구성원의 소외, 부서 이기주의 등 부작용을 초래하였다. 또한 관료제의 성격을 띤 조직에서는 업무를 실제로 실행하는 부서와 이를 계획하고 통제하는 부서가 분리되어 있다. 이 결과, 업무의 계획과 통제를 담당하는 부서가 비대해지고, 실행 부서는 계획과 통제를 담당하는 부서의 요구에 대응하기 위해 문서작업을 과다하게 수행하여, 결과적으로 조직이 경직화되었다. 그러나 팀 조직에서는 업무의 실행과 계획, 통제가 하나의 팀 내에서 이루어져 이러한 문제를 해결할 수 있다.

③ 업무수행에 요구되는 개인의 자질과 행동의 변화

현대의 조직구성원은 과거와 다른 새로운 업무수행방식을 요구받고 있다. 조직구성원이 의사결정의 주체로서 사고하고 행동하기를 요구받고 있으며, 복합적인 역할수행, 공동의 업무수행, 자기목표 설정과 자기통제, 개인 역량의 강화와 성장이 중시되고 있다. 이와 같은 새로운 업무수행 요구를 조직구성원이 적절히 반영하도록 하는 것이 바로 팀 조직이다.

1) 팀 조직의 정의와 특징

(1) 팀 조직의 정의

팀 조직은 기존의 계층별 조직구조 내에서 기능을 중심으로 업무가 정해지는 업무배분 방식에서 벗어나, 조직의 자원을 한 곳에 집중하며 개인의 능력과 적성을 고려하여 적재적소에 인력을 배치한다. 이렇게 구성된 개인들이 대등한 관계 속에 팀을 이루며, 팀장의 자율적 관리 속에 책임의식을 갖고 상호 유기적인 관계를 유지한다. 또한 조직구성원들은 개인보다 팀의 성과를 최우선으로 하여 업무를 수행한다. 팀의 규모를 결정할 때에는 정책기획 기능과 집행관리 기능을 분리하고 자기완결적 업무 처리가 가능한 단위를 설정한 후, 팀별로 인력을 배치한다.

팀 조직에 관해서는 다양한 정의가 존재한다. Larson et al.(1989)은 팀을 "특수한 목적을 달성하기 위해 조직구성원의 작업에 상호작용하고 조정하는 두 명, 또는 그 이상의 사람들로 이루어진 단위"라고 정의하였다. Katzenbach & Smith (1993)는 "상호보완적인 기능을 가진 소수의 조직구성원이 공동의 목표 달성을 위해 상호간 책임을 공유하고, 문제해결을 위해 공동의 접근법을 사용하는 조직단위"로 정의하였다. Cohen & Ledford(1994)은 "조직구성원의 과업이 독립적이며, 업무의 결과에 대해 책임을 공유하며, 하나 또는 그 이상의 사회적 시스템에 포함된 사회적 실체로서 자기 자신, 또는 타인에 의해 인식되어지고, 조직 간의 경계를 넘어 구성원들을 관리하는 집합체"라고 정의하였다. 그리고 Mohrman, Cohen, & Mohrman(1995)은 "종래의 기능 중심, 계층별 조직구조 내에서 일과 사람이 획일적으로 정해지는 부, 과제의 모순에서 탈피하여 능력과 적성에 따라 탄력적으로 직원들을 팀에 소속시키면서 팀장을 중심으로 각자가 동일한 책임 하에 구별된 일을 상호 유기적인 관계를 유지하면서 수행하는 것"이라고 정의하였으며, Covert, Craiger, & Cannon-Bouers(1995)은 "업무에 있어 상호의존적 관계가 존재하며, 결과에 대해 책임을 공유하는 개인들의 집합"으로 정의하고 있다.

또한 팀 조직은 조직의 특정 업무를 함께 추진하면서 상호의존하는 개인의 집합으로서 조직의 상층부로부터 위양된 권한을 바탕으로 자율성을 갖고 정보, 자원, 기술 측면에서 상호의존적으로 공동의 목표달성을 위해 팀워크를 바탕으로 서로의 노력을 합해보려는 사람들의 집단으로 정의된다(한국행정연구원, 2005.12). 그리고 팀 조직은 조직의 목표 달성을 위해 상호보완 관계의 조직구성원들이 공동으로 역할을 수행하고, 그 결과에 대해 공동으로 책임을 지는 조직이라고도 정의된다(정일재, 1997; 김호섭 외, 2002). 팀 조직에 관한 여러 정의에서 공통적으로 강조되고 있는 점은 상호보완적인 기능, 상호작용, 상호책임이다. 따라서 팀 조직의 정의는 "상호보완적인 기능을 하는 조직구성원들이 활발한 상호작용을 통해 목표를 달성하며 결과에 대해 상호책임을 지는 집합"이라고 할 수 있다.

(2) 팀 조직의 특징

팀 조직은 특징은 다음과 같이 다섯 가지가 제시될 수 있다. 첫째, 상호보완적인 기능과 능력을 가진 사람들로 구성된다. 팀의 업무수행 결과가 상승효과(synergy effect)를 갖기 위해서는 문제해결에 필요한 다양한 기능과 능력을 가진 사람들로 팀이 구성되어야 한다. 둘째, 공동의 목적과 업무수행을 목표로 한다. 팀 조직은 공동의 목적을 공유하고 업무수행목표에 관련된 사람들로 구성된다. 셋째, 공동의 접근방법을 통한 상호 긴밀한 유대관계를 유지한다. 팀 조직에서는 업무수행이나 문제해결을 위해 공동의 접근방법을 사용한다. 넷째, 공동책임과 공동보상을 한다. 팀 조직의 구성원들은 업무수행 결과에 대해 공동의 책임의식을 가져야 한다. 실제로 팀 조직에서는 개인별 성과평가보다 팀별 성과평가가 더 중시된다. 마지막으로, 팀의 자율성을 보장하고 자기 완결적으로 업무를 수행한다. 팀 조직에서는 팀장과 팀원에 의한 자율적인 운영으로 주인의식과 몰입도가 상승한다. 그리고 팀 내에서 주요 단위업무가 시작되고 팀 내에서 마무리되도록 설정한다. 자기 완결적인 업무 수행을 위해서는 업무프로세스에 대한 정의가 필요하다.

팀 조직을 보다 잘 이해하기 위해서는 팀 조직과 대비되는 전통적 조직과 비교해 보는 것이 좋은 방법이다. 팀 조직은 전통적 조직과 상당한 차이가 있다. 즉 팀 조직은 조직화의 기본 원리나 개인의 직무설계, 관리자와 리더의 역할, 업무수행과정, 관리시스템 등에 있어서 전통적 조직의 기본 원리와는 상당한 차이가 있다(송상호·김명형, 1996). 첫째, 전통적 조직은 **수직적 계층조직**인 반면에, 팀 조직은 보다 **수평적 조직**에 가깝다. 전통적 조직은 세분화된 업무들을 통합·조정하는 역할을 담당하는 메커니즘으로서 계층(hierarchy)을 활용한다. 이러한 계층은 명령일원화의 원칙과 통제범위(span of control)의 원칙에 따라 다단계화되는 것이 일반적이다. 그러므로 전통적인 조직은 수직적 계층조직이 된다. 반면 팀 조직은 팀에 대한 권한 부여와 자율적 업무처리를 통해 계층이 줄어들고 팀 간의 유기적 조정이 중시되므로 수평적 조직이 된다.

둘째, 전통적 조직은 **기능**을 단위로 규모의 경제를 감안하여 반복되는 업무를 수행하는 반면, 팀 조직은 독립적인 집단으로서의 성격을 갖고 **전체 조직의 목표 달성**을 위해 역할을 수행한다(안길찬, 2002; 김호섭 외, 2002). 전통적 조직은 개인의 직무를 세분화하고 이를 기능별로 묶어서 조직 단위를 구성한다. 이러한 분업화와 기능별 조직화의 원리에 의거한 전통적 조직은 조직의 효율성을 제고하는데 그 목적이 있지만, 변화하는 환경에 대한 신속한 대응이 어렵고 조직의 대규모화에 따른 부문 간 조정의 어려움이라는 문제를 야기한다. 팀 조직은 높은 환경대응성과 창의적인 문제해결을 목표로 하므로 개인의 직무는 다양한 기능을 수행해야 하며 업무의 프로세스에 따라 구성된다(송상호·김명형, 1996).

셋째, 관리자의 역할이나 요구되는 리더십에서도 전통적 조직과 팀 조직은 많은 차이가 있다. 전통적 조직에서 관리자는 업무를 지시하고 그 결과를 통제하는 역할을 수행하는 **지시적 리더십**을 발휘한다. 그러나 팀 조직의 경우, 관리자는 구성원들에게 조언을 해주는 코치로서의 역할과 업무의 원활한 수행을 지원해주는 촉진자(facilitator)로서의 역할을 해야 하므로 구성원들과 리더십을 공유하는 **참여적 리더십**을 발휘한다.

전통적 조직과 팀 조직의 차이는 다음의 〈표 12-1〉과 같이 종합적으로 비교될 수 있다(Wellins, Byham, & Wilson, 1991; Katzenbach & Smith, 1993; 한국행정연구원, 2005.12).

표 12-1 　전통적인 구조의 조직과 팀 조직의 비교

전통적인 구조의 조직	팀 조직
• 수직적 계층조직	• 수평적 조직
• 하나의 부서가 수행하는 직무가 비교적 동질적인 단일 업무로 구성	• 팀의 목표달성을 위한 다수의 이질적인 업무로 구성
• 조직의 상층부로부터 목표가 주어지는 경우가 대부분	• 팀장과 팀원들이 스스로 목표를 찾아내고 이를 상호 공유
• 강력하고 명백하게 지시를 내리는 지도자가 바람직한 리더로 선호됨	• 팀장과 팀원 상호간 리더십의 공유가 바람직함
• 연공주의에 따른 개인단위 평가	• 능력위주의 팀 단위 평가
• 상부조직에 대한 기여도가 주된 평가의 기준	• 팀이 의도한 목표의 달성도가 주된 평가의 기준
• 주로 관리자가 업무를 계획하고 통제	• 팀장과 팀원 전체가 스스로 계획하고 통제

출처: Katzenbach & Smith(1993); 송상호 · 김명형(1996); 한국행정연구원(2005.12) 재구성.

2) 팀 조직의 유형

팀 조직의 유형은 연구자에 따라 다양하게 분류되고 있다. Huszczo(1990)는 팀 조직을 위원회, 태스크 포스(task force), 품질관리서클(quality circle), 공유조합관리(joint union management) 리더십, 활동위원회(action committee), 프로젝트팀(project team), 감독자 회의, 종업원 참여 그룹(group), 자율팀(empowered team)으

로 분류하며, Cohen은 병렬형 팀Ⅰ, 병렬형 팀Ⅱ, 프로젝트팀, 작업팀의 공식적 팀 조직과 독자적으로 업무를 수행하는 개인이 필요에 따라 구성원과의 협력 관계를 유지하며 성과를 향상해가는 비공식 팀 조직으로 유형화하고 있다(송상호, 1997). Katzenbach & Smith(1992)는 팀 조직을 작업집단(working group), 사이비팀(pseudo team), 잠재팀(potential team), 실재팀(real team), 고도성과팀(high performance team)으로 구분한다.

하지만 팀 조직의 유형은 일반적으로 대부대과제 팀, 문진형(flat) 팀, 자율팀(empowered team), 태스크 포스(task force team), 프로젝트팀(project team) 등으로 구분된다(이진기, 1993; 임창희, 1995; 신택현 외, 1995). 따라서 팀 조직의 이 유형들을 보다 자세히 살펴본다.

(1) 대부대과제 팀

대부대과제 팀은 전통적 조직의 특성인 부, 과의 조직구조는 그대로 유지하면서, 유사업무나 상호 밀접한 업무를 담당하는 부서들을 통·폐합하여 조직 운영에 유동성을 가져오면서 조직을 간소화한 형태이다. 대부대과제 팀은 조직의 의사결정에 효율성을 가져오며, 주로 영업직이나 생산직에서 찾아볼 수 있다. 대부대과제 팀은 팀 조직으로의 전면적인 개편이 조직성과를 향상시키지 않을 것이라고 판단하여 기존의 조직구조는 유지하면서 조직을 슬림화한 형태이다. 우리나라 민간기업에서 많이 채택되며 공식 조직화하는 경우가 많다.

(2) 문진형 팀

문진형(flat) 팀은 기존의 수직적 조직구조인 상하 간의 계층을 없애고, 조직 목표에 맞추어 구성원들에게 팀원 역할을 담당하게 한 형태이다. 즉 팀장을 중심으로 조직을 수평적으로 통·폐합하여 편평한(flat) 조직을 만든 것이다. 주로 기획, 인사, 총무 부서에서 활용하는 유형으로 수직적 구조에 비해 결재속도나 인건비면에서 효율성을 높일 수 있다. 수평적 구조가 가질 수 있는 조직구성원 간의 의사소통이나 인력활용에서 장점이 있다.

(3) 자율팀 혹은 자율관리팀

자율팀(empowered team), 혹은 자율관리팀(self-managed work team)은 기존의 조직형태에서는 수용하기 어려운 복합적인 업무를 효율적으로 수행하기 위하여 하나의 조직, 혹은 하나의 부서 내에 연구개발·생산·기획·마케팅 등의 기능별 팀을 혼합한 조직 형태이다. 이는 극단적인 탈관료제적 조직 유형으로 볼 수 있는데, 고도의 전문성을 필요로 하는 업무에 적합하다(McCurdy, 1977). 자율팀, 혹은 자율관리팀은 권한을 이양 받은 팀장을 중심으로 운영되며 팀의 목표에 따라 팀원의 구성과 교체가 자유롭다. 팀의 목표가 달성되면, 새로운 목표를 설정하여 운영하므로 팀원의 창의성이 충분히 발휘될 수 있다.

자율팀, 혹은 자율관리팀에서는 조직의 목표가 조직구성원의 비전으로 제시되고, 팀의 목표는 팀장과 조직구성원이 스스로 설정하고 달성하며, 조직의 성과에 따라 조직의 존폐가 결정된다. 관리자가 가진 많은 의사결정 권한과 감독 권한이 팀에게 부여된다. 팀이 자율적 권한과 책임을 가지고 스스로 업무량과 산출 등을 통제한다(Manz & Sims, 1987; 윤재풍, 2014; 오세덕 외, 2020). 즉 목표달성을 위해 많은 권한과 함께 유연함을 갖고 있다.

(4) 태스크 포스

태스크 포스(task force team)는 해결해야 하는 문제와 관련된 조직 내 각 부서를 대표하는 직원들로 구성되는 **일시적이고, 한시적인** 위원회(committee) 구조이다(Daft, 2010). 태스크 포스는 경우에 따라 2-3일간 지속될 수도 있고, 혹은 2-3년간 지속될 수도 있다. 즉 기능부서 간에 해결해야 할 공동의 문제가 있을 때, 각 기능부서로부터 적절한 능력을 가진 직원들이 문제를 해결하기 위해 일시적으로 모이는 조직형태이다. 태스크 포스는 일정 기간 활동을 수행하다가 문제가 해결된 후에 해체되는 임시위원회의 성격을 갖는다(임창희, 2010). 신규 사업이나 특별한 업무를 수행하기 위해 각 기능별로 조직에 소속된 구성원을 일시적으로 선발하여 팀을 구성하는 태스크 포스는 공식적인 조직이 아니다. 따라서 권한이 명백하게 부여되지 않으며 팀의 구성원은 대체로 기존에 소속된 조직의 업무를 담당하면서 필요에 따라 팀에서 부여된 업무를 동시에 수행하게 된다.

(5) 프로젝트팀

프로젝트팀(project team)은 태스크 포스의 한 유형이라고 할 수 있으며 비교적 **지속적으로 존치**되는 태스크 포스라고 할 수 있다.[1] 일반적으로 프로젝트팀은 조직의 대규모 프로젝트나 조직에 중요한 혁신, 또는 신제품을 개발하는 경우에 활용된다(Daft, 2010). 조직의 틀 안에서 일상적인 프로젝트를 완수하기 위해, 기존의 조직체계와 기능 부서를 그대로 유지하면서 조직구성원 개인의 전문적인 기능을 활용하여 업무를 수행하도록 하는 형태이다. 서로 다른 부서에서 프로젝트의 성격에 맞게 조직된 프로젝트팀의 구성원은 한시적으로 파견 근무하게 되며, 때에 따라 소속 부서에 속해있으면서 프로젝트의 수행을 위해 구성원 간의 정기적 미팅을 갖는 등 기동성과 다양성을 발휘한다.

일반적인 형태의 팀과 태스크 포스, 프로젝트팀의 차이는 다음의 〈표 12-2〉와 같다.

표 12-2 일반적인 형태의 팀과 태스크 포스, 프로젝트팀의 차이점

구분	일반적인 형태의 팀	태스크 포스, 프로젝트팀
공식화	직제에 반영되어 있는 제도화된 공식조직	직제에 반영되지 않는 비공식적 조직으로 최고관리자가 임의로 설치, 해산할 수 있음
존속 기간	비교적 장기간 존속	존속기간이 짧고 한시적으로 만들어졌다가 목표가 달성되면 곧바로 해체됨
시행 범위	전 조직적으로 전면 실시됨	특정 업무를 중심으로 부분적으로 실시됨

출처: 김병섭 외(2008); 한국행정연구원(2005.12) 재정리.

3) 팀 조직의 장단점

급변하는 환경변화에 대응하기 위하여 조직은 업무의 유기적인 조정을 필요로 한다. 팀 조직은 기존의 직급중심 구조에서 벗어나 조직을 수평조직화(flat)하고 상

---

[1] 태스크 포스와 프로젝트팀은 동일한 것으로 설명하기도 한다.

대적으로 유연하게 업무를 수행하는 측면에서 장점이 있다(안길찬, 2002; 김호섭 외, 2002). Jackson & Schuler(2000)는 수평적 조직구조를 가진 팀 조직(team organ‒ization)이 결과물 산출시간의 단축, 소비자와의 관계개선, 생산품의 품질과 서비스의 개선, 관리기법과 조직구성원 경력의 발전, 조직 내의 비공식적인 네트워크의 활성화, 조직구성원의 조직에 대한 이해 증진, 비용경감과 효율성의 증대, 품질의 개선, 조직구성원의 참여도·위임·책임의 강화 등 다양한 장점을 갖고 있다고 설명한다(진종순·문신용, 2007).

하지만 팀 조직이 장점만을 갖고 있는 것은 아니다. 팀 조직이 갖고 있는 단점을 살펴보면, 다음과 같이 다섯 가지로 제시될 수 있다(한국행정연구원, 2005.12).

① 팀 조직이 업무를 소극적, 혹은 자기중심적으로 파악하려는 경향으로 인해 팀 간의 갈등이 야기될 수 있다. 즉 팀 조직의 내부에서는 하나의 공동운명체로서 정보의 개방과 공유가 활발하게 이루어질 수 있지만, 팀 조직 간에는 경쟁이 격화되어 정보가 공유되지 못하고 단절된다.

② 기존의 계층구조 하에서는 의사결정은 신속하지 못한 대신, 좀 더 많은 관련 구성원들이 참여함으로써 의사결정이 신중하게 이루어지는 반면, 팀 조직에서는 의사결정의 단계가 축소됨으로써 충분한 검토가 이루어지기 어렵다. 즉 의사결정 단계가 축소됨으로써 충분한 대안의 검토가 불가능하며, 결과적으로 오류가 발생할 가능성이 커진다.

③ 팀 조직의 의사결정과정에서는 장기적 안목보다는 단기적 안목으로, 전체 조직의 관점보다는 팀을 위한 의사결정으로 치우치는 경향이 있다. 게다가 팀장의 아집과 독선이 강할 경우, 조직 전체보다는 팀만을 위한 결정이 이루어지기 쉽다.

④ 핵심 팀원의 결원 시, 팀 조직의 노하우가 사라져버릴 가능성이 높다.

⑤ 팀장에게 업무가 과다하게 집중되는 경향이 있다. 팀장은 본인 고유의 업무와 함께 팀원의 관리와 지도도 담당해야 한다. 또한 팀장의 보다 강한 리더십이 필요하다.

실적에 기초한 보수제도

조직구성원의 실적에 기초하여 보수를 지급하는 것은 실적관리(performance management)의 중요한 원칙 중 하나이다. 실적관리는 조직의 목표를 효과적으로 달성하기 위해 실적, 보수, 포상 등을 관리(management)와 연계시키는 체계적인 과정이다. 실적에 기초한 보수제도(performance-based pay progression)는 실적 향상을 고무하는 조직문화가 있고, 강력하고 성공적인 실적관리체계가 있는 조직에서 성공할 가능성이 가장 높다. 아울러 실적에 기초한 보수제도가 성공하기 위해서는 제도의 설계 초기에서부터 집행에 이르기까지 조직구성원들이 적극 참여하도록 하여야 한다. 이는 조직구성원들의 제도에 대한 신뢰성과 수용성을 높이게 된다.

즉 실적에 기초한 보수제도는 조직구성원들을 적극적으로 참여시키고, 제도에 대한 신뢰를 구축하며, 의사소통을 원활히 해야 성공할 수 있다. 또한 실적에 기초한 보수제도는 이를 뒷받침할 수 있는 재원이 있어야 한다. 1992년 인사관리처(OPM)에서 연방공무원을 대상으로 실시한 설문조사에 의하면 응답자 중 48%만이 자신의 실적향상에 대해 보수의 인상이나 현금으로 보상을 받았다고 답변하였다. 적절한 재원이 없다면, 제도의 실효성이 떨어지게 됨은 두말할 여지가 없다.

4) 우리나라의 팀 조직 도입현황

우리나라의 경우, 대부대과제팀 ⇨ 태스크 포스와 프로젝트팀 ⇨ 자율팀의 순서로 팀 조직이 도입되었다. 주로 팀 조직은 의사결정구조를 단축하고, 직급과 직책을 분리하여 승진적체 문제를 해소하고, 조직의 창의성을 제고하는 것을 목적으로 하였다. 즉 조직의 간접부문과 연구개발부문에 대부대과제팀, 태스크 포스(task force team), 프로젝트팀(project team), 자율팀(empowered team)의 형태로 팀 조직이 도입되었다.

우리나라에서는 1970년대부터 팀 조직의 효과성에 관해 논의되기 시작하였으며, 1977년 삼성물산에 의해 처음 팀 조직이 도입되었다. 이후 1980년대 중반에 들어 삼성그룹이 명칭상 팀의 도입을 시작하였으며, 이후 1990년대 LG, 포항제철 등 대기업에 의해 부·과 통폐합을 수반한 대부대과제 형태를 띤 팀 조직으로의 조직변화가 본격적으로 이루어졌다(임창희, 1995). 그리고 1997년 외환위기 이후 경영난 극복의 방안으로 강조·확산된 조직개편과 구조조정의 일환으로 업종과 규

표 12-3 우리나라 중앙부처의 팀제 도입 현황(2006년 4월 현재)

부처명	기구변동내역		시행일자
	개편 전	개편 후	
행정자치부	1차관보 1실 1본부 7국 4관 1센터 45과	5본부 8관 1단 1아카데미 48팀	2005.03.24
		5본부 9관 1단 2센터 53팀	
청소년 위원회	1처 2국 9과	1처 3단 1관 13팀	2005.12.09
기획예산처	3실 3국 24과	3실 2본부 3단 7관 45팀(과)	2005.04.27
조달청	2관 3국 24과	5본부 30팀 1담당관	2005.07.14
국정홍보처	3국 13과(담당관)	3단 16팀(관)	2005.08.01
민주평통 사무처	1처 3국 10과	1처 3관 8팀	2005.08.25
고충처리위	2국 1관 12과	3관 17팀	2005.08.31
소방방재청	3국 1관 1상황실 18과	4본부 2관 1상황실 22팀	2005.09.01
건설교통부	1차관보 2실 9국 1단 7과 59과	1실 6본부 13관 73팀 1센터	2005.09.01
노동부	2실 4국 7관 31과	2본부 4국 7관 35팀 1단 1과	2005.09.09
식약청	2국 2관 6부 43과	6본부 4국 48팀	2005.09.30
보건복지부	2실 1본부 3국 12과 단·46과 5팀 1센터	1실 4본부 11관 2단 1센터 55팀	2005.10.21
특허청	5국 2관 7과 44담당관	1국 1관 5본부 53팀	2005.11.08
산업자원부	1차관보 3실 4국 10관 51과	1차관보 3실 4국 10관 50과 12팀	2005.11. 2006.03.
공정거래위	6국 3관 7담당관 26과 3팀 1실	4본부 2관 2단 33팀 1담당관 1실	2005.12.19
여성가족부	1실 4국 2관 19과	2본부 3국 2관 21팀	2005.12.29
행복도시 건설청		4본부 1단 15팀	2006.01 (신설)
국방부	1차관보 3실 18과 67과	4본부 15관 67팀	2006.01.01
통일부	2실 3국 1단 5관 34과	1단 5과 39팀	2006.01.01

주: 총액인건비제만 추진하는 부처는 농림부, 통계청, 중앙인사위원회임.
출처: 행정안전부(2006). 「국민과 함께한 정부혁신 3년」. p. 101.

모에 관계없이 많은 기업에서 팀 조직이 활용되게 되었다(안길찬, 2002). 하지만 민간기업의 조직운영 현황을 살펴보면 과거 부·과 시기의 조직운영과 큰 차이가 없다. 즉 기능부서의 조직을 명칭만 팀으로 바꾸어 운영을 한 것이었다. 이러한 대부대과제형 팀 조직이나 태스크 포스, 프로젝트팀 등이 대부분 민간기업에서 도입하고 있는 팀 조직의 유형이었다.

하지만 1988년 대우전자에서 하이테크연구를 수행하기 위한 산학협동 연구팀인 '25인의 죄수부대', 1991년 삼성물산의 '테크노밸리 팀', 1992년 삼성전자의 '타임머신 팀', 1992년 SDS의 '한계도전 팀' 등의 자율팀이 도입되기도 하였다. 그리고 정부부처나 일부 공기업에 팀 조직이 확산되어, 2005년 정부기관 최초로 행정자치부에서 실·국·과 체제에서 벗어나 본부제와 팀 조직으로 전면 개편되었다. 이를 시작으로 서울시, 인천시, 부산시, 감사원, 산업자원부, 국세청, 산림청 등 다수의 정부기관에 팀 조직이 도입되었다(〈표 12-3〉 참조). 하지만 현재 다시 본래의 과(課) 체제로 회귀한 정부기관도 적지 않다.

우리나라의 경우, 사무직 직원이 근무하는 비제조업 분야를 중심으로 팀 조직이 도입되었고, 제조업의 경우에도 공장보다는 사무관리직을 중심으로 한 지원 부서에서부터 팀 조직이 도입되었다. 하지만 미국이나 일본의 경우, 대체로 공장의 작업집단을 중심으로 자율팀이 확산되어 왔다(Wellins, Byham, & Wilson, 1991). 미국의 민간기업에서는 1920년대부터 팀 조직이 도입되어왔다. 이후 공공조직에서도 도입을 시도하였으나, 실제로 많이 도입되어 있지는 않다. 미국의 팀 조직 도입의 목적은 조직의 창의성 제고와 부서 간 벽 제거, 조직문제의 해결에 있다. 특히 연구개발부문과 특수프로젝트 부문에 관리팀, 문제해결팀, 업무팀의 형태로 팀 조직을 도입하고 있다. 일본의 팀 조직은 부서 간 벽 제거, 의사결정 시간의 단축, 조직의 창의성 제고를 목적으로 한다. 생산·품질부문과 연구·사업기획부문에 과(課)제 폐지를 통한 그룹팀과 프로젝트팀의 유형으로 팀 조직을 도입하고 있다. 하지만 대부분의 민간기업에 팀 조직이 적극적으로 도입된 것은 아니며, 조직의 성과를 위해 부문별로 팀 조직을 운영하고 있다(이택주, 1999). 흥미로운 것은 우리나라와는 달리 미국과 일본의 공공조직에서는 팀 조직을 대대적으로 도입한 사례가 없다는 점이다.

대한무역투자진흥공사(KOTRA)의 팀 조직화

우리나라의 공기업으로는 대한무역투자진흥공사(KOTRA)가 2000년에 처음으로 팀 조직을 도입하였다. 즉 기존의 처·부단위 체제에서 탈피하여 팀 책임경영제와 성과연봉제를 도입하였다. KOTRA에 도입된 팀 조직의 특징은 사장-본부장-처장-부장-직원의 4단계에서 사장-본부장-팀장-팀원의 3단계로 결재시스템을 줄이고, 팀 조직의 활성화를 위해 팀별 목표수행 결과를 통해 성과나 효율에 따른 팀 평가를 하였다는 점이다(임창희, 1999).

KOTRA에서는 2000년 10월부터 팀 조직(3개 본부 37개 팀 1처 4실)이 도입되었으나, 팀 인원 4-5명에 지역과 산업, 기능이 혼재된 편재였다. 이후 2001년 7월 소폭의 개각으로 1개 남아있던 처(총무처)를 팀 조직으로 바꾸고 팀 조직을 전면적으로 도입하였다. 이러한 조직 개편의 과정에서 본사조직 중 1처 1팀 3부 16명을 슬림화하여 이들을 해외로 배치하였다. 이를 통해, 현장조직을 보강하고 인사적체현상을 완화하였다. 하지만 본부장(상임이사)들이 12-13개씩의 팀을 직접 통솔하게 되자 업무과다로 실제관리가 힘들다는 문제가 발생하였다. 이와 같은 문제점을 해결하고자 작은 규모의 팀들을 통폐합하여 핵심기능중심의 대팀제를 도입하여 36개 팀을 절반수준인 18개로 줄였다. 그리고 18팀 59명을 슬림화하여 해외 무역관과 지방무역관으로 배치하였다.

이 결과 본부장들의 통솔범위 문제가 해결되었고, 팀장의 영향력과 자율권이 강화되었다. 하지만 팀장들이 5-6명의 소규모 팀에서 15명 내외의 인원을 통제하게 되어 업무과다 문제가 또 다시 제기되었다. 이를 해결하기 위해 파트리더(part leader, PL)제도를 도입하였다. 즉 팀장이 특정 직원에게 일정업무에 대한 전권을 위임하였다. 이는 무보직 간부들을 흡수하여 인사적체의 문제를 해결하고 우수한 사원의 교육훈련과정으로도 사용되었다. 그리고 결재단계가 신설되지 않도록 위임받은 사항에 대해서는 PL이 전권을 행사하였고, 팀장의 위임사항에 대해서는 본부장의 결재를 받도록 하였다.

2. 매트릭스 조직

지금까지 조직구조에 대한 전통적인 접근법은 안정성, 조화와 균형, 명령체계의 명료성, 그리고 조직의 구조를 완전히 합리화하는데 높은 가치를 두었다. 하지만 조직의 환경이 다양하고 복잡해지면서 이러한 기존의 가치는 변화되어야 할 필요가 생겨났으며, 대응하기 어려운 환경에 속한 많은 조직들이 1960년대부터 매트릭스 조직을 발전시켰다(Bolman & Deal, 2008). 매트릭스 조직(matrix organization)은 조직 활동을 기능부문으로 전문화시키고 동시에 전문화된 부문들을 프로젝트로 통합시킬 필요로 인해 만들어진 조직형태를 말한다. 매트릭스 조직은 조직 내에서 기능별, 사업별, 지역별 구조와 결합된 수평적인 연결 체계가 잘 작동하지 않을 경우에 그 해결책으로 활용된다(Daft, 2010). 즉 기능 중심의 조직은 전문성이 높으나, 통합에 어려움이 있으며, 프로젝트 중심의 조직은 통합은 용이하나, 비용이 과다하게 소요된다는 문제점을 해결하기 위해 제시되는 조직이 매트릭스 조직인 것이다.

매트릭스 조직은 이중적 계층제(dual hierarchy)를 적용하여 기능구조(functional structure)와 사업구조(project structure)의 통합을 시도하는 조직형태이다. 다시 말해서, 기능별 부서의 수직적 명령 계통과 프로젝트 부서의 수평적 명령 계통이 동시에 적용되는 조직구조 형태이다. 매트릭스 조직에서는 기능구조와 사업구조가 상호 보완관계를 갖는다.

글로벌 기업의 매트릭스 조직 사례

전기공학회사인 Asea Brown Boveri(ABB)는 1990년 중반까지 13,000개의 기업들을 합병하면서 성장하였으며, 전 세계적으로 직원은 200,000명에 달했다. 이렇게 다양한 기업들을 통합하기 위해 ABB는 100여개의 국가와 65개 비즈니스 분야를 아우르는 매트릭스 조직을 발전시켰다. 이 매트릭스 조직에서 각각의 자회사들은 국가 관리자(예를 들어, 스웨덴, 독일 등)와 분야 관리자(예를 들어, 전력변압기, 통신 등)에게 보고하도록 하였다. 하지만 이러한 매트릭스 조직은 국가 관리자들과 분야 관리자들 간에 피할 수 없는 혼란, 긴장, 갈등을 야기하였다. ABB는 소규모의 관리자 조정위원회(8개국에서 온 13명으로 구성된), 전 세계의 500명 관리자로 구성된 핵심간부회, 영어로 의사소통하는 정책(비록 대부분의 직원에게 영어는 모국어가 아니었지만)을 통해 조직의 최상위 수준에서 구조적인 통합을 유지하려고 하였다. 1990년대까지 이러한 정책은 성공적이었으며, ABB는 유럽에서 가장 고성장하는 기업의 하나가 되었다. 하지만 근본적인 문제점은 결국 피해를 가져왔는데, 2000년의 전 세계적인 경영 위기 후에 ABB의 상황은 악화되었다. 하지만 그럼에도 불구하고, ABB와 같이 복잡한 조직구조(비즈니스나 생산라인을 세로축에 두고, 국가나 지역을 가로축에 두는 매트릭스 조직)는 글로벌 기업에서 일반적인 것이 되었다.

출처: Bolman & Deal(2008).

1) 매트릭스 조직의 정의와 특징

매트릭스 조직은 수평적 연계 구조를 활용하여 기능부서와 생산부서를 동시에 결합함으로써 수직적 조직설계 방식의 결함을 극복하는 조직구조이다. 즉 매트릭스 조직은 규모의 경제와 조직의 유연성을 동시에 추구한다. 이중적 권한구조로 생산관리자와 기능관리자는 조직 내 동등한 권한을 보유한다. 매트릭스 조직은 수평적 연계의 형태를 강하게 갖지만, 수직적 구조와 수평적 구조를 동시에 작동시킨다는 독특한 특성을 갖는다. 즉 한 사람의 직원은 두 조직구조에 위치하고 두 사람의 상사를 갖게 된다(행정자치부, 2006.12).

매트릭스 조직은 기능, 또는 규정에 의해 구성된 부서를 그물망처럼 자르는 것으로 형상화될 수 있다. 그물망에서 가로 행은 프로젝트를 의미하고, 세로 열은 기능부서(기획, 재정, 인사 등) 또는 규정에 의해 구성된 부서(의사, 간호사 등)를 의미한다. 각각의 프로젝트는 프로젝트를 수행하기 위해 가장 중요한 역할을 담당하는 기능부서의 부서장에 의해 관리된다. 이들 관리자는 그 프로젝트를 관리하고, 기능부서(상대적으로 영구적인)와 소통하는 역할을 담당한다(Gortner, Mahler, & Nicholson, 1997; 〈표 12-4〉 참조).

표 12-4 매트릭스 조직의 예

기능 \ 프로젝트	A	B	C
인사부서	■ ■ ■	■	■
기획부서	■ ■	■ ■ ■	■
예산부서	■	■ ■	■ ■ ■ ■

■: 조직구성원의 수.

다시 말해서, 매트릭스 조직의 구성원들은 전문적인 능력에 따라 기능부서로 배치되고, 동시에 프로그램이나 프로젝트그룹에 다양한 기간 동안 배치된다. 다양한 기능부서의 구성원이 작은, 그러나 다소 임시적인 팀(가장 전문적인, 그리고 권위 있는 구성원에 의하여 관리되는)에서 함께 일한다. 조직구성원은 훈련, 승진 등 인사관리 문제를 위하여 기능부서와의 유대를 유지한다. 이와 동시에 조직구성원은 업무를 수행하기 위해 요구되는 통합, 융합된 전문성을 얻기 위해 다른 기능부서의 구성원과 직접 협력하여 업무를 수행한다.

예를 들어, 특수대학원의 최고지도자 과정은 여러 학과의 교수들에 의해서 운영되는데, 이들 교수는 본래 학과의 활동을 동시에 수행해야 한다. 이들 교수의 승진 등 인사관리는 기본적으로 본래 학과에서 관리한다. 또 다른 예로, 종합병원에서는 내과, 외과, 마취과 등의 각 진료 과가 나름대로의 독립성을 유지하면서 한 환자를 치료하고 있다. 이 환자를 치료하기 위해서는 간호, 약제 등 진료지원부의 지원활동과 총무·경리 등 행정부의 지원 또한 필요하다.

2) 매트릭스 조직의 장단점

매트릭스 조직은 단순 업무를 주로 하는 대규모 조직에 적용하기에는 너무 복잡한 형태이다. 따라서 비교적 소규모의 연구와 관련된 조직에 매트릭스 구조가 주로 적용되고 있다. 이들 조직에서 매트릭스 구조로 인해 과중되는 비용과 직원들의 부담은 종종 긴급한 프로젝트의 수행할 필요성으로 정당화된다. 이러한 경우에 발생하는 어느 정도의 비용은 프로젝트의 원활한 수행과 비교할 때 중요한 것이 아니라는 것이다(Gortner, Mahler, & Nicholson, 1997). 미국의 경우, 미국항공우주국(National Aeronautics and Space Administration, NASA)의 일부 프로젝트에서 매트릭스 조직이 활용되어 왔다(Filley, House & Kerr, 1976).

매트릭스 조직은 다음과 같은 세 가지의 장점을 갖고 있다. 첫째, 오늘날 많은 업무는 여러 전문지식의 통합적 수행을 통해 이루어지는데, 매트릭스 조직은 이러한 요구에 대응하기 가장 적합한 조직 형태이다. 둘째, 매트릭스 조직에서는 여러 분야의 전문가들이 모이기 때문에 보다 새롭고 다양한 아이디어가 제시될 수 있다. 셋째, 매트릭스 조직에서는 새로운 사업이나 목표가 생길 때마다 인력을 신규로 채용할 필요가 없다. 기존의 인력을 활용할 수 있기 때문에, 경제적인 인력운영이 가능하다.

하지만 매트릭스 조직은 단점 또한 갖고 있는데, 무엇보다도 과도한 비용, 과중한 과업과 통제가 요구된다는 점이다. 교차·중복되는 모든 권한과 책임은 반드시 조정되어야 한다. 기능 관리자와 프로젝트 관리자, 더 나아가 직원들 스스로 누가 업무를 담당할 것이며, 프로젝트의 어떤 부분을 담당해야 하는지 협의하는데 많은 시간과 노력을 들여야 한다. 두 명의 관리자로부터 명령을 받는 이러한 매트릭스 조직의 구조는 명령일원화의 원칙에서 벗어나는 것이다. 즉 매트릭스 조직에서 주장되는 부서를 넘나드는 팀워크와 전문성에 바탕을 둔 부서를 만들기 위해 조직구조의 단순함을 희생시켜야 한다(Gortner, Mahler, & Nicholson, 1997). 일부 연구자들은 과중한 비용과 문서화의 필요성, 그리고 통제와 조정의 요구로 인해 실제로 높은 성과를 내는 조직에서는 매트릭스 조직이 거의 사용되지 않는다고 주장하기도 한다(Peters & Waterman, 1982).

매트릭스 조직에서 수직적, 수평적 구조 간의 적절한 조화와 균형을 유지하는 것은 실로 매우 어려운 문제이다. 조직구성원은 기능 관리자와 프로젝트 관리자 모두에게 보고를 해야 하는데, 이렇게 이중적인 통제와 보고 때문에 갈등과 혼란이 야기될 수 있고, 결과적으로 의사 결정이 지연될 가능성이 높다(Daft, 2010). 따라서 매트릭스 조직은 기능 중심의 매트릭스 조직과 프로젝트 중심의 매트릭스 조직으로 발전되기도 한다. 대학교, 연구소, 병원, 컨설팅회사, 은행, 보험회사 등 많은 조직들에서 양자 간의 권한이 균형을 이루고 있는 순수한 매트릭스 조직보다는 변형된 매트릭스 구조가 활용되고 있다.

복습을 위한 질문

- 팀 조직의 등장원인은 무엇인가?
- 팀 조직의 유형 가운데 기능부서 간의 해결해야 할 공동의 문제가 있을 때 구성되는 일시적인 위원회 구조는 무엇인가?
- 팀 조직의 장점은 무엇인가?
- 전통적 조직과 팀 조직을 비교할 때, 팀 조직의 특징은 무엇인가?
- 매트릭스 조직의 특징은 무엇인가?

제13장

가외성, 위원회

환경의 불확실성은 조직의 생존과 성장에 영향을 주는 중요한 요소이다. 이 장에서는 이러한 환경의 불확실성에 대응하기 위한 조직구조인 가외성에 관해 설명한다. 가외성에 관해 설명하기 위해 조직이 가외성을 필요로 하게 하는 근본적인 원인인 불확실성을 살펴본다. 그리고 조직의 의사결정을 위해 가장 일반적으로 사용되는 가외성의 장치인 위원회 구조를 살펴본다.

1. 가 외 성

가외성(加外性, redundancy)을 설명하기 위해서는 우선, 가외성이 필요하게 되는 근본적 원인인 불확실성(uncertainty)이 무엇인지 설명할 필요가 있다. 가외성은 불확실성에 대처하기 위한 좋은 방안이지만, 사실상 가외성을 포함한 어떠한 대처방안도 불확실성을 줄일 수는 있으나, 완벽하게 제거할 수는 없다. 왜냐하면, 불확실성은 기본적으로 동태적이므로 완벽한 통제가 불가능하기 때문이다. 단지 어느 정도 통제가 가능할 뿐이다.

1) 불확실성이란 무엇인가?

사람들이 모여 보다 나은 삶을 설계하려고 할 때, 필연적으로 부딪치는 문제가 불확실성(uncertainty)이다. 불확실성의 문제는 자연과학은 물론 모든 사회과학의 관심 대상이다. 사실 행정학이라는 학문도 불확실성에 대처하기 위한 학문이라고 할 수 있다. 마찬가지로, 조직 내 의사결정은 불확실성을 어떻게 해결하는가의 문제이다. 만약 사람들이 완벽한 지식을 갖게 되어 불확실성이 없어져버리면, 의사결정은 기술적 문제로 환원되어 버린다. 이 때문에 조직에서는 여러 사람의 능력과 기억(memory)을 활용하려 한다. 하지만 이런 방법을 활용한다고 하더라도 불확실성의 문제를 완전히 극복하는 것은 불가능하다(김영평, 1991).

불확실성은 미래를 설계하는데 장애요인이라고 할 수 있으나, 불확실성이 항상 나쁜 것만은 아니다. 하지만 불확실성의 부정적인 측면이 긍정적인 측면보다 많다는 것을 인정하지 않을 수 없다. 불확실성의 문제를 본격적으로 다룬 연구자는 Herbert Simon이었다. 그는 인간의 정보처리능력에 한계가 있고, 지식이 불완전하기 때문에 결과를 극대화(maximization)하는 의사결정을 내리기를 기대하는 것은 비현실적이라 설명한다. Simon이 주장한 제한적 합리성(bounded rationality)은 불확실성을 전제로 하여, 이에 대응하는 이론이라고 할 수 있다. 능력의 한계로 인해 인간은 익숙한 소수의 대안만을 검토할 수 있으며, 이들 대안의 결과를 부분적으로만 예측할 수 있다. 결과적으로, 만족스러운 수준에서 의사결정이 이루어진다.

불확실성은 의사결정자가 환경의 구성요소에 대하여 충분한 정보를 갖고 있지 못하고, 외부의 변화를 예상하는데 어려움을 겪는 것을 의미한다(Daft, 2010). 보다 구체적으로 불확실성은 다음과 같이 정의될 수 있다([그림 13-1] 참조).

- 미래를 예측하고 인과관계를 설명하는데 있어 지식의 부족
- 대안의 결과에 영향을 미치는 요소들에 대한 예측불가능성
- 알아야하는 정보와 알고 있는 정보간의 격차(gap)

그림 13-1 불확실성의 중요 요인

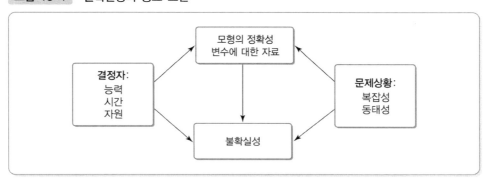

Lawrence & Lorsch(1967)에 의하면, 불확실성은 첫째, 확실한 정보의 부족, 둘째, 완전한 환류과정에 걸리는 오랜 시간(long time span of definitive feedback), 셋째, 인과관계에 대한 불확실 등 세 가지 요소로 구성된다. 또한 Duncan(1972)은 첫째, 특정한 의사결정 상황에 영향을 주는 환경 요소들에 관한 정보의 부족, 둘째, 특정한 대안을 채택했을 때 어떤 결과가 도출된 것인가에 대한 무지, 셋째, 환경 요소들이 대안의 성공적 집행여부에 어느 정도 영향을 줄 것인가에 대한 확률적 설명의 부재 등 세 가지 요소로 불확실성이 구성된다고 주장한다.

2) 불확실성의 발생원인과 유형

그렇다면 불확실성은 왜 발생하는가? 불확실성의 발생 원인으로는 크게 다음의 세 가지를 들 수 있다.

① 환경이 언제나 변화하고 있다.
② 선호된 가치체계와 그것을 달성하는 수단에 대해서도 정확하게 아는 바가 없다.
③ 의사결정자들의 의견이 좀처럼 하나로 모아지지 않는다.

Duncan(1972)에 의하면, 불확실성에는 네 가지의 유형이 있고, 이러한 불확실성의 유형을 설명하기 위하여 두 가지의 차원(기준)이 필요하다(〈표 13-1〉 참조).

① 단순-복잡 차원, 혹은 문제 상황의 복잡성(complexity): 단순-복잡 차원은 조직의 활동과 관련을 맺고 있는 환경요소의 수와 환경요소들 간의 이질성을 의미한다(Daft, 2010). 문제발생의 원인이 다수인가, 그리고 원인들 간의 관계가 얼마나 복잡한가를 의미한다. 즉 의사결정을 내릴 때에 고려해야 할 요소가 적은가, 많은가를 따지는 것이다. 문제 상황이 복잡할수록 불확실성이 증가한다.
② 정적-동적 차원, 혹은 문제 상황의 동태성(dynamics): 정적-동적 차원은 환경을 구성하는 요소들이 얼마나 역동적으로 변화하는가를 의미한다(Daft, 2010). 다시 말해서, 문제 상황이 그대로 있는가, 아니면 시간이 흐름에 따라 변화하는가의 정도를 따진다. 문제발생의 원인과 조건들이 시간이 흐름에 따라 변화하는 정도가 크면 클수록 불확실성이 증가한다.

이러한 두 가지의 차원에 의해, 불확실성은 단순-정적, 복잡-정적, 단순-동적, 복잡-동적 등 네 가지의 유형으로 구분된다. 이러한 네 가지의 유형 가운데 불확실성이 가장 낮은 것은 단순-정적 유형의 경우이고, 가장 높은 불확실성을 갖는 것은 복합-동적 유형의 경우이다. 복잡-정적 유형과 단순-동적 유형을 비교하면, 단순-동적 유형의 경우에 의사결정자는 더욱 심각한 불확실성의 문제에 직면하게 된다. 왜냐하면 환경이 가변적인 경우, 하나의 의사결정은 여러 가지 결과를 가져올 것이고, 그만큼 미래에 대한 예측능력이 떨어지기 때문이다.

표 13-1 불확실성의 네 가지 유형

	단순	복잡
정적	(1) 고려해야 할 요소들이 적고, 요소들이 비슷하고, 각 요소들은 변하지 않고 있다.	(2) 고려해야 할 요소들이 많고, 요소들은 이질성을 띠고 있고, 각 요소들은 변하지 않고 있다.
동적	(3) 고려해야 할 요소들이 적고, 요소들은 비슷하고, 각 요소들은 계속 변하고 있다.	(4) 고려해야 할 요소들이 많고, 요소들은 이질성을 띠고 있고, 각 요소들은 계속 변하고 있다.

3) 조직의 환경에 대한 대응

불확실성에 대처하기 위해 조직은 주변 환경을 제어하고 통제하려고 한다. 환경적 요소를 조직의 세력 하에 두고자 하는 것이다. 즉 조직의 과업환경(task environment)을 확실한 상태로 만드는 것이다. 환경을 제어하려는 이유는 문제가 어려운 경우에 그것의 복잡성을 조금이라도 줄임으로써, 비교적 문제를 단순하게 만들어 해결가능성을 높이려는 데 있다. 모든 환경 변수의 변화에 따라 예측이 어려운 자연 상태에서의 상황을 일정하게 통제함으로써, 마치 실험실의 상황처럼 만들어 해결방안을 도출하려는 시도이다. 다시 말해서, 환경의 통제는 조직의 문제상황을 관리 가능한 범위로 축소시켜 보려는 방법이다.

예를 들어, 우리나라의 재벌기업이 사업의 덩치를 키우려는 전략도 환경을 통제하려는 방법의 하나이다. 우리나라에서는 정권이 바뀔 때마다 새로운 정권에서 기부금을 요구하고, 심한 경우 사업을 빼앗으려 하는 경우도 있었다. 이 경우 재벌기업의 대처전략은 자신의 규모를 키워서 기업의 흥망이 한국경제의 흥망에 영향

을 주도록 만드는 것이다. 이 경우 새로운 정권은 재벌기업의 운명에 영향을 줄만
한(혹은, 망하게 할 만한) 불합리한 요구를 더 이상 할 수 없게 된다. 조직이 환경을
통제하려는 방법은 구체적으로 다음과 같이 나타난다.

① 선별적 흡수(cooptation): 중요한 환경변수를 조직이 흡수하여 환경을 조직
의 일부로 만드는 것이다. 예를 들어, 노조간부를 기업의 정책결정과정에 참여시
켜, 기업 의사결정의 정당성을 확보하는 것이 있다. 이를 통해 조직의 생존 가능성
이 증가하게 된다.

② 협상(bargaining): 관련 조직들 간의 상호위험제거를 의미한다. 환경과 타협
이나 계약관계를 맺어 조직이 바라는 일정한 상태를 유지하도록 하는 것이다.

③ 계약(agreement): 협상내용의 제도화를 통하여 조직의 주관 하에 둠으로써
불확실성을 감소시키는 것이다.

④ 합작 사업(joint venture): 일을 함께 함으로써 상대방으로 인한 불확실성을
제거하는 것이다. 예를 들어, 경쟁사간의 합작 사업(joint venture)이 있다.

⑤ 전략적 제휴(strategic alliance): 관련조직들이 전략적으로 연계함으로써 서로
의 약점을 보완하여 사업 환경의 안정화를 취하는 것이다.

⑥ 합병(merger): 환경(외적요인)을 조직 내적요인으로 바꾸는 것이다. 합병 가
운데 수직적 통합은 계열화(systematization)를 의미하며, 수평적 통합은 독과점을
위하여 카르텔(cartel)을 만드는 것이다. 다각화(diversification)는 분업화식 확장인
데, 사업영역을 여러 개로 만들어 상호 보완하도록 하는 것이다.

4) 불확실성의 부정적, 긍정적 효과

불확실성이 항상 부정적인 효과만을 갖는 것은 아니다. 부정적인 효과와 비교
할 때, 비록 긍정적인 효과가 크지는 않지만 불확실성은 확실히 긍정적인 효과도
갖고 있다(김영평, 1991). 이 장에서는 불확실성의 부정적인 효과와 긍정적인 효과
를 간단히 살펴본다.

(1) 부정적인 효과

불확실성이 갖는 부정적인 효과는 크게 세 가지를 들 수 있다. 첫째, 의사결정

의 질이 저하된다. 불확실성이 높을수록, 대안의 가치는 할인(discount)되고 절하된다. 비록 가장 바람직하다고 할지라도, 첫 번째의 대안이 갖는 불확실성이 높은 경우, 이 대안의 가치는 절하된다. 이와 반대로, 확실한 대안의 가치는 높아진다. 결국, 의사결정자는 불확실한 최선의 대안 대신에 확실한 차선의 대안을 선택하게 된다. 둘째, 인간행동의 질을 떨어뜨린다. 불확실성이 높을수록, 인간은 위축되고 문제를 해결하고자 하는 의욕을 상실하게 된다. 즉 불확실성은 보수주의와 선례답습, 나아가서는 행동의 지연(doing nothing)까지 발생시킨다. 특히 의사결정이 보수화되고 선례를 답습하게 되면, 고려하는 대안의 수는 감소하게 된다. 왜냐하면 의사결정자는 새로운 대안을 탐색하기보다는 과거에 있었던 대안들만을 살펴볼 것이기 때문이다. 마지막으로, 논리적인 의사결정이 어렵게 된다. 대부분 불확실성은 과장되고 확대 해석되는 경향이 있다. 불확실성이 있다고 평가되는 그 자체로도 불확실성의 효과는 실제보다 훨씬 크게 나타날 수 있다.

(2) 긍정적인 효과

우리가 살고 있는 사회는 협상의 사회라고 할 수 있다. 독단적으로 의사결정을 내리는 것은 더 이상 가능하지도, 바람직하지도 않다. 그런데 협상(compromise)이라는 말 자체는 불확실성을 내포하고 있다. 협상이 벌어지는 상황에서는 관련 협상자 모두 상호 배타적인 가치의 명확한 표명을 피하게 된다. 왜냐하면 가치의 명확한 표명은 갈등과 의견의 불일치를 확산시키고 심화시킬 수 있기 때문이다. 이러한 상황에서 모든 의사결정, 혹은 협상 상황에 내재하고 있는 불확실성은 오히려 객관적인 사실과 의견을 왜곡, 혹은 재조정함으로써 합의로 가는 탈출구를 마련할 수 있다. 결국 이러한 합의의 도출은 지속적인 갈등보다 더 나은 결과를 얻는 것을 의미한다.

5) 가외성

불확실성에 대처하기 위한 방안은 가장 기본적인 것으로 두 가지를 들 수 있다. 첫째, 표준화, 공식화이다. 표준화, 공식화는 인간의 변칙적이고 자의적인 행위를 미리 예방함으로써 예측가능성을 확보하는 것이다. 즉 조직의 표준운영절차를 준수함으로써 불확실성을 줄이는 것을 말한다. 둘째, 지식과 정보의 수집이다. 불확실성에 대처하기 위하여 지식과 정보를 수집한다는 것은 너무도 당연한 일이다. 하지만 지식이나 정보의 수집활동이 어느 정도 수준에서 일어나는가는 불확실성에 대한 의사결정자의 주관적인 지각, 인식 정도에 달려있다.

이러한 두 가지의 기본적인 방안 이외에 불확실성에 대처하기 위한 주요한 방안으로는 가외성(redundancy)이 있다. 가외성은 정보과학, 컴퓨터, 인공두뇌학(cybernetics) 등의 학문분야에서 활발하게 논의되었던 개념이다. 가외성은 조직이론에서는 크게 환영받지 못한 개념이었으나, 1960년대에 Martin Landau(1969)를 통해 학계의 관심을 얻게 되었다. 오늘날 조직이론에서 체제분석, 사이버네틱스, 정보이론이 중요한 위치를 점하면서, 가외성의 적용가능성은 높아졌다.

(1) 가외성의 정의

가외성은 관료제의 성격을 띤 조직구조에서 제시되는 분업, 혹은 업무의 명백한 구분에서 발생하는 문제점을 해결하기 위해 제시되는 방안이다. 명백한 업무의 분화를 기본 구조로 갖는 관료제에서는 업무가 중복되어 이루어지는 것은 낭비로 인식된다. 따라서 관료제 형태의 조직구조에서는 중복되는 업무를 하는 부서와 직원을 없애는 것을 당연시하였다. 즉 가외성이 존재하지 않거나, 0(zero)에 도달해야만 능률적인 조직이 된다고 생각되었다. 그러나 이러한 조직은 오류발생률이 높은 허약체제라는 것이 밝혀졌다. 조직은 여러 가지 요소와 부품으로 구성되는 일종의 체제(system)인데, 이때 부품의 불완전성이나 이탈가능성에 대해서 보완 조치가 필요한 것이다.

토요타 자동차의 리콜(recall) 사태

"자동차의 결함은 대부분 작은 부품의 결함으로 인해 발생한다.
따라서 거의 모든 자동차에는 가외성의 장치가 마련되어 있다."

안전의 대명사에서 불안의 대명사로 이미지가 바뀐 토요타는 2009년부터 2010년까지 발생한 급발진과 관련된 리콜 사태로 쇼크 상태였다. 이로 인해 세계 자동차 판매량 1, 2위를 다투는 토요타의 신용은 치명적인 타격을 받았다. 토요타의 대규모 리콜 사태는 일본산 자동차 전체 이미지를 크게 하락시키는 원인으로 작용하기도 했다.

토요타 리콜 사태는 자동차 관련 리콜 중 최대 규모였는데, 장판의 결함과 액셀러레이터의 결함 두 가지의 리콜 사태로 알려졌었으나, 2014년 결국 전자제어장치의 소프트웨어 오류로 밝혀졌다. 보다 근본적인 원인은 극도의 원가절감을 위한 TPS시스템의 문제에 있다고 볼 수 있다. 이 같은 대규모 리콜 사태는 생산단가를 낮추기 위해 특정부품회사에 대량의 부품을 의존하거나, 여러 차종에 같은 부품을 돌려쓰는 공용화 경향 때문에 발생한다. 토요타 측에서는 이 사건에 대해 대한민국 자동차(회사)와 부품 가격절감 경쟁을 하다가 이렇게 됐다라는 식으로 말하기도 했다.

출처: 나무위키(https://namu.wiki); 이코노믹리뷰(2013.08.27). "한국GM·토요타 '리콜왕'… 현대·기아차 리콜 적었다."
사진출처: John Cole, The Scranton (PA) Times / Politicalcartoons.com

가외성은 오류의 발생을 방지함으로써 체제의 신뢰성(reliability)과 적응성(adaptability)을 높이기 위해 필요한 중복현상으로 인식된다. 폰 노이만(von Neumann, 1952)에 의하면, 가외성은 오류의 발생을 방지하는 가장 강력한 수단이다.[1] 오류의 발생가능성을 낮춤으로써 조직의 신뢰성(reliability)이 올라가게 된다는 것이다. Landau(1969)는 가외성의 산술적인 증가는 실패의 확률을 지수적으로(exponentially) 감소시킨다고 주장한다. 예를 들어, 비행기 엔진이 하나인 경우에 비행 중 고장이 나면 비행기는 추락을 하게 된다. 엔진이 고장 날 확률이 편의상 1/10이라고 할

---

1) 컴퓨터의 구조와 설계의 기초를 마련한 폰 노이만(von Neumann)은 1952년에 신용도가 낮은 장치로 신뢰할 만한 컴퓨터를 구성하는 구조적인 가외성의 기법으로 다중화(multiplexing)를 소개하였다(Krasnogor, Gustafson, Pelta, & Verdegay, 2008).

때, 보조엔진이 하나 더 있으면 비행 중 고장이 나서 추락할 확률이 1/100로 줄어든다. 만일 보조엔진이 두 개 더 있다면 비행기가 추락할 확률은 1/1000이 된다. 그러나 엔진을 하나씩 더 장치하는데 드는 비용은 개략적으로 두 배, 세 배로 증가할 뿐이다.

　가외성은 중첩성(overlapping), 중복성(duplication), 동등잠재력(equipotentiality)을 내포하는 개념으로 오류가 발생할지도 모르는 불확실성에 대비하는 제도적 장치이다(Landau, 1969). 첫째, 중첩성(overlapping)은 기능이 혼합적으로 수행되는 상태를 말한다. 한 기능을 여러 부서가 상호보완적으로 수행하는 상태이다. 둘째, 중복성(duplication)은 동일한 기능을 여러 부서들이 독자적인 상태에서 수행하는 것을 말한다. 각각의 부서들이 독립적으로 하나의 기능을 수행하는 상태이다. 예를 들어, 최고관리자가 정보수집 부서, 혹은 경로(route)를 복수로 만들어 각각 보고를 받아, 보다 정확한 정보를 얻는 것을 들 수 있다. 마지막으로, 동등잠재력(equipotentiality)은 조직 내에서 주된 부서의 기능이 작동하지 않을 때, 다른 지엽적이고 보조적인 부서들이 주된 부서의 기능을 인수해서 수행하는 경우이다. 예를 들어, 사람의 신체에서 어떤 특화된 신경이 기능을 상실하면, 여타 다른 신경 부분이 그 기능을 대행하게 되는 경우이다.

눈 대신 귀

　앞을 보지 못하는 시각장애인 스케이트보더의 놀라운 실력이 공개됐다. 지난 4일, 미국 시카고에 있는 자신의 집 근처에서 스케이트보드를 타는 시각장애인 남학생의 깜짝 놀랄만

한 실력이 유튜브(YouTube)에 공개됐다. 시각장애인 스케이트보더인 토미 캐롤은 2살 때부터 망막암 때문에 눈이 멀어서 앞을 보지 못했다. 현재 노스웨스턴대(Northwestern University) 학생인 그는 10살때 스케이트보드를 배웠으며 보드에 대한 느낌과 소리만으로 움직인다고 한다. 그는 "스케이트보드를 탈 때, 소리에 최대한 귀를 기울인다. 감각방향을 위해 바퀴의 사운드를 이용한다"라고 말했다. 그는 자신의 장애에 대해서도 "모든 일에는 다 이유가 있다"라며 "정말 필요한 경우에는 장애를 극복할 수 있는 방법이 항상 있다"고 덧붙였다. 그는 자신의 감각을 100% 사용할 수 있도록 때 이른 아침의 조용한 공원을 좋아한다고 밝혔다. 그의 가족들은 그가 십대 때부터 스포츠에 빠져 있는 것을 우려했지만 지금은 그의 열정을 개발하는데 가장 큰 힘이 되어 주고 있다. 그는 "아버지는 정말 멋지시다. 어머니는 항상 날 걱정했지만 지금은 내가 하고 싶어하는 것을 적극 지원해준다"며 "다행스럽게도 스케이트보드를 타면 생성되는 아드레날린이 우리 몸에 긍정적인 효과를 일으킨다는 연구결과가 나와 도움이 된 것 같다"고 말했다.

출처: CCTV.com한국어방송(2013.2.7). "시각장애인 스케이트보더."
사진출처: CCTV.com한국어방송(2013.2.7).

(2) 가외성의 유형

펠센탈(Felsenthal, 1980)은 가외성을 설계방법에 따라 보완식 가외성, 병렬식 가외성, 직렬식 가외성으로 유형화한다. 첫째, 보완식 가외성은 중복적인 부품들 중에서 한 부품이 고장나서 작동하지 않을 때만 여벌의 부품이 작동하도록 설계된 가외성이다. 예를 들어, 미국의 부통령제, 생산공장의 예비발전기, 군편제에서의 예비사단이 이에 해당한다. 미국 부통령의 가장 중요한 공식적인 역할은 국회의장으로서의 역할이다. 비록 클린턴(Clinton) 행정부 당시 앨고어(Al Gore) 부통령은 미국의 전자정부의 기반을 확립하는 등 중요한 역할을 하였으나, 대부분의 부통령의 역할은 매우 제한적이다. 즉 부통령제는 보완식 가외성의 성격을 띤 일종의 가외성의 장치로 볼 수 있다.

둘째, 병렬식 가외성은 '동시에' 두 개 이상의 부품(주체)이 작동해야만, 일이 성사되는 경우이다. 예를 들어 대륙간 탄도탄 발사를 위해서는 여러 사람이 동시에 핵단추를 눌러야 작동하는 경우가 해당된다. 조직의 경우에는 위원회 조직에서 대다수가 동시에 의견의 합치를 보아야만 조직의 결정으로 받아들여지는 경우이다.

마지막으로, 직렬식 가외성은 두 개 이상의 부품(주체)이 '순차적으로' 작동해야만, 일이 성사되는 경우이다. 두 사람 이상이 같은 문서에 순차적으로 서명 날인해야 효과가 있는 회사의 결재 절차에서 볼 수 있다. 법원에서 두 사람 이상의 증인이 순차적으로 각자 독립된 증거를 제시한 것이어야 믿을 만한 증거로 받아들여지는 것도 직렬식 가외성의 범주에 들어간다. 직렬식 가외성과 병렬식 가외성은 구조적으로 같으나 가외적 부분의 작동이 동시적으로 일어나는가 순차적으로 일어나는가의 차이가 있을 뿐이다. 현실에서는 여러 가지 종류의 가외성들이 서로 혼합되어 사용된다.

(3) 가외성의 수준

불확실성에 대응하기 위해 가외성의 장치를 무한정 만들어야 할 것인가? 가외성의 장치를 마련하기 위해서는 비용이 소요되므로, 무한정 만들 수는 없다. 그러므로 어느 정도까지 마련할지 판단할 필요가 있다. 가외성의 적정수준은 다음과 같이 판단할 수 있다. "가외성을 설치하지 않았을 때 입는 피해가 가외성을 설치함으로써 입는 비용보다 적을 때에는 가외성을 설치할 필요가 없다." 다시 말해서, 가외성의 적정수준은 체제의 실패에서 오는 손실을 허용할 수 있는 한도와 가외성을 한 단위 추가하는 데 드는 비용의 균형에 의하여 결정된다. 즉 C≤PD이면, 가외성은 정당화될 수 있다. 추가부품의 장치비용, 혹은 한계비용(marginal cost)과 추가부품을 장치하여 증가되는 신뢰성, 혹은 한계이익(한계수요, marginal demand)이 일치하는 점$(mC=mD)$에서 균형을 이룬다.

$$C \leq PD$$

P: 가외적 요소에서 실패가 일어나는 확률
D: 실패하였을 때 입어야 하는 손해액
C: 가외적 요소를 추가로 도입하는 데 소요되는 비용

이렇게 보면, 조직에서 발생하는 실패가 중요성이 없거나 미비한 경우에는 가외성의 장치를 설치할 필요가 없다. 그런데 실제로 가외성의 효과는 정신적이고 심리적인 것이 많아 비용과 대비되기가 어려운 경우가 많다. Landau(1969)도 현대의 대규모 조직에 가외성의 효용이 얼마나 적용되는가에 관하여 실제로 답변할 수는 없다고 설명한다.

조직에서 기능의 중복은 항시 충돌과 갈등의 가능성을 내포하고 있다. 사실 아무리 가외성이 요구된다고 할지라도 다른 부서의 기본영역을 침범하면서까지 가외성이 요구되는 것은 아니다. 여러 부서가 동일한 대상에 대하여 동일한 서비스를 제공하거나, 동일한 권한을 행사할 때에 가외성은 한계에 부딪힌다. 이는 조직간의 관계에서도 마찬가지이다. 하나의 공공기관이 다른 기관의 서비스와 동일한 서비스를 제공할 때, 이 두 기관간의 갈등은 매우 심각할 것이다.

2. 위 원 회

가외성의 성격을 띤 위원회(committee)는 다수의 구성원들로 구성되어 합의제 형태의 결정을 하는 조직구조이다. 다단계의 계층제에 의해 의사결정이 이루어지는 것이 아니라, 대등한 입장에 있는 사람들 간의 협의에 의해 의사결정이 이루어진다. 위원회는 특정 문제에 관하여 의견을 개진하고 조정하여 최종 결정을 이끌어내기 위한 복수의 위원으로 구성된 합의기구라고 할 수 있다(Hicks & Gullet, 1976). 이 장에서는 주로 공공조직의 위원회 유형과 장단점을 살펴본다.

1) 위원회의 유형

위원회는 그 권한에 따라 자문위원회, 행정위원회, 의결위원회로 구분하는 것이 일반적이다(〈표 13-2〉 참조). 첫째, 행정기관의 자문역할을 하거나 여러 기관의 의견을 심의·조정하는 자문위원회(advisory committee)는 구속력이 없고 조언적 성격의 의사결정을 하는 조직형태이다. 둘째, 준입법적·준사법적 기능을 갖는 행정관청적 성격을 가진 합의제 기관인 행정위원회(administrative committee)는 구속력 있는 의사결정과 집행권을 행사하는 조직형태이다. 마지막으로, 양자의 중간적인 성격을 갖는 의결위원회(legislative committee)는 집행권은 없으나 법적 구속력이 있는 의사결정을 하는 조직형태이다(감사원, 2005; 행정자치부, 2006.12).

권한에 따른 구분 이외에도 위원회는 다양하게 구분된다(〈표 13-3〉 참조). 이 가운데 Flitner(1986)은 위원회를 첫째, 정부 전체의 효율성과 효과성을 증진시키기 위한 정부조직이나 절차에 관한 것을 담당하는 절차지향적(procedure-oriented) 위원회, 둘째, 공공에 위협이 될 수 있다고 인지되는 광범위하고 논쟁적인 사회현상

표 13-2　세 가지 유형의 위원회

구분	자문위원회	의결위원회	행정위원회
성격	• 자문을 목적으로 함 • 일종의 참고기관 성격 • 합의제 기관	• 자문위원회와 행정위원회의 중간적 성격 • 의사결정의 구속력 있음 • 집행권 없음	• 어느 정도 독립된 지위 • 행정관청적 성격 • 합의제 행정기관
권한	• 대체로 자문에 한정 • 각종 이익, 전문적인 의견을 반영 • 특정 사항에 관한 조사분석	• 국민의 권리·업무와 관련된 사무에 관해서 의결적 기능 수행	• 의사결정의 법적 구속력 있음 • 행정집행권 소유 • 준입법권과 준사법권 소유
근거	• 대통령령 이하	• 공정·신중을 기할 필요가 있을 때 법적 근거 필요	• 법률에 근거
예	• 정책자문위원회 • 행정심판위원회	• 징계위원회 • 인사위원회	• 국가인권위원회 • 방송통신위원회 • 공정거래위원회 • 금융감독위원회

출처: 김병섭 외 공저(2008) 재정리.

을 다루는 상황지향적(situation-oriented) 위원회, 셋째, 케네디 대통령 암살, 혹은 1960년 시민폭동과 같은 구체적인 사건을 즉시 해결하기 위한 위기지향적(crisis-oriented) 위원회로 구분한다. 그리고 Zegart(2005)는 대통령 소속 위원회의 유형을

표 13-3　위원회의 유형

연구자	위원회
Urwick(1950)	집행위원회, 조정위원회, 자문위원회, 교육위원회
Pfiffner(1946)	행정위원회, 규제위원회, 독립위원회, 자문위원회, 직책에 의한 위원회, 초당파위원회
Wheare(1955)	자문위원회, 조사위원회, 협의위원회, 입법위원회, 행정위원회, 통제위원회
Flitner(1986)	절차지향적 위원회, 상황지향적 위원회, 위기지향적 위원회
Zegart(2005)	아젠다위원회, 정보위원회, 정치적 이해관계 조정위원회

출처: 행정안전부(2006.12) 재구성.

첫째, 기존 이슈에 대한 대응을 위해 공공아젠다에 대한 영향력을 발휘하기 위한 아젠다위원회, 둘째, 정책 오류와 교훈을 평가하고 정보를 제공하기 위한 정보위원회, 셋째, 갈등하는 이해관계의 조정과 집단의사행위의 문제를 해결하고 정치적 갈등을 조정하기 위한 정치적 이해관계 조정위원회로 구분한다(행정자치부, 2006.12).

2) 위원회의 장점과 단점

위원회에서는 토론과 타협을 통해 이해관계를 조정할 수 있다. 즉 위원회는 조직 간·부서 간의 협조와 조정을 확보하는 하나의 수단이 될 수 있다. 그리고 업무 협조를 위한 도구로 활용될 수 있다. 또한 다양한 외부전문가의 지식을 활용할 수 있다는 장점이 있다. 하지만 많은 사람들이 참여하여 결정하기 때문에 의사결정이 지연되고 비용이 과다하게 소요될 수 있다. 즉 시간과 비용이 많이 든다는 단점이 있다. 특히 공공조직 내부의 많은 위원회는 많은 회의를 의미하고, 이것은 관리자가 회의 참석에 많은 시간을 보내야 함을 의미한다. 그리고 위원회의 의사결정은 책임의 공유와 분산을 특징으로 한다. 따라서 의사결정이 무책임하게 될 가능성이 높다. 공공조직의 위원회가 갖는 장단점을 보다 상세히 정리하면, 다음과 같다.

(1) 장 점

① 공공조직의 정치적 중립성을 보장하고, 조직 내에서 실적제를 발전시키는 데 유리하다. 위원회에서는 다수의 합의를 통해 의사결정이 이루어지므로, 외부의 압력이 영향을 미치기가 상대적으로 어렵다.

② 한 사람의 최고관리자에 의한 독단과 전횡을 막고, 다수의 위원들에 의하여 의사결정을 함으로써 보다 신중한 의사결정을 내릴 수 있다.

③ 위원회 구성원의 임명 시기를 달리 함으로써, 일시에 구성원이 교체되는 것을 방지하여 업무의 계속성을 확보할 수 있다.

④ 위원회에 중요한 관련 이익집단을 참여시킴으로써, 이들의 요구를 균형 있게 수용할 수 있다. 이를 통해 조직의 정당성을 얻고 집행의 효율성을 강화할 수 있다.

(2) 단 점

① 최고관리자의 책임이 분산되고 의사결정의 주체가 확연히 드러나지 않아, 책임소재가 불분명해짐으로써 위원들 간에 의사결정의 책임을 전가할 가능성이 높다. 즉 책임의 공유와 분산을 특징으로 하는 위원회의 의사결정은 타협을 중시하거나 무책임하게 이루어질 가능성이 있다.

② 다수의 위원들 간의 합의과정을 거치므로, 위원회의 의사결정이 지나치게 지연될 수 있다. 즉 신속한 의사결정이 어렵고 시간과 비용이 과다하게 소요될 수 있다.

③ 대체로 특정 집단의 이익을 대표하는 비전문가들로 위원회가 구성되므로, 전문적인 안전을 다룰 때 비합리적인 결정을 내릴 수도 있다.

④ 공공조직의 최고관리자가 의사결정을 독단적으로 내리지 못하므로, 자신의 정책을 소신을 가지고 강력하게 추진할 수 없다.

관료는 정권에 따라 흔들리는 갈대

수습 사무관으로 공직을 시작할 때 '국가를 위해 봉사하겠다'는 신념은 과장, 국장으로 승진하면서 점차 옅어진다. 대통령의 재가가 필요한 1급으로 승진하면 그야말로 영혼은 온데간데없다. 정권에 고용된 기술자로서 정권의 입맛에 따라 소신을 손바닥 뒤집듯 바꿔야 하는 일은 다반사로 일어난다. 2013년 7월 박근혜 정부는 전임 이명박 정부 때 추진했던 지역발전정책의 기본 개념인 '5+2 광역경제권(전국을 총 7개 광역경제권으로 나눠 지역 특성에 맞게 개발하는 것)'을 깎아내리며 새로운 정책을 내놨다. 당시 산업통상자원부의 한 관료에게 이유를 묻자 "전형적인 탁상행정이자 구시대적인 개발 전략이라는 지적을 받았기 때문"이라고 말했다. 이 관료는 이명박 정부 때 지역발전정책 업무를 담당했다.

환경부의 말 바꾸기도 산업부에 뒤지지 않았다. 2013년 8월 환경부 관계자는 공식 브리핑에서 "4대강 사업으로 보가 많아져 부분적으로 녹조가 늘었다고 볼 수 있다"고 말했다. 정확히 1년 전 공식 자료를 통해 "낙동강 보는 댐과 달리 물을 가두는 것이 아니라 수량을 확보하면서 물이 흐를 수 있도록 하기 때문에 조류 발생을 억제하는 효과가 있다"고 강조한 것과는 딴판이다. 당시 환경부 안팎에선 대통령이 바뀐 뒤 4대강 사업에 대한 환경부의 태도가 돌변했다는 비판이 나왔다. 관료들도 할 말은 있다. 모든 인사권을 청와대가 주무르는 까닭에 승진에 목을 매는 관료들로선 눈치 보기가 일상화될 수밖에 없다는 것이다. 박근혜 정부 초기에는 일선 부처의 국장급 인사까지 청와대 결재를 받는 일이 벌어지기도 했다. 중앙부처 한 국장급 공무원은 "장관에게 인사권을 주지 않는 게 가장 큰 문제"라며 "청와대가 인사를 독점하니 장관은 물론 고위 공무원들의 안테나가 하나같이 청와대로만 향하는 것"이라고 말했다. 이용호 국민의당 의원실에 따르면 현 정부의 고위 공무원단 승진 인사에서 부처가 추천한 1순위 후보자가 탈락하고 후순위자가 승진한 사례가 32건에 달한다.

관료들이 스스로 현 상황을 자초했다는 지적도 나온다. 일신의 영달을 위해 '공복(公僕)'이 아니라 '사복(私僕)'의 길을 스스로 선택한 공직자들의 이야기다. 현 정부에서 출세가도를 달린 모 관료가 한때 정권 실세였던 인사의 눈에 들기 위해 주말도 반납하고 사역을 했다는 이야기는 '공공연한 비밀'로 받아들여지고 있다. "상부로부터 부당한 지시가 내려올 때를 대비해 사표를 윗옷 주머니에 넣고 일했다"는 몇몇 선배 관료들의 얘기는 전설로 남아 있을 뿐이다. 정권이 레임덕(임기 말 권력공백 현상)에 빠지자 공직사회에선 차기 권력에 줄을 대기 위한 '물밑 작업'이 한창이라는 얘기도 들린다. 벌써 특정 부처에선 '고위 관료 B씨가 야당과 가깝다' '1급 C씨가 차기 정권에서 승진이 유력하다'는 설이 돌고 있다. 한 전직 관료는 "5년마다 되풀이되는 일이지만 최순실 국정농단 사태 때문에 시기가 앞당겨진 것 같다"고 말했다.

출처: 한국경제(2016.11.20). "공복(公僕)이 사복(私僕)으로…관료는 정권에 따라 흔들리는 갈대"

🔗 복습을 위한 질문

- 불확실성의 발생원인은 무엇인가?
- 위원회의 유형 가운데 집행권은 없으나 법적 구속력이 있는 의사결정을 하는 위원회는 무엇인가?
- 위원회의 단점은 무엇인가?
- 중복적인 부품들 중에서 한 부품이 고장나서 작동하지 않을 때만 여벌의 부품이 작동하도록 설계된 가외성은 무엇인가?

제14장

조직 간의 관계, 네트워크 조직

다양하고 끊임없이 변화하는 현대사회의 환경에서는 하나의 조직이 환경에 대응하기 위한 모든 기능을 갖추기가 쉽지 않다. 따라서 많은 조직들은 자신이 갖지 못한 부분이나 부족한 부분을 다른 조직과의 협력을 통해 보완하고 있다. 이 장에서는 단일 조직을 넘어 조직 간의 관계, 그리고 조직들의 집단에 관해 설명한다. 특히 현대 조직 이론에서 중요성이 커지고 있는 조직 간의 관계(inter-organizational relationship: IOR)와 네트워크 조직(network organization)을 살펴본다.

1. 조직 간의 관계

현대 조직들 간에는 전략적 연계, 파트너십, 합병, 합동사업(joint venture), 연구 컨소시엄 등 다양한 형태의 협력과 집단화가 진행되고 있다. 그러면 어떻게 조직 간의 관계(inter-organizational relationship: IOR)가 생성되고, 발전하고, 와해되는가? IOR은 저절로 생겨나는 것이 아니며, 특정한 배경, 맥락과 원인에서 발생한다. IOR이 발생하는 원인으로는 크게 세 가지가 있다. 첫째, IOR은 시설, 재료, 제품, 소득과 같은 자원의 획득과 할당을 통해 조직이 생존하기 위해 발생한다. 둘째, IOR은 조직이 다른 조직의 정치적 지지를 받고 다른 조직의 명성을 얻기 위해 발생한다. 마지막으로, IOR은 조직의 정당성을 높이고, 공공의 승인을 얻기 위해 발생한다(Hall, 1999). 이 장에서는 특히 IOR의 발전과정(process)에 초점을 두고 설명한다(Ring & Van de Ven, 1994).

1) 개념적인 배경

IOR의 발전과정을 살펴보기 위해서는 조직의 관리자가 직면하는 불확실성 (uncertainty), 효율성과 형평성에 바탕을 둔 거래, 분쟁의 해결, 관리자의 역할 등 네 가지의 맥락을 우선 살펴볼 필요가 있다.

(1) IOR에서의 불확실성

조직의 관리자는 IOR에서 두 가지의 다른 불확실성에 직면하게 된다. 이것은 첫째, 미래상황에 대한 불확실성과, 둘째, 상대방의 일탈 가능성이 있음에도 불구하고 그 상대방을 신뢰(trust)할 것인가의 불확실성이다.[1] 미래상황에 대한 불확실성은 IOR이 아니더라도 관리자가 조직을 관리할 때 항상 직면하는 문제이며, 근본적으로 해결하기 어려운 문제이다. 하지만 IOR에서 발생하는 두 번째의 불확실성인 신뢰에 관해서는 크게 두 가지의 대응책이 선택될 수 있다.[2] 첫째, 나의 상대방에 대한 기대와 예측이 틀림에 따라 겪게 되는 위험을 최소화하기 위해 나의 기대와 예측이 틀릴 것이라는 확신을 바탕으로 만드는 선택지이다. 이렇게 **위험**에 바탕을 두고 상대방을 인식할 경우, 당사자들은 불확실한 상황, 혹은 상대방의 일탈행위를 방지하기 위해 일종의 보험으로 공식적인 계약수단(법규, 보험, 조직계층 등)을 사용하게 된다. 둘째, 상대방의 좋은 의도(good will)에 대한 확신에 바탕을 둔 선택지이다. 이러한 선택에서는 상대방의 도덕적인 정직함, 혹은 좋은 의도를 믿게 된다. 그리고 나의 **믿음**은 상대방과의 상호관계에 의한 사회-심리적인 유대감에 바탕을 두고 형성된다.

---

1) 신뢰(trust)는 다른 사람이 기회주의적으로 행동하지 않을 것이라는 긍정적인 기대감을 의미한다. 즉 사람들이 앞으로 일어날 일에 대한 긍정적인 기대감 때문에 자기 스스로를 다른 이에 대해 취약하게 만드는데 동의할 때 존재하는 심리적인 상태이다(Robbins & Judge, 2011).

2) 이는 거래비용(transaction cost)으로 설명될 수도 있다. Coase(1937)는 두 행위자 간의 시장에서 교환 활동은 거래비용을 만들어낸다고 설명한다. 거래비용은 조사와 정보비용(search and information costs), 협상과 결정비용(bargaining and decision costs), 단속 및 이행비용(policing and enforcement costs) 등을 의미하는데, 조사와 정보비용은 상품의 종류와 품질, 가격을 파악하기 위해 필요한 비용이고, 협상과 결정비용은 상대방과 적정 가격을 결정하기 위해 필요한 흥정, 협상 비용이다. 단속 및 이행비용은 계약을 체결한 경우에 상대가 계약을 제대로 이행하는지 감시하고, 위반하게 되면 강제로 이행하도록 하는데 필요한 비용이다. Williamson(1981)은 거래비용의 결정 요인으로 빈도, 전문성, 제한된 합리성(limited rationality), 기회주의적 행동(opportunistic behavior)을 들고 있다(박흥식, 2011).

(2) 효율성과 형평성에 바탕을 둔 거래

상호 간의 거래인 IOR에서 효율성은 가장 중요한 기준이다. 전환이론(transaction theory)에서 주장하듯이, 가장 비용이 적게 드는 거래가 가장 효과적인 거래인 것이다. 하지만 이와 함께, 형평성도 IOR을 평가하는 중요한 기준이다. 형평성은 공정한 거래(fair dealing)를 의미한다. 하지만 이는 거래당사자들 간에 투입과 산출이 항상 똑같이(50:50) 나누어지는 것을 의미하는 것은 아니다. 교환이론(exchange theory)에서는 개인들이 사회적 관계를 유지하기 위해 자신의 경제적인 손해를 감수한다고 설명한다. 즉 여기에서의 형평성은 배분적 정의의 개념이 아니다. 공정한 거래에서 상호이익은 필요조건이지만, 이익에서의 동등함이 반드시 요구되는 것은 아니다. 다시 말해서, IOR에서 비용과 이익 간의 공정한 비율은 필요하지만, 평등함이 반드시 필요한 것은 아니다. 공정한 거래는 사회적인 의미의 '신세를 짐'을 포함한다. 예를 들어, 쌍방 간에 평등하지 않았던 처음의 거래는 다음 번 거래에서 한번 신세를 진 사람이 책임을 져야 한다는 사회적인 규범(norm)으로 이어지게 된다.

(3) 분쟁의 해결

신뢰는 IOR에서 중요한 윤활유의 역할을 한다. 실제로 협상의 단계에서도 신뢰(trust)는 실용적인 가치를 갖는다. 신뢰를 통해 거래의 능률성을 극대화시킬 수 있는데, 즉 신뢰성 있는 상대방의 말에 어느 정도 귀를 기울이고 믿음으로써 거래의 비용(transaction cost)을 줄일 수 있다(Arrow, 1974). 신뢰에 의존함으로써, 쌍방이 협상하고, 동의에 이르고, IOR을 집행하는데 필요한 거래비용을 줄일 수 있는 것이다. 다시 말해서 다른 사람의 좋은 의도라는, 신뢰에 대한 의존은 IOR을 유지하기 위해 공식적·법적인 계약과 같은 보호 장치를 만들어야 할 필요성을 없앤다. 하지만 신뢰에 대한 무리한 기대, 혹은 공정한 거래에 대한 과도한 믿음은 결국 IOR에 대한 공식적인 계약으로 이끌게 한다.[3] 왜냐하면 상대방에 대한 맹목적인 신뢰는 결국 배신당할 것이기 때문이다. 동시에 공식적인(법적) 계약 또한 공정한 거래가 어느 정도 지속된다면 상호간의 믿음에 의존하는 비공식적이고 심리적인

---

3) 법률, 법정소송이나 공식적 중재와 같이 제도화된 보장·보호 장치에 의존하여 강제로 상호 간의 의무를 이행하는 것을 뜻한다.

계약으로 대치된다. 왜냐하면 시간이 지남에 따라 두 당사자들 간의 신뢰가 형성되어 기존의 공식적인 계약관계에 더 이상 의존할 필요가 없게 되기 때문이다. 공식적인 계약관계에서는 상호 지불해야 할 비용이 크다. 상대방이 일탈하는 것은 아닌지 끊임없이 감시해야 한다. 상호 신뢰가 형성된다면, 굳이 이러한 비용을 들일 필요가 없다. 즉 어느 한 방식도 끝없이 지속될 수는 없다. 시간이 지남에 따라 정반대의 방식을 선호하게 될 것이다.

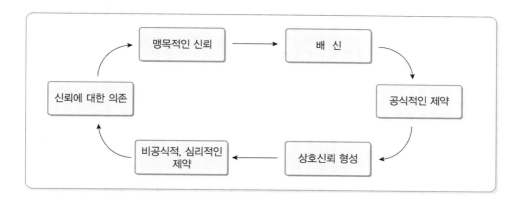

(4) 관리자의 역할

관리자의 역할은 세 가지의 문제를 해결하기 위해 중요하다. 첫째, IOR과 관련된 불확실성의 수준을 정의하는데 주도적인 역할을 한다. 둘째, IOR에서 개인 간의 관계에 바탕을 둔 상호 신뢰에 얼마나 의존할 수 있을지 결정하는데 주도적인 역할을 한다. 셋째, IOR의 결과에 대한 기대에서 효율성과 형평성을 얼마나 중요시할지 결정하는데 중요한 역할을 한다.

2) IOR의 발전과정

IOR은 일련의 단계를 거쳐 발전하게 된다. IOR의 발전과정은 협상(agreement), 서약(commitment), 집행(execution) 등 세 가지의 단계로 분류된다.

(1) 협상 단계

협상(negotiations) 단계에서 쌍방은 IOR에 참여하게 된 동기, 가능한 투자 수준, 상호 간 거래에서 발생하는 불확실성에 관한 **동의된 기대**를 발전시킨다. 동의된 기대에는 규범에 대한 동의, 상호 간 업무에서 맡은 역할, 업무 자체의 특성에 대한 이해, 사회적 관계 등의 내용이 포함된다. 동의된 기대는 계약 담당자의 과거의 경험, 개인적인 가치, 전문화, 조직계층에서의 역할 등에 따라 달라진다. 협상의 단계에서는 다른 거래자를 선택하지 않은 선택행위에 의미를 둔다. 즉 협상에서 중요한 것은 상대방의 선택이 일리가 있다는 이해(sense-making)이다. 왜 다른 여러 거래자가 있는데 나와 IOR을 맺으려 하는가? 동기가 무엇인가? 상대방이 무엇을 얻으려 하는가? 얼마나 기여하려 하는가? 이러한 질문의 해답을 찾아야 나도 그 상대방과 거래를 할 수 있다. 즉 동의된 기대는 내가 다른 당사자와의 거래를 생각하지 않게 만드는 사회-심리적인 과정이다.

상대방의 선택이 **일리가 있다는 이해**(sense-making)는 하나의 재현(enactment) 과정과 같다. 계약담당자는 자신이 속한 조직의 정체성(identity)을 재구성하고, 명확히 함으로써 다른 계약담당자와의 협상에서 상대방을 이해하게 된다. 다시 말해서, 계약담당자는 자신의 조직을 거래 상황에 투사시킴으로써, 조직의 가치를 알게 되고, 결과적으로 협상에 적합한 행동을 하게 된다. 그리고 계약담당자들 간의 계속된 의사소통은 점진적으로 상호 공유된 일리가 있다는 이해(sense-making)로 발전된다. 즉 상호 공유된 일리가 있다는 이해(sense-making)는 현재의 목표, 가치, 기대가 쌍방간에 일치되는 것을 의미한다. 그리고 미래에도 IOR의 계약담당자들 간의 목표, 가치와 기대는 상호 일치되어야 한다. 일반적으로 **사회-심리적인 과정**은 경제적인 교환관계에 바탕을 두는 상호관계나, 상호관계를 규정하기 위한 공식적인 계약보다 훨씬 더 오랜 기간을 필요로 한다. 따라서 전혀 상대방에 관해 모르는 경우보다, 이전에 적어도 경제적인 교환관계나 사회적인 유대가 있었던 경우에 IOR은 훨씬 더 빠르고, 효율적으로 발전하게 된다.

(2) 서약 단계

상호관계에서 미래의 행위를 규정하기 위한 규칙에 대한 동의에 이르렀을 때, 쌍방간의 서약이 이루어진다. 서약(commitment) 단계에서는 상호관계에서의 용어(terms)와 통제 구조가 성립된다. 상호관계가 공식적인 계약으로 명문화되거나, 혹은 심리적인 계약과 비공식적인 이해에 기반을 두게 된다.

(3) 집행 단계

집행(execution) 단계에서는 상호 간의 책임이나 행동규칙이 실행된다. 두 조직의 관리자는 각각 자신들의 조직의 직원에게 명령을 내리고, 필요한 물자를 구입하고, 동의된 만큼 예산을 지출하고, 서로 간의 합의를 이행한다([그림 14-1] 참조).

그림 14-1　IOR의 발전과정

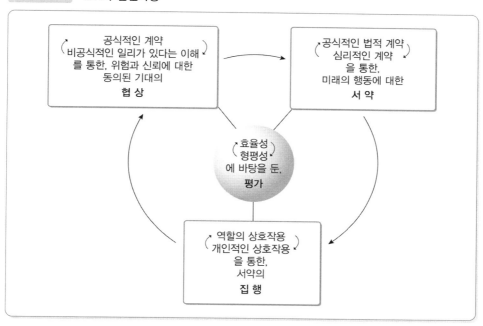

출처: Ring & Van de Ven(1994) 재구성.

IOR의 초기에 상호 간에 공식적으로 계획된 역할행태(role behavior)는 서로 책임을 이행하는데 있어서의 불확실성을 줄이고, 양자 간의 상호작용의 결과를 예측하기 쉽게 한다. 양자 간의 거래를 이행하기 위해 IOR은 오랜 기간 지속되어야 할 것이다. 하지만 거래과정에서 어느 정도의 오해, 갈등이 필연적으로 일어나게 된다. 이러한 오해와 갈등은 양자가 상호 간의 관계에 관해 재고하는 기회를 제공한다. 일반적으로 IOR에 대한 재고로 벌어진 재협상에서는 오해와 갈등이 일어난 특정 주제에 관해 추가적이고 보조적인 동의가 이루어진다. 하지만 IOR에 있어서 다른 모든 계약사항과 이해관계도 이러한 오해와 갈등의 영향을 어느 정도는 받게 된다. 결과적으로, IOR의 마지막 단계에서 양자는 서로 간의 관계를 끝내야겠다는 결론에 이르게 될 것이다. 이러한 관계의 종결은 특히 계약관계가 끝났거나, 혹은 불이행되었을 때 일어나게 된다.

가치(value)는 단순한 도구가 아니라 개인적인 만족의 직접적인 근원, 혹은 집단의 통합과 지속을 위한 수단이다. 그리고 **제도화**(institutionalization)는 도구적이고 수단적인 상호거래에 가치와 질서를 불어넣음으로써 사회적으로 확정된 관계로 전환시키는 과정이다. 제도화가 이루어지면, IOR은 초기 설계자(혹은, 계약담당자)의 영향과 한계에서 벗어나 재생산되고 지속되게 된다. IOR의 제도화는 협상, 서약, 집행 단계에서 발전되는 다음의 세 가지 기본적인 상호작용에서 명백하게 나타난다.

① 개인적인 관계가 점차 공식적인 관계를 대신한다.

② 비공식적이고 심리적인 계약이 점차 공식적인(법적) 계약을 대신한다.

③ 일시적으로 지속되었던 상호관계가 계약담당자(사람)가 퇴직한 이후에도 오랜 기간 지속된다. 그럼으로써, 양자 간의 공식적인 동의(법규, 정책, 계약)가 비공식적인 이해와 계약을 점점 더 반영하게 된다. 비록 공식적(법적)인 계약에서 구체적인 행동을 규정하지 않았을 경우에도, 신뢰에 바탕을 둔 수용될만한 행동에 대한 비공식적인 규범과 이해가 공식적(법적)인 계약을 보완하게 된다.

계약은 공식적(법적)으로 결코 완벽하게 규정될 수 없다. 언제나 비공식적인 동의가 공식적(법적)인 계약을 보완한다. 다시 말해서, 비공식적이고 심리적인 계약을 통해 공식적(법적)으로 규정되지 않은 문제들은 당연한 것(take-for-granted)으로 가정된다. 하지만 이러한 경우에도 비공식적이고 심리적인 계약은 다음과 같은 이유에서 공식적으로 명문화될 필요가 있다.

① IOR을 위한 계약에서는 개인이 아닌 조직을 계약의 당사자로 본다. 즉 계약 담당자 개인은 조직의 대리인일 뿐이다.

② IOR은 공식적인 문서에 의한 계약을 요구한다. 이는 IOR이 계약을 체결한 계약 담당자 개인의 시간적인 한계(time span)를 넘어 법적으로 인정되어야 함을

의미한다.

③ 제도화 과정은 비공식적이고 심리적인 계약을 조직의 일상(routine)으로 바꾼다. 오랜 시간이 지남에 따라 이러한 일상, 즉 고착화된 일하는 방식은 극도로 변화되기 어렵다.

사이어트와 마치(Cyert & March: 1959)

카네기멜론 대학교(Carnegie Mellon University)의 교수인 Richard M. Cyert와 James G. March는 실제적이고 경험적인 이론(empirical theory)에 더하여 의사결정이 이루어지는 과정(과정지향적 이론, process-oriented theory)을 주장하였다. 이들은 조직목표의 설정에 있어 권력과 정치의 영향을 연구하였는데, 이러한 주제는 1970년대 중반까지 관심을 받지 못하였다. Cyert & March(1963)는 특히 연합(coalition)의 형성과 유지에 관해 논의하였으며, 조직에게 주는 연합의 요구를 형성하기 위한 협상(bargaining process)에 관해 설명하였다(Shafritz, Ott, & Jang, 2005). 이들은 조직을 개인들의 연합으로 보았다. 그리고 이 연합에 속한 개인들 중의 일부는 하위 연합체를 조직한다.

Richard M. Cyert

큰 틀에서 조직의 최종 목표에 대한 개인들의 동의는 매우 중요하지만, 이러한 동의는 명백한 선호의 순서와는 많은 차이가 있다. 그리고, 모호한 목표에 대한 동의 하에서 개인들은 하위(세부)목표에 대해 상당한 불일치와 불확실성을 갖게 된다. 이들에 의하면, 협상은 경제적으로 효용을 극대화하기 위한 합리적인 행위라기보다는 만족점(satisfice)을 찾는 경향이 있다. Cyert & March

James G. March

(1963)는 연합으로서 조직의 목표가 설정되는 주요한 방식을 소개하는데, 첫째 연합의 구성과 일반적인 계약 등을 결정하는 협상의 과정이며, 둘째 목표를 안정적이고 정교하게 하기 위한 내부적인 조직통제 과정이고, 마지막으로, 환경변화에 대응하여 연합의 동의가 변화되는 경험에 적응하는 과정이다(Cyert & March, 1959).

출처: Cyert & March(1959); Shafritz, Ott, & Jang(2005).
사진출처: http://www.shipbreakersthefilm.com/credits.html; https://behavioralpolicy.org/in-remembrance-of-james-march/

2. 네트워크 조직

네트워크(network)는 "많은 사람들이 관계를 맺는다"는 어원을 갖고 있다. 현대 조직이 처하고 있는 환경의 불확실성 증대, 가격 및 권위의 조정 메커니즘으로서 시장과 정부 역할의 한계, 조직의 핵심 활동에의 집중을 위한 다른 조직과의 협력 필요성 등으로 인해 네트워크 조직(network organization)의 중요성이 부각되고 있다(안희남·정성범, 2013). Castells(2001)는 현대사회를 네트워크 사회로 규정하기도 하는데(안희남·이승철, 2012), 네트워크라는 아이디어는 1950년대부터 인류학, 심리학, 사회학, 정신분석학, 신경학 등의 분야에서 중요한 부분을 차지하여 왔다. 하지만 조직분야에서 네트워크의 개념이 등장한 것은 최근의 일이다(송상호·김명형, 1996).

네트워크 조직은 크게 다음과 같이 세 가지 배경으로 인해 나타난 것으로 설명된다. 첫째, 1980년대 이후 시장규제의 완화, 아웃소싱(outsourcing)과 강소기업의 등장이다. 시장규제의 완화와 아웃소싱은 시장에서 경쟁기업들이 서로 협력하는 계기를 만들었으며, 네트워크 조직의 중요성을 크게 부각시켰다. 게다가 계층적 조직구조를 바탕으로 대량 생산을 하는 거대기업과 충분히 경쟁 가능한 핵심역량에 집중한 강소기업의 등장은 네트워크 조직에 대한 설명의 필요성을 높였다. 실제로 선진국뿐만 아니라 여러 개발도상국에서 법적으로 분리된 기업을 느슨하게 연결한 네트워크 조직이 급속히 증가하기 시작하였는데, 그 대표적인 예가 의류산업이다. 뉴욕의 의류기업들은 대부분 전문가 위주의 프로젝트팀을 구성한다(Uzzi, 1997). 그리고 이 기업들은 생산라인을 갖고 있지 않다. 다른 관련기업(예를 들어, 하청업체)의 생산라인이 의류의 디자인에 따라 선택된다. 출시할 의류의 생산라인은 소비자의 요구에 따라 매년 쉽게 변화될 수 있다. 하지만 과거에 대부분의 의류기업들은 원면, 원사, 원단, 염색, 재단, 봉제를 위한 자체 공장을 확보함으로써 생산문제를 해결하려 하였다(안희남·정성범, 2013; Williamson, 1975).

둘째는 일본기업의 성공사례이다. 서구의 학자들이 일본기업의 급부상에 대한 원인을 규명하는 과정에서 일본기업이 가진 경쟁력의 원천이 하청업체, 생산자, 유통업체 간의 긴밀한 네트워크에서 비롯되었다는 사실을 발견하였다(송상호·김명형,

1996). 일본기업은 네트워크 조직구조를 바탕으로 하고 있으며, 이러한 조직구조가 일본기업의 성공 비결이었다는 것이다(Lincoln et al, 1996: Gerlach, 1992: Orru et al, 1991). Gerlach(1992)의 연구에 의하면, 일본은 대기업 간 동맹을 의미하는 계열사(系列, けいれつ, Keiretsu)에 의해 높은 성과를 내고 발전해 왔다. 계열사란 긴밀한 거래 네트워크, 안정된 교환구조, 오랜 기간 축천된 협력적 행동유형에 기반을 둔 제도화된 기업 간의 관계를 말한다(Gerlach, 1992).

셋째, 정보통신기술의 발달이다. 정보통신기술은 네트워크 조직의 기본이 되는 신속, 정확, 광범위한 커뮤니케이션을 가능하게 하였다. 인터넷, 팩스, 광섬유의 발달, 위성 통신기술의 발전 등은 조직 내 부문간, 또는 다른 조직과의 커뮤니케이션을 원활하게 하는데 기여하고 있다. 이러한 정보통신기술은 조직에게 새로운 기회를 창출하고 있으며, 경영자와 연구자들은 기회를 활용하기 위해 네트워크에 깊은 관심을 갖게 되었다(송상호·김명형, 1996).

조직이 네트워크 조직화하는 것은 다양한 이유 때문인데, 크게 다음과 같은 네 가지의 원인을 들 수 있다. 첫째, 정보의 전달을 통해 지식을 강화하기 위해서이다. 네트워크 조직은 두 개의 마디(node) 사이의 정보 이전을 단순히 촉진시키기보다는 지속적인 교환을 통해 새로운 지식을 낳게 한다(Powell & Brantley, 1992). Powell(1990)에 따르면, 가장 유용한 정보는 조직의 공식적인 명령체계(계층제)나 가격신호(시장)로부터 나오는 것이 아니라, 신뢰에 바탕을 둔 관계로부터 나온다. 여기에서 말하는 신뢰에 바탕을 둔 관계가 바로 네트워크 조직인 것이다. 둘째, 조직의 정당성을 확보하기 위해서이다. 많은 연구에 의하면, 네트워크에서 한 행위자가 높은 정당성이나 지위를 갖고 있다면, 그 파트너도 덤으로 그 정당성이나 지위를 공유하게 된다고 한다. 그리고 이렇게 얻은 정당성이나 지위는 조직의 생존은 물론 조직의 성장에도 도움을 줄 수 있다. 셋째, 조직이 예상치 못한 환경 변화에 쉽게 적응하기 위해서이다(Perrow, 1992). 환경이 급속하게 변화하는 경우, 네트워크 조직은 매우 효과적으로 대응할 수 있다. 지식이 예측할 수 없을 정도로 빨리 발달되는 현대사회에서 지식생산 본거지에 접근하는 것은 매우 중요하며, 네트워크는 이것을 가능하게 한다. 마지막으로, 조직의 권력을 강화하기 위해서이다. 조직은 다른 조직과 유대관계를 공고히 함으로써 자신의 권력을 강화할 수 있다(Burt & Knez, 1995; 안희남·정성범, 2013). 이제부터는 우선 네트워크의 정의를 살펴보고, 네트워크 조직의 정의와 특성, 그리고 유형에 관해 알아본다.

1) 네트워크의 정의

네트워크(network)는 참여자들의 경쟁력을 높이고, 희소한 자원을 공유하기 위해 제시되는 형태이다. 두 명 이상의 참여자들이 일회성의 시장거래나, 혹은 계층을 통한 내부 거래보다는 공동생산, 공동판매, 합작투자, 컨소시엄 등의 거래를 할때 이를 네트워크라고 한다(조영보·김성규, 2004). 네트워크란 정보, 자원, 에너지, 권력 등이 이동하는 부분, 혹은 마디(node) 간의 관계(혹은 유대관계, ties)를 의미한다(Scott & Davis, 2007). 유대관계(ties)는 물리적인 것도 있고, 사람 사이의 관계도 있다. 이때 **마디(node)**는 행위자(예를 들어, 사람, 집단, 조직 등), 신경세포(neuron), 추상적 생각 등이 될 수 있다. **유대관계(ties)**가 어떻게 형성되느냐에 따라 네트워크의 특성이 결정되며, 행위자인 개인과 조직, 집단 등의 행동이 달라진다.

네트워크는 개방체제이면서, 상호의존적이고, 느슨하게 연결된(loosely connected) 체제이다. 이 체제를 통해 물자, 에너지, 정보가 이동된다. 생물체의 세포로부터 미생물, 조직, 사회제도, 형성체계에 이르기까지 네트워크는 모든 분석 수준의 체제(system)를 기술하는데 사용될 수 있다(안희남·정성범, 2013; 〈표 14-1〉 참조).

표 14-1 네트워크의 정의

연구자	정의
Thorelli(1986)	둘 이상의 조직이 장기적인 관계를 맺는 것
Knoke(1990)	기업 간 네트워크뿐만 아니라 기업 내 비공식 커뮤니케이션과 같은 기업 내 네트워크를 포함함
Miles & Snow(1995)	관리적 절차보다는 시장 메커니즘에 의해 통제되는 매우 유연하면서 덜 계층적인 기업, 혹은 사업 단위들의 집단
Cassers(1994)	공동의 목표를 위해 여러 기업들이 집단을 형성하여 서로 간에 연결된 것
Juga(1996)	다양하게 연결된 조직들로 이루어진 집단

출처: 조영보·김성규(2004) 재정리.

네트워크 가운데 사회적 네트워크는 개인 간의 관계에서 나타난다. 짐멜(La

Sociologie de Georg Simmel, 1908)이 제시한 친구, 친지 관계가 대표적인 사회적 네트워크이다. 친구, 친지관계의 수준을 측정하기 위해 계량 사회학(sociometry), 혹은 소시오그램(sociogram) 등의 분석기법이 사용되기도 한다.[4] 월드와이드 웹(world wide web)은 핫 링크(hot link)로 연결된 마디이며, 생태계(ecosystem)는 사람이 포함되지 않은 자연의 네트워크이다. 교보문고, 아마존 닷컴 등 전자 상거래는 많은 구매자를 연결시킨 마디이다(안희남·정성범, 2013).

네트워크를 측정하기 위해서는 거리(distance), 중심성(centrality), 구조적 공백(structural holes)과 군집(cliques) 등 세 가지의 요소가 고려되어야 한다(Smith-Doerr & Powell, 2005).

① 거리(distance): 거리는 두 행위자 사이의 간격을 말한다. 행위자들 간의 거리가 가까우면 가까울수록 이는 강한 네트워크 관계로 볼 수 있다. 친구 사이가 그 예가 될 수 있는데, 친구는 한 단계 거리지만 친구의 친구는 두 단계의 거리이다. 4만 5천명의 학생을 대상으로 한 Kossinets & Watts(2006)의 연구에 의하면, 강의실 옆자리에 앉은 학생들은 그렇지 않은 학생들보다 이메일을 주고받을 확률이 3배 높았다고 한다(안희남·이승철, 2012).

② 중심성(centrality): 중심성은 한 행위자가 동일한 네트워크 내에서 다른 행위자들과 얼마나 연결되어 있는지를 의미한다(Scott, 2000; Wasserman & Faust, 1994). 중심성은 정보와 자원에 대한 접근 가능성, 사회적 평판과 위상, 권력, 타인으로부터의 사회적 기대와 관련이 있다(Balkundi & Harrison, 2006; Balkundi & Kilduff, 2006). 다시 말해서, 중심성은 행위자가 네트워크에서 중심에 위치하는지의 여부인데, 중심부에 위치한다는 것은 핵심 정보와 사람에게 접근할 수 있음을 의미한다. 중심성은 행위자들 간의 직접적인 접촉 횟수를 의미하기도 하는데, 행위자들이 직접적으로 접촉하는 횟수가 많으면 많을수록 네트워크의 관계는 강해진다(안희남·이승철, 2012). 관리자뿐만 아니라 하위 직원도 의사소통 네트워크의 중심부에 있게 되면 큰 영향력을 갖게 된다. 즉 조직 내의 모든 계층에 있는 구성원들이 보다 성공적으로 목표를 달성하기 위해 네트워크에서의 중심성 개념을 활용할 수 있다. 특정한 업무에 정통하거나 고난도 작업을 수행함으로써 관련 전문지식을 갖추게

---

4) 소시오그램(sociogram)은 그룹 내의 인간관계 또는 집단 구조를 도표화한 것을 뜻한다.

되면 네트워크에서의 중심성을 높일 수 있다(Daft, 2010).

　③ 구조적 공백(structural holes)과 군집(cliques): 구조적 공백은 서로 사회적 관계가 없는 행위자들을 연결하는 지점을 의미하는데, 한 행위자가 구조적 공백의 위치를 점유하면 다양한 정보에 대한 접근 가능성이 높아지고, 정보의 흐름을 차단할 수 있어 다른 행위자들에 대한 영향력이 높아진다(Burt, 1992). 네트워크 중심성이 직접적인 사회적 관계를 강조한다면, 구조적 공백은 직접적인 사회적 관계보다는 매개적인 역할을 강조한다(이기현 외, 2016). 군집은 네트워크 내에 행위자들이 얼마나 모여 있는지의 정도, 혹은 네트워크 내의 행위자들이 어떻게 연결되어 있는지, 응집력이 있는지의 여부를 의미한다. 일반적으로 같은 지역에 모여 있으면, 네트워크 관계는 강해진다. 이것을 가장 잘 나타내는 것이 산업지구(industrial district)이다(안희남·이승철, 2012).

2) 네트워크 조직의 정의와 특성

　네트워크 조직(network organization)은 조직의 네트워크형태(networks forms of organization), 조직 간의 네트워크(interfirm networks), 조직네트워크(organization network), 유연한 전문화(flexible specialization), 준 조직(quasi-firms) 등의 용어로도 사용되고 있다(Eccles, 1981; Piore & Sabel, 1984; Powell, 1990; Uzzi, 1997). 아직까지 네트워크 조직이란 무엇인가에 대한 개념적 합의는 존재하지 않는다 (Podolny & Page, 1998). Baker는 네트워크 조직을 공식적 경계로 통합할 수 있는 사회적 네트워크로 설명한다. 하지만 네트워크 조직은 공식적인 관계에 바탕을 둔 관료제 구조와 상반되는 조직 내, 조직 간 유기적 또는 비공식적 사회제도의 특징을 띤 협동을 일컫기도 한다(Gerlach, 1992; Nohria, 1992). 네트워크 조직은 공간적 제약을 탈피하여 각 기능조직들이 전자적으로 연결된 새로운 조직형태이다. 네트워크 조직은 수평적 조정과 협동을 통해 외부의 조직과 연계하여 주요 기능을 수행한다. 조직이 가장 잘 수행할 수 있고 경쟁력 있는 핵심적 기능(업무)은 조직의 역량을 집중하여 직접 수행하고, 그 외의 다른 기능(업무)은 외부 조직과 계약을 체결하여 운영한다(행정자치부, 2006.12).

　여러 연구들은 네트워크 조직에서 크게 두 가지의 요소를 강조하고 있다. 첫째, 교환 관계에서 상호작용의 패턴을 강조한다. 이 연구들은 수직적·수평적 교환의 패턴, 상호의존관계를 가져오는 장기적이고 지속적인 교환, 비공식적인 조직 간의 협조, 상응하는 의사소통의 라인 등을 강조한다(Powell, 1990; Larson, 1992; Kreiner & Schultz, 1993). 특히 몇몇 연구들은 개인, 집단, 조직 간 관계의 패턴, 시장에서의 전략적인 장기적 관계, 중간 수준의 연계를 사용하는 조직의 집합 등을 강조한다(Dubini & Aldrich, 1991; Gerlach & Lincoln, 1992; Granovetter, 1994). 둘째, 독립적인 단위 간의 자원의 흐름을 강조한다. 이 연구들은 법적으로 독립적이고 비계층적인 조직군 간의 자원의 흐름을 강조하고, 상호작용하는 조직들의 독립성은 강조하지 않는다(Powell, 1990; Miles & Snow, 1992; Alter & Hage, 1993).

부처 간 협업: 미국의 사례

오바마 행정부는 열린 정부(open government)를 정책기조로 삼고 이를 위한 3대 원칙 중 하나로 협업(collaboration)을 제시하고 있다.[5] 즉 대통령령(The President's Memorandum on Transparency and Open Government, 2009.1.22)과 지침(The Open Government Directive, 2009.12.8)에서 협업의 원칙을 명시하고 있다. 미국의 협업에서는 정부기관 간 협업뿐만 아니라 공공기관·비영리기관·민간을 포괄하는 협업을 강조한다. 특히 아동보호, 교육, 지역안전 관련 프로그램은 민간부문과의 협업에 크게 의존하고 있다. 하지만 중앙정부가 지방정부에 협업을 강요할 권한은 없다. 그러므로 재원조달, 입법 등을 통해 협업에 개입하고 있으며,[6] 협업의 대표사례를 발굴하여 보급하고 있다.

오바마 행정부에서는 각 정부기관들이 여러 혁신적인 수단을 통해 협업을 증진하기 위한 구체적인 방안을 마련토록 하고 있다. 일례로, 국토안보부(Department of Homeland Security: DHS)의 가상USA(Virtual USA)는 연방·주·지방정부의 의사결정자들이 날씨·교통·주요 인프라의 위치와 운영상태 등의 정보를 실시간으로 공유하여 신속한 결정을 내리도록 지원한다. 그리고 국무부의 인권정보 공유 웹페이지(HumanRights.gov)에서는 연방정부의 여러 홈페이지와 기관별 데이터베이스에 분산되어 있는 인권정보를 모아 연방정부와 주·지방정부들이 정보를 공유하도록 하고 있다.

1990년대 이후 미국에서 협업이 강조되는 분야는 환경분야이다. 여러 지역에 걸친 환경오염의 특성으로 인해 연방정부의 집권화된 관리로는 환경문제의 해결이 어렵게 되었다(Durant, Fiorino, O'Leary, 2004). 환경보호청(Environmental Protection Agency: EPA)은 대기

---

5) 3대 원칙은 투명성(transparency), 참여(participation), 협업(collaboration)이다.
6) 대개 '횡단적 성과목표치'를 사용하고 있다. 각 정부부처에서 제안하면, 관리예산국(Office of Management and Budget: OMB)의 심의를 거쳐 의회에서 최종 결정을 내리고 있다.

오염의 규제를 위해 협업적인 규제협상과정을 활용하고 있다. 1991년에 환경보호청은 스모그에 찌든 도심에서 재활용 가솔린의 사용 문제와 관련된 산업, 환경단체, 연방정부와 주정부 규제기관들 간에 합의를 도출하기 위해 협업적인 노력을 하도록 유도하였다(Weber, 1998). 또한 환경보호청은 지역사회에 기반을 둔 환경보호프로그램을 시작하였다. 산림청(Forest Service)은 시민과의 협업적인 정책기획을 강조하고 있다. 토지를 관리하는 18개 공공기관들은 협업을 핵심 개념으로 하는 생태계 관리(ecosystem management)적인 접근법을 받아들이기 시작하였다. 2000년에 들어, 내무부와 농림부의 장관은 국토와 천연자원의 관리를 위해 그 산하기관들이 주정부와 지방정부, 시민단체, 이익단체들과 협업을 하도록 요구하는 유역에 기반을 둔(watershed-based) 접근법을 천명하기 시작했다(USDA & USDOC, 2000).

출처: 진종순(2013).

　　네트워크 조직은 다른 형태의 조직 즉 시장, 계층제와의 비교를 통해 잘 설명될 수 있다(Jaffee, 2001: 245-279). Hakansson & Johanson(1988), Powell(1990), Axelsson & Easton(1992) 등은 네트워크가 전통적인 시장이나 계층제와는 다른 대안적인 조직 형태라고 주장한다. 즉 네트워크 조직은 자유시장의 보이지 않는 손(invisible hand)이나 계층적으로 통제되는 과정을 거치지 않으면서도, 복잡한 조정을 달성한다는 것이다. 그러나 시장, 계층제, 네트워크 조직을 순수한 구조적 관점에서 구분하기는 쉽지 않다. 시장과 계층제 또한 마디(node)와 유대관계(ties)라는 네트워크 조직의 기본 구조로 설명될 수 있는 조직형태이기 때문이다. 시장, 계층제, 네트워크 조직을 비교한 대표적인 학자는 Walter W. Powell이다.

　　Powell은 "Neither Market Nor Hierarchy: Network Forms of Organization"(1990)에서 시장(market)과 계층제(hierarchy)를 양극단에 둔 연속체(continuum) 내에 양자가 혼합된 형태인 네트워크 조직이 존재한다고 주장한다. 그는 경제활동을 조정하는 또 하나의 형태로 네트워크를 언급할 필요가 있다고 주장하였다. 매도자와 매수자 간에 매매되는 상품이 쉽게 측정될 수 없는 특성을 갖고 있을 때, 상호 간의 관계가 장기적이고 반복적이어서 매도자와 매수자를 분명하게 구분하기 어려울 때, 채무관계와 명성(reputation)이 복잡하게 뒤엉켜 참여자들이 상호의존적으로 행동하지만 공동의 소유, 혹은 법적인 규정이 없을 때, 이는 시장도 그렇다고 해서 계층제적인 정부구조도 아닌 특유의 논리 하에 교환을 하는 네트워크 조직이다.

Powell(1990)은 제약회사들에 대한 다년간의 연구결과, 기업들이 불확실성을 줄이고, 정보에 빠르게 접근하고, 환경에 대한 신뢰할 만한 대응체제를 얻기 위해 네트워크 조직에 가까워짐을 발견하였다. 네트워크 조직은 공식적인 집행과정 없이도 스스로 규제할 수 있다. 왜냐하면 참여자들이 장기적으로 네트워크를 유지하고자 하는 신뢰와 욕구를 갖고 있기 때문이다. 그는 의약산업 네트워크에서 활발한 활동, 혹은 중심성(centrality)이 제약회사의 재정적인 성공을 결정하는 중요한 요인임을 발견하였다. 성공적인 제약회사들은 협력적인 R&D에 참여하여 얻은 다양한 접촉의 경험을 통해 이러한 중심성을 얻을 수 있었다.

Powell(1990)은 시장, 계층제, 네트워크 조직 간의 핵심적인 차이를 설명하고 있는데, 예를 들어 시장과 달리 네트워크 조직에서 상호작용은 끝없이 지속되는 매매를 의미한다. 네트워크 조직의 참여자는 다른 참여자를 법적으로 제재하지 않는다. 참여자들은 장기적인 관점에서 은혜(indebtedness)와 의존(reliance)을 생성시키기를 원한다. 많은 경우 이는 참여자들 간의 개인적 유대관계로까지 확장된다. 네트워크 조직은 시장이나 계층제보다 학습을 촉진시키고 기술 노하우를 전달하는 데 유리하다. 결과적으로, 급변하는 요구와 예상치 못한 환경 변화에 대응하는데 계층제보다 유리하다. 네트워크 조직에서 참여자는 자원을 공유하여 이익을 얻는다. 하지만 참여자는 이러한 공유를 위해 다른 참여자들에게 적응하고 맞춰야 한다. 때로는 자신의 단기적인 이익까지 포기해야 한다.

네트워크 조직은 가치가 쉽게 측정되기 어려운 상품을 교환하는데 특히 유용하다. 네트워크 조직(상대적으로 명백한 보상(quid pro quo)이 없는)의 제약이 없고, 관계지향적인 특성은 새로운 지식과 기술을 전달하고 학습하는 능력을 향상시킨다. Powell(1990)은 호혜주의(reciprocity)가 네트워크 조직을 작동시키기 위한 핵심요소임을 발견하였다. 호혜주의는 장기적인 관점을 가진 사람들에게는 명백한 이익으로 이해된다. 미래의 이익에 대한 기대, 즉 미래의 그림자(the shadow of the future)는 자신의 이익에 대한 관점을 확장하고 상호 협력을 촉진시킨다.

예를 들어, 건설, 출판, 영상, 음반 산업이 네트워크 조직의 형태를 보여준다. 이러한 산업은 프로덕션 경험을 갖고 있거나, 고객의 요구에 맞추어 새로운 생산품을 만들어낼 수 있는 특별한 기술을 가진 노동력 풀(pool)이 존재하는 공예산업

(craft industry)의 특성을 강하게 갖고 있다. 참여자들은 팀 내, 혹은 조직구성원 간에 강한 업무관계(work ties)를 갖는 경향이 있다. 예를 들어, 영화산업에서 주어진 예산과 스케줄 하에 전문가와 배우를 구하는 영화사는 소수의 전문가나 배우들과 자기재생산적인 비즈니스관계, 즉 지속적인 계약을 맺는다. Powell(1990)은 숙련된 노동력과 전문가 풀(pool)의 이점을 얻기 위해 대부분의 공예 산업이 특정 지역에 집결하는 경향을 보여준다고 설명한다. 실제로 R&D 산업에서는 일반적으로 경쟁적인 상황 대신 위험, 자원, 정보의 공유가 나타난다. 이러한 체제는 값비싼 보호와 방어수단을 필요로 하지 않으며, 불확실성에 더 잘 대응할 수 있다. 하지만 중급 프로듀서 시장에서 경쟁이 사라지는 것은 아니다. 오히려 지식을 축적하고 개발하기 위해 하나의 기업연합이 다른 기업연합과 경쟁한다.

결론적으로, Powell(1990)은 네트워크 조직의 세 가지 핵심요소를 다음과 같이 제시한다.[7] 첫째, 노하우(know-how)이다. 기술은 최고가 입찰자만이 독점적으로 소유할 수 있는 것이 아니다. 공유된 정보가 하나의 공통된 가치가 될 때, 네트워크는 확산된다. 둘째, 빠른 속도의 요구(demand for speed)이다. 따라서 네트워크는 혁신과 행동으로의 빠른 전환에 대응할 수 있는 현장(fields)을 선호한다. 마지막으로, 신뢰(trust)이다. 네트워크는 광범위한 호혜주의와 미래에도 거래가 지속될 것이라는 기대에 기반을 두고 있다. 지속적인 거래에 대한 상호 기대는 공식적인 감시과정이 필요 없는 자기규제를 가져온다. 이때 참여자의 신뢰도에 관한 명성이 매우 중요하다.

네트워크 조직의 가장 큰 문제점은 통제가 완벽하게 이루어지지 못할 가능성이 크다는 것이다. 네트워크 조직에서의 활동은 계약, 조정, 협상 등을 통해서 이루어지기 때문이다. 이것은 또한 다른 조직과의 갈등해결 및 관계유지에 많은 시간이 소요됨을 의미한다. 그리고 다른 조직에 큰 문제가 발생할 경우, 네트워크 조직 전체가 위험에 빠질 수 있다(Daft, 2010). 네트워크 조직의 장점과 단점을 살펴보면, 다음의 〈표 14-2〉와 같다.

---

7) 또한 Powell(1990)은 완화된 독점금지 기준, 연구와 개발을 장려하는 정책, 산업과 학계 간의 연계와 같은 네트워크 조직을 발전시키기 위한 법적, 정치적, 경제적 요소의 중요성을 강조한다.

| 표 14-2 | 네트워크 조직의 장단점 |

장점	단점
• 소규모, 신생조직도 범지역적으로 인재와 자원을 확보 가능 • 큰 자본투자 없이도 상품, 서비스의 생산 및 개발 가능 • 환경변화 요구에 매우 유동적이고 신속한 반응을 가능하게 함 • 행정적인 간접비용 감소	• 관리자가 많은 활동과 직원들에 대한 직접적인 관리가 곤란 • 관련 조직들과의 관계 및 잠재적 갈등을 관리하는데 많은 시간 비용 소요 • 협력 조직의 실패가 조직의 실패로 이어질 위험 존재 • 직업안전성의 불안, 직원들의 충성과 응집력 있는 조직문화 저해

출처: 행정안전부(2006.12).

3) 네트워크 조직의 유형

Miles & Snow(1992)는 네트워크 조직을 세 가지의 유형으로 나눈다. 내부 네트워크 조직은 단일 조직 내의 네트워크를 말하며, 외부 네트워크 조직은 둘 이상 조직 간의 지속적인 관계를 의미하는 네트워크로 안정적 외부 네트워크 조직과 동태적 외부 네트워크 조직으로 나뉜다(송상호·김명형, 1996).

(1) 내부 네트워크 조직

내부 네트워크 조직은 조직 내 모든 부문이 자율적 단위로서 문제를 해결하기 위해 조직 내 다른 부문과 협력하는 조직이다. 내부 네트워크 조직은 하나의 거래주체로서 조직 자체 자산을 보유하고 있는 사업부문 간 일종의 매트릭스 조직형태이다(조영복 외, 2006). 예를 들어, P&G(Procter & Gamble)의 경우, 과거 각각의 사업부문이 독립적으로 상품을 생산, 판매하던 것을 사업부문 간 결합하는 생산시스템으로 만들었다. 또한 각각의 사업부문 간에 상호 결합된 마케팅을 실시하고 있다.

(2) 외부 네트워크 조직

외부 네트워크 조직은 효율적인 자원공급을 위해 외부 자원공급자와 연계를 추구하는 전략적 제휴나 전략적 네트워크를 의미한다. 외부 네트워크 조직의 대표적인 예로는 항공사가 있다. 미국에서는 지난 10년간 수십 개의 항공사가 새로 생겨났다. 경쟁을 유도하기 위한 정부의 탈 규제조치가 이러한 항공사의 신설을 부추겼다. 그러나 항공사가 크게 늘어난 다른 중요한 원인은 항공사의 업무를 대행할 많은 회사가 생겨났다는 것이다. 벤처 자본가들은 신설 항공사의 높은 수익률과 저비용 구조를 선호하여 시드머니를 제공했고, 기존 메이저 항공사는 컨설팅, 종업원 훈련, 항공기 유지와 보수, 예약 서비스 등을 신설 항공사에 제공하였다. Meyer & Rowan(1977)은 항공사의 핵심논리가 IKEA와 같은 즉석 조립식 가구처럼 되었다고 설명한다(안희남·정성범, 2013). 외부 네트워크 조직은 크게 안정적 외부 네트워크 조직과 동태적 외부 네트워크 조직으로 나뉜다.

① 안정적 외부 네트워크 조직

안정적 외부 네트워크 조직은 가치사슬(value chain) 상에서 유연성을 확보하기 위하여 공급자, 유통업자, 제조업체들이 장기적인 협력관계를 맺는 조직(예를 들어, 협력업체)을 말한다(조영복 외, 2006).[8] 안정적 외부 네트워크 조직은 부분적인 외주와 비교적 관계가 지속되는 속성을 갖고 있다. 안정적 외부 네트워크 조직에서는 자산이 여러 기업에 의해 소유되고 공급자와 유통업자들이 핵심기업을 중심으로 분산되어 있다. 예를 들어, BMW의 경우에 안정적인 외부 네트워크 조직으로 구성되어 있다. BMW는 합작투자를 하고 있으며, 다른 회사의 생산에 출자형식을 통하여 관여하고 있다. 대체로 생산비용의 55%에서 75%에 해당되는 자원과 서비스가 외부로부터 충당된다. BMW는 다른 기업과의 협력 관계에 의해서, 혹은 자회사 형태를 통하여 다양한 제품과 공정기술을 개발한다. BMW 스포츠 자동차 그룹, 모터사이클 그룹, 첨단엔지니어링 그룹은 자동차 엔지니어링과 설계에 관련된 기술을 개발하는데 초점을 두고 있다(Snow, Miles, & Coleman, 1992; 조영보·김성규, 2004).

② 동태적 외부 네트워크 조직

동태적 외부 네트워크 조직은 필요에 따라 단기적인 제휴관계를 맺고 과업이 달성되면 네트워크를 새롭게 구축하는 조직을 말한다(조영복 외, 2006). 신속하고 새롭게 변화하는 경쟁 상황에서 소수의 기업들은 내부 능력의 한계를 극복하고 가격 및 품질 경쟁력을 확보하기 위해 임시적인 네트워크인 동태적 외부 네트워크 조직을 활용하고 있다. 특히, 장난감, 패션, 출판, 영상, 생명공학 산업 등은 광범위한 외부생산을 장려하고 있다. 현대사회에서는 동일한 일이 반복되지 않고 어느

---

8) 가치사슬(value chain)은 Porter(1985)가 주장한 개념으로 기업이 원재료를 사서 가공, 판매하여 부가가치를 창출하는 일련의 과정을 뜻한다(매경시사용어사전, http://dic.mk.co.kr).

것이나 일회성이 강한 경향이 있다. 이처럼 과업의 성격이 일회성인 경우, 조직은 필요에 의하여 외부와 네트워크를 형성하고, 과업이 달성되면 네트워크를 새롭게 구축하는 활동을 추구하여야 한다. 예를 들어, 장난감 회사인 Galoob Toys의 경우, 약 100명의 직원이 전 공정을 담당하고 있는데, 이것이 가능한 이유는 독립된 개발자가 Galoob Toys의 제품을 설계하고 외부전문가가 엔지니어링을 담당하고, 홍콩에 외주를 주어 생산하기 때문이다. 본부에서는 단지 이들의 활동을 통합하기만 하면 된다(Peters, 1992; Snow, Miles, & Coleman, 1992; 조영보·김성규, 2004).

컬럼비아호 잔해 회수작업

2003년 2월 1일 우주왕복선 컬럼비아호는 미국 서부로 복귀하는 과정에서 20만피트 상공에서 폭파되었다. 이 순간 텍사스주와 루이지애나주의 2,000평방미터의 지역에 컬럼비아호의 잔해가 흩어지게 되었다. 몇몇 잔해의 무게는 800파운드에 이르렀으며, 초당 수백만 마일의 속도로 지상에 추락하였다. 이로 인해 다수의 화재가 발생하였지만, 놀랍게도 인명피해는 없었다. 그러나 이와 같은 잔해들에 대한 긴급한 조치가 필요하였다. 그 중 가장 시급한 것은 만약 있을지도 모르는 위험한 잔해로부터 시민을 보호하는 것이었으며, 또한 우주비행사의 시신을 수습하는 일이었다.

긴급한 대응 조치를 위해서는 450개가 넘는 연방정부, 주정부, 지방정부, 민간회사, 비정부기관들의 협업이 요구되었다. 이 밖에 경찰서, 소방서, 국경수비대, 적십자, 구세군 등 다양한 기관과 자원봉사자들이 문제를 해결하는데 도움을 주기 위해 모여들었지만, 대부분의 기관들은 이전에 함께 일한 경험이 전혀 없었으며, 많은 관련자들은 사고 시의 명령체계와 관리절차에 관한 사전지식이 전혀 없었다. 이러한 혼란에서 새로 설치된 국토안보부(Department of Homeland Security)가 문제를 해결하기 위해 투입되었다.

국토안보부의 기관장인 Tom Ridge는 다음과 같은 책임을 관련 기관들에게 부여하였다. 우선 주정부와 지방정부의 업무를 지원하는 역할만을 전통적으로 해왔던 연방 긴급사태 관리청(Federal Emergency Management Agency: FEMA)에게 1차적인 대응방안을 주도하는 책임을 부여하였다. NASA는 사고의 원인을 조사하는 일을 주도하는 책임을 맡았다. 환경보호국(Environmental Protection Agency)은 컬럼비아호의 잔해를 회수하는 일을 주도하는 책임을 맡았다. FBI는 승무원의 사체를 회수하는 일을 주도하는 책임을 맡았다. 미국 해군은 여러 기관에서 파견된 다이버들과 음파탐지팀의 호수 등 수중탐색작업을 주도하는 책임을 맡았다. 미국 연방 그리고 텍사스 산림청(U.S. Forest Service)은 함께 소방관과 헬리콥터 등이 68만 에이커에 이르는 지역에서 실시한 지상탐색작업을 지휘하였다.

이와 같이 컬럼비아호 참사에 대한 대응은 매우 복잡하였다. 하지만 결과적으로 대응은 매우 성공적이었다. 3개월 동안 2만5천명의 인원이 미국 역사상 가장 큰 탐색-회수 작업을 지원하였으며, 모든 승무원의 사체와 8만5천 파운드의 잔해가 회수되었다. NASA에서 컬럼비아호의 사고 원인을 규명하였으며, 2005년에 우주왕복선이 다시 발사되게 되었다. 많은 부분에서 컬럼비아호 참사에 대한 대응방안의 성공은 조직 간 협업의 결과였다. 다수의 그리고 다양한 규칙, 관할구역, 분야, 정부기간이 함께 일하여 복잡한 문제를 해결하였다.

출처: 박천오·주재현·진종순(2011.9).
사진출처: 위키피디아(https://commons.wikimedia.org/wiki/File:STS-107-Debris_KSC_Hangar.jpg).

복습을 위한 질문

- 조직 간의 관계(IOR)에서 관리자의 역할은 세 가지의 문제를 해결하기 위해 중요한데, 이 문제에 해당되는 것은 무엇인가?
- 조직이 네트워크 조직화하는 이유는 무엇인가?
- 네트워크를 측정하기 위한 요소 가운데 서로 사회적 관계가 없는 행위자들을 연결하는 지점은 무엇인가?
- Powell이 주장하는 네트워크의 핵심요소는 무엇인가?
- 네트워크 조직의 유형 가운데 필요에 따라 단기적인 제휴관계를 맺고 과업이 달성되면 네트워크를 새롭게 구축하는 조직은 무엇인가?

제**15**장

조직에서의 학습

실제로 불확실한 환경에서 의사결정이 이루어지므로 관리자가 내리는 많은 의사결정에서 실수가 발생하고, 결과적으로 조직의 실패로 이어지는 것은 놀라운 일이 아니다. 관리자가 한번의 기술적이고 건실한 판단을 통해, 혹은 우연히 운이 좋아서 옳은 결정을 내릴 경우, 조직은 생존하고 번영할 수 있다. 그러나 만약 관리자가 계속해서 성공적인 의사결정을 내리기 원한다면, 그는 모든 조직구성원이 새롭게 적응할 수 있는 행태를 학습하는 능력이나, 비효율적이고 진부해진 행태를 학습하지 않는 능력을 향상시킬 수 있도록 돕는 체제를 갖추어야 한다(Jones, 2010).

관리자가 프로그램화되지 않은(non-programmed) 의사결정(조직의 생존가능성을 높이기 위해 환경에 적응하고, 환경을 수정·변경하는 의사결정)을 내리는데 도움을 주는 가장 중요한 체제는 조직학습(organizational learning)이다. 조직학습은 관리자가 조직구성원들의 조직과 환경을 이해하고 관리하는 능력을 향상시키기 위해 활용하는 과정이다. 즉 조직학습을 통해 조직구성원들은 조직의 효과성을 향상시키는 의사결정을 지속적으로 내릴 수 있다. 환경의 빠른 변화가 모든 조직에 영향을 주고 있기 때문에, 현대사회에서 조직학습은 필수적인 과정이다. 따라서 조직의 관리자는 어떻게 조직학습이 일어나는지, 그리고 어떤 요인들이 조직학습을 강화시키거나 약화시키는지 반드시 이해할 필요가 있다(Jones, 2010). 이 장에서는 이러한 조직학습에 관한 내용을 살펴본다.

1. 학   습

일반적으로 학습(learning)이라는 단어는 명확한 정의 없이 사용되고 있다. 하지만 오랜 기간 동안 학습에 관해 연구가 이루어졌으며, 다양한 정의와 이론적 접근법이 존재한다. 어떠한 이론적인 관점에 바탕을 두는가에 따라 학습에 관한 연구는 다양한 형태를 띠어왔다. 학습의 개념은 지식, 지식획득, 경험 등과 같은 유사한 개념의 영향을 받아 왔다. 학습은 개인의 행동과 동기부여의 근저에 있는 기본적인 과정이며, 조직에서 대부분의 행동은 학습된 행동이다. 즉 조직구성원의 인식, 태도, 목표, 감정적인 반응 등은 학습된 것이다. 예를 들어, 컴퓨터 프로그래밍, 직원에 대한 상담 등 기술은 학습될 수 있다. 조직에서 사용하는 언어의 의미와 용법 또한 학습될 수 있다(Gibson, Ivancevich, Donnelly, & Konopaske, 2009).

일반적인 수준에서 학습의 개념을 이해하는 것은 비교적 용이하다. 하지만 논의가 좀 더 구체적으로 이루어지면, 학습에 관한 개념정의는 보다 어려운 문제가 된다. 일반적으로 학습은 "실천의 결과로 나타난 비교적 오래 지속되는 행태의 변화 과정"을 의미한다. 이 정의에서 **실천(practice)**이라는 단어는 학습이 공식적인 훈련과 통제되지 않는 경험을 모두 포함함을 뜻한다. **비교적 지속되는(relative enduring)**이라는 단어는 학습으로 인한 행태의 변화가 어느 정도 영구적임을 뜻한다. 하지만 학습으로 인한 행태의 변화는 활용가능하고 효과성을 높일 수 있지만, 반대로 활용불가능하고 효과성이 없을 수도 있다(Gibson, Ivancevich, Donnelly, & Konopaske, 2009).

또한 학습은 "과거의 경험으로 인한 비교적 영구적인 행태의 변화"라고 정의될 수 있다. 이 정의에서 중요한 점은 학습이 인지적인 과정으로 인해 행태에 주는 영향으로 측정된다는 것이다. 즉 행태의 변화는 반드시 개인의 어떤 심리적인 작용으로 인해 나타나야 한다. 단순한 우연, 즉각적인 반응, 본능, 강제로 인해 일어난 행태의 변화는 학습으로 볼 수 없다. 학습에 관한 대부분의 이론들은 개인의 의도적인 행위를 강조하고 있다. 학습을 의도적이고 의식적인 행위로 이해하는 것이다(Eriksson-Zetterquist, Mullern, & Styhre, 2011).

이러한 정의들은 학습이론의 다양한 관점을 모두 다룰 수 있을 정도로 포괄적이다. 그리고 광범위한 학습상황에서 적용 가능하다. 하지만 이에 덧붙여 학습의 개념에 관한 보다 나은 이해를 위해서는 학습의 세 가지 이론적 측면을 살펴볼 필요가 있다. 학습이론은 행태(behavior), 인식(cognition), 상황(situation)의 세 가지 측면에 중점을 둔다. 첫째, 행태에 중점을 두는 이론은 행태의 역할을 강조한다. 이러한 설명에서는 실제로 학습이 일어났는지 측정하기 위한 **변화된 행태**가 매우 중요하다. 둘째, 인식에 중점을 두는 이론은 행태의 변화를 낳는 의식적·무의식적 심리과정(mechanism)을 강조하는데, **인식의 변화**가 학습의 일부가 된다. 이러한 이론에서는 변화된 지식, 경험, 이해가 학습과정의 결과라는 점을 강조하며, 행태의 변화만이 학습이라고 정의하는 주장을 비판한다. 마지막으로, 상황에 중점을 두는 이론은 **학습이 일어나는 상황**, 환경을 강조한다. 행태 중심적인 이론과 인식 중심적인 이론은 주로 개인을 대상으로 하며, 심리학에 바탕을 두고 있다. 하지만 상황 중심적인 이론이 소개됨에 따라 집단과 조직에 보다 중점을 두게 되었다. 이러한 세 가지 이론적 측면 간의 차이는 명백한 것이 아니며, 내용이 서로 중첩되기도 한다. 즉 비록 하나의 측면을 강조하는 점은 있지만, 각 이론은 다른 이론의 주장을 받아들이고 있다(Eriksson-Zetterquist, Mullern, & Styhre, 2011).

2. 학습조직

전통적으로 학습이론은 주로 개인이 경험으로부터 학습하는 능력에 중점을 두어왔다. 하지만 이러한 학습이론은 집단, 조직에 관해 다룰 때 보다 복잡하게 된다(Eriksson-Zetterquist, Mullern, & Styhre, 2011).

학습조직(learning organization)은 March & Simon(1958), Cyert & March(1963) 등에 의해 최초로 개념이 제시되었다. 하지만 오랜 기간 학습조직은 연구자들의 관심을 받지 못하였으며, MIT대학의 학습연구소를 중심으로 1980년대 후반부터 본격적으로 연구가 진행되기 시작했다(송상호·김명형, 1996). 학습조직의 강조는 현대사회에서 경쟁우위를 점하는 것을 가능하게 하는 것은 오직 높은 질(quality)의 인적 자원(human resource)이며, 이는 학습을 통한 조직구성원의 역량 향상을 통해 얻을 수 있다는 믿음에 기초하고 있다. 학습조직은 단순히 조직구성원 개개인의 역량 향상을 위한 학습뿐만 아니라 조직 전체에서 학습이 체계적으로 이루어져야 함을 의미한다. 즉 학습조직은 "조직의 학습을 통해 창의성, 변화, 지속성, 지식 습득 등이 용이하여 환경변화에 대한 대응이 수월한 조직"을 의미한다.

학습조직에서의 학습(learning)은 일반적인 학습과는 차이가 있다. 그리고 일방적으로 지식을 전수하는 교육(education)이나 훈련(training)과도 구별된다. 학습조직에서의 학습은 교육자가 피교육자에게 지식과 기술을 일방적으로 전수하는 것이 아니라, 조직구성원 간의 상호작용에 의한 쌍방향적 학습의 성격(learning by interaction)을 띤다(송상호·김명형, 1996). Senge(1990)는 학습조직을 "행태를 변화하기 위해 지식을 적극적으로 창조하고, 사용하고, 전달하는 조직"이라고 설명한다. 학습조직에서는 일상적으로 지식, 경험, 아이디어를 공유한다(Gibson, Ivancevich, Donnelly, & Konopaske, 2009). 결과적으로 학습조직을 만들기 위해서는 조직 일부분의 점진적 개선이나 임시방편적 처방이 아니라, 조직구성원의 패러다임 전환과 함께 조직 전체와 조직을 지원하는 체제가 동시에 바뀌어야 한다(Marquardt & Reynolds, 1995).

Redding & Catalanello(1994)는 Senge(1990)가 제시한 설명을 보다 구체화하여 학습조직을 최종적인 해답을 구하기보다는 끊임없이 실험하는 조직, 예측보다는 즉흥적인 대응성을 중시하는 조직, 과거 행동을 고수하기보다는 새로운 행동을 고안하는 조직, 영속성보다는 비영속성을 장려하는 조직, 순종보다는 논쟁을 장려하는 조직, 문제제기를 없애기보다는 장려하는 조직, 모순을 제거하기보다는 권장하는 조직으로 설명한다. 그리고 Robbins & Coulter(1999)는 조직구성원이 직무와 관련된 문제가 무엇인지 인식하고 이를 해결하기 위한 능동적인 역할을 수행하기 위해 적응능력과 변화능력을 지속적으로 계발시키는 조직을 학습조직이라 본다.

Marquardt & Reynolds(1995)는 학습조직을 조직구성원에게 권한을 부여하며 업무에서의 성취와 품질혁신활동을 통합함으로써, 학습을 위한 영역을 찾아 조직구성원 간의 협력을 도모하고 질문과 연구를 촉발하여 지속적인 학습기회를 창출하는 조직으로 정의하고 있다. Wishart et al.(1996)은 지속적인 학습을 통해 조직구성원에게 심리적 모델, 행동관행, 조직의 생존과 성장을 위한 중요한 핵심 전제 등을 의식화시킴으로써 조직운영 쇄신과 환경변화에 대한 대응역량을 갖춘 조직을 학습조직이라고 설명한다. 마지막으로, Garvin(1993)은 학습조직을 지식을 창출, 획득, 확산하는데 익숙한 조직, 새로운 지식과 통찰력을 반영하여 행동을 수정할 수 있는 능력을 갖춘 조직이라고 설명하면서, 학습조직의 특징을 다음과 같이 제시한다.[1]

---

1) 한편, 학습조직화의 장애요인으로 Marquardt & Reynolds(1995)는 관료주의화, 경쟁적인 조직분위기, 과도한 통제, 원활하지 못한 의사전달, 불안한 리더십, 비효율적인 정보공유시스템, 신축적이지 못한 계층제 구조, 대규모 조직을 들고 있다. Watkins & Marsick(1993)은 피상적인 학습, 학습된 무능력, 편협한 사고방식을 들고 있으며, Senge(1990)은 기능적 편협성, 책임전가주의, 단기적 성

① 학습조직은 학습을 토대로 조직의 성과를 개선한다.

② 학습조직은 창의성과 적응성을 제고하기 위해 의도적으로 조성된 조직이다.

③ 학습조직은 급변하는 환경에 대한 대응능력과 조직의 성장능력을 극대화하기 위해 지속적인 학습을 추구하는 조직이다.

④ 학습조직은 구성원의 개별학습과 조직학습을 조장함으로써 조직의 긍정적인 변화와 쇄신을 지속적으로 촉진하는 조직이다.

⑤ 학습조직은 구성원의 학습을 통하여 체득한 새로운 지식과 통찰력을 업무수행 과정에 반영할 수 있도록 행동을 변화시키는 조직이다.

즉 학습조직은 의사소통과 수평적인 협력을 강조하는 조직이다. 학습조직에서는 평등, 정보 공개, 낮은 계층화, 조직적응성, 참여가 강조된다(Daft, 2010). 학습조직은 조직 전체의 차원에서 지식이 창출되고, 이에 기초를 두고 환경적응력과 경쟁력을 강화시키는 조직을 말한다. 따라서 바람직한 학습조직은 조직학습뿐만 아니라 개인학습과 집단학습에 의해서도 구현될 수 있다(곽상만 외, 1996).

Korten(1980)은 성공적인 정책이나 프로그램의 발전은 조직이 갖고 있는 학습능력에 달려있다고 설명한다. 그가 설명한 학습조직의 세 가지 중요한 요인은 다음과 같다. 첫째, 학습조직은 실패를 포용, 혹은 수용한다. 예를 들어, 시범(pilot) 프로젝트와 현장(field) 실험은 정책이나 프로그램 발전을 위한 학습의 첫 번째 단계이다. 둘째, 학습조직은 과거의 잘못된 정책이나 프로그램, 그리고 이를 고치려고 씨름해왔던 사람들이 가진 기존의 지식과 기술에서 교훈을 얻는다. 기존의 지식과 기술(부적절하거나 실패했던 것을 포함하여)은 정책이나 프로그램을 개선하려고 하는 현재의 사람들이 우선 다루어야 할 문제와 대상 집단이 갖는 한계를 이해하는데 도움을 준다. 셋째, 학습조직은 지식과 행동을 연결시킨다. 따라서 집행부서는 정책이나 프로그램을 최초에 계획하였던 기획부서의 토대 위에 세워진다.

스스로 개선·발전하기 위해 조직은 보다 합리적·경험적·계속되는 재시험에 항상 열려있어야 한다. 다시 말해서, 학습조직은 언제나 재시험을 받아들일 여지를 갖고 있어야 한다. 정기적인 프로그램 감사, OR(operations research)의 사용, 비용/효과 분석의 사용 등이 재시험의 예가 될 수 있을 것이다. 학습조직의 근저에 깔

과의 중시, 일반주의, 숙련된 무능현상을 제시하고 있다(김영환, 2002 재인용).

려있는 아이디어는 조직 내에 활기찬(dynamic) 긴장상태가 유지되어야 한다는 점이다. 다시 말해서 학습조직에서는 구성원들이 갖는 불만족이 어느 정도 허용되어야 한다. 그리고 변화를 쉽게 허용하는 의사결정기준과 절차가 도입됨으로써 조직구성원이 현 상태에서 만족하는 것을 어렵게 만들어야 한다.

학습조직은 전통적인 관료제 형태와 근본적인 차이가 있다. Hale(1996)은 학습조직의 특징을 다음과 같이 제시한다(〈표 15-1〉 참조).

• 학습조직은 개인적·지식기반적인 권력을 강화시킨다. 이러한 권력에 기초한 조직은 조직구성원과 관리자의 요구에 부응하고, 개인적이면서 체계적인 학습을 증진시키는데 충분한 융통성을 갖게 된다.
• 학습조직은 체계적이고 조직적인 학습에 우선적인 관심을 갖는 의사결정구조를 활용한다.
• 학습조직은 안정된 상태를 가정하지 않는다. 변화를 위한 학습역량과 생산적인 학습, 온라인과 대면 학습에 기초하여 미래행동의 기반을 구축한다.
• 학습조직은 다양한 집단 간의 빈번한 비공식적인 접촉을 장려한다.
• 학습조직은 관계지향적, 집합적 행동을 장려한다. 학습은 공동참여와 공동생산에 기반을 두게 된다.
• 학습조직은 공통의 질문과 공통의 인식과 같은 방법을 통해 조직의 목표를 확인한다.

표 15-1   관료제와 학습조직의 비교

구분	관료제	학습조직
편익	조직적 권력	개인적 권력
지향	업무	설계
업무 배분	원자적 구조	관계적 접근
의사결정의 틀	개인적 학습	조직적 학습
미래 행동의 기반	최근의 과거 경험	온라인 학습
업무의 기초	독점적 권한	공동생산
행동	합리적 목적	변화를 위한 학습
변화 발생 상황	조직의 자기정체성 및 안정성	안정적 상태의 상실

업무 수행	자율적 행동	집합적 행동
목표 확인	계획된 일정 및 단위부서의 통제	공통의 질문과 공동의 인식
관리적 개선 결과	한정된 생산성	높은 생산성

출처: Hale(1996: 425).

3. 학습조직의 다섯 가지 수련

Peter Senge(1990)의 「다섯 가지 수련」(*The Fifth Discipline*)은 학습조직에 관심을 갖는 관리자와 연구자들에게 큰 영향을 미쳤다. Senge(1990)에 의하면, 조직이 변화하기 위해 학습하는 것은 실제로 가능하다. 왜냐하면 모든 사람은 본질적으로 학습자이기 때문이다. Senge(1990)은 우리들이 살고 있는 세계가 분절된, 그리고 관련 없는 역학에 의해 창조되었다는 환상을 깨야 한다고 주장한다. 우리가 이러한 환상에서 깨어날 때, 우리는 학습조직을 만들 수 있다. 학습조직은 사람들이 진실로 원하는 결과를 가져올 수 있는 능력을 지속적으로 배양하는 조직을 뜻한다. 학습조직은 첫째, 새롭고 확장된 형태(pattern)의 사고가 장려되고, 둘째, 집단의 계획이나 목표(aspiration)에서 벗어나고, 마지막으로, 사람들이 어떻게 함께 배울 수 있을지 계속해서 학습하는 조직이다. 학습은 조직구성원과 조직을 위한 변화이며, 조직의 변화는 팀 구성(teaming)을 통해 나타난다.

학습조직을 설계하기 위해 관리자는 학습 불가능한 상황을 탐지하는 법을 배워야 한다. 이는 향후 조직의 능력을 확장하기 위한 끝없는 도전이다. 학습조직은 평생 연구하고 훈련해야 할 다섯 가지의 학습수련(learning discipline)에 기초하고 있다. 즉 진정한 학습조직은 자기완성(personal mastery), 사고의 틀(mental models), 공유된 비전(shared vision), 팀 학습(team learning), 시스템 사고(systems thinking) 등 다섯 가지 구성요소를 활용한다. 다섯 가지의 학습수련은 상호 밀접한 작용을 하는데, Senge(1990)는 다섯 가지의 학습수련, 즉 새로운 기술의 구성요소(component technologies)가 점차 모여서 합쳐지고, 이것들이 결국 함께 학습조직을 만든다고 주장한다(Shafritz, Ott, & Jang, 2005). 이러한 다섯 가지의 학습수련의 내용은 다음과 같다.

1) 자기완성

자기완성(personal mastery)은 조직구성원이 **무엇이 중요한지를 규명하고, 실체를 보다 구체적으로 파악하는 법을 지속적으로 학습하는 것**을 의미한다. 조직은 학습하는 구성원을 통해 학습한다. 자기완성은 조직구성원이 원하는 결과를 창출할 수 있는 개인적 역량을 강화하는 법을 학습하고, 이들 조직구성원이 선택한 목표를 향해 각자 자신을 개발할 수 있는 여건을 조직이 조성하는 수련이다(Senge et al., 1994). 자기완성은 생활과 일에 관한 조직구성원 개인의 접근방법을 성숙시키는 것이다. 다시 말해서, 조직구성원 각자는 원하는 결과를 창출할 수 있는 자기역량의 강화방법을 학습해야 한다. 그리고 조직은 조직구성원들이 선택한 목표를 향해 스스로를 개발할 수 있는 여건을 조성해주어야 한다.

2) 사고의 틀

사고의 틀(mental models)은 조직구성원의 **현실 인식과 행동 양식에 영향을 미치는 조직 내부의 패턴과 세계관**이다. 세계관은 좋고 나쁘고의 문제라기보다, 세계관이 있느냐 없느냐가 중요하다. 그러므로 학습조직은 시선을 조직 내부로 돌려 지속적으로 조직구성원의 세계관을 정의하고 시험하며 개선해야 한다. 다시 말해서, 사고의 틀은 세상에 관한 조직구성원의 생각과 관점을 끊임없이 성찰하고, 객관화하고, 다듬으면서 생각과 관점이 자신의 행동과 선택에 어떤 영향을 미치는지 깨닫는 수련이다(Senge et al., 1994). 이러한 수련은 조직구성원의 뇌리에 깊이 박힌 전제, 또는 심리적 이미지를 성찰하고 새롭게 하는 것이다.

3) 공유된 비전

공유된 비전(shared vision)은 조직이 어떠해야하며, 조직구성원이 무엇을 성취하기 위해 노력해야 하는가에 관해 조직구성원이 가지는 이미지와 영상을 의미한다. 비전의 공유는 **일체감과 사명에 관한 공감대**라 할 수 있다. 즉 공유된 비전은 조직구성원이 달성하고자 하는 미래의 이미지를 창조하고, 거기에 도달하기 위한 원칙과 관행에 대한 공감대를 확대하여 조직 내에 공생의식을 구축하는 수련이다(Senge et al., 1994).

4) 팀 학습

팀 학습(team learning)은 조직학습의 축소판이라 할 수 있는 것으로, **조직구성원이 달성하고자 하는 결과를 만들어 내는 팀의 역량을 구축하고 개발하는 과정**이다. 즉 팀 학습은 조직구성원들이 개개인의 능력의 단순 합을 뛰어넘는 지혜와 능력을 구축할 수 있도록 조직구성원 간의 진실한 대화와 집단적인 사고방법으로 전환하는 수련이다(Senge et al., 1994).

5) 시스템 사고

시스템 사고(systems thinking)에서는 **조직의 노력이 하나의 체제, 또는 전체이며 상호 연결된 행동의 보이지 않는 구조로 이루어져 있다**고 이해한다. 시스템 사고는 전체를 보는 훈련이다(Senge et al., 1994). 이는 사물 자체보다 사물 사이의 관계를 보기 위한 사고체계이고, 정지된 장면을 보기보다는 변화의 유형(pattern)을 보기 위한 사고체계이다. 유리컵에 물을 채우는 예를 들어보자. 선형적인(linear) 사고에서 우리는 이를 "나는 유리컵에 물을 채우고 있다"라고 말한다. 하지만 실제로 우리는 유리컵에 물을 채우는 동안 물의 높이가 올라가는 것을 지켜본다. 물의 높이와 목표, 즉 원하는 높이 사이의 차이(gap)를 살핀다. 물의 높이가 원하는 수준에 가까워지면, 수도꼭지를 조금씩 잠가 물의 흐름을 느리게 하고, 물이 가득 차면, 완전히 잠근다. 우리는 유리컵에 물을 채우는 동안 다섯 가지 변수를 포함하는 물 조절 시스템을 작동시킨다. 다섯 가지 변수는 원하는 물의 높이, 현재 물의

그림 15-1 원형적 사고

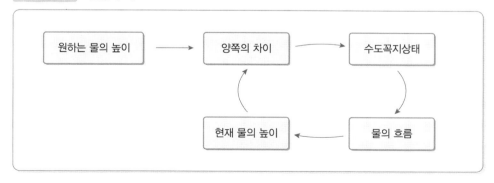

높이, 양쪽의 차이, 수도꼭지 상태, 물의 흐름이다. 이것은 피드백 과정(feedback process)이라고 하는 순환적인(circle) 인과관계, 즉 원형(loop)으로 연결되어 있다. 이러한 과정은 물이 원하는 높이에 올 때까지 계속된다(Senge, 1990).

시스템 사고의 적용을 통해 조직구성원은 조직이 실제로 어떻게 변화하는지 이해할 수 있다. 즉 조직, 환경, 조직에 영향을 미치는 사건 간의 상호관련성을 전체적으로 조망할 수 있게 된다. 시스템 사고는 체제의 변화와 발전을 결정짓는 요인과 이들 요인 간의 관계를 기술하고 이해할 수 있는 언어, 또는 이에 대한 사고방법을 체득하는 수련이다. 시스템 사고를 통해 체체를 더 효과적으로 만들 뿐만 아니라, 더 크게 보면 인간과 자연이 공존할 수 있는 행동을 이끌어 내게 된다(Senge et al., 1994). 다시 말해서, 시스템 다이내믹스(system dynamics)를 결정하는 요인들과 요인들 간의 관계를 이해하는 훈련, 그리고 이를 바탕으로 체제를 더 효과적으로 만들 수 있는 행동을 이끌어 내는 훈련이다.[2] 즉 시스템 사고는 체제를 구성하는 여러 연관 요인들을 통합적인 이론체계, 또는 실천체계로 융합시키는 능력을 키우는 훈련이다.

학습수련을 거듭할수록 조직구성원의 지각 능력은 확장되어 세상을 바라보는 새로운 시각을 점차 체득하게 된다. 예를 들어 일단 팀 학습이나 시스템 사고를 체득하게 되면, 과거처럼 전체를 희생하고 자신의 이익만을 도모하는 행위를 되풀이하기 어렵게 될 것이다. 결국, 조직에 가장 큰 공헌을 하는 구성원은 자기 자신을 위하여 학습 수련을 계속하는 사람이다. 다시 말해서, 비전을 가꾸고, 성찰하고, 탐구하며, 공동능력을 함양하고, 시스템을 이해하는 자신의 역량을 확장시키기 위해 노력하는 사람이 가장 바람직한 조직구성원이다(Senge et al., 1994). 학습조직의 다섯 가지 구성요소는 다음의 [그림 15-2]와 같다.

---

2) 시스템 다이내믹스(system dynamics)는 동태적이고 순환적인 인과관계의 시각으로 현상을 이해하고 이러한 이해에 기초한 모델을 구축하여 복잡한 인과관계로 구성된 현상이 어떻게 동태적으로 변해 나가는지를 실험하는 방법론이다(김도훈·문태훈·김동환, 1999).

그림 15-2 다섯 가지의 학습 수련

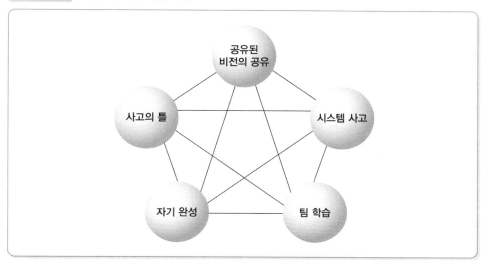

출처: 곽상만 외(1996: 183) 재정리.

Senge(1990)는 학습조직에서 관리자의 역할은 공유된 비전을 세울 수 있는 디자이너, 교사, 촉진자(facilitator)와 같다고 설명하며, 전통적인 조직관리 방법에 도전한다. 조직을 상호 관련된 부분들의 체제, 그리고 미래의 비전에 관해 소통하는 것으로 이해하는 관리자는 조직구성원들을 실수로부터 학습하도록 이끌고, 기존의 문제해결과 의사결정방법을 타파할 수 있다. 기존의 조직을 학습조직으로 바꾸기 위해서는 조직 내에서 정보와 경험이 활용되는 방식을 바꾸어야 한다. 다시 말해서, 관리자는 정보가 탐색되고, 활용되고, 축적되고, 평가되는 방식을 바꾸어야 한다. 그리고 정보는 공유되고, 활용가능하고, 투명해야 한다. 결국 학습조직을 위해 관리자는 정보, 새로운 아이디어, 창의성을 그들의 부서, 프로젝트, 조직 문화의 일부분으로 만들어야 한다. 하지만 이를 실천하는 것은 매우 어려운 일이다(Gibson, Ivancevich, Donnelly, & Konopaske, 2009).

센게(Peter M. Senge: 1947-)

피터 센게(Peter Senge)는 스탠포드 대학교에서 공학학사를, MIT에서 사회 시스템 모델링 석사학위 및 경영학 박사학위를 받았다. 현재 아내와 아이들과 함께 매사추세츠 주 중부에 살고 있는 그는 MIT 슬론 경영대학원 교수이자 조직학습협회(Society for Organizational Learning, SoL) 창립자이다. Senge는 경영과 리더십 분야에서 가장 혁신적인 사상가 중의 하나로 꼽힌다. 2008년 Wall Street Journal에서 '세계에서 가장 영향력 있는 경영 구루 20인'으로 선정되었고, Fast Company는 2009년 '비즈니스에서 가장 창의적인 인물 35위'로 뽑았다. Journal of Business Strategy에서도 '지난 100년간 경영 전략에 가장 영향력을 끼친 24인'으로 추천되었다. Financial Times는 피터 센게의 「다섯 가지 수련」을 '가장 훌륭한 다섯 권의 경제 서적'으로 뽑으며 극찬했고, Harvard Business Review는 '지난 75년 동안 출간된 경영 서적 중 가장 독창적인 경영 서적'으로 선정하였다.

출처: Peter M. Senge 저·강혜정 역. (2014). 「학습하는 조직」. 서울: 에이지21.
사진출처: https://www.toolshero.com/toolsheroes/peter-senge/

4. 학습의 수준

학습조직을 만들기 위해 관리자는 개인(individual), 집단(group), 조직(organizational), 조직 간(interorganizational) 등 네 가지 수준에서의 학습을 촉진시킬 필요가 있다. 이 장에서는 앞서 살펴본 Peter Senge(1990)의 이론을 바탕으로 각 수준에서의 학습을 촉진시키기 위한 수련(disciplines)을 설명한다. 앞서 살펴보았던 약간은 모호하게 느껴졌던 다섯 가지의 학습수련의 내용이 여기에서 더 명확히 이해될 수 있을 것이다.

1) 개 인

관리자는 개인(individual) 수준에서 새로운 기술, 규칙, 규범, 가치에 대한 학습을 촉진시키기 위해 어떤 것이든 시도해야 한다. 학습을 통해 조직구성원들은 개인의 능력을 배양하고, 이는 결과적으로 조직이 핵심역량(core competences)을 향상시키는데 도움을 줄 수 있다. Senge(1990)는 조직학습이 일어나기 위해서는 각각의 조직구성원이 **자기완성**(personal mastery) 의식을 발전시킬 필요가 있다고 주장한다. 자기완성은 조직이 모든 조직구성원에게 권한을 위임하고, 각자가 스스로 원하는 것을 실험하고, 창조하고, 탐험하는 것을 허용할 때 발전될 수 있다. 예를 들어, 구글(Google)은 직원들이 업무시간의 30%를 스스로 자유롭게 선택한 프로젝트를 위해 사용하는 것을 허용하고 있다. "틀에서 벗어나 생각한다(think out of the box)"라고 불리는 이러한 정책의 목표는 직원들이 업무에 대한 진지한 이해를 얻을 기회를 부여하는 것이다. 그리고 이는 조직만의 새로운 핵심 역량을 얻는 데 이바지할 수 있다. 실제로 Google Gadgets과 같은 새로운 어플리케이션(applications)은 직원들에 의해 제안되었다(Jones, 2010).

조직구성원들이 전문적 기능을 습득하고, 구체적인 업무를 수행하는데 무엇이 필요한지 깊은 이해를 얻도록 하기 위해, 조직은 업무를 수행하는 새롭거나, 보다 나은 방식을 찾도록 하는 **사고의 틀**(mental models)을 조직구성원들이 발전시키는 것을 권장해야 한다. 사고의 틀은 다음과 같은 비유로 설명될 수 있다. 어떤 사람이 일주일에 한 번씩 마당의 잔디를 깎고, 이를 꼭 해야만 하는 일과 중의 하나로 생각한다. 어느 날 그 사람은 어떻게 잔디를 관리할지 연구해보기로 했다. 즉 보다 복잡한 사고의 틀(mental model)을 갖고 잔디를 다른 높이로 깎고, 다른 비료를 사용하고, 물을 다른 방식으로 주는 등의 실험을 해보기로 했다. 이러한 연구를 통해 그는 잔디를 어느 정도 높이로 깎고, 비료와 물을 어떻게 혼합하는 것이 잔디를 굵게 자라도록 하고, 잡초가 적어지며, 결과적으로 가끔 잔디를 깎더라도 보기 좋은 상태로 만든다는 사실을 알게 되었다. 계속 연구를 하는 과정에서 일과였던 잔디 깎기는 그의 취미가 되었다. 그리고 잔디 깎기를 새로운 관점에서 바라봄에 따라 성취된 자기완성(personal mastery)은 그의 삶에서 만족을 가져오는 중요한 근원이 되었다.

바로 이것이 Senge(1990)의 학습조직을 발전시키기 위한 수련(disciplines)이 주는 메시지이다. 조직은 조직구성원이 자신의 업무에 헌신과 애착을 발전시키고, 이를 통해 실험과 위험감수의 경험을 얻는 것을 촉진시켜야 한다. 학습조직은 조직구성원이 의사결정에 대해 더 많은 책임을 가질 기회를 부여함으로써, 이들이 복잡한 사고의 틀(mental models)을 형성하고, 자기완성(personal mastery) 의식을 발전시키는 것을 촉진시킬 수 있다. 이는 두 가지의 방식으로 촉진될 수 있다. 첫째,

조직구성원들은 여러 가지 교육훈련을 받아 동시에 다양한 업무를 수행할 수 있다. 이 때 조직구성원들이 습득한 지식은 업무절차(work procedures)를 어떻게 향상시킬지에 관한 새로운 통찰력을 줄 수 있다. 둘째, 여러 조직구성원들이 수행하던 업무절차가 재설계(reengineering)되어, 정보기술의 도움을 받는 한 사람의 직원만으로 그 업무를 수행할 수 있을 수 있다.[3] 이 결과, 조직학습의 수준이 향상되어 그 한 사람의 직원이 새로운 업무 수행방법을 발견할 수도 있다(Jones, 2010).

2) 집 단

집단(group) 수준에서 관리자는 자기관리팀(self-managed teams)이나 다기능팀(cross-functional teams)과 같이 다양한 형태의 집단을 활용하여 학습을 촉진시킬 필요가 있다. 이를 통해 조직구성원들은 문제를 해결하는 기술과 능력을 서로 공유할 수 있다. 집단은 성과를 향상시키는 시너지(synergy)를 얻을 수 있는 환경을 제공한다. 이는 전체(whole)는 부분들의 합(sum)보다 더 낫다는 아이디어와 같다. 다시 말해서, 집단의 구성원들이 상호 작용하고 서로에게서 배울 기회가 많아짐에 따라 업무의 상관성이 높아지며, 시너지와 집단 수준의 학습이 일어날 가능성이 높아진다. 집단의 효과성을 향상시키는 집단의 반복적인 일(group routines)과 집단적인 의미의 공유된 풀(shared pools of collective meaning)은 이러한 집단 내 구성원들의 상호작용으로부터 발전될 수 있다. Senge(1990)는 이러한 학습을 **팀 학습(team learning)**이라고 말한다. 팀 학습은 조직학습을 향상시키는데 있어 개인 학습보다 훨씬 중요하다. 왜냐하면 가장 중요한 의사결정은 집단, 기능, 부서와 같은 하위단위(subunits)에서 만들어지기 때문이다(Jones, 2010).

3) 조 직

조직(organizational) 수준에서 관리자는 조직구조와 조직문화를 설계하여 학습을 촉진할 수 있다. 우선 조직구조는 기능 부서 간의 소통과 협력을 저해하거나, 혹은 활성화시키기 위해 설계될 수 있는데, 이러한 조직구조의 설계는 조직구성원들 간의 상호 학습기회에 영향을 준다. 예를 들어, 기계적 조직구조와 유기적 조직

---

3) 재설계의 목표는 업무절차를 근본적으로 다시 생각해보는 것이다. 재설계는 조직학습을 향상시킨다(Jones, 2010).

구조는 학습에 관해 상이한 접근을 촉진시킬 수 있다. 기계적 조직구조의 설계는 **개발적인 학습**(exploitative learning)을 활성화시킨다. 반면에, 유기적 조직구조의 설계는 **탐구적인 학습**(explorative learning)을 활성화시킨다(Jones, 2010). 최초로 개발적인 학습과 탐구적인 학습을 구분한 March(1991)에 의하면, 개발(exploitation)은 정제, 결정, 생산, 효율성, 선택, 실행 등을 포함하며, 반면에 탐구(exploration)는 탐색, 차이, 위험감수, 실험, 행동, 유연성, 발견, 혁신 등을 포함한다. 개발적인 학습은 기존의 기술을 정제하고 심화시키는 반면에, 탐구적인 학습은 새로운 대안을 실험하는 것이다. 실제로 조직은 이러한 두 가지 유형의 학습에서 오는 이익을 모두 얻기 위해 기계적 조직구조와 유기적 조직구조 간의 균형을 잡을 필요가 있다.

다음으로, 문화적 가치와 규범 또한 조직수준에서의 학습에 큰 영향을 준다. 조직문화의 중요한 측면은 조직학습과 변화를 촉진하거나 저해하는 역할이다. Senge(1990)는 학습조직을 설계하기 위한 또 다른 수련(disciplines)으로 **공유된 비전**(shared vision)을 세워야 함을 강조한다. 공유된 비전은 오랜 기간 지속되는 사고의 틀(mental models)을 만드는 것을 의미한다. 사고의 틀은 모든 조직구성원들이 문제와 기회를 착안하기 위해 사용되며, 이를 통해 조직구성원들은 조직에 진정으로 속하게 된다. 즉 공유된 비전은 조직구성원들이 상호작용하는 방식을 결정함으로써 상호작용을 통해 상호 학습하는 방식을 결정하는 궁극적·도구적인 가치, 규범과 함께 큰 영향력을 갖는다. Kotter & Heskett(1992)은 조직문화의 혁신을 중요시하고 중간관리자와 하위관리자의 실험과 위험감수를 촉진·보상하는 적응적인 문화(adaptive culture)와 신중하고 보수적이며 중간관리자와 하위관리자의 위험감수를 허용하지 않는 수동적인 문화(inert culture)로 구분한다. 이들은 적응적인 문화를 가진 조직에서 조직학습이 활발하게 일어난다고 설명한다. 왜냐하면, 적응적인 문화에서 관리자들은 조직이 작동하는 방식의 변화를 신속하게 가져올 수 있기 때문이다. 결과적으로, 변화하는 환경에서는 적응적인 문화를 가진 조직의 생존 가능성이 높으며, 성과도 높게 나타난다(Senge et al., 1994; Watkins & Marsick, 1997; Jones, 2010).

4) 조직 간

조직의 구조와 문화는 공유된 비전(shared vision), 즉 공통된 가정의 틀(framework of common assumption)만을 만드는 것이 아니다. 조직구조와 조직문화는 조직 간 (interorganizational)의 수준에서 어떻게 학습이 일어나는지를 결정하기도 한다. 유기적이고 적응적인 문화를 가진 조직은 다른 조직들과의 연계를 관리하는 새로운 방법을 적극적으로 찾는다. 이와 반대로 기계적이고 수동적인 문화를 가진 조직은 다른 조직들과의 연계를 선호하지 않으며, 새로운 연계방법을 인지하고 사용하기 위한 시간이 보다 많이 소요될 것이다(Jones, 2010).

조직 간 학습은 조직들이 서로가 가진 역량을 모방함으로써 조직의 효과성을 향상시킬 수 있다는 점에서 매우 중요하다. 모방(mimic), 강제(coercive), 표준화 (normative) 과정은 조직 상호 간 학습을 촉진시키며, 이는 결과적으로 각 조직의 효과성을 높인다. 예를 들어, 기업은 공급과 수요를 관리할 보다 나은 새로운 방법을 찾기 위해 공급자, 수요자와 협력하여 개발적인 학습(exploitative learning)과 탐구적인 학습(explorative learning)을 촉진시킬 수 있다. 전 조직에 걸친 정보기술시스템(enterprise-wide IT systems), 기업 간 네트워크(business-to-business networks), 전략적 동맹(strategic alliances), 네트워크 조직(network organizations) 등은 조직 간 새로운 학습이 빠르게 일어나도록 하는 중요한 수단이다. 왜냐하면, 이는 조직을 환경에 활짝 개방하도록 하며, 조직구성원에게 효과성을 높이기 위한 새로운 방법을 실험하고 탐구하는 기회를 주기 때문이다(Jones, 2010).

조직학습에 관한 Senge(1990)의 다섯 번째 수련(disciplines)은 **시스템 사고 (systems thinking)**이다. 시스템 사고는 관리자가 학습조직을 만들기 위해 한 수준의 학습이 다른 수준의 학습에 영향을 준다는 사실을 알아야 함을 의미한다. 예를 들어, 만약 조직이 조직구성원들에게 자기완성(personal mastery) 의식을 발전시킬 자유를 주기 위한 방안을 모색하지 않는다면, 팀 학습(team learning)을 촉진시키기 위해 팀을 만들 이유가 없다. 같은 맥락에서 조직 간 학습은 집단과 조직수준에서 이루어지는 학습의 영향을 받는다. 개인(individual), 집단(group), 조직(organizational), 조직 간(interorganizational)의 네 가지 수준에서의 조직학습을 촉진시킴에 따라, 즉 조직학습을 하나의 시스템으로 이해함으로써 관리자는 환경변화에 신속하게 대응

가능한 학습조직을 만들 수 있다. 관리자는 개발적인 학습(exploitative learning)과 탐구적인 학습(explorative learning) 모두를 촉진시켜야 하며, 이러한 두 가지 학습을 모두 활용할 때 조직의 효과성이 높아질 것이다(Jones, 2010).

학습조직차원설문

Marsick & Watkins(2001)는 학습조직의 주요한 차원을 일곱 가지 영역으로 체계화하여 학습조직차원설문(dimensions of learning organization questionnaire, DLOQ)을 개발하였다. DLOQ 설문은 200여개 이상의 기업에서 학습수준의 진단을 위해 활용되었으며, 비교적 신뢰도가 높은 지표로 알려져 있다(Marsick & Watkins, 2003).[4] DLOQ는 학습이 행태로 발현되는데 기여하는 조직의 활동영역을 조직의 분석수준과 결합하여 제시하는데(Gephart et al., 1996), DLOQ의 일곱 가지 영역은 다음과 같다.

① 지속적인 학습기회의 창출(create continuous learning opportunities)
② 탐구와 대화의 촉진(promote inquiry and dialogue)
③ 협력과 팀 학습의 장려(encourage collaboration and team learning)
④ 학습을 포착하고 공유하기 위한 체제의 확립(establish system to capture and share learning)
⑤ 집단비전을 위해 조직구성원에게 권한위임(empower people toward a collective vision)
⑥ 환경과 조직과의 연계(connect the organization to its environment)
⑦ 학습을 위한 전략적 리더십의 제공(provide a strategic leadership for learning)

---

5. 이중순환학습

지난 수십 년간의 조직학습(organizational learning)에 관한 광범위한 관심과 연구 가운데,[5] 조직학습을 지식축적의 과정으로 정의한 최초의 연구자는 Argyris & Schon(1978)이다. Argyris & Schon(1978)의 연구 이후, 조직학습은 학계에서 주요한 연구주제의 하나가 되었다(Eriksson-Zetterquist, Mullern, & Styhre, 2011). 이들은

---

4) 우리나라에서도 유한킴벌리 등 몇몇 대기업에 적용되었을 뿐만 아니라(백삼균, 2009), 중앙정부부처에서도 활용되었다(정무권·산상일, 2008).
5) OECD는 학습정부(learning government)라는 용어를 표방하며 정부조직의 지식관리와 학습능력 강화를 통해 정부의 전략적 정책결정능력을 향상시켜야 함을 강조하고 있다.

조직 전체에서 인지·신념 체계의 변화에 연구의 초점을 두고 있다(곽상만 외, 1996). Argyris & Schon(1978)은 학습조직을 위해 조직의 변화가 얼마나 심층적으로 이루어져야 하는지에 관해 언급하면서, 두 가지 유형의 학습을 설명한다. 첫 번째의 유형인 단일순환학습(single-loop learning)은 조직의 활동이 기존의 절차와 목표에서 벗어났기 때문에 더 이상 효과적이지 못하다는 것을 인식하는 것이다. 그러므로 조직의 활동이 얼마나 신속하게 기존의 일상적인 활동(routine)으로 되돌아가는지가 조직의 성공을 결정한다.

하지만 조직이 지금까지 해왔던 일상적인 활동과 목표가 직면한 문제를 해결하는데 더 이상 적절하지 않을 때, 기존의 일상적인 활동과 목표로 되돌아가는 것은 단지 문제를 더욱 악화시킬 뿐이다. 이 때가 두 번째의 유형의 학습인 이중순환학습(double-loop learning)이 필요한 때이다. 이중순환학습은 조직의 활동이 기존의 일상적인 활동에서 벗어나는 것뿐만 아니라, 어떻게 목표에 도달하는가에 대한 기존의 근본적인 인식이 시대에 뒤떨어짐에 따라 반드시 교체되어야 함을 의미한다.

단일순환학습(single-loop learning)과 이중순환학습(double-loop learning) 간의 차이는 승객이 열차를 타고 목표 도착지인 기차역을 향해 가는 상황에 비유하여 설명될 수 있다. 단일순환학습은 열차를 잘못 탄 승객이 열차가 나의 목표 도착지인 기차역을 향해 가고 있지 않다는 사실을 인지하는 것이다. 이 경우 문제를 해결하기 위해서 승객은 재빨리 잘못 탄 열차에서 내려 항상 타던(나의 목표 도착지인 기차역을 향해 가는) 열차로 갈아타야 할 것이다. 이중순환학습은 승객이 항상 타왔던 목표 도착지인 기차역을 향해 가는 열차를 탔을 때, 그 열차가 어떤 이유로(열차의 급작스러운 노선변경과 같은) 더 이상 나의 목표 도착지인 기차역으로 데려다 주지 못함을 인지하는 것이다. 이 경우, 승객은 재빨리 나의 목표 도착지인 기차역으로 가는 다른 열차나 택시, 버스가 어떤 것인지 찾아야 하며, 항상 타왔던 그 열차에서 내려 갈아타야 한다.

다시 말해서, 조직에는 조직구성원의 행동을 규정하는 공유된 행동규칙이 존재하는데, 보다 심층적인 변화인 이중순환학습은 이러한 행동규칙에 변화를 초래하는 것이다. 그러므로 진정한 학습조직이란 조직구성원에 의한 새로운 발견, 아이디어, 해석 등이 조직운영과정에서 공유된 행동규칙에 스며들어 양적뿐만 아니라 질적 변화를 낳는 것을 의미한다. 즉 조직학습은 조직전체의 인지·신념 체계에 변화가 일어나는 것이다. 조직구성원의 의식적이고 전향적인 학습 노력에 의해서만 이러한 이중순환학습을 통한 조직의 질적 변화가 가능하다(곽상만 외, 1996). 결과적으로 관리자가 직면하는 가장 큰 도전은 조직이 위기에 직면하기 전에 환경의 변화를 적절히 인식하고 학습하여 조직의 적응상태를 개선하는 것이다(De Geus, 1988).

학습조직의 사례: 해양수산부

해양수산부에서는 지식관리의 효율화를 위한 사이버시스템으로 'Edu-ship'을 도입하였다. Edu-ship은 관심분야가 같은 직원이 온라인상에서 학습조직을 구성하여 회원 간 정보를 공유하고, 질문답변과 토론이 이루어지는 장을 가리킨다. 한편, 오프라인 학습 조직은 Boat라 한다. Edu-ship은 58개가 있으며, 3,571명이 참여하고 있다. Edu-ship의 구성은 오대양을 항해하는 선박의 운항시스템을 적용하여, 학습조직은 선박, 학습리더는 선장, 참여자는 선원(갑판원-1항사), 토론방은 선실(edu-room)로 하며, 진행은 출항의 신청과 승인, 선실 개설, 항해, 항해일지의 제출로 이루어진다. 제출된 항해 일지는 Edu-ship에 축적, 공유되어 업무 개선 및 정책에 반영되는 형태를 취하고 있다.

Edu-room(선실)의 개설은 선원으로서 학습 주제가 있을 경우 주제 및 관련 자료를 등록하고, 학습 기간을 정하는 형태로 이루어진다. 선원은 '선실'에 개설된 토론 또는 학습 주제에 대해서 의견을 제시하고 토론을 한다. 당해 선박의 선원이 아닌 경우에는 열람만 가능하다. '선실'별 토론이 종료되면 '토론결과보고서'를 작성한 후 항해일지DB로 이관하여 모든 직원에게 공개하여 열람 및 관련 업무에 반영한다. 한편, 외부의 최신 정보습득을 위해서는 오프라인 토론회를 선박 별로 개최하고 있으며, 이는 대개 Brown-bag Meeting의 형태를 취하고 있다. 오프라인 토론회 참석률은 혁신 평가에 반영된다.

학습조직의 활동실적평가는 마일리지 형태로 이루어진다. 개인의 경우 선실 개설 또는 토론 글 게재 시 5점, 오프라인 토론회 참석 시 10점을 부여하며, 단체는 승선 선원의 활동 마일리지를 합산한다. 해적선은 모든 Edu-ship의 Edu-room에 반박 글을 올릴 수 있으며, 해당 Edu-ship에서 그에 대한 답변을 올리지 않으면 10점을 감점한다. 학습 분위기 조성을 위해서, 활동 실적에 따라 선원의 직위 승강을 실시하고, 분기별로 우수 Edu-ship을 선정하여 장관 표창, 해외연수 등 인센티브를 부여한다. 또한 장차관이 직접 참여하는 등 간부급이 선장을 맡아서 토론을 리드한다. 효율적인 학습의 관리를 위해서 해적선을 운영하여 학습 활동을 지도하고 마일리지를 강탈한다. 또한 학습 활동이 부진한 선박은 침몰시키며, 소극적인 참여 선원은 강제로 하선시키기도 한다.

Edu-ship의 운영을 통하여, 첫째로 온라인 학습조직을 통해서 회원 상호 간 유대를 강화하고, 부서 간, 소속기관 간 업무장벽을 극복하는 계기를 마련하였고, 둘째, 토론과 학습, 지식정보의 활용 등 조직 내 지식 경영문화를 창출하였으며, 셋째, 외부전문가와 함께 하는 오프라인 소그룹 토론회를 열어 업무 전문성 제고, 최신 정보 동향 파악 등 정책 품질 향상에 기여하는 성과를 거두었다. 그러나 수동적이고 의무적인 지식활동, 지식활동과 업무가 분리된 것으로 보는 인식, 지식관리 효과 자체에 대한 불만 등의 과제를 안고 있다. 따라서 지식활동에 대한 인센티브의 강화, 간부급 직원의 참여와 관심 제고, 학습 및 지식활동이 업무의 연장이라는 조직문화의 구축 등이 필요하다.

출처: 기획재정부(2010).

🔹 복습을 위한 질문

- Korten이 주장한 학습조직의 중요한 요인은 무엇인가?
- Hale이 주장한 관료제 형태와 비교한 학습 조직의 특징은 무엇인가?
- Senge가 주장한 다섯 가지의 학습수련 가운데 현실 인식과 행동 양식에 영향을 미치는 조직 내부의 패턴과 세계관은 무엇인가?
- Argyris & Schon이 설명한 조직의 활동이 기존의 절차와 목표에서 벗어났기 때문에 더 이상 효과적이지 못하다는 것을 인식하는 것은 무엇인가?

참고문헌

감사원. (2005). 「정부위원회 설치 및 운영실태」.

강석화. (1989). 정약용의 관제개혁안 연구. 「한국사론」, 21: 175-236.

곽상만 외. (1996). 「학습조직의 이론과 실제」. 서울: 삼성경제연구소.

기획재정부. (2010). 「공공기관 교육을 통한 역량강화 방안」.

김도훈·문태훈·김동환. (1999). 「시스템 다이내믹스」. 서울: 대명문화사.

김병섭·박광국·조경호. (2008). 「휴먼조직론」. 서울: 대영문화사.

김영종. (2008). 「행정철학신론」. 서울: 형설출판사.

김영평. (1991). 「불확실성과 정책의 정당성」. 서울: 고려대학교출판부.

김영환. (2002). 비영리기관에서 학습조직의 도입 방안. 「한국정책과학학회보」, 5(1): 145-166.

김판석. (2003). 정부산하기관의 실태와 관리효율화 방안 연구. 「한국사회와 행정연구」, 13(4): 43-70.

김현기. (2004). 핵심리더육성의 Best Practice. 「인사행정」. 봄호.

김호섭 외. (2002). 「조직행태의 이해」. 서울: 대영문화사.

다음백과. http://100.daum.net/encyclopedia

박영수·구형회·김명환·김영옥·이종수. (2019). 「새 미래의 행정」. 서울: 대영문화사.

박천오·주재현·진종순. (2011.9.). 「융합행정의 효율적 추진방안 연구」. 행정안전부.

박충석. (1983). 근세 실학사상. 「한국의 전통사상」. 서울: 형설출판사.

박홍식. (2011.1.5.). 거래비용(Trasaction Cost). 「온라인행정학전자사전」.

백삼균. (2009). 「학습조직 본질의 이해」. 서울: 에피스테메.

백완기. (2010). 「행정학」. 서울: 박영사.

봉현철·황석기. (2001). 「전략적 인적자원개발에 있어서 적합성의 탐색-제일제당의 사례연구」. 인사관리학회.

빌 브라이슨 저·오성환 역. (2014). 「여름, 1927, 미국: 꿈과 황금시대」. 서울: 까치.

설홍수·지성구. (2005). 조직혁신 냉소주의의 선행요인에 관한 탐색적 연구. 「대한경영학회지」, 35(1): 257-277.

성명재. (2009). 「공공기관 선진화를 위한 정책과제」. 한국조세연구원 공공기관정책연구센터.

세계경제포럼. (2015. 11). 파괴의 시대에 필요한 민첩한 통치의 원칙(A call for Agile Governance Principles in an Age of Disruption). 「소프트웨어와 사회에 관한 글로벌 어젠다 카운슬」.

송상호. (1997). 팀(team)제 운영. 「인사관리」, 93: 17-48.

송상호 · 김명형. (1996). 조직재구축의 새로운 패라다임-프로세스조직, 팀조직, 네트워크조직, 학습조직의 통합론적 고찰. 「인사관리연구」, 20(1): 295-347.

신정욱 · 진종순. (2016). 감정노동이 직무만족과 이직의도에 미치는 영향에 관한 연구: 시설요양보호사와 방문요양보호사 간 차이를 중심으로. 「한국조직학회보」, 13(3): 201-228.

신택현 · 원인성. (1995). 국내기업에서 팀제 활용 현황과 그 효과에 관한 연구. 「인사관리연구」, 19: 259-275.

안길찬. (2002). 팀제조직의 성과평가 모델에 관한 연구. 「생산성논총」, 16(1): 177-199.

안문석. (1992). 정부실패와 그림자행정. 「규제완화」, 1(1): 39-56.

안희남 · 이승철. (2012). 교환 거버넌스로서 네트워크 조직의 본질과 쟁점. 「한국자치행정학보」, 26(1): 219-240.

안희남 · 정성범. (2013). 현대 네트워크 조직에 관한 핵심쟁점: 네트워크 조직의 본질, 결정요인, 그 밖의 남은 몇 가지 논란. 「한국행정논집」, 25(2): 501-529.

안희정 · 최은석. (2001). 정부산하기관의 개념과 유형에 관한 연구. 「지역개발연구 9: 261-272.

오석홍 외. (2011). 「조직학의 주요이론」. 서울: 법문사.

오세덕 · 이명재 · 강제상 · 임영제 · 김강민. (2020). 「행정관리론」. 서울: 대영문화사.

외교안보연구원. (2008). 「외교역량평가제도 개요」.

윤재풍. (2005), 다산의 행정사상에 관한 연구. 「한국행정학회 2005년도 추계학술대회 발표논문집」.

윤재풍. (2014). 「조직론」. 서울: 대영문화사.

이기현 · 오홍석 · 정명호. (2016). 팀 내 사회적 관계와 네트워크 특성이 리더신뢰에 미치는 영향. 「인사조직연구」, 24(1): 39-64.

이종수 · 윤영진 외. (2008). 「새 행정학」. 서울: 대영문화사.

이종수. (2009). 「행정학 사전」. 서울: 대영문화사.

이진기. (1993). 조직환경의 특성에 따라 유연하게 운영. 「인사관리」2.

이택주. (1999). 팀제 도입의 효과적 운영 방안. 「경영계」, 12월호: 30-33.

임재윤. (1999). 「정약용의 교육개혁사상」. 전남대학교 출판부.

임창희. (1999).「한국형 팀제」. 서울: 삼성경제연구소.

임창희. (2010).「조직론」. 서울: 비앤엠북스.

임학순. (1994). 준정부조직의 성장과 기능에 관한 연구. 서울대학교 행정대학원 박사학위논문.

정무권·한상일. (2008). 한국 중앙정부의 학습조직 구조로서 인프라, 시스템, 문화의 상호관계: 구조방정식을 통한 효능감과 만족감에 대한 효과분석.「한국행정학보」, 42(1): 97-122.

정일재. (1997).「팀조직에 대하여」. L/G주간경제.

조영보·김성규. (2004). 네트워크 조직과 경영전략에 관한 연구.「인적자원관리연구」, 8: 77-101.

조영복·곽선화·김성규. (2006). 경영혁신과 기업성과의 관계와 네트워크 조직의 조절효과.「한국인사조직학회 발표논문집」: 431-455.

진종순. (2005). 부패, 정치인의 시계(time horizons), 그리고 정부제도.「한국사회와 행정연구」, 16(2): 117-138.

진종순. (2005).「고위공무원단 후보자 양성 교육훈련에 관한 연구」. 서울: 한국행정연구원.

진종순. (2006). 대표관료제의 의의.「행정포커스」, 3/4월호. 한국행정연구원.

진종순. (2006). 시민단체의 정치성향과 의회의원에 대한 평가: 미국의 예산관련 시민단체를 중심으로.「통일문제와 국제관계」, 16.

진종순. (2008). 다산의 관료교육훈련방안에 관한 연구.「정부학연구」, 14(1): 61-78.

진종순. (2009). 공무원 역량평가의 효과성 제고방안에 관한 연구.「행정논총」, 47(3): 139-163.

진종순. (2009). 미국의 인문·사회적 환경.「미국의 행정과 공공정책」. 서울: 법문사.

진종순. (2013). 공공부문 융합행정의 성공요인에 관한 연구.「한국인사행정학회보」, 12(1): 117-146.

진종순. (2016). 다산 정약용의 정책개선방안: 정책과정(policy process)을 중심으로. 「한국행정사학지」, 39: 103-129.

진종순·김기형·조태준·임재진·김정인. (2016).「조직행태론」. 서울: 대영문화사.

진종순·김기형·조태준·김정인·권향원. (2022).「조직행태론」(개정판). 서울: 대영문화사.

진종순·문신용. (2007). 팀제 도입에 대한 공무원 수용성의 영향요인: 지방국토관리청을 중심으로.「정부학연구」, 13(4): 113-142.

진종순·왕홍파. (2014). 리더십과 직무만족, 그리고 조직몰입: 한국과 중국의 지방정부를 중심으로. 「지방정부연구」, 18(2): 57-83.

채서일. (2003). 「사회과학조사방법론」. 서울: B&M북스.

채연주·장희은. (2015). 혁신과 기업성과의 관계: 마일즈와 스노우의 전략유형의 조절효과. 「창조와 혁신」, 8(3): 1-31.

최관섭. (2005). 역량평가제의 의의와 특징. 「인사행정」, 24: 10-13.

클라우스 슈밥/송경진 역. (2016). 「클라우스 슈밥의 제4차 산업혁명」. 서울: 새로운 현재.

한국행정연구원. (2005.12). 「정부조직의 팀제 매뉴얼」.

행정안전부. (2005). 「2005년 진단·혁신관리매뉴얼」.

행정안전부. (2006.12). 「정부조직설계 표준모델 개발」.

홍길표. (2001). 경제활동의 지배구조와 네트워크 조직. 「경영저널」, 2(1): 77-101.

헌법재판소 헌법재판연구원. (2017). 「적극적 평등실현조치에 대한 미국 연방대법원의 위헌심사」, 서울: 성문인쇄사.

Aberbach, Joel D. (1990). *Keeping a Watchful Eye: The Politics of Congressional Oversight.* Washington, DC: Brookings Institution.

Adorno, T. W. (2000). *Introduction to Sociology.* Cambridge: Polity Press.

Adelmann, P. K. (1984). Facial Efference and the Experience of Emotion. *Annual Review of Psychology,* 40: 249-280.

Alter, C., & J. Hage. (1993). *Organizations Working Together.* Newbury Park, CA: Sage.

Argyris, C., & D. Schön. (1978). *Organizational Learning: A Theory of Action Perspective, Reading.* Mass: Addison Wesley.

Arrow, Kenneth J. (1974). *The Limits of Organization.* New York: W. W. Norton & Company.

Babbie, Earl/고성호 외 역. (2002). 「사회조사방법론」. 서울: 그린.

Balkundi, P., & D. A. Harrison. (2006). Ties, Leaders, and Time in Teams: Strong Inference about Network Structure's Effects on Team Viability and Performance. *Academy of Management Journal,* 49(1): 49-68.

Balkundi, P., & M. Kilduff. (2006). The Ties that Lead: A Social Network Approach to Leadership. *Leadership Quarterly,* 17: 419-439.

Balkundi, P., M. Kilduff, & D. A. Harrison. (2011). Centrality and Charisma: Comparing how Leader Networks and Attributions affect Team Performance.

Journal of Applied Psychology, 96: 1209-1222.

Barley, S. R., & P. Tolbert. (1997). Institutionalization and Structuration. Studying the Links between Action and Institution. *Organization Studies*, 18(1): 93-117.

Barnard, Chester I. (1938). *The Functions of the Executive*. Harvard University Press.

Bass, B. M. (1985). *Leadership and Performance beyond Expectations*. New York: Free Press.

Bedeian, Arthur G. (1980). *Organizations, Theory and Analysis*. Hinsdale, Illinois: The Dryden Press.

Bennis, Warren. (1966). *Changing Organizations*. New York: McGraw-Hill.

Bennis, Warren. (1967). Organizations of the Future. *Personnel Administration*, September-October.

Berkley, George E. (1978). *The Craft of Public Administration*. CA: Allyn and Bacon.

Björn, Axelsson, & Geoffrey Easton (eds.) (1992). *Industrial Networks. A New View of Reality*. London: Routledge.

Blau, Peter M. (1964). *Exchange and Power in Social Life*. New York: John Wiley & Sons.

Blau, Peter M. (1970). A Formal Theory of Differentiaion in Organizations. *American Sociological Review*, 35(April): 201-218.

Blau, Peter M. (1974). *On the Nature of Organizations*. New York: John Wiley.

Blau, Peter M., & W. R. Scott. (1962). *Formal Organizations: A Comparative Approach*. San Francisco: Chandler.

Bolman, Lee G., & Terrence E. Deal. (2008). *Reframing Organizations: Artistry, Choice, and Leadership*. San Francisco, CA: Jossey-Bass.

Bommer, W. H., & G. A. Rich. (2005). Changing Employee Attitudes about Change: Transformational Leader Behaviors' Longitudinal Effects upon Employee Cynicism about Organizational Change. *Journal of Organizational Behavior*, 26(7): 733-754.

Boshyk, Yury (ed.) (2000). *Business Driven Action Learning, Global Best Practices*. New York: St. Martin's Press.

Brunsson, N. (1985). *The Irrational Organization: Irrationality as a Basis for Organization Action and Change*. New York: Wiley.

Burns, J. M. (1978). *Leadership*. New York: Harper & Row.

Burns, T., & G. M. Stalker. (1961), *The Management of Innovation*, Oxford, London: Oxford University Press.

Burt, R. S., & M. Knez. (1995). Kinds of Third-Party Effects on Trust. *Rational Sociology*, 7: 255-292.

Burton, Richard M., & Borge Obel. (1998). *Strategic Organizational Diagnosis and Design: Developing Theory for Application*. Kluwer Academic Publishers.

Bussing, A. (2002). Motivation and Satisfaction. In A. Sorge., (ed.). *Organization*. London: Thomson Learning.

Cameron, Kim & David Whetten. (1983). *Organizational Effectiveness: A Comparison of Multiple Models*. New York: Academic.

Canguilhem, Georges. (1989). *The Normal and the Pathological* (translated by Carolyn R. Fawcett, in collaboration with Robert S. Cohen), NY: Zone Books.

Castells, M. (2001). *The Internet Galaxy*. U.K.: Oxford University Press.

Chandler, Alfred D. (1962). *Strategy and Structure: Chapters in the History of the Industrial Enterprise*. Cambridge: MIT. Press.

Clegg, S., & Dunkerley, D. (1980). *Organizations, Class, and Control*. London: Routledge & Kegan Paul.

Coase, R. H. (1937). The Nature of the Firm, *Economica*, 4(16): 386-405.

Cohen, Susan G, & Gerald E Jr. Ledford. (1994). The Effectiveness of Self-Managing Teams: A Quasi-Experiment. *Human Relations*, 47(1): 13-31.

Coser, Louis A. (1956). *The Functions of Social Conflict*. New York: The Free Press.

Covert, M. D., P. Craiger, & J. A. Cannon-Bowers. (1995). Innovations in Modeling and Simulating Team Performance: Implications for Decision Making, In Guzzo, R., Salas, E. & Associates (eds.), *Team Effectiveness and Decision-Making in Organizations*: 149 - 203.

Cyert, Richard M., & James G. March. (1959). *Modern Organization Theory*. New York: Wiley.

Cyert, Richard M., & James G. March. (1963). *A Behavioral Theory of the Firm*. Carnegie Institute of Technology.

Daft, Richard L. (2010). *Understanding the Theory and Design of Organizations*.

Dahl, Robert. (1972). *Democracy in the United States*, Rand McNally College

Pub. Co.

De Geus, A. P. (1988). Planning as Learning, *Harvard Business Review*, 66(2): 70-74.

Dean, J. W., P. Brandes, & R. Dharwadkar. (1998). Organizational Cynicism. *Academy of Management Review*, 23(2): 341-352.

DiMaggio, P., & W. W. Powell. (1983). The Iron Cage Revisited: Institutional Isomorphism and Collective Rationality in Organization Fields. *American Sociological Review*, 48(2): 147-160.

Dirks, K. T., L. L. Cummings, & J. L. Pierce. (1996). Psychological Ownership in Organizations: Conditions under which Individuals promote and resist change. In R. W. Woodman & W. A. Pasmore (Eds.), *Research in Organizational Change and Development* (Vol. 9, pp. 1-24). Greenwich, CT: JAI Press.

Dolan, Julie A. (2002). Representative Bureaucracy in the Federal Executive: Gender and spending Priorities. *Journal of Public Administration Research and Theory*, 12(3): 353-375.

Dolan, Julie A., & David Rosenbloom. (2003). *Representative Bureaucracy: Classic Readings and Continuing Controversies*. Armonk, NY: M. E. Sharpe.

Downs, Anthony. (1967). *Inside Bureaucracy*. Waveland Pr Inc.

Dresang, Dennis L. (1974). Ethnic Politics, Representative Bureaucracy and Development Administration: The Zambian Case. *The American Political Science Review*, 68(4): 1605-1617.

Dubini, P., & H. Aldrich. (1991). Personal and Extended Networks are Central to the Entrepre-Neurial Process. *Journal of Business Venturing*, 6: 305-313.

Duncan, R. B. (1972). Characteristics of Organizational Environments and Perceived Environmental Uncertainty. *Administrative Science Quarterly*, 17(3): 313-327.

Durant, R. F., J. D. Fiorino, & R. O'Leary. (2004). *Environmental Governance Reconsidered: Challenges, Choices, and Opportunities*. Cambridge, MA: MIT Press.

Durkheim, E. (1912/1995). *The Elementary Form of Religious Life*. New York: Free Press.

Easton, David. (1965). *A Systems Analysis of Political Life*. New York: Wiley.

Eccles, R. (1981). The Quasifirm in the Construction Industry. *Journal of*

Economic Behavior and Organization, 2(4): 335-357.

Eccles, Jacquelynne S. & Allan Wigfield. (2002). Motivational Beliefs, Values and Goals. *Annual Review of Psychology*, 53(1): 109-132

Eisinger, Peter. (1982). *American Politics: The People and the Policy*. Scott Foresman & Co.

Emery, F. & E. Trist. (1965). The Causal Texture of Organizational Environments. *Human Relations*, 18: 21-32.

Eriksson-Zetterquist, U., T. Mullern, & A. Styhre. (2011). *Organization Theory: A Practice-Based Approach*. Oxford, NY: Oxford University Press.

Evans, Diana. (1994). Policy and Pork: The Use of Pork Barrel Projects to Build Policy Coalitions in the House of Representatives. *American Journal of Political Science*, 38: 894-917.

Evans, P. B. (1989). Predatory, Developmental, and other Apparatuses: A Comparative Political Economy Perspective on the Third World State. *Sociological Forum*, 4(4): 561-587.

Fayol, Henry. (1949). *General and Industrial Management*. London: Pitman Publishing, Ltd.

Felsenthal, D. S. (1980). Applying the Redundancy Concept to Administrative Organizations. *Public Administration Review*, 40(3): 247-252.

Filley, A. C., R. J. House, & S. Kerr. (1976). *Managerial Process and Organizational Behavior*. Glenview, Ill: Scott, Foresman.

Fiske, Donald W., Eugenia Hanfmann, Donald W. MacKinnon, James G. Miller, & H. A. Murray, (1996). *Selection of Personnel for Clandestine Operations: Assessment of Men*. Walnut Creek, CA: Aegean Park Press.

Flinders, Mattew V., & Martin J. Smith. (1999). *Quangos, Accountability and Reform: The Politics of Quasi-Government*. London: Macmillan.

Flitner, D. (1986). *The Politics of Presidential Commissions: A Public Policy Perspective*. Dobbs Ferry, NY: Transnational Publications.

Follett, Mary Parker. (1926). The Giving of Orders. *Scientific Foundations of Business Administration*: 29-37.

Gadamer, Hans-Georg. (2013). Truth and Method. *Bloomsbury Revelations*.

Galbraith, Jay R. (1974). Organization Design: An Information Processing View. *Interfaces*, 4(3): 28-36.

Garvin, David A. (1993). Building a Learning Organization. *Harvard Business Review*, July-August: 78-91.

Gephart, M. A., V. J. Marsick, M. E. Van Buren, & M. S. Spino. (1996). Learning Organizational: Come Alive. *Training and Development*, Dec: 35-45.

Gerlach, M. L. (1992). The Japanese Corporate Network: A Blockmodel Analysis. *Administrative Science Quarterly*, 37: 105-139.

Gerlach, M. L., & J. R. Lincoln. (1992). The Organization of Business Networks in the United States and Japan. In N. Nohria & R. G. Eccles (eds.), *Networks and Organizations: Structure, Form, and Action*: 491-520. Boston: Harvard Business School Press.

Gibson, James L., John M. Ivancevich, James H. Donnelly, & Robert Konopaske. (2009). *Organizations: Behavior, Structure, Processes*. Boston, NY: McGraw-Hill.

Gortner, Harold F., Julianne Mahler, & Jeanne Bell Nicholson. (1997). *Organization Theory: A Public Perspective*. Harcourt Brace.

Granovetter, M. (1994). Business Groups. In N. J. Smelser & R. Swedberg (eds.), *The Handbook of Economic Sociology*: 453-475. Princeton, NJ: Princeton University Press.

Gray, J. L., & F. A. Starke. (1984). *Managing Change in Organizational Behaviour; Concepts and Applications*. New York: Bell & Howell.

Greiner, Larry E. (1972). Evolution and Revolution as Organizations Grow. *Harvard Business Review*, 50(4): 37-46.

Greiner, Larry E. (1998). Evolution and Revolution as Organizations Grow. *Harvard Business Review*, 76(3): 55-60, 62-66, 68.

Grimes, A. J., & S. M. Klein. (1973). The Technological Imperative: The Relative Impact of Task Unit, Modal Technology, and Hierarchy on Structure. *Academy of Management Journal*, 16: 583-597.

Gulick, L. H. (1937). Notes on the Theory of Organization. In L. Gulick & L. Urwick (eds.), *Papers on the Science of Administration*: 3-45. New York: Institute of Public Administration.

Hackman, J. R., & G. R. Oldham. (1980). *Work Redesign*. Readings, MA: Addison-Wesley.

Hackman, J. R. & J. L. Suttle. (1977). *Improving Life at Work*. Glenview, IL: Scott, Foresman.

Hage, Jerald., & Michael Aiken. (1967). Relationship of Centralization to other Structural Properties, *Administrative Science Quarterly*, 12: 72-91.

Hage, J., & M. Aiken. (1969). Routine Technology, Social Structure, and Organizational Goals. *Administrative Science Quarterly*, 14: 366-376.

Hakansson, H., & J. Johanson. (1988). Formal and Informal Cooperation Strategies in International Industrial Networks. In: F. Contractor & P. Lorange (eds.), *Cooperative Strategies in International Business*. New York: Lexington Books.

Hale, M. M. (1996). Learning Organizations and Mentoring: Two Ways to Link Learning and Workforce Development. *Public Productivity and Management Review*, 19(4): 422-433.

Hall, Richard H. (1999). *Organizations: Structure, Processes, and Outcomes*. Saddle River, NJ: Prentice Hall Inc.

Hamel, G., & C. Prahalad. (1990). The Core Competence of the Corporation. *Harvard Business Review*, May/June: 79-91.

Harmon, Michael M., & Richard T. Mayer. (1986). *Organization Theory for Public Administration*. Little, Brown and Company.

Hale, Mary M., & Frances M. Branch. (1992). Policy Preferences on Workplace Reform, In M. E. Guy (ed.), *Women and Men of the States: Public Administrators at the State Level*, Armonk, NY: M. E. Sharpe, Inc.

Hawking, Stephen & Leonard Mlodinow 저·전대호 역. (2010). *The Grand Design*(위대한 설계). New York: Random House. 서울: 까치.

Heidegger, Martin. (1962). *Being and Time*. trans. John Macquarrie & Edward Robinson. Harper & Row Publishers Incorporated.

Herzberg, F. (1966). *Work and the Nature of Man*. Cleveland & New York: The World Publishing Company.

Hicks, H. G., & R. C. Gullet. (1982). *Organizations: Theory and Behaviour*. Tokyo: McGraw-Hill Kogakusha Ltd.

Hochschild, A. R. (1983). *The Managed Heart: Commercialization of Human Feeling*. Berkeley, Los Angeles, London: University of California Press.

Hood, Christopher. (1973). *The Tools of Government*. London: Macmillan.

Hosking, D. M., N. R. Anderson. (1992). *Organizational Change and Innovation: Psychology Perspectives and Practices in Europe*. London: Routledge.

Hummel, Ralph P. (1994). *The Bureaucratic Experience: A Critique of Life in the Modern Organization*(4th ed.). New York: St. Martin's Press.

Huszczo, G. (1990). Training for Team Building. *Training and Development Journal*, 44(2): 37-43.

Jackson, S. E., & R. S. Schuler. (2000). *Managing Human Resources: A Partnership Perspective*. Cincinnati, Ohio: South-Western College Publishing.

Jaffee, D. (2001). *Organization Theory: Tension and Change*. Boston: McGraw Hill.

Janis, Irving L. (1971). Groupthink. *Psychology Today* magazine.

Janis, Irving L. (1972). *Victims of Groupthink.* New York: Houghton Mifflin.

Jaques, Elliot L. (1990). In Praise of Hierarchy. *Harvard Business Review*, 68(1): 127-133.

Jin, Jongsoon. (2016). The Role of Assessment Centers in Job Satisfaction and Organizational Commitment: A Case of the Korean Government. *The International Journal of Human Resource Management.* DOI: 10.1080/09585192. 2016.1203348.

Jones, Gareth R. (2010). *Organizational Theory, Design, and Change*. Upper Saddle River, New Jersey: Prentice Hall.

Juga, Jari. (1996). Organizing for Network synergy in Logistics. *International Journal of Physical Distribution and Logistics Management*, 26(2): 51-67.

Kanter, D. L., & P. H. Mirvis. (1989). *The Cynical Americans*. San Francisco: Jossey-Bass.

Katz, Daniel, & Robert L Kahn. (1966). *The Social Psychology of Organizations*. New York: Wiley.

Katzenbach, J. R., & D. K. Smith. (1993). The Discipline of Teams. *Harvard Business Review*, 71(2): 111-146.

Keeley, Michael. (1984). Impartiality and Participant-Interest Theories of Organizational Effectiveness. *Administrative Science Quarterly*, 29(1): 1-25.

Kimberly, John R. (1976). Organizational Size and the Structuralist Perspective: A Review, Critique, and Proposal, *Administrative Science Quarterly*, 21: 577-597.

Kimberly, John R., & Miles Robert E. (1980). *The Organizational Life Cycle*. San Fransisco: Jossey-Bass.

Kingsley, Donald. (1944). *Representative Bureaucracy*. Yellow Springs: Antioch Press.

Klitgaard, Robert. (1988). *Controlling Corruption*. Los Angeles: University of California Press.

Korten, David C. (1980). Community Organization and Rural Development: A Learning Process Approach. *Public Administration Review*, 40(5): 480-511.

Kotter, J. P., & J. L. Heskett. (1992). *Corporate Culture and Performance*. New York: The Free Press.

Kossinets, G., & D. J. Watts. (2006). Empirical Analysis of an Evolving Social Network. *Science*, 3(11): 88-90.

Kranz, Harry. (1976). *The Participatory Bureaucracy: Women and Minorities in a More Representative Public Service*. D.C. Heath: Lexington Books.

Krasnogor. N., S. Gustafson, D. Pelta, & J. Verdegay. (2008). *Systems self-Assembly: Multidisciplinary Snapshots*. Oxford, UK: Elsevier.

Kreiner, K., & M. Schultz. (1993). Informal Collaboration in R & D: The Formation of Networks across Organizations. *Organization Studies*, 14: 189-209.

Krislov, Samuel. (1974). *Representative Bureaucracy*. Englewood Cliffs: Prentice Hall.

Krislov, Samuel, & David Rosenbloom. (1981). *Representative Bureaucracy and the American Political System*. New York: Praeger.

La Sociologie de Georg Simmel. (1908). *Éléments Actuels de Modélisation Sociale*.

Landau, Martin. (1969). Redundancy, Rationality, and the Problem of Duplication and Overlap. *Public Administration Review*, 29(4): 346-358.

Lanzara, G. F., & G. Patriotta. (2007). The Institutionalization of Knowledge in an Automotive Factory: Templates, Inscription, and the Problem of Durability. *Organization Studies*, 28(5): 635-660.

Larson, A. (1992). Network Dyads in Entrepreneurial Settings: A Study of the Governance of Exchange Relationships. *Administrative Science Quarterly*, 37: 76-104.

Larson, C. E., & F. M. J. LaFasto. (1989). *Teamwork: What must go Right/What can go Wrong*. Newbury Park, CA: Sage.

Lasswell, Harold. (1958). *Politics: Who Gets What, When, How*. Meridian Books.

Lawrence, P., & J. Lorsch. (1967). Differentiation and Integration in Complex Organizations. *Administrative Science Quarterly*, 12: 1-30.

Lawrence, P., & J. Lorsch. (1968). Organizational Choice: Product versus Function. *Harvard Business Review* (November-December).

Light, Paul. (1997). *The Tides of Reform: Making Government Work, 1945-1995*. New Haven, CT: Yale University Press.

Lincoln, James R., Michael L. Gerlach, & Christina L. Ahmadjian. (1996). Keiretsu Networks and Corporate Performance in Japan. *American Sociological Review*, 61(1): 67-88.

Lippitt, Gordon L., & Schmidt, Warren H. (1967). Crises in a Developing Organization. *Harvard Business Review*, 45(6): 102-112.

Lipsky, Michael. (1980). *Street-Level Bureaucracy*. New York: Basic Books.

Manz, Charles C., & Henry P. Sims. (1987). Leading Workers to Lead Themselves: The External Leadership of Self Managing Work Teams. *Administrative Science Quarterly*, 32(1): 106-128.

March, James G., & Herbert A. Simon. (1958). *Organizations*. New York: John Wiley and Sons, Inc.

March, James G. (1991). Exploration and Exploitation in Organizational Learning. *Organization Science*, 2(1): 71-87.

Marquardt, M., & A. Reynolds. (1995). *The Global Learning Organization: Gaining Competitive Advantage through Continuous Learning*. NY: Irwin.

Marsick, V. J., & K. E. Watkins. (2001). Informal and Incidental Learning. *New Directions for Adult and Continuing Education*. 89: 3-14.

Maslow, A. H. (1943). A Theory of Human Motivation. *Psychological Review*, 50: 370-396.

Maslow, A. H. (1954). *Motivation and Personality*. New York: Harper and Row, Publishers.

Mayhew, D. (1974). *Congress: The Electoral Connection*. New Haven, CT: Yale Univ. Press.

Mayo, Elton. (1933). *The Human Problems of an Industrial Civilization*. Harvard College.

McCurdy, Howard E. (1977). *Public Administration: A Synthesis*. Menlo Park: Cummings.

McGregor, Douglas. (1957). The Human Side of Enterprise. *The Management Review*, 46(11): 22-28.

McGregor, Douglas. (1966). *Leadership and Motivation: Essays of Douglas McGregor*. Cambridge, Massachusetts: The MIT Press.

Meier, Kenneth, & J. Stewart. (1992). The Impact of Representative Bureaucracies: Educational Systems and Public Policies, *American Review of Public Administration*, 22(3): 157-171.

Meier, Kenneth (1975). Representative Bureaucracy: An Empirical Analysis. *American Political Science Review*, 69(2): 526-542.

Meier, Kenneth, & Lloyd Nigro. (1976). Representative Bureaucracy and Policy Preferences. *Public Administration Review*, 36: 458-69.

Merton, Robert K. (1940). Bureaucratic Structure and Personality. *Social Forces*, 18(4): 560-568.

Merton, Robert K. (1957). *Social Theory and Social Structure*. Glencoe, IL: Free Press.

Meyer, John W., & Brian Rowan. (1977). Institutionalized Organizations: Formal Structures as Myth and Ceremony. *American Journal of Sociology*, 83(2): 340-363.

Migdal, Joel S. (1988). *Strong Societies and Weak States: State-Society Relations and State Capabilities in the Third World*. Princeton, NJ: Princeton University Press.

Miles, R. E., & C. C. Snow. (1978). *Organizational Strategy, Structure, and Process*. New York: McGraw-Hill.

Miles, Raymond E., & Charles C. Snow. (1992). Causes of Failure in Network Organizations. *California Management Review*, Summer: 53-72.

Miles, Raymond E., & Charles C. Snow. (1995). Organizations: New Concepts for New Forms. *California Management Review*, 28(3): 62-73.

Miller, Danny, & Peter H. Friesen. (1984). A Longitudinal Study of the Corporate Life Cycle. *Management Science*, 30(10): 1161-1183.

Mintzberg, Henry. (1979). *Structure in Fives*. New Jersey: Prentice-Hall.

Mintzberg, Henry. (1979). *The Structuring of Organizations*. Englewood Cliffs, NJ: Prentice-Hall.

Mohrman, S. A., S. G. Cohen, & A. M. Mohrman. (1995). *Designing Team-Based*

Organizations: New Forms for Knowledge Work. San Francisco: Jossey-Bass.

Moore, Mark H. (1995). *Creating Public Value: Strategic Management in Government*. Boston: Harvard University Press.

Morgan, Gareth. (2006). *Images of Organization*. Newbury Park, CA: Sage Publication.

Morris, A. J., & Feldman, D. C. (1996). The dimensions, antecedents, and consequences of emotional labor. *Academy of Management Review*, 21(4): 986-1010.

Morris, A. J., & Feldman, D. C. (1997). Managing emotions in the workplace. *Journal of Managerial Issues*, 9: 257-274.

Mosher, Frederick. (1968). *Democracy and Public Service*. New York: Oxford University Press.

Naff, Katherine. (1998). Progress toward Achieving a Representative Federal Bureaucracy: The Impact of Supervisors and their Beliefs. *Public Personnel Management*, 27(2): 135-151.

Nachmias, David, & David. Rosenbloom. (1973). Measuring Bureaucratic Representation and Integration. *Public Administration Review*, 33(6): 590-597.

Nohria, N. (1992). Is Network Perspective a Useful Way of Studying Organizations? In N. Nohria & R. G. Eccles (eds.), *Networks and Organizations: Structure, Form, and Action*: 1-22. Boston: Harvard Business School Press.

North, Douglass C. (1990). *Institutions, Institutional Change and Economic Performance*. New York, NY: Cambridge University Press.

Orlikowski, W. J. (2007). Sociomaterial Practices: Exploring Technology at Work. *Organization Studies*, 28(9): 1435-1448.

Orrù, M., N. W. Biggart, & G. G. Hamilton. (1991). Organizational Isomorphism in East Asia. In W. S. Powell, & P .J. DiMaggio (eds.). *The New Institutionalism in Organizational Analysis*. Chicago: The University of Chicago Press.

Osborne, David, & Peter Plastrik. (2000). *The Reinventor's Fieldbook: Tools for Transforming Your Government*. San Francisco: Jossey-Bass Inc.

Parsons, Talcott. (1960). *Structure and Process in Modern Societies*. Glencoe, Illinois: The Free Press.

Parsons, Talcott. (1990). Prolegomena to a Theory of Social Institutions. *American Sociological Review*, 55(3): 319-333.

Pearce, Jone. L. (2001). *Organization and Management in the Embrace of Government*. Mahwah, New Jersey: Lawrence Erlbaum Associates, Inc.

Perrow, Charles. (1967). A Framework for the Comparative Analysis of Organizations. *American Sociological Review*, 32: 33-24.

Perrow, Charles. (1992). Small-Firm Networks. In Nitin Nohria & Robert G. Eccles (eds.), *Networks and Organizations*: 445-470. Boston: Harvard Business School Press.

Peters, Thomas J. (1992). *Liberation Management: Necessary Disorganization for the Nanosecond Nineties*. New York: Knopf.

Peters, Thomas J., & Robert H. Waterman. (1982). *In Search of Excellence*. New York: Harper & Row.

Pfeffer, J., & G. R. Salancik. (1978). *The External Control of Organizations: A Resource Dependence Perspective*. New York: Harper and Row.

Piore, M. J., & C. F. Sabel. (1984). *The Second Industrial Divide*. New York: Basic Books.

Podolny, Joel M., & Karen L. Page. (1998). Network Forms of Organization. *Annual Review of Sociology*, 24: 57-76.

Porter, Michael E. (1980). *Competitive Strategy: Techniques for Analyzing Industries and Competitors*. New York: The Free Press.

Powell, W. W. (1990). Neither Market nor Hierarchy: Network Forms of Organization. *Research in Organizational Behavior*, 12: 295-336.

Powell, W. W., & P. Brantley. (1992). Competitive Cooperation in Biotechnology: Learning through Networks? In Nohria, N. & Eccles, R. G. (eds.). *Networks and Organizations: Structure, Form and Action*. Boston, MA: Harvard Business School Press.

Prahalad, C. K., & G. Hamel. (1990). The Core Competence of the Corporation. *Harvard Business Review*. May-June: 79-91.

Quinn, Robert E., & Kim Cameron. (1983). Organizational Life Cycles and Shifting Criteria of Effectiveness: Some Preliminary Evidence. *Management Science*, 29(1): 33-51.

Radcliff-Brown, A. R. (1958). *Methods in Social Anthropology*. Chicago: The University of Chicago Press.

Rainey, H. G., R. W. Backoff, & C. L. Levine. (1976). Comparing Public and

Private Organizations. *Public Administration Review*, 36(2): 233-246.

Ranson, Stewart, Bob Hinings, & Royster Greenwood. (1980). The Structuring of Organizational Structures. *Administrative Science Quarterly*, 25: 1-17.

Redding, John C., & Ralph E. Catalanello. (1994). *Strategic Readiness: The Making of the Learning Organization*. San Francisco: Jossey-Bass.

Reichers, A. E., J. P. Wanous, & J. T. Austin. (1997). Understanding and Managing Cynicism about Organizational Change. *Academy of Management Executive*, 11(1): 48-59.

Ring, P. S., & Van de Ven, A. H. (1994). Developmental processes of cooperative interorganizational relationships. *The Academy of Management Review*, 19(1), 90-118.

Robbins, Stephen P. (1990). *Organization Theory: Structure, Designs, and Applications*. Englewood Cliffs, New Jersey: Prentice Hall.

Robbins, Stephen P., & Mary K. Coulter. (1999). *Management* (6th). Englewood Cliffs, New Jersey: Prentice-Hall.

Robbins, S. P., & Judge, T. (2011). *Organizational behavior*. Pearson South Africa.

Roethlisberger, Fritz J. (1941). *Management and Morale*. Mass.: Harvard University Press.

Rose-Ackerman, Susan. (1999). *Corruption and Government: Causes, Consequences, and Reform*. New York: Cambridge University Press.

Rosenbloom, David, & Jeannette C. Featherstonhaugh. (1977). Passive and Active Representation in the Federal Service: A Comparison of Blacks and Whites. *Social Science Quarterly*, 57: 873-882.

Salamon, Lester. M. (1989). The Changing Tools of Government Action: An Overview. in Salamon (ed.) *Beyond Privatization: The Tools of Government Action*: 3-22. Washington, DC: Urban Institute Press.

Salamon, Lester. M., & Helmut K. Anheier. (1996). *The Emerging Nonprofit Sector: An Overview*. New York: Manchester University Press.

Sawhill, J. C., & D. Williamson. (2001). Mission Impossible?: Measuring Success in Nonprofit Organizations. *Nonprofit Management and Leadership*, 11, 371-386.

Sayre, W. (1948). The Triumph of Techniques over Purpose. *Public Administration*

Review, 8: 134-137.

Schaubroeck, J., & Jones, J. R. (2010). Antecedents of workplace emotional labor dimensions and moderators of their effects on physical symptoms. Journal of Organizational Behavior. Special Issue: *Emotions in Organization*, 21(2): 163-183.

Schein, Edgar H. (1993). *Organizational Culture and Leadership*. San Francisco: Jossey-Bass.

Scheuer, S. (2000). *Social and Economic Motivation at Work*. Handelshojskolens Forlag: Copenhagen Business School Press.

Scott, J. (2000). *Social Network Analysis: A Handbook*. London, UK: Sage.

Scott, B. R. (1971). *Stages of Corporate Development*. Boston, Intercollegiate Case Clearing House, Harvard Business School.

Scott, W. Richard. (1981). *Organization: Rational, Natural, and Open Systems*. Englewood Cliffs, NJ: Prentice Hall.

Scott, W. Richard. (1998). *Organizations: Rational, Natural and Open Systems*. Englewood Cliffs, NJ: Prentice-Hall.

Scott, W. Richard. (2001). *Institutions and Organizations*. Thousand Oaks, CA: Sage.

Scott, W. Richard, & Gerlad R. Davis. (2007). *Organizations and Organizing: Rational, Natural, and Open System Perspectives*. Upper Saddle River, NJ: Prentics Hall.

Scott, W. Richard. (2004). Institutional Theory. in *Encyclopedia of Social Theory*, George Ritzer, (ed.) Thousand Oaks, CA: Sage.

Seidman, Harold. (1988). The Quasi-World of the Federal Government. *The Brookings Review*, Summer 6(3): 23-27.

Selden, Sally Coleman, Jeffrey L. Brudney, & J. Edward Kellough. (1998). Bureaucracy as a Representative Institution: Toward A Reconciliation of Bureaucratic Government and Democratic Theory. *American Journal of Political Science*, 42: 716-29.

Self, Peter. (2000). *Rolling Back the Market: Economic Dogma and Political Choice*. New York: St. Martin's Press.

Selznick, Philip. (1948). Foundations of the Theory of Organization. *American Sociological Review*, 13: 25-35.

Selznick, Philip. (1949). *TVA and the Grass Roots: A Study in the Sociology of Formal Organization*. Berkeley: University of California Press.

Senge, Peter M. (1990). *The Fifth Discipline*. New York: Doubleday.

Senge, Peter M., Art Kleiner, Charlotte Roberts, Richard B. Boss, & Bryan J. Smith. (1994). *The Fifth Discipline Fieldbook*. 박광량·손태원. 「학습조직의 5가지 수련: Fieldbook」. 서울: 21세기북스.

Shafritz, Jay M., & Albert C. Hyde. (2012). *Classics of Public Administration*. Wadsworth/Cengage Learning.

Shafritz, Jay M., J. Steven Ott, & Yong Suk Jang. (2005). *Classics of Organization Theory*. Sixth Edition. CA: Thomson Learning.

Sigelman, Lee. (1991). The Curious Case of Women in State and Local Government, In Susan Welch, & Lee Sigelman (eds.), *Black Americans' Views of Racial Inequality*. Cambridge, NY: Cambridge University Press.

Simon, Herbert A. (1946). The Proverbs of Administration. *Public Administration Review*, 6: 53-67.

Simon, Herbert A. (1964). *Administrative Behavior: A Study of Decision-Making Processes in Administrative Organization*. New York: The Macmillan Company.

Smith, Adam. (1776). *An Inquiry into the Nature and Causes of the Wealth of Nations*.

Smith-Doerr, Laurel, & Walter W. Powell. (2005). Networks and Economic Life. *The Handbook of Economic Sociology*. Princeton University Press.

Snow, C. C., R. E. Miles, & H. J. Coleman. (1992). Managing 21st Century Network Organizations. *Organizational Dynamics*, Winter: 5-20.

Taylor, Frederick Winslow. (1911). *The Principles of Scientific Management*. New York and London: Harper & Brothers.

Thain, D. H. (1969). Stages of Corporate Development. *Business Quarterly*, 34: 35-36.

Thielemann, Gregory, & Joseph Stewart. (1996). A Demand-Side Perspective on the Importance of Representative Bureaucracy. *Public Administration Review*, 56(2): 168-173.

Thompson, Frank J. (1976). Minority Groups in Public Bureaucracies: Are Passive and Active Representation Linked? *Administration and Society*, 8: 201-226.

Thompson, James D. (1967). *Organization in Action*. New York: McGraw-Hill.

Tocqueville, Alexis De (1983). *Democracy in America*.

Tolbert, P. S., & L. G. Zucker. (1996). The Institutionalization of Institutional Theory. In: Clegg, S. R., Hardy, C., & Nord. W. R. (eds.) *Handbook of Organization Studies*. London, Thousand Oaks and New Delhi: Sage.

Tullock, G. (1970). A Simple Algebraic Logrolling Model. *American Economic Review*, 60: 419-426.

Urwick, L. (1948). *The Elements of Administration*. London: Pitman.

U. S. Department of Agriculture(USDA) and U.S. Department of Commerce (USDOC). (2000). Unified Federal Policy for a Watershed Approach to Federal Land and Resource Management. *Federal Register*, 65(202): 62566-72.

U. S. Office of Personnel Management. (2004). Preparing for the Senior Executive Service: The Federal Candidate Development Program.

U. S. Office of Personnel Management. (2005). Leadership Guide FY 2005: Leadership Succession Planning, Interagency Residential Programs, and Custom Designed Services-Seminars and Programs of the Federal Executive Institute, the Management Development Centers, and the Center for Leadership Capacity Services.

Uzzi, B. (1997). Social Structure and Competition in Interfirm Networks: The Paradox of Embeddedness. *Administrative Science Quarterly*, 42: 35-67.

Van Alstyne, M. (1997). The State of Network Organization: A Survey in Three Frameworks. *Journal of Organizational Computing and Electronic Commerce*, 7(2-3): 83-151.

Van Riper, Paul P. (1958). *History of the United States Civil Service*. Evanston, Ill.: Row, Peterson and Company.

Vogelsang, Ingo. (1990). *Public Enterprise in Monopolistic and Oligopolistic Industries*. Taylor & Francis.

von Bertalanffy, Ludwig. (1968). *General System Theory: Foundations, Development, Applications*. New York: George Braziller.

von Neumann, John. (1952). Lectures on "Probabilistic Logics and the Synthesis of Reliable Organisms from Unreliable Components," CA: California Institute of Technology.

Waldo, Dwight. (1948). *The Administrative State*. New York: The Ronald Press

Company.

Waldron, Bill, & Rich Joines. (1994). *Introduction to Assessment Center.* IPMAAC Lawrence Erlbaum.

Walker, A. H., & J. W. Lorsch. (1968). Organization Choice: Product vs. Function. *Harvard Business Review,* Now-Dec.: 265-278.

Wanous, J. P., A. E. Reichers, & J. T. Austin. (2000). Cynicism about Organizational Change: Measurement, Antecedents, and Correlates. *Group & Organizational Management,* 25(2): 132-153.

Wasserman, S. J., & K. Faust. (1994). *Social Network Analysis: Methods and Application.* Cambridge, NY: Cambridge University Press.

Watkins, K. E., & V. J. Marsick. (1993). *Sculpting the Learning Organization.* San Francisco: Jossey-Bass.

Watkins, K. E., & V. J. Marsick. (1997). *Dimensions of the Learning Organization.* Warwick, RI: Partners for the Learsning Organization.

Weber, E. P. (1998). *Pluralism by the Rules: Conflict and Cooperation in Environmental Regulation.* Washington, D.C.: Georgetown University Press.

Weber, Max. (1922). *The Protestant Ethic and the Spirit of Capitalism.*

Weber, Max. (1946). *Essays in Sociology* edited and translated by H. H. Gerth & C. Wrigh Mills, eds. Oxford University Press, Inc.

Wellins, R. S., W. C. Byham, & J. M. Wilson. (1991). *Empowered Teams.* San Francisco: Jossey-Bass.

Wiener, Norbert. (1948). *Cybernetics: Or Control and Communication in the Animal and the Machine.* Cambridge MA: MIT Press.

Wiener, Norbert. (1950). *The Human Use of Human Beings.* The Riverside Press(Houghton Mifflin Co.).

Williamson, O. E. (1975). *Markets and Hierarchies, Analysis and Antitrustimplications: A Study in the Economics of Internal Organization.* New York: Free Press.

Williamson, O. E. (1981). The Economics of Organization: The Transaction Cost Approach, *American Journal of Sociology,* 87(3): 548-577.

Willoughby, William Franklin. (1927). *The National Budget System, With Suggestions for Its Improvement.* The Johns Hopkins Press.

Wilson, Woodrow. (1887). The Study of Administration. *Political Science Quarterly,*

2(2): 197-222.

Wishart, N. A., J. J. Elan, & D. Robey. (1996). Redrawing the Portrait of a Learning Organization: Inside Knight-Rider, Inc. *Academy of Management Executive*, 10(1).

Withey, M., R. L. Daft, & W. H. Cooper. (1983). Measures of Perrow's Work Unit Technology: An Empirical Assessment and a New Scale. *Academy of Management Journal*, March: 45-63.

Woodward, Joan. (1965). *Industrial Organization: Theory and Practice*. Oxford University Press.

Yang, B., K. E. Watkins, & V. J. Marsick. (2003). The Construct of the Learning Organization: Dimensions, Measurement, and Validation. *Human Resource Management Quarterly*, 15(1): 31-55.

Zaleznik, A., C. R. Christensen, & F. J. Roethlisberger. (1958). *The Motivation, Productivity, and Satisfaction of Workers*. Boston: Harvard University.

Zegart, Amy B. (2005). September 11 and the Adaptation Failure of U.S. Intelligence Agencies. *International Security*, 29(4): 78-111.

Zucker, L. G. (1987). Institutional Theories of Organization, *Annual of Sociology*, 13: 443-464.

찾아보기

[저자약력]

■ 진종순(陳鍾淳)

고려대학교와 미국 University of Southern California(USC)에서 행정학석사학위를, 미국 American University에서 행정학박사학위를 취득한 후, 인천대학교를 거쳐 현재 명지대학교 사회과학대학 행정학과 교수로 재직하고 있다. 미국 Transnational Crime and Corruption Center(TraCCC) research scholar, 일본 쓰꾸바(筑波)대학교 교환연구원, 한국행정연구원 부연구위원, 한국인사행정학회 회장 등을 역임하였으며, 5급, 7급, 9급 국가공무원 공채 면접위원과 출제위원으로 활동하였다. 저서로는 「공무원의 역할연구」(공저, 2009), 「조직행태론: 사람, 관리 그리고 행정」(공저, 2022) 등이 있으며, 최근 발표한 논문으로는 "The role of assessment centers in job satisfaction and organizational commitment" (2016), "Female participation and corruption in the public sector"(2016), "Bureaucratic accountability and disaster response: Why did the Korea Coast Guard fail in its rescue mission during the Sewol Ferry Accident?"(2017) 등이 있다.

공공조직론 [제2판]

2017년 8월 30일 초판 발행
2023년 1월 10일 제2판 1쇄 발행

저 자 진 종 순
발 행 인 배 효 선

발행처 도서출판 法 文 社

주 소 10881 경기도 파주시 회동길 37-29
등 록 1957년 12월 12일 / 제2-76호 (윤)
전 화 (031)955-6500~6 FAX (031)955-6525
E-mail (영업) bms@bobmunsa.co.kr
(편집) edit66@bobmunsa.co.kr
홈페이지 http://www.bobmunsa.co.kr
조 판 법 문 사 전 산 실

정가 27,000원   ISBN 978-89-18-91353-7